U0066936

西方文化之路

賀熙煦 羅靜蘭 王揚 揭書安

序

伴隨著中國近現代化的進程，西方文化始終是學界的研究熱點。中學西學之爭可謂經久不衰、歧見紛呈，百餘年的研討，為中華學術的繁華與國勢的興盛作出了重要貢獻。然而，西方文化實乃廣博、深邃、無有止境的研究領域。西方文化的內涵及演進規律是什麼，如何評價西方文化、西方文化為何發祥居後，而發展迅速，世界文化中心為什麼經常轉移，中西文化何以存有巨大差異；異質文化之間具有哪些相通之處等諸多課題仍有待進一步探究。

我們在華中師範大學歷史系長期從事西方文化教學與科研的基礎上，承接前人的成果，就上述問題進行了探索，並將研習所得匯集成《西方文化之路》。在書中，我們力圖以求實精神，探討西方文化的萌生根基、演進脈絡、發展趨向；縱向地、大跨度地展示西方文化的整體風貌。還力圖，既了解西方文化不同歷史階段的殊相，亦掌握西方文化體系的共相；既觀其色彩、神韻，更探其特徵、內核。我們希冀，該書能有助於西方文化探討的深入和跨文化研究的發展，有助於國人文化視野的拓寬，有助於傳統文化現代化所需參照系的建立。

《西方文化之路》於 *1990* 年 *9* 月出版後，深得大陸同行的鼓勵與好評，使我們受到了莫大的鼓舞。而今，該書在台灣再度出版，與更廣大的讀者見面，這更使我們感到由衷欣慰。此書得以問世，深得海峽兩岸出版界仍重視，其中凝聚了責任編輯吳愛珠女士的膽識與智慧，也傾注了台灣友人的心血與汗水。在此，我們謹向一切關心、支持此書的朋友表示誠摯的謝意，並企望海內外學人、讀者多賜指教。

作者

一九九三年十二月六日

於武昌桂子山

前　言

《西方文化之路》展示了從 *3000* 多年前的古希臘到 *20* 世紀上半葉西方文化發展的軌跡，分析了各個時期文化發展的一般規律和特徵。全書從「文化」視角著眼，分為四篇：**搖籃篇**，**復興篇**，**繁榮篇**，**新潮篇**；每篇獨立分章，但又互相聯繫。

搖籃篇　主要探索西方文化的起源和古典文化的特點。西方文化起源於地中海區域，它在古希臘文化中已初成格局，形成了自身的文化傳統。西方古典希臘文化是「求真」或「求智」的文化。「哲學」在希臘人看來是「真理之學」，或是智慧的代名詞，因之哲學家也即「愛智家」，他們致力於探索「自然的奧秘」，而後研究人生。這種自然科學式的思惟模式成了西方思想的傳統。文藝上則貫串著人本主義，「人」只是指自由民。羅馬文化中最有成就的是法學。羅馬法是奴隸制社會最發達、最完備的法律體系，對後世西方的法律產生了重大的影響。

復興篇　全面介紹和評述了中世紀的西方文化。它擺脫了把歐洲中世紀說成是漆黑一團的傳統說法，指出寺院和僧侶對保護文化，促進教育發展作過貢獻。並對中西封建社會初期文化的特點及其產生的原因，進行了比較性的分析；對西方文化後來居上，中國文化由盛而衰的根源，作出了新的剖析；對文藝復興運動的歷史意義和人文主義者偉大歷史功績，提出了新的評價，同時也指出了它的局限性；對西歐各國宗教改革運動的特點及其歷史作用，提出了新的見解。指出文藝復興運動和西歐各國宗教改革運動，為西歐資本主義革命作了思想文化的準備。

繁榮篇　展現了 *17* 至 *19* 世紀西方獨特的近代工業文明，概括了西方近代文化的世俗性、科學性、民主性、大眾性、多樣化等特徵。指出了科學技術在近代西方已日益顯示出巨大的作用。科學技術直接為生產服務，使資本主義物質生產過程變成了科學技術在生產中的應用過程。

新潮篇　深刻的指出進入 *20* 世紀後，科學技術高速度的發展，已經成為現代西方文化演進的主幹，科學技術強勁地推動了西方人步入現代化的歷程，有力地影響及帶動了其他文化領域的變革。西方文化多元化趨勢日益發展，精神文化領域呈現出多流派、多類型、多分支、多層次、多角度、多特點的局面。使文化國際性的趨勢有了進一步發展。

文化是一個民族、國家文明程度的表徵，它對該民族、國家的政治經濟生活起著引導的作用。我們在撰寫《西方文化之路》的過程中，得到了一些啟發，並初步領略西方文化發展的特點：

第一　重視人，表現人是西方文化演進的動力。人具有自然屬性，也有社會屬性，「人」在西方不同的歷史時期有特定的階級內涵。西方從古代的人本主義、文藝復興時期的人文主義、近代的人道主義、現代的人道主義，都突出了人的自身，強調人生的意義和存在的重要性；強調個人的尊嚴及充分的自我發展。因此，自我實現是西方人的文化精神，它成為現代西方人意識行為的目的。這當中包含著人類文明進步的成果，但就其本質內容來說，則是資產階級的個人主義的思想體系和價值觀。

第二　西方文化在古代就是一種外向型的城市文化。它是以比較發展的商品經濟為基礎，它與自然經濟條件下的小生產所固有的崇拜意識、依賴意識、封閉意識不同，而商品經濟則產生了自主意識、競爭意識、開放意識等新觀念，這就有力地促進了文化的交流和發展。後來隨著資本主義商品經濟的發達；文化也愈開放與發展。

第三　在西方，資本主義社會發達的商品經濟和現代化的大生產，為自然科學創造了進行研究、觀察、實驗的物質手段，使物質生產過程變成了科學在生產中的應用過程，科學技術已轉化為生產力。到現代，科學技術具有特大的魅力，以科學技術為中心帶動了整個社會的經濟活動、生活方式和意識形態的變化，科學技術成為第一生產力，西方形成了科技文化。例如，本世紀40至50年代開始的電子計算機、核技術、空間技術、生物工程、新材料為代表的新技術革命，它促進了產業結構的調整，使傳統的加工工業不斷地被新興信息產業所代替，使大量的新產業、新的經濟部門不斷湧現。正像人造衛星上天，其重要性並不僅僅在於航空事業的本身，而且還在於開闢了全球衛星通訊的時代；不僅如此，現代化通訊樞紐的設施，其信息傳遞深入到每個家庭，導致人們的思想和生活方式、習慣等等的變化，形成了現代科技文化的價值觀。科學技術已成為決定未來世界的力量。表明科學技術的發展是生產力發達的標誌。

第四　西方文化的產生以及不斷向高層次發展的另一個重要原因是學術民主、學術思想和學派的不斷更新。西方文化根植於古代奴隸主民主制的土壤。不可否認，現代意義上的民主是伴隨資本主義的產生而產生的，由於資本主義的制度，它不可避免地產生現代民主的虛化。但是，為了他們自身的利益，一定程度上的學術民主推動了西方科學的發展。

我們撰寫這本書的目的，是在幫助讀者作較全面的和正確的了解西方文化發展的概貌。在編寫上力求做到科學性與趣味性、普及性與學術性兼顧並重。本書介紹了西方古今幾百位文化名人，上百部文學名著和科學著作，以及許多世界聞名的藝術作品。對於西方文化名人，除了介紹他們光輝的科學業績外，許多部分還適當的介紹了他們的生平事跡，使讀者了解這些西方文化名人的個性，在其個性中凝聚著他們的生活經歷、性格、思想方法以及理想和追求；而且，他們熱愛祖國，熱愛民族，刻苦自學，奮發向上，鍥而不捨，堅持真理，為科學獻身的感人事跡，會帶給人以智慧的啟迪和深刻的教育。

羅靜蘭　賀熙煦

目　錄

復興篇

繁榮篇

新潮篇

搖籃篇

／羅靜蘭

第1章 西方文化的起源

愛琴文化的出現

地中海碧波蕩漾，自古以來南歐就沐浴在它的身旁。古希臘人最早活動在歐洲南部的希臘半島、愛琴海諸島和小亞細亞西部海岸地帶，這個地區就是愛琴海區域，它是西方文化的搖籃。

愛琴海地區氣候溫暖，夏季少雨，蔚藍色的海洋佔了它大半個面積。西面的希臘半島山嶙交錯，平原狹小，但沿海有曲折的海岸線和良港。愛琴海中的島嶼星羅棋布，像一串串的明珠擺在海面上，成了航海者的航標。愛琴海雖時有大風，有些地方海流險急，但夏季卻比較平靜。往東可以去小亞細亞、敘利亞和巴勒斯坦海岸；南經克里特島可達尼羅河三角洲；西經愛奥尼亞群島可通往意大利半島和西西里島。這些環繞四周的半島和陸地，使這個位於地中海的愛琴海成爲「內海中的內海」。古希臘著名的哲學家柏拉圖曾說：「我們就像一群青蛙圍著一個水塘，在這個海的沿岸定居下來。」❶

希臘人的祖先是一個善於航海的民族，在荷馬史詩中，有許多關於古希臘人航海冒險生活的生動描寫。史詩上說海洋是一個神秘的世界，有時它翻騰咆哮，隨時準備毀滅人類，有時它又平靜柔和：

陣陣清風，鼓滿帆篷，
卷髮女神派它來伴送；
整理好索具，安靜地坐下來，
船兒隨著舵蕩漾前行。
——《奧德賽》第 12卷

對於愛琴文化，在 19世紀 70年代之前，人們只能從希臘人遺留下來的神話傳說和荷馬史詩的敘述中去了解。

古希臘人像其他古代民族一樣，在遠古時，由於生產力水準低下，知識的不足，對許多自然現象和社會現象迷惑不解，認爲這些現象由比人大得多的力量的神來支配，他們把自然力量人格化，因此，編造出許多絢麗多采的神話故事。在荷馬史詩中講述了世界的產生、神的誕生、神的譜系、人類的起源和神的日常活動，以及英雄首領的功勛等等。以系統性、思辯性著稱古今，可以說是一個極爲豐富的口頭文學的寶庫，同時，它也反映了希臘民族童年時期的意識形態。希臘神話不同於東方文明古國對人的神化，它具有「神人同形同性」的特色。他們按照人的形象創造了以宙斯爲主神的龐大的神話體系，眾神和人一樣，有七情六慾，充滿著浪漫色彩，諸神之間還經常發生爭吵甚至打架，這些神都有人類的正直、勇敢、殘忍、妒忌等品性。神雖然比人更高大、更有力量，而且長生不老，但沒有主宰人類命運的絕對力量，有時人可以跟神對抗，甚至打仗。表現出鮮明和深刻的人文色彩和現實世界的傾向。

希臘神話的內容主要包括神的故事和英雄傳說兩部分。

神王宙斯誕生在克里特島的故事是最古的神話之一。傳說第一代神界的主宰烏拉諾斯被兒子克洛諾斯推翻，克洛諾斯娶妹妹瑞亞爲妻，生了六男六女。宙斯是他們最小的一個兒子。由於克洛諾斯害怕像父親一樣被兒子推翻，瑞亞生一個，他就吞吃一個。當宙斯快要出生時，瑞亞得到地母蓋婭的幫助，騙過丈夫，逃到克里特島的拉西賽山腰的洞穴裏，生下宙斯。宙斯長大後，聯合諸神，推翻克洛諾斯的統治，並救出那些被吞吃的哥哥姐姐，然後自立爲神界的無上主宰。

英雄提修斯爲民除害的神話也與克里特島有關。雅典王埃勾斯曾到伯羅奔尼撒東邊一小國特洛曾，和一位姑娘結了婚，婚後不幾天就走了。離別前，埃勾斯在海邊一巨石下放了兩件信物，囑咐妻子若生了男孩，就取出這兩件信物到雅典去找他。之後她果然生了男孩，取名提修斯。當提修斯長大後，她把提修斯帶到海邊，要兒子把巨石翻轉過來，只見下面放著一雙金鞋和一把寶劍。她把這兩件信物交給兒子，要他去找父王埃勾斯。提修斯來到了雅典，父子倆高興地會面了。可是，提修斯得知，雅典人正爲今年向克里特繳納貢品而痛苦。原來，雅典曾被克里特的米諾斯霸國打敗，被迫答應每九年要獻上七對男女青年作爲貢品，讓米諾斯迷宮裡的米諾牛吃掉。雅典人正要第三次送出這樣可怕的貢品。提修斯爲解除人民的苦難，決定和進貢的男女青年一起前往克里特島，去殺死米諾牛。他們登上掛著黑帆的船，啟程前，父王囑咐提修斯，如勝利返航，就用白帆來代替那服喪的黑帆。他們順利地到達克里特，國王米諾斯的女兒阿莉阿德尼很快就愛上了美貌勇敢的提修斯，給提修斯一團線和一把劍。提修斯把線頭結在迷宮入口處的大門上，鬆開線團，順著彎曲的暗道，最後在迷宮大廳，用寶劍刺死正在甜睡的米諾牛，然後順著線路走出迷宮。和阿莉阿德尼以及同伴們一起登船返航。他們因爲勝利而高興得忘記取下黑帆。正在岸邊遙望海洋的埃勾斯，看到遠航駛來的是帶著死訊的黑帆船，他悲痛得投海自殺了。

古希臘行吟詩人民間歌手把神話傳說和特洛亞戰爭有關的故事憑記憶口傳下來，在幾百年口傳過程中不斷地進行加工創造，使語言更精練，故事更加豐富，最後匯集成兩部偉大的史詩：《伊利亞特》和《奧德賽》。❷傳說由盲詩人荷馬編成，荷馬的生卒年已不可考，可能他是公元前8世紀的人，出生於小亞細亞。一般認爲這部史詩是在民間創作的基礎上，最後經荷馬加工整理形成。公元前6世紀，史詩在雅典用文字正式記錄下來。這兩部史詩統稱爲荷馬史詩。

特洛亞戰爭是公元前13世紀下半葉，以邁錫尼爲首的希臘諸邦聯軍遠征小亞的特洛亞城邦，前後經歷了10年，以特洛亞城陷落而結束。特洛亞以「富有青銅和黃金」聞名，加之重要的地理位置，自然引起向外發展的希臘人的垂涎。但關於特洛亞戰爭的起因卻流傳著神奇有趣的傳說。《伊利亞特》的主人翁阿喀琉斯，他的母親是海的女神忒提斯，傳說她和希臘英雄珀琉斯結婚舉行宴會，所有的女神都被邀請了，卻偏偏漏掉專管爭執的女神阿瑞斯。因此這位女神在嘉賓來畢，盛宴方開時，偷偷地溜了進來，在桌上放下一個金蘋果，上面刻著：「屬於最美者」。神后赫拉、智慧女神雅典娜和美神阿芙洛狄特都自以爲長得最美麗，看見這個金蘋果便爭吵起來。她們鬧到神王宙斯那裏，宙斯不願偏祖哪一個，要她們訴諸特洛亞的王子帕里斯。她們每個都盡力促使帕里斯傾向自己方面，赫拉許給他權勢，雅典娜許諾給他智慧，阿芙洛狄特許給他美女。結果，年輕的帕里斯把金蘋果給了阿芙洛狄特。當帕里斯渡海來到伯羅奔尼撒半島上的斯巴達王墨涅拉俄斯家作客時，被美麗的王后海倫迷住了。阿芙洛狄特實現了自己的諾言，幫助帕里斯拐騙海倫回特洛亞。墨涅拉俄斯和他的兄弟邁錫尼王阿伽門農十分憤怒，組織了*10*萬希臘聯軍去攻打特洛亞。戰爭進行到第十年，仍未分勝負。史詩《伊利亞特》❸並沒有描寫上述的故事，它只是集中地描寫了這場戰爭的最後一年，臨近結束時的*51*天的事情。

戰爭的第十年，希臘聯軍的統帥阿伽門農和聯軍中的勇將、著名的英雄阿喀琉斯爲爭奪一個女俘，發生了爭執。《伊利亞特》的主題是寫阿喀琉斯的憤怒。由於阿伽門農強佔了阿喀琉斯的女俘，阿喀琉斯一怒之下退出了戰場，希臘聯軍節節敗退。阿喀琉斯的部將和好友帕特洛克斯不甘心希臘人的失敗，出場迎戰，希臘人的危局總算被挽回了。但就在特洛亞的城外，帕特洛克斯和特洛亞的統帥赫克托對戰時，爲赫克托所殺。帕特洛克斯的死使阿喀琉斯萬分悲痛，爲了給好友復仇，他的憤怒已轉向赫克托，遂與阿伽門農和好，重返戰場，在同赫克托的搏鬥中，將赫克托殺死。阿喀琉斯爲帕特洛克斯舉行了隆重的葬禮；特洛亞王用重金從阿喀琉斯手裡把兒子赫克托的屍首贖回，爲他舉哀下葬。《伊利亞特》以阿喀琉斯的憤怒開始，以他的自怒而結束。

特洛亞戰爭結束後，勝利的希臘將領紛紛帶兵回國。其中伊大卡島的國王奧德修斯回航旅程很不順利，十年的海上漂泊，歷盡了千難萬險，終於返回家鄉與家人團聚，這就是《奧德賽》❹的主要內容。史詩的前一部分（1–13卷前半部）是以中途倒敘的方式描寫了奧德修斯海上漂泊的遭遇。

《奧德賽》是以伊大卡島的貴族公子，108人整天在奧德修斯的宮中向他美麗的妻子珀涅羅珀求婚，飲酒作樂開始的。接著描述奧德修斯的返鄉歷程。

奧德修斯離開了特洛亞後，便同他的伙伴們到達了喀孔涅斯人居住的地方，他們打了一仗，結果奧德修斯的隊伍損失了一些人；奧德修斯渴望早日回家和妻兒團聚，但海上的狂風卻使他離家越來越遠。不久，他們到了吃甜果的人居住的地方，這裏的居民很有禮貌的送來許多甜果，奧德修斯的伙伴們吃了之後，失去了記憶，不再想念故鄉和親人。奧德修斯只得把他的伙伴捆綁在甲板底下，盡快離開這個出產「忘憂果」的地方。之後他們來到了巨人島。島上的居民都是身材高大的巨人，每人只有一隻眼睛，長在額頭上，他們過著游牧生活。奧德修斯和12名勇士走進一個山洞。不幸被島上最兇惡的獨眼巨人波呂菲摩斯關在洞裡，獨眼巨人每天要吃掉他們中的兩人，奧德修斯急中生智，用烈酒灌醉了這個巨人，然後用粗大的樹幹刺瞎了他的獨眼，奧德修斯和同伴們混在羊群裏逃了出來。此後他們又到了拉莫斯港，這裏住著吃人的部落涅斯特里貢人，大部分的同伴們遇難了。只有奧德修斯船上幾個人死裏逃生。他們繼續前進，經過了伊耶島。船再在海上航行時，海上風平浪靜，水色像紫羅蘭一樣的美麗，空中飄來了半人半鳥的女妖委婉的歌聲：「到這兒來吧，奧德修斯，你值得舉世的讚美，你是阿卡亞人的無上光榮。停下船兒，聽聽這支歌……。」誰聽到她的讚美，誰都會克制不住，跑到女妖的海島上，便會變成一頭豬，或粉身碎骨的死去。奧德修斯用蠟團塞住同伴的耳朵，讓別人把自己牢牢的綁在桅杆上，終於逃脫了女妖的引誘。最後來到了太陽神的牧場三叉島。奧德修斯的同伴誤殺了神牛，當他們重新起航時，便遭到神的報復，船被風浪打碎了，同伴們全都淹死了，只留下奧德修斯孤零零的一個人在海水裡掙扎，一連9天被洶湧的波浪顛簸著，第10天的晚上，到了奧吉吉亞島，在這裡住了7年，後來才到斯克里亞島。斯克里亞島的國王被奧德修斯的艱若經歷和不屈的精神深深感動，給他準備了船隻，使他回到了故鄉。

《奧德賽》的後一部分《13卷後半部－24卷》約佔全詩的三分之一，集中描寫奧德修斯回到伊大卡島殺死求婚者的故事。

奧德修斯僞裝一乞丐回到家裡，試探他的妻子，跟兒子一起殺死了那些求婚者和那些不忠誠的奴隸。最後，奧德修斯和妻子深情地擁抱。奧德修斯殺死求婚者之後，死者的親屬前來報仇。但是，女神雅典娜從中調解，使他們重新和好。

《伊利亞特》是一部英雄史詩，歌頌英雄攻城奪壘的勇敢行爲，顯得驚心動魄而又悲壯；《奧德賽》是一部航海和家庭史詩，歌頌英雄的機智與才能，歌頌人對大自然的鬥爭，顯示了神奇的大自然的變幻莫測。兩部史詩以高度的藝術手法，反映了古代希臘民族的思想、感情、理想以及生活方面的一切知識。在古希臘城邦裏，荷馬史詩被當作公民教育的重要材料。它是西方文學中極寶貴的遺產之一，而且是世界文學史上一部不朽的名著。荷馬史詩的現實主義和浪漫主義創作方法，兩千多年來，對西方文學藝術一直有著重大的影響，它甚至不同程度的進入了西方人們的思想和語言之中。同時，它還具有重要的史料價值。

古希臘人深信史詩所歌頌的事件，把它當作自己的古代歷史來理解。可是到了*18–19*世紀，許多歷史學者認爲，史詩中關於人口眾多的城市、國王和英雄的傳説以及特洛亞戰爭，都是沒有真實根據的傳説。*1846*年，英國著名的喬治·格羅特（*George Grote*）教授，在他的專著《希臘史》中關於荷馬史詩，他嚴肅的指出：「雖然希臘民眾字字信服，虔誠珍愛，而且在過去浩瀚的現象中也爲數極少，但從現在研究的觀點來看，它（荷馬史詩）根本是一種傳説而已」。但是，就在格羅特著作問世的同一時代、歐洲考古學的成就，使這位權威學者的這一看法成爲陳舊的論斷。

*19*世紀*70*年代，由於考古發掘的進展，愛琴文化才逐漸爲世人所知，希臘遠古時代的傳説和荷馬史詩，開始有了某種可靠的事實根據。

第一個發現愛琴文化的是德國學徒出身，自學成才的考古學家亨利·施里曼（*Henry Schliemann*），他的偉大貢獻不能不歸功於荷馬史詩的神奇的魅力。施里曼早在孩提時代，常常被荷馬史詩中那扣人心弦的故事所陶醉，幾乎相信史詩中的每一句話，並立誓要找到特洛亞城和遍地黃金的邁錫尼。當他長大成人後，按照史詩的描述，在小亞細亞西北角的希薩内克山丘上，發掘出古特洛亞城。那裏有連續更替的十三個文化層，包括九個古代城堡的遺跡。後經許多學者的長期考察和研究，才確定由下往上第七層的前半部，[5]相當於荷馬史詩所描寫的特洛亞城。施里曼又在希臘南部伯羅奔尼撒半島的古邁錫尼城址發掘出邁錫尼的王宮、統治者的陵墓和大量精美的金銀製品，證明在公元前 *2000* 年代這一地區有過燦爛的青銅文化。接著，英國的考古學家亞瑟．伊文思（*Arthur Evans*）在克里特島的諾薩斯發現了獨具匠心的宮殿建築遺址和大量的文物和兩種線形文字的泥版文書，揭開了研究克里特文化的帷幕。近百年來，許多國家的考古學家和古文字學家，對愛琴文化進行了大量的卓有成效的研究工作。

線形文字的發現是考古發掘中最重要的成就。古代克里特人把自己的文字寫在泥板、家用陶器、牆壁和皮革上。最早使用的是線形文字 A，即用線條組成的一種文字，是公元前 *17* 世紀至前 *15* 世紀從圖畫式表意的象形文字發展而來的。線形文字 A 是一種非希臘語的音節字，至今還未譯讀成功。代替線形文字 A 是線形文字 B，它在公元前 *15* 至前 *13* 世紀流行於克里特和南希臘的邁錫尼、派羅斯等地。英國年輕的學者米歇爾．文特里斯在 *1953* 年和柴德維克一起成功地譯讀了線形文字 B，確定它是古代希臘人的語言，把對愛琴文化的研究推進到了一個新的階段。

米諾斯海上霸國和黃金的邁錫尼

大約在公元前 *2000* 年左右，克里特島出現了最早的奴隸制國家。考古學者在克里特的諾薩斯、法埃斯多斯和馬里亞等地發現了大小不等的王宮建築，一座王宮可能就是一個小國的統治中心。各地王宮和城市曾遭破壞。❻到公元前 *1700* 年之後，島上出現了更多的城邦，被譽爲「百城」之島。克里特文化進入全盛時代，修建了著名的「迷宮」——克諾薩斯王宮。

在克里特的北部，尤克塔斯山的腳下，一個風景如畫的山谷裏有一座巨大建築物的遺址，這就是克諾薩斯王宮。王宮規模巨大，氣勢宏偉，佔地兩公頃左右。中央是一長方形的庭院，四面以寶座大廳、祭殿、王后寢宮、有宗教意義的雙斧宮以及地下貯藏室、倉庫和手工作坊等環抱而成。王宮結構複雜，圍繞中央庭院周圍的各種建築物間有許多小天井，每個小天井四周的房間自成一組。大多數是一、二層，局部則爲四層。由於王宮建築在丘陵上，地勢東低西高，內部遍設樓梯和台階，底層大約有一百多個房間。宮內有無數複雜的通道走廊與門戶房舍，曲折相通，層次相連，像極了古老神話傳說中的米諾斯王的「迷宮」，所以克諾薩斯王宮又稱爲米諾斯王宮。自從伊文思發掘後，神話傳說中的迷宮就呈現在人們的面前。

宮廷還設有大小口徑不一的陶器供水和排水管道。宮內四壁裝飾著光彩奪目的繪畫。有的是袒胸露臂、緊束細腰的貴婦人，有的是在牛背上表演打筋頭的鬥牛士，還有栩栩如生表現花草鳥獸大自然的傑作。在一面牆上，可看到搖曳的樹葉，躲在裏頭的是一隻肥貓正全神貫注地捕食一隻在陽光底下梳理羽毛的小鳥。壁畫中不少是描繪海洋及海洋動植物的作品：如流動的海濤，波上掠水的飛魚，以及海草、珊瑚、章魚等。宮中還配備有許多倉庫，裡面安放著一排排大缸巨甕，盛裝著穀物、油、酒等，以供宮廷消費之用。

王宮附近有可容四至五百人的劇場遺址，當時大概是表演音樂和舞蹈的地方。從一幅壁畫中看到一群貴婦正在欣賞著幾個穿著鮮艷裙子的少女表演舞蹈；另一幅則是表演鄉村土風舞的畫面。有趣的是在一塊寶石上，雕刻著一位婦女吹著由大海螺製成的喇叭。還有保存下來的不朽作品——牛頭，形象生動逼真，牛的凶野眼神，似乎發出哼哼聲的鼻孔，張開的大嘴，震動的舌頭，充分地顯示了克里特的藝術成就。

古希臘歷史學家稱米諾斯爲「海王」，擁有一支強大的海軍，曾控制過愛琴海的海上貿易。據載，古埃及新王國的法老圖特摩斯三世曾租用克里特人的船從黎巴嫩往埃及運送木材。同時，在克里特島也發掘出新王國時期埃及的黃金、象牙等工藝品，證明當時克里特海上商業發達。米諾斯不斷向愛琴海的島嶼上殖民，曾經圍攻過雅典，最後確立了海上霸權。關於雅典人定期向克里特進貢童男童女的神話傳説，反映了米諾斯的海上霸權。最爲有趣的是，在米諾斯王宮發現了許多泥板，其中一塊泥板上寫著：「雅典貢來婦女七人，童子及幼女各一名。」❼

邁錫尼文化的遺址和遺蹟包括王宮、城堡和各種不同的墓室。邁錫尼的豎井式墳墓中藏有大批的金銀工藝品，如模擬死者特徵罩在其臉上的金面具，縫在衣服上的金盤、金片等。此外，有青銅寶劍和匕首等，每件武器都是藝術品，上面刻著精緻的螺旋花紋。還有日常用的器皿，如鴿子、牛頭、獅頭等形狀的金酒杯。這些工藝品的製作和藝術水準都很高，並且深受克里特文化的影響，例如邁錫尼文化的工藝品上，多數以公牛爲主題；這同克里特文化相類似。於發現的以金箔製成的兩個杯子的上面，刻畫著公牛被捕和馴服的情景；在第一個杯子上，用粗繩編織的網罩住一隻公牛的頭部，這公牛想重獲自由而竭力掙扎，而越掙扎網子卻越緊，由於憤怒和疲乏，公牛的鼻孔和嘴巴大張，這杯子的另一面是另一隻公牛因害怕而奔馳。在第二個杯子上，被捕獲的公牛正被牽走；在這隻杯子的另一面描繪著這隻公牛已屈服於文明的束縛，正與一頭母牛「談情」。邁錫尼的藝術製作的技巧，許多是模仿克里特的。邁錫尼這些豪華異常的豎井墓可能屬於握有權勢和財富的部落軍事首長的墳墓。

後來，邁錫尼的墳墓建造成更爲宏偉的圓頂墓。圓頂墓被認爲是王陵。在圓頂墓中規模最大的是「阿特柔斯墓」。傳説邁錫尼的國王珀羅普斯·阿特柔斯和他的兒子阿伽門農的財富無以計數，爲了保存國王世傳財富而建造這種穹頂的墳墓。阿特柔斯墓建於公元前14世紀。墓室直徑14.5米，上有用33排石板組成的穹頂。通向墓室的墓道長36米、寬6米。可惜這些圓頂墓幾乎在古代就被盜劫一空。考古學家只找到一些小金片和鑽孔珠等物。邁錫尼統治者富有，一直在希臘人中流傳，公元前9至前8世紀，邁錫尼文化已經衰亡，荷馬還在歌頌著希臘的古老文化，稱之爲「黃金的邁錫尼」。

邁錫尼的奴隸主爲了維護自己的統治，在形勢險要的高山頂上，修建了堅固的城堡，裡面有宮殿、貴族住宅等等。城堡通常是奴隸主統治的政治、軍事和宗教的中心。城堡建築堅固，外面有一道用極大的石塊砌成的城牆包圍著，圍牆約有1公里長，牆厚平均爲6米。但有的地方達8至10米，用尺度和形式不同的粗糙巨石一塊塊地疊起來，石與石之間的縫隙用泥土或小石塊填塞。城牆隨地形起伏，但各處牆高相同，約高出地面18米。

城堡有一個著名的城門，名叫獅子門。它由三塊巨大的石頭構成，門的寬度爲 3.5 米，上面有一塊粗厚的橫石作梁。橫梁上的一巨大石塊，呈正三角形，兩側刻著一對相視而立的雄獅，形態威猛，象徵著國家的威力。城堡周圍大約 1 公里的圍牆，特別是獅子門附近，都是用巨石壘砌而成。這些巨石一般有 5–6 噸重，有的甚至重達 100 多噸，以致後來的希臘人把它看成爲鬼斧神工，似乎只有傳説中的「獨眼巨人」❽才能完成那樣的奇蹟。事實上，這座城堡是奴隸主驅使無數平民和奴隸修建而成，充分顯示了希臘古代勞動人民的智慧和無窮的創造力。

在邁錫尼文化地區，考古發現線形文字 B 書寫的泥板文書已達 3,000 件以上，主要是王室、神廟經濟的收支和財物登記帳目。任何近似文學、哲學等的痕跡，至今還未發現。

公元前 1200 年左右，發生了著名的特洛亞戰爭，邁錫尼諸邦組成聯軍，遠征小亞北部沿海的富庶城市特洛亞，經 10 年苦戰，特洛亞城被攻陷。但是勝利是以邁錫尼聯軍付出重大的傷亡代價取得的，不久，希臘人中的多利亞人，從北方向伯羅奔尼撒半島蜂擁而來，摧毀了邁錫尼文化。

荷馬時代和城邦文化的產生

公元前 12 世紀，多利亞人的侵襲，不僅摧毀了邁錫尼文化，而且對原先定居於希臘半島的其他各支希臘人也給予了巨大的衝擊。引起了希臘各部落廣泛遷移的浪潮。迨至希臘各部落遷徙的浪潮平靜下來，原來的邁錫尼文化地區幾乎蕩然無存。從公元前 11 至前 9 世紀的荷馬時代，希臘大部分地區文化處於衰落的狀態。

到荷馬時代末期，隨著鐵器工具的使用，在愛琴海諸島中開始出現幾何形風格的彩畫陶器和金屬器物，這時陶器的燒製技術和克里特·邁錫尼時期相差不大，但藝術裝飾卻簡陋許多。這時東方腓尼基商人在希臘各地很活躍，希臘人從他們那裏學得使用字母的方法。文學方面的成就僅限於民歌、民謠和短詩，其中流傳至今的是《荷馬史詩》。在宗教思想上，這時的希臘人也有冥府和樂土的觀念，但他們不大考慮來世的問題，他們希望在人間。在荷馬史詩中，已經可以看出以人爲本的思想，希臘將領阿喀琉斯鬼魂說，他願意在人間爲雇工，也不願在冥府爲王。他們相信人自身的力量。希臘人在新的基地上起步，終於在幾個世紀之後出現了清新明麗的新文化。

公元前 *8* 至前 *6* 世紀希臘已完全進入鐵器時代。這一時期整個希臘世界，出現了數以百計的奴隸制城邦。這些小國以一個城市爲中心，周圍有鄉鎮。大多數的城邦都局限於狹小平川或沿海地段。所以它們的領土往往不過百里，人不出 *10* 萬；有的城邦甚至只有幾千公民。所有的希臘城邦都是獨立自主的。但他們在社會制度、風俗習慣、語言文字、宗教信仰和文化傳統上都基本相似，因此，他們自認爲同屬一個民族，都稱自己爲「希臘人」。

希臘文化一般分爲早期、古典時期和希臘化時期三個階段。公元前 *8* 至前 *6* 世紀是希臘文化的形成時期。小亞細亞西部沿海地區及附近島嶼，通稱伊奧尼亞的地方，由於有利的地理條件和在原始社會解體基礎上建立起來的新的奴隸制度，使那裏的工商業經濟迅速發展起來，那裏的王制傳統也較薄弱，成了整個希臘社會文化發展的中心。文學和自然哲學之花，早在公元前*7*至前*6*世紀，就在那裏開始吐蕊了。

詩歌是希臘早期文學的主要體裁，它包括教諭詩、抒情詩等。比奧提亞的田園詩人希西俄德（*Hesiod*，公元前*8*世紀）的教諭詩❾《田功農時》是希臘最早的一首以現實生活爲題材的詩篇。全詩譴責貴族的驕橫，歌頌辛勤勞動的農民。主張把公正當成社會道德的最高準則，把勞動看成人類生活的基礎。風格清新自然，平易簡潔。

隨著私有制的出現和國家的形成，人們個人意識的成長，就要求抒發個人的思想和感情，這種感情抒發爲詩歌，因此，抒情詩發展起來了。抒情詩來源於民歌，分爲哀歌（或稱雙管歌）、琴歌和諷刺詩。哀歌題材多樣，有軍事政治的、道德教誨和愛情的，大都用雙管伴唱；琴歌以豎琴伴唱；諷刺詩用短長格詩體寫成，以雙管或豎琴伴唱。哀歌體比較安靜柔和，雅典著名的改革家梭倫（*Solon*）曾以這種詩歌表達他改革的經歷和心情。諷刺詩比較活潑、激昂、鋒利，著名的作家是帕洛斯島的阿赫羅庫斯，他的作品以冷嘲熱諷爲特色。琴歌最著名的詩人是莎孚（*Sappho*，公元前*6*世紀），她是列斯博島的女貴族，在那裏她曾主辦過一所音樂學校，教授少女們寫詩、奏樂和唱歌。她寫了*9*卷詩，只傳下兩首完整的詩和一些殘句。莎孚的詩歌多半是抒寫愛情的，感情摯烈，音調柔美，反映奴隸主貴族的生活情趣。柏拉圖曾稱她是「第十位文藝女神」，她受到西方歷代有貴族傾向詩人的推崇。琴歌另一名著名的作者是品達（*Pindar*約公元前*522*–前*442*年），他把抒寫個人的情感，只流行於狹隘的貴族圈子裏的抒情詩，轉變爲抒寫多數人的情感，伴著音樂、舞蹈的抒情詩。品達的詩，熱情歌頌全希臘競技會的優勝者，在古希臘享有極高的聲譽。*17*世紀西方的古典主義者認爲他的詩是「崇高頌歌」的典範。

和抒情詩同時，在民間還廣泛流傳著一些散文故事，其中有許多是動物寓言，相傳爲薩摩斯島的伊索（*Aesop*）所作。傳說中的伊索是一個相貌醜陋而絕頂聰明的奴隸，後獲得自由，並爲呂底亞王所信任，被派往得耳福，因「褻瀆神明」，攻擊權貴，被投岩而死。現在流行的《伊索寓言》，到底哪些作品是他寫的，已無從稽考。《伊索寓言》是許多世紀過程中古希臘人的寓言創作的總匯集。後人多次在編纂中又把印度和阿拉伯的成分以及基督教的故事也攙雜在裏面了。但其中不少故事大概是屬於公元前*6*世紀的。《伊索寓言》絕大部分都是用一個簡短的動物故事來說明一個道理，宣傳一種觀點，每篇寓言的結尾往往有幾句格言式的道德教訓來點明主題。

《伊索寓言》的內容和貴族情趣抒情詩不同，它反映下層平民和奴隸的思想感情。其中最有意義的地方是肯定勞動，反映社會的不平等，反對欺淩弱小。例如《狼和小羊》，一隻狼看見小羊在河邊喝水，想找藉口把小羊吃掉。因此它站在上游，指責小羊把水弄混濁了；小羊說，我在下游，不可能弄濁上游的水。狼又說，你去年曾罵過我的父親，小羊回答說，我那時還沒有生下來，這隻狼惱羞成怒的說：「即使你辨解得很好，反正我不放過你」就把小羊吃了。這則寓言說明「暴君是不缺少藉口的」。寓言中有一些故事總結了古代人民的鬥爭經驗和生活教訓，例如《農夫和蛇》，農夫在冬天看見一條凍僵的蛇，可憐他，拿起來放在自己的懷裏，蛇溫暖過來回復了他的本性，咬死了恩人農夫。這故事教導人們不能對惡人仁慈；《龜兔賽跑》的故事，是勸誡人不要驕傲……等等。《伊索寓言》短小精悍，形象生動，其中有些思想性很強，對後來西方寓言作家影響很大，常被後人效仿和引用。在我國，明代就有名爲《况義》的譯本。清代又有名爲《意拾蒙引》的英漢對照本，和《海圓妙喻譯本》，後來又有林琴南根據法國版希臘原文譯本。各種譯本共有寓言350篇左右，其中300篇是相同的。

現代西方所用「哲學」一詞起源於古希臘語，其原意是「愛智」即「熱愛智慧」之意。進入文明時代之後，古希臘的「智者」——天文學家、數學家、地理學家等，不滿於神造一切的荒謬愚昧的解釋，他們對自然界進行冷靜、客觀的觀察和分析研究，試圖用自然的方法去說明宇宙的起源以及萬物的本原。從原始神話宗教式的世界觀逐漸發展爲宇宙論的自然哲學的世界觀。這與中國古代「天人合一」的傳統哲學不同，它致力於探索「自然的奥秘」。這種自然科學式的思想模式，對西方思想史的發展有深遠的影響。

早期希臘的哲學與自然科學是渾然一體的，著名的哲學家同時又是自然科學家。

希臘哲學最早出現於小亞細亞沿海的工商發達的希臘城邦米利都。米利都學派的主要代表是泰勒斯（*Thales*，約公元前*624*–前*548*年）、阿拿克西曼德（*Anaximander*，約公元前*611*–前*547*年）和阿拿克西美尼（*Anaximenes*，約公元前*588*–前*524*年）。他們的思想是同一個潮流中的產品。至於他們的生平，沒有翔實的記載。他們都是當時的科學家。泰勒斯是古希臘有名的七賢之一，精於天文學和數學。據說公元前585年5月28日的日蝕經他預示過。❿他還指出小熊星座是航海的指針等。因此，泰勒斯被譽稱爲西方天文學的鼻祖。據記載泰勒斯曾到埃及遊學，在埃及他將一根杆子豎在地上，利用塔影長、杆影長、塔高與杆長的比例關係，計算出金字塔的高度。他發現過不少的幾何學命題，例如任何圓周都要被其直徑平分；等腰三角形的兩底角相等；兩直線相交時，對頂角相等；若已知三角形的一邊及兩鄰角，則此三角形可以確定；泰勒斯曾利用半圓周角是直角，判定兩個三角形全等的定理。這些幾何定理的內容，古埃及人早已知道，但是泰勒斯提高到理性的邏輯思惟進行理論上的推導，因而泰勒斯是西方「論證數學」的創始人。阿拿克西曼德是天文學家兼地理學家，據說他首創一個渾天儀和日晷，還畫過一張地圖。

他們否認神造世界的說法，但世界究竟是由什麼物質構成的？他們卻有其各自不同的看法。泰勒斯認爲：「水是萬物的始基」，萬物從水中而來，是水的變形，萬物又都還原於水。但是，阿拿克西曼德認爲世界的本原是「無限」，即一種永恆不滅的實體，它分裂爲矛盾的對立物，如乾與濕，冷與熱，經種種結合形成爲地、水、風、火等一切物體。阿拿克西美尼則認爲世界萬物的本原是氣，氣的稀散與凝聚造成自然物體的變化。由於受當時生產力發展水準的限制，他們的推想和猜測顯得有些幼稚，但他們從物質去說明世界的本原，還試圖從感性直觀所把握的千姿百態的事物、現象中，去尋找這些事物、現象的統一性的物質基礎，開始從感性的「多」中，尋找「多」中的「一」，從現實存在的「個別」事物中，尋找它們的「一般」。這是試圖從統一性和總體性上去把握世界的可貴嘗試。然而，他們所說的作爲世界萬物始基的「水」、「無限者」或「氣」，不能眞正的說明世界萬物的物質統一性，反映了早期希臘哲學既想說明世界一般本質，而又不能把一般與個別明確區別開的特點，表現了它的原始性、直觀性和素樸性。但是，他們的基本方向是正確的。

早期希臘哲學思想中，唯物辯證法的因素比較完備的代表是赫拉克利特（*Herakleitos*）。赫拉克利特（公元前*530*—前*470*年）是小亞的愛非斯人。他認爲世界的本原是「火」。他說：「世界不是由任何神創造的，也不是任何人創造的，它的過去、現在和將來永遠是一團永恆的活火，合規律地燃燒著，又合規律地熄滅」。⓫他首先明確地提出了運動變化的觀念。一切皆流，萬物皆變。他以奔騰不息的河水作比喻，指出：「人不能兩次踏入同一條河」⓬因河水常流，再入水時，已非前水，「踏進同一條河的人，不斷遇到新的水流，」⓭「我們踏進又踏不進同一條河，我們存在又不存在。」⓮這些名言說的是一個道理，即萬物皆流，無物常住。赫拉克利特還從事物的聯繫和變化中認識到對立物統一、鬥爭的道理，提出「鬥爭是萬物之父」⓯「從對立中產生和諧」。列寧稱他爲「辯證法的奠基人之一」赫拉克利特的唯物辯證法是從直觀出發的，有正確的結論，但缺乏充分的科學根據，它是西方哲學史上辯證學說最早的表現形態，對後世哲學影響很大。

畢達哥拉斯（*Pythagoras*，約公元前*580*—前*500*年）出生於愛琴海上靠近小亞薩摩斯島。公元前*540*年左右，他曾到埃及、巴比倫、波斯等地進行貿易和遊學，吸取了東方算術、幾何學和天文學方面的優秀成果；同時，也接受了一套帶宗教的禁忌和靈魂轉世等迷信觀念。約於公元前525年，回到薩摩斯島，後因反僭主的統治，移居意大利南部的克羅頓。畢達哥拉斯在克羅頓組織了一個政治、學術、宗教三位一體的團體，約有300男女成員，自任最高首領。團體內部實行公有制，各自交出全部財產，供大家使用一切發明創造不歸個人，均屬畢達哥拉斯名下。這個團體有許多宗教迷信的戒律，如不許吃肉、不許吃豆子等等。遵行這些禁忌，是爲了使死後的靈魂得以超昇。他們也積極的開展數學、天文學等科學的探討，把這些研究看作是淨化靈魂、陶治道德情操的重要途徑。這個團體在政治上代表貴族奴隸主的利益，反對工商業奴隸主的民主政治，其影響遍及整個南意大利。到公元前5世紀初，隨著工商業奴隸主力量的壯大，掀起反畢達哥拉斯學派的運動，畢達哥拉斯本人遂避居意大利另一城邦梅塔蓬圖，後餓死在該地的一神廟中。[16]畢達哥拉斯學派的學說是宗教神秘主義和哲學、科學思想的一種奇特的結合體。到公元前5世紀末分化爲以宣揚宗教神秘主義爲主體的信條派，以及從事哲學、科學思想研究爲主的數理學派。

畢達哥拉斯學派在科學上是有成就的。對於數學有特別的研究。例如他們提出了長方形數、正方形數、三角形數，認爲這些數都是由1，2，3，4……n這一系列數字所衍生的（長方形數＝2n，正方形數＝2n＋1，三角形數＝$\frac{n(n+1)}{2}$）。他們是西方第一個發現級數的人。在幾何學方面，他們證明了三角形三內角之和等於兩直角的定理（a＋b＋c＝2d），並推證了多邊形內角和的定理；發現了正五角形和相似多邊形的作法；在西方他們首次證明「勾股定理」，即直角三角形斜邊的平方等於其它兩邊的平方和，後來這條定理被稱爲畢氏定理。⑰畢達哥拉斯學派把幾何知識運用到天文學上，認爲地球、天體和整個宇宙是一個圓球，因球形是一切幾何體中最完善的；宇宙中各種物體都作均勻的圓周運動，他們把火放在中央，把地球看作是沿軌道環繞火這個中心體運行的一顆星。恩格斯曾認爲畢達哥拉斯這種「中心火」旋轉思想是「太陽中心説」的最早猜測。在代數學方面，他們發現了二次方程式的「幾何作圖」的代數解法，創立了「比例論」。特別值得提出的是關於「無理數」的發現。據説畢達哥拉斯的學生希帕蘇研究邊長爲1的正方形時，發現對角線長（$\sqrt{2}$），既非分數，也非有理數，即不能用整數比來表示，是一種無限不循環的小數，希臘人叫 aλovos（不能表達）或αppγxos（沒有比），沿用至今的不恰當的譯名「無理數」。這種新數的發現否定了畢達哥拉斯學派的哲學信條，即宇宙間的一切現象都歸結為整數或整數之比。希帕蘇違背團體的信條，公布了這一發現，因而被害，投屍大海。畢達哥拉斯學派發現了新數$\sqrt{2}$，引起了所謂數學史上的第一次危機，建立了無理數，擴大了數域，整數的尊崇地位受到挑戰，從此希臘數學就超越了「算學」階段。畢達哥拉斯學派為數學的發展作出了巨大的貢獻。

畢達哥拉斯學派不僅對數學，而且對其他科學也進行了廣泛的研究，他們在生理學方面，根據動物的解剖，證明腦是思想的中樞；在醫學方面，曾在病人的眼睛上做過開刀的手術；在心理學方面，首先提出感覺與思想的分別，認為思想有記憶、觀念、與知識三種作用。他們還研究音樂節奏的和諧，發現音樂的和諧是由數的比例所決定的。他們還研究了在建築、雕刻藝術中，按什麼樣的比例才會產生美的效果，提出了著名的「黃金分割」，即認為最美的線形是長與寬成一定比例的長方形。這在西方藝術史上產生過影響。

在哲學思想上，畢達哥拉斯學派認為萬物皆數，數的原則統治著宇宙中的一切現象，一切數都從一開始，所有其餘的數都是集許多一形成的。在形成世界的次序上，也是從一開始，從一產生出二，從一和二產生出各種數，從數產生出點，從點產生出線，從線產生出面，從平面產生立體，從立體產生出水、火、土、氣四種元素，從四種元素產生出一切可以感覺的物體，產生出世界萬物。畢達哥拉斯學派抽掉了數的物質基礎，把數看作第一性的東西，把數的概念絕對化、神聖化，這是一種客觀唯心主義的宇宙觀。但是，他們認識到存在於客觀可感事物中的數的規定性，並且看到了數學知識的可靠性、準確性及其應用的廣泛性，賦予數學以演繹的特性，這是人類思想史上的一大飛躍。對西方自然科學的發展有深遠的影響。

邏輯的推演方法在南意大利愛利亞派那裏得到進一步的發展。愛利亞派的代表人物是巴門尼德（*Parmenides*）和芝諾（*Zenon*，皆生存於公元前6至前5世紀間）。愛利亞派認為：萬物的本質並非物質，乃是抽象的「存在」。只有存在才是唯一真實的，而且是不生不滅、不動不變的。為了論證運動變化之不可能，芝諾提出稱譽古今的若干悖論，其中之一是《不運動說》。他說若物體從甲地運動到乙地，它首先必須經過全程的一半，但在走完這一半之前，又必須先走完半程的一半，如此一半又一半地分割下去，即走全程的$\frac{1}{2}$、$\frac{1}{4}$、$\frac{1}{8}$、……可以推到無窮。因此，它只能停留在原地不動。其實，運動就是矛盾的統一，物體在一定時間內由甲地向乙地移動，這一運動過程可分割為無限的部分，每一部分在時間和空間上都有一定的量。但是，運動過程中的這些部分決不能孤立存在，物體在經過第一部分時，必然要進入第二部分、第三部分，最後到達乙地。運動要求把這些部分聯繫起來形成一個整個過程。如果說運動過程是可以無限分割的，是間斷的。那麼，這些被分割的部分也就是無限地聯繫在一起的，運動過程是無限地不間斷的。因此，運動過程中的每一部分都包含矛盾著的兩個方面：一方面它在時間和空間上都佔有一定的量，它是整個運動過程的間斷；另一方面作為運動過程中的一個部分，它又必然要和運動過程中的另一部分聯繫在一起，這是運動過程的不間斷性。運動就這樣不斷地解決著間斷性和不間斷性的矛盾，最後使物體達到它的目的地。芝諾的錯誤在於他忽視運動的不間斷性，而把運動的間斷性絕對化，把運動過程分割為無限彼此孤立，互不聯繫的部分，因而否認運動的可能。芝諾的悖論意在否定運動，其結果與他的意願相反，揭示了運動的矛盾性，反而證明了運動的存在。

芝諾的悖論，不同程度地接近了數學中無限、極限、連續等觀念，促進了數學思想的發展，以及數學邏輯方法的嚴格化。芝諾注重邏輯論證，後來西方的哲學就逐步發展成為由一套概念，判斷、推理和論證組成的比較嚴密的理論形態。不久，專門研究思惟形式、思惟規律的邏輯科學開始產生。因而，芝諾的悖論在哲學史、邏輯和自然科學上都起過積極的作用。

第2章

西方文化的基礎
——希臘古典時期的文化

希臘古典文化發展的社會背景

公元前6世紀後半期波斯對小亞西部沿海地區的擴張，削弱了那裏的希臘城邦的力量，影響了那裏的經濟和文化的發展。從公元前5世紀初起，希臘本土成爲古希臘世界經濟和文化發展的中心，其中以雅典最爲強盛，一直處於文化發展方面的領先地位。公元前5至4世紀是希臘奴隸制城邦發展和繁榮的時期，也是古希臘文化的黃金時代，史稱古典時期。希臘古典文化實際上主要是雅典文化。雅典是希臘城邦中較大的邦國，但領土只有2,650平方公里，就其極盛時期的人口也不超過40萬。希臘的奴隸制城邦和古代北非奴隸制帝國埃及、西亞巴比倫古國、波斯帝國比較起來，那是彈丸小國。可是，它在文學、藝術、哲學和科學等各方面都取得了傑出的成就，對以後西方各國很有影響。恩格斯曾說：「我們在哲學中以及在其他許多領域中常常不得不回到這個小民族的成就方面來……，他們的無所不包的才能與活動，給他們保證了在人類發展史上爲其他任何民族所不能企求的地位。」⓲因此，西方人把希臘文化稱爲「古典文化」。希臘古典文化高度發展決不是偶然的，它是希臘當時社會歷史條件發展的產物。

雅典近海有良好的港灣，他們很早便涉足海外。當公元前8世紀之後雅典人建立城邦時，古代亞非文明古國已存在了兩千多年，地中海區域的貿易聯繫和經濟交流已比較發展。這些天時地利條件使他們與古代亞非各國以農業爲主較爲封閉的經濟不同，使他們處於開放的局面，希臘人很早便和東方各國有貿易的往來。先進的東方文化，特別是埃及和巴比倫歷史悠久而又豐富多采的文化，爲希臘文化提供了可資繼承和借鑒的有利條件。希臘人與古代亞非各國「獨立起源」的文化不同，它除了繼承前代愛琴文化之外，特別是承襲了東方的諸多遺產。一些學者認爲它實屬第二代的文化。正因爲希臘的古典文化在吸收東方古老文化的基礎上發展起來，它雖然起步較晚，但發展速度較快，它大約只用了幾百年左右的時間，走完了古代亞非國家需要2,000多年才能走完的歷程，創造了燦爛的古典文化。由於能夠充分吸收和融合外來文化，這是希臘古典文化較快發展的前提條件，同時也促使它逐步形成了具有廣採博納的開放性特色的文化。

公元前5世紀，希臘奴隸制城邦經濟迅速繁榮。特別是雅典，它帶頭聯合希臘各邦打敗了波斯帝國，數以萬計的戰俘被賣爲奴隸，補充了奴隸的來源。由於國家形成時期廢除了債務奴隸制，本邦公民及其家屬不再因經濟原因淪爲奴隸，農業和手工業中都大量的使用廉價的外籍奴隸。這時，中小型生產者成爲國民經濟的主要部分；許多獨立的手工業者開設中小作坊，他們親自參加勞動，用幾個奴隸爲助手；小農經濟中的富裕農民，一般都役使幾個奴隸。這樣在奴隸制度發展的基礎上，造成了一個廣大的既不脫離勞動又剝削奴隸的自由民階層。與此同時，雅典利用希波戰爭中發展起來的海軍力量，控制了大多數的希臘城邦，從而掌握了海上霸權，這就爲其商品生產的原料市場等提供了條件和保障。農業也捲入貨幣經濟之中，由種植穀物大量轉向種植葡萄和橄欖，再製成酒和油外銷。這不僅使國内從事手工業、商業、航海業的中小自由勞動階層實力大大成長，而且隨著對外貿易的成長，雅典成爲地中海東部經濟和貿易的中心。經濟的繁榮，財力的充盈，爲其文化的發展提供了物質基礎。

雅典在農業、手工業、商業齊頭並進的經濟結構中，工商業的比重日益增加。而工商業經濟發展的特點是商品生產在整個經濟中所佔的比例比較大，在商品經濟的條件下，使公民的自主意識、獨立意識和開放意識越來越強，它必然在思想、文化上產生廣泛的影響。商品經濟的發展不僅促使國内經濟的聯繫，特別是與海外建立了經濟和文化的關係，這種較爲開放的經濟發展道路與閉關自守的農業經濟不同，使世界各地的商人薈集雅典，四面八方的學者也都來到那裏，在希臘世界中雅典擁有最多的人才，西方古代文化史上著名的作家、藝術大師都在雅典。雅典成爲希臘學術文化的中心。

希臘的古典文化根植於雅典的奴隸主民主政治之中。按照古代世界國家發展的規律，當原始社會進入奴隸社會，建立國家的時候，原來軍事民主制的首領便成爲世襲的國王，新建立的國家往往是國王當政，雅典也不例外，但是，他們的王權以後卻不像古代亞非國家那樣越來越強大，反而逐漸衰落，他們先是取消王位世襲制，後來乾脆取消了國王，使城邦變成了共和國。可是雅典共和制城邦的政權由貴族們掌握，他們利用氏族殘餘進行剝削。雅典工商業經濟的發展，使平民中產生了一個強有力的工商業階層，他們領導了多次成功的社會改革，經濟改革與政治改革同步進行，終以民主政治代替了貴族政治。希波戰爭取勝後，雅典成爲了希臘奴隸主民主政治的中心。特別在首席將軍伯里克利執政時期（公元前 *443*– 前 *429* 年），民主政治臻至鼎盛。他進一步實行改革，使公民不受出身門第和財產的限制，均有參加政權的機會，除十將軍外，所有官職由公民抽簽或舉手表決選出，一年一任無終身職，並給予擔任公職，出席陪審法庭和公民大會的公民以津貼，公民在法律面前人人平等，最充分的實現了古代奴隸主民主制的原則。其目的在於鞏固工商業奴隸主對奴隸的專政。這種民主政治也是十分有限的，廣大的奴隸、外邦人和婦女都被排除在政治生活之外。但是，這種民主政治畢竟是適應當時社會生產力發展的要求的，促進了雅典經濟的繁榮和學術文化的昌盛。兩千多年前，希臘人所創立的這種政治制度在奴隸社會中讓較多的自由民來管理國家大事，毫無疑問比君主專制來得進步。

由於奴隸主的民主政治，使文化從宮廷、神廟和貴族的束縛下解放出來，同時也使公民群眾較普遍地參加了文化的創造。因此，希臘的許多作品，大多反映城邦的政治理想和公民的生活，代表自由民的意識形態，在這一意義上，它具有一定的群眾性和進取精神。這是希臘文化走向現實主義的基本政治條件，也使希臘文化具有較多的民主色彩，反對神權和專制政治，相信和歌頌人的力量，成爲希臘古典文化的重要特色之一。

在民主政治的全盛時期，雅典在學術上比較講求民主，如阿里士托芬的喜劇都是政治諷刺劇，他的劇作「騎士」攻擊當時權勢赫赫的主戰派首領克里昂。在哲學領域，各種觀點競相爭鳴，唯物論與唯心論兩者之間激烈論戰，促進了古典哲學思想的昌盛。

希臘傳統的宗教思想、生活習俗對其古典文化影響較大。希臘古典文化同古代世界其他奴隸制國家一樣具有宗教色彩。但是在雅典人的宗教觀念中，神是具有人的品格的英雄，他們並沒有塑造一個令人望而生畏的神來束縛自己，相反通過神表達了自己的理想與願望。因此，古典時期許多文藝作品雖取材於神話，但表現的是歷史和現實。希臘人在生活習俗中，傳統的體育運動對文化影響很大。希臘人重視體育運動，既有敬神的意義，也有鍛鍊公民體格、保衛城邦和鎮壓奴隸的政治意義。希臘的運動會有私人、城邦和地區舉辦的，最著名的是全希臘的奧林匹克運動會。在運動會中，體育競賽的同時，有音樂、詩歌、演講等比賽，還有合唱、戲劇的演出，雕刻和繪畫的展出。出色的演講像精彩的擊技一樣在運動會上被人喝彩。運動會對歷史的編著，文學和藝術都有深遠的影響，在希臘歷史編纂上，計算年代的主要方法是依照四年一次奧林匹克運動會，作品以競技場長距離競賽優勝者的姓名命名。名詩人創作詩歌歌頌奧林匹克的獲勝者。爲優秀運動員製作紀念雕像成爲希臘雕刻家的重要任務。希臘人認爲，人體的美麗不是他的衣著或裝飾品，而在於他自身的美質。所以，參加體育活動的運動員都是裸體的，這就爲藝術家提供了觀察人體，研究人體結構的充分機會，經過加工和提煉，塑造了完善的藝術形象。運動場就成爲藝術家的最好學校，因此，希臘人說，沒有奧林匹克就沒有希臘的雕刻。希臘古典藝術的現實主義是通過表現人體而逐漸獲得的。

希臘古典文化是在東方文化提供的有利條件下，加之希臘城邦的奴隸制度、民主政治、宗教思想和生活習俗等歷史環境中發展的。在希臘諸邦中，以雅典城邦發展得最充分、最典型。它成爲希臘古典文化的中心。

燦爛奪目的古典戲劇

每當春季葡萄藤長出新葉或秋季葡萄豐收的季節，希臘各地都有祭祀酒神戴奥尼蘇斯的慶典活動。屆時，人們興高采烈地舉行盛大的遊行，歌唱酒神的讚美歌，他們還擺酒宴狂歡狂舞，這些活動逐漸發展爲戲劇表演。戲劇是古典時期文學的主要成就。它分悲劇、喜劇和「薩提洛斯」劇三種，後者是演出悲劇後上演的笑劇，是一種「添頭」，沒有獨立的意義。希臘的戲劇在雅典得到了充分的發展。

古典時代，雅典的工商業和農業比較發達，由於外族侵略和內部的民主鬥爭，城邦政治生活十分活躍。在民主政治的條件下，執政的工商業奴隸主，爲了鞏固自己的統治，也需要對公民進行教育，當時雅典的學校教育不發達，戲劇就成爲重要的教育工具。而戲劇又是廣大公民群眾喜聞樂見的文藝形式，它成爲統治階級「陶冶」公民的一種方式。由城邦政府直接組織和管理。到伯里克利時代，建造露天劇場。在每年春季和冬季，即在大酒神節時，都舉辦盛大的戲劇比賽，使劇場成爲自由民政治和文化生活的中心。劇作家拿出自己最滿意的新劇本參加競賽。演員當時享有某些特權，如不納稅等。看戲的公民不僅不用花錢買票，還可領取「觀劇津貼」。因此公民群眾都關心戲劇的發展，使雅典的戲劇出現了空前繁榮的局面。

「悲劇」一詞的希臘語原意爲「山羊之歌」，大抵是，最初歌唱隊員披著羊皮，摹擬酒神的侍從，歌唱酒神的降臨和他給人們帶來美好的春天。後來，在歌唱隊外，出現了演員，發展成爲既有歌唱又有對白的戲劇。古希臘的悲劇與我們現在頭腦中的「悲」劇概念不盡相同，按照希臘人的概念，悲劇主要是描寫莊重、嚴肅的重大事件，著重表現崇高的壯烈的英雄主義思想，目的在於引起人們的憐憫和恐懼，並導致這些情感的淨化。因爲古希臘人強調社會是以人爲主體，以人爲中心的，因此，人是文學的主體。同時他們又意識到常有一種命運在左右著他們，使他們感到身外存在有一種強大的異己的、可怕的力量。他們把不可理解的社會發展趨勢和個人遭遇歸之爲命運的擺布。然而，希臘人基於對自身力量的肯定，不願屈服於這種外在的壓力，因此起而與之搏鬥，由此產生了希臘崇高的悲劇精神。希臘悲劇在反映人與命運的衝突中，劇中主人翁因敵不過「命運」，出乎意料地遭到不幸，演成悲劇，但他在精神上是不可戰勝的，風格上很雄偉。但並非所有的希臘悲劇都是命運悲劇。悲劇雖以神話、英雄傳說爲題材，但它和當時現實密切相關，它的基本主題是寫古代的民主鬥爭，歌頌爲自由和正義而鬥爭的英雄行爲和熱愛城邦的思想，具有鮮明的傾向性和深刻的思想性。

古典時期希臘著名的三大悲劇家，是雅典的愛斯奇里斯、索福克利斯、和歐里庇得斯。

愛斯奇里斯（*Aischulos*，公元前*525*–前*456*年）是雅典奴隸制民主政治初期的悲劇作家。他出身於貴族家庭。曾參加反擊波斯侵略的馬拉松和薩拉米的戰役，他一生寫過*70*部悲劇，流傳下來的只有*7*部。在戲劇比賽中他得過*17*次獎，直到公元前*468*年才敗於青年作家索福克利斯之手。

愛斯奇里斯最重要的作品之一是《被縛的普羅米修斯》。⑲

它取材於普羅米修斯盜取天火給人類的神話。據說宙斯曾在普羅米修斯的幫助之下推翻了他的父親。他把各種特權分給眾神，但對於人類他不僅不關心，反而認爲太愚蠢，要把他們毀滅，另行創造新人類。普羅米修斯同情人類的苦難，他把天上的火偷來送給凡人，並把科學知識、藝術、醫術等傳授給人類，使他們有了知識、技術和智慧，能戰勝困難，享受文明生活。宙斯爲此十分惱怒，他把普羅米修斯綁在高加索懸崖上，每天派一隻老鷹來啄食他的肝臟，晚上又使肝臟長好，使他不斷遭受難熬的痛苦。普羅米修斯知道一個秘密，即宙斯和一位女神結婚，生一個比他強大的神，他就要被推翻。普羅米修斯寧願被打入地牢受幾萬年痛苦，也不願屈服在宙斯的威力之下，道破這個秘密，因爲他知道只要保持這秘密，他就不會死。愛斯奇里斯所創造的普羅米修斯，是一個爲了人類的生存和幸福，敢於反抗任何暴力，不向暴力屈服的英雄形象。馬克思稱之爲「哲學的日曆中最高尚的聖者和殉道者。」⑳這一悲劇的歷史意義是反對僭主專制。劇中的宙斯是一個專制暴虐僭主的形象。他仇恨人類，不講信義，專制橫行，他對普羅米修斯恩將仇報，進行瘋狂的迫害。宙斯身上集中體現了當時希臘僭主暴君的特徵。劇中除了攻擊宙斯之外，作者還著重描寫宙斯幫凶威力神的嘴臉，諷刺了河神的怯懦，揭露了神使赫耳墨斯的奴才面目。所以馬克思說，「希臘眾神在《普羅米修斯》裏已經悲劇式地受到一次致命傷」。㉑

三部曲《奧雷斯鐵斯》是愛斯奇里斯的另一名劇。寫的是阿特柔斯家族由於阿特柔斯這一代的罪惡而導致三代人自相殘殺的故事。第一部《阿伽門農》，寫阿伽門農出兵特洛亞時；曾殺死他的女兒伊菲革涅亞祭神，他的妻子克麗達妮斯想爲女兒復仇，串通她的情夫亞得斯托斯，在阿伽門農勝利回國時把他謀殺了。第二部《祭奠者》，寫阿伽門農的兒子奧雷斯鐵斯回國爲父報仇。阿伽門農遠征時，將其子送外邦妹夫家寄養。奧雷斯鐵斯長大成人後，阿波羅給他一道神示，告知其父被殺，要他爲父報仇。奧雷斯鐵斯立即回國，找到父墓，遇祭奠人走近墓時，他避開了。原來祭奠人是他的姐姐，她在墓前祈求父親的英靈去叫奧雷斯鐵斯回國復仇。奧雷斯鐵斯走出來表露自己，姐姐把埋藏在心裏的必須殺母爲父報仇的話，痛苦地向弟弟傾吐了。奧雷斯鐵斯喬裝商人前往王宮，母親殷勤地款待了他，當奧雷斯鐵斯試著告訴她，她的兒子在寄養地賽車時身受重傷而死時，他震驚地看到母親在悲傷中隱藏著喜悅，她立即喊叫情夫亞得斯托斯出來分享這一好消息。氣憤的奧雷斯鐵斯當場殺死了亞得斯托斯，並將自己的母親趕入宮中，但當他從宮中走出來後，因想到自己已成爲一個殺母者，而變成一個半瘋半癲的人。第三部是《復仇神》，寫諸神圍繞著奧雷斯鐵斯的問題進行鬥爭。奧雷斯鐵斯報了殺父之仇後，受到復仇女神㉒的追究和迫害。阿波羅神代表「年輕一代」的神，堅決反對。復仇女神一直把奧雷斯鐵斯追趕至達爾斐的阿波羅神廟。奧雷斯鐵斯跪在阿波羅神的面前。這時其母的幽靈從地上出現，催促復仇女神不要放鬆殺死她的兒子。阿波羅用豬血爲奧雷斯鐵斯舉行了淨罪禮，叫他趕快到雅典城，請求雅典娜女神的庇護。奧雷斯鐵斯來到廟前大聲呼叫，雅典娜聽後說他「已受夠罪」，三女神提出異議，雅典娜立即召開審判會議，復仇女神申訴，阿波羅神爲奧雷斯鐵斯辯護，法庭正反兩方面票數相等，雅典娜以審判長的資格投奧雷斯鐵斯一票，宣布他無罪。

《奧雷斯鐵斯復仇記》的主題是描寫父權制對母權制的勝利以及進步的法治精神對血親復仇觀念的勝利。愛斯奇里斯肯定父權戰勝母權，但是他又相信阿波羅神、雅典娜神在荷馬時代能創造奇蹟，以父權制代替母權制。他讚揚雅典的民主制，肯定雅典娜主持投票表決的審判大會。但是他又用「因果報應」的思想來解釋民主制的產生。阿伽門農被殺是劇中情節發展的核心。阿伽門農之所以被殺，這不僅因爲他殺死了親生的女兒，而且還體現了「祖傳的詛咒」。他的父親阿特柔斯爲了同弟弟爭奪王位，殺死了弟弟的兩個兒子。眾神爲此詛咒阿特柔斯一家不得好報。愛斯奇里斯把這種「因果報應」的傳統思想同當時奴隸主民主制觀點結合在一起，他一方面相信神對人世的干預，相信「因果報應」，另外一方面他又維護新的國家法律制度，強調每個人要對自己的行爲負責。

愛斯奇里斯是希臘悲劇藝術的奠基者。恩格斯稱他爲「悲劇之父」㉓他最先把演員的數目由一個增至兩個，削減合唱隊，使對話成爲主要部分，這是由集體的表演唱轉變爲戲劇的一個質的飛躍。他還使悲劇具有完備的形式和深刻的內容。是他第一個採用三部曲的悲劇形式，每部既能獨立存在，各部之間又有緊密的聯繫。據說，舞台布景、演員穿的高底靴和輕飄鮮明的服裝等，都是他首先採用的。愛斯奇里斯的作品構思比較廣闊，風格壯麗，抒情氣氛濃厚，語言優美。他是馬克思最喜愛的作家之一。

索福克利斯（*Sophokles*，公元前*496*–前*407*年）是雅典奴隸制民主政治全盛時期的悲劇作家，出生在雅典一個兵器製造的作坊主的家庭。受過良好的教育，在音樂和詩歌上造詣很深。他在*27*歲時就超越了愛斯奇里斯，從此在戲劇比賽中一直很順利，直到*27*年後才被歐里庇得斯所取代。相傳他一生大約寫過*130*部悲劇，但傳下來的只有*7*部，其中以奧狄普斯王最著名。

《奧狄普斯王》是一部典型的命運悲劇。它取材於一個古老而驚心動魄的神話傳說。據說底比斯的國王從神示中知道，由於他自己早先的罪惡，他生的兒子命中注定要殺父娶母。因此，當孩子出生後，他夫妻倆把嬰兒的雙腳跟釘在一起，用皮帶捆起來丟到山裏去。他們以爲這嬰兒不是餓死，就是被野獸吃掉，這樣神示就不會應驗了。不料被一老牧人拾得，這位老牧人出於憐憫，把這孩子交給了山中結識的伙伴科林斯國王的牧羊人。牧羊人看到他的腳受了傷，就爲他取名叫奧狄普斯，即「腳腫」之意。之後他又把奧狄普斯送給自己的國王波呂玻斯，科林斯的國王波呂玻斯收養了這個棄兒作兒子。奧狄普斯長大，聽人說他不是科林斯國王的兒子，便到達爾斐的阿波羅神廟去求神示。阿波羅未指出誰是他的父母，但告訴他說，他將要犯殺父娶母之罪。奧狄普斯非常愛科林斯的國王和王后，他一心要反抗命運，不回科林斯，逃往底比斯。途中遇一輛車子，裏面坐著一個老人，侍從們粗暴地要奧狄普斯讓路，因而發生了一場口角，他把這個老人和三個侍從都打死了，但他當時並不知道這個老人正是他的生父。當奧狄普斯行近底比斯時，有一名叫斯芬克斯的怪物正在爲害這個城市的人民。斯芬克斯是一人面獅身的女妖，她上半身是女人，長著美女的頭，背上長著鷹的翅膀；下半身則是獅子，尾巴是條蛇。傳說天后赫拉爲了懲罰底比斯人，就叫她坐在底比斯城外的峭崖上，向過路的人提出難猜的謎語，誰要是猜不出來就被她吃掉。㉔斯芬克斯這樣害死了不少的人，因此，底比斯的國王曉諭全國，誰要能猜出斯芬克斯之謎，就立他爲底比斯的國王，並把前王后嫁給他。㉕奧狄普斯走近底比斯城外的峭崖，斯芬克斯就向他提出了一個謎語：「什麼動物早晨用四隻腳走路，中午用兩隻腳走路，晚上用三隻腳走路；腳最多的時候，正是他走路最慢、體力最弱的時候。」奧狄普斯答出：這是「人」，妖獸斯芬克斯便跳崖自殺了，它象徵著人由於對自身的認識，而獲得了勝利。奧狄普斯便被擁戴爲底比斯的國王，並娶了前王的妻子伊俄卡斯忒——即他的生母。生下兩男兩女。後來，底比斯發生了瘟疫，神示說，瘟疫是由殺害老國王的凶手污染造成的，必須查出凶手驅逐出境，瘟疫才能平息。爲了給城邦解除災難，奧狄普斯想盡辦法去追查凶手，結果發現凶手就是他自己，娶母的預言也應驗了。當他知道自己作了亂倫的事，奧狄普斯悲忿欲狂，進一步釀成慘劇，他的母親羞愧得自殺，他刺瞎了自己的眼睛，並請求放逐，到荒山中去，贖他永無底止的罪孽。

《奥狄普斯王》的主題是描寫個人的堅強意志和英雄行爲與不可避免的命運的衝突。索福克利斯所創造的主人翁奥狄普斯，體現了作者對於人的理想概念。奥狄普斯聰明誠實，熱愛真理，關心自由民，勇於和命運鬥爭，並且敢於面對現實，承擔責任。他的悲劇命運在於，他清白無辜，卻要承受先人的罪惡；他越是竭力反抗，卻越是陷入命運的羅網；他越是想拯救城邦爲其滅災，卻越是臨近自己的毀滅。他的毀滅説明命運有不可抗拒的力量，它方面也表明命運具有傷天害理的邪惡性質。作品雖產生在伯里克利的極盛時代，但是隨著雅典成爲愛琴海上的霸主，加強了它在海上同盟中壓迫者的地位，城邦上層的寄生性加強了，特別是伯羅奔尼撒戰爭爆發之後，民主制的衰落和社會動亂在自由民階層中產生了對民主理想的幻滅情緒。因此劇中反映出自由民的一種惶恐不解和事與願違的沈重心情。《奥狄普斯王》在思想上和藝術上也取得了很高的成就。劇本開始就呈現了嚴重的事件，國王在追查打死老國王的凶手，以除瘟疫，悲劇氣氛強烈，索福克利斯逐步的加強這種氣氛，把劇情一步又一步的推向高潮；其中每一件事都是前一件事的必然發展，儘管情節複雜，卻表現得簡練緊湊，每一個戲劇動作都發揮出最大的效果。作者造成了一種使觀眾明白而劇中人不明白的情境，奥狄普斯不自知的狀態，更提高了他的悲劇性。在可怕的命運面前，奥狄普斯的英雄行爲非常壯烈，激起觀眾很大的恐懼和憐憫的感情。

索福克利斯是古典悲劇藝術的完成者。他完成了愛斯奇里斯已經開始的工作，即把合唱頌歌徹底變爲戲劇。他不著重寫神而著重寫英雄；不著重抒發人物的感情而著重刻畫人物的性格，他把悲劇的重心完全轉到描寫人的活動和鬥爭上面來了。他歌頌人的偉大和智慧，他在另一名劇《安提戈涅》中，讚美人聰明無比，人會航海、耕種、狩獵、造屋、治病，運用語言和思想等等。他的戲劇風格簡潔自然，結構完整。近代文學作家如拉辛、萊辛、歌德等對他的技巧評價很高。

歐里庇得斯（*Euripides*，公元前 *485*– 前 *406* 年）是雅典奴隸主民主政治危機時期的悲劇作家。出身於薩拉米斯島的一個貴族家庭。少年時曾學過角力和拳術及繪畫。他很早就傾心於哲學，他的戲劇常常接觸到一些哲學問題，因此他有「舞台上的哲學家」之稱。晚年，他反對內戰，反對雅典對盟邦的暴行，對神表示懷疑，爲日趨反動的雅典當局所不容， *70* 高齡時到馬其頓國王的宮中去作客，最後死在那裏。他大約寫過 *92* 部悲劇，流傳至今只有 *18* 部，獲得戲劇獎 *5* 次。

歐里庇得斯的作品反映雅典危機時期的社會。當時的重大問題，如內戰問題、民主制度、貧富問題、宗教迷信，婦女問題都在劇本中表示了他的看法。在他現存的悲劇中，以婦女爲題材的就有 *12* 部，其中的代表作是《美狄亞》。㉖

《美狄亞》的男主人翁伊阿宋是伊俄爾科斯國王埃宋的兒子。國王的同母異父的弟兄珀利阿斯篡奪了王位，後來他答應把王位讓給伊阿宋，條件是伊阿宋必須去科爾喀斯把金羊毛取回來。伊阿宋前往科爾喀斯，在科爾喀斯國王的女兒美狄亞的幫助下，取得了金羊毛，並把美狄亞帶回伊俄爾科斯。

伊阿宋在科爾喀斯取金羊毛時，曾向美狄亞起誓，答應娶她爲妻，終生對她忠誠，永不變心。因此美狄亞不僅幫助他取得金羊毛，還不顧一切的離開祖國跟他走。當她跟隨伊阿宋坐船逃走時，看見父親追來了，便把她的一個兄弟砍成碎塊，抛到海裏，她父親忙著收撿屍體，因此沒追上他們。可是他倆在科林斯結婚只幾年，伊阿宋的心就漸漸變了，他一心要遺棄美狄亞，另娶科林斯的公主爲妻。科林斯的國王還要把美狄亞驅逐出境。美狄亞痛苦得幾乎發瘋，於是她決意向伊阿宋進行報復。她請求暫緩行期，叫兩個兒子將一件遍染磷火性毒藥的美麗的新衣送與公主，公主著衣，即被燒死，國王來救也被燒死。之後，美狄亞經一番痛苦的內心鬥爭，終於又親手殺死了自己的兩個孩子。她這樣做，一方面是怕孩子受到她敵人的侮辱，死在更殘忍者的手裏，另一方面更是作爲對丈夫的報復。最後美狄亞到了雅典，雅典國王給了她一個避難之所。

《美狄亞》反映了當時的婦女地位，那時的婚姻制度是一夫一妻制。但一夫一妻制只對婦女而言，婦女一般不得參加公共生活，更說不上享受政治權利，其地位近似奴隸。歐里庇得斯對這種男女不平等的社會現象表示憤慨，讚揚婦女起來反抗。美狄亞對強加於她身上的命運毫不妥協，爲了向她的寡情主義丈夫的惡劣行爲復仇，竟用凶狠的手段——殺死自己的親兒，她復仇的方式是殘酷的，但這是社會因素所致。

《特洛亞婦女》是歐里庇得斯享譽後世的另一名劇。這個劇假托特洛亞戰爭的故事，反映雅典人於公元前416年，在伯羅奔尼撒戰爭期間遠征西西里亞島前夕，征服中立的米洛斯島，大肆殺戮的歷史事實。作者借海神波賽東之口警告雅典人：「你們這凡間的人真是愚蠢，你們毀了別人的都城……；你們種下了荒涼，日後收獲的也就是毀滅啊！」該劇是西方文學中譴責戰爭的第一部傑作。劇中描寫特洛亞被攻陷後，男子被殺盡，婦女淪爲奴隸。特洛亞的王子赫克托已被殺死，老王后赫苦巴囑咐兒媳曲意殷勤的接待希臘的新主人，待赫克托之子長大後，再恢復特洛亞人的宗廟。但是，希臘人同樣也想到了這一著棋，決定殺死這個小孩，把這小孩從城牆上扔下去摔死了，景象十分悲慘。其中描寫赫克托之妻抱著孩子作最後訣別的一段十分感人。她說：

走，去死吧！我最親愛的，我的寶貝，……只因為你父親太英勇，所以他們要除掉你……

她悲憤欲絕的繼續說：

舉起你的手，攀著我的頸，小寶貝，吻我就只這一次，以後再也不能，……

噢，你們想出來的酷刑，比東方人還殘忍，你們這些狠心的希臘人……快！拿走！去丟吧！

她漸漸的昏了過去。希臘一士兵應她的要求把小孩的屍體交給老王后赫苦巴。祖母抱著小孩的死屍哭訴著；

你那柔嫩的小手，那可愛的小嘴，現在你已遠遠離開……。彷彿你還在我的膝上逗樂，這一切都化為烏有，叫詩人怎樣刻你的墓碑，敘述你真實的事？「這裡躺著一個小孩，因為希臘人害怕而把他殺死。」唉！希臘人該稱頌的一則故事！……啊！虛榮的人，得意時耀武揚威，無所畏忌。可是，十年河東，十年河西，世事滄桑無定理……。

歐里庇得斯首先用現實生活來作題材，並且善於描寫人物的心理，例如在《美狄亞》一劇中，對美狄亞報復與母愛的心理衝突描寫得細致而深刻。從中可以看出，由於社會的動盪所引起人們心理感情的變化，中庸適度的平衡感被打破了，代之以騷動激烈的、近乎變態的感情。反映了奴隸制民主政治危機時代的社會。他的語言自然流暢，富於感情。歐里庇得斯生前不大爲同時代的人所了解，死後的名聲卻比較大，對後代文學的影響比他的兩位前輩大得多。拜倫、雪萊很愛好他的劇本，雪萊還翻譯過他的作品。高乃依、拉辛和歌德都從他的悲劇裏得到過啟發，重寫了這位悲劇作家所處理過的題材。

「喜劇」一詞，按希臘文原意爲「狂歡遊行之歌」，起源於祭祀酒神節酒宴後遊行隊伍的狂歡說笑和歌舞，後來又和民間的滑稽戲融合發展成爲喜劇。喜劇比悲劇發展的晚些。公元前*487*年，雅典才開始出現喜劇競賽。喜劇與悲劇題材不同，多半直接取材於現實社會生活和政治活動，並予以諷刺和嘲笑；與莊重的悲劇相反，喜劇裏充滿著滑稽、粗俗的語言與動作，有時演員甚至可隨意向觀眾講話或開玩笑，雅典規定婦女只能看悲劇，而不能看喜劇的演出。喜劇經歷了不同的發展階段，只有早期喜劇保留了阿里士托芬的部分完整的作品。

阿里士托芬（*Aristophanes*，公元前*446*–前*385*年）是希臘「喜劇之父」，他處在雅典城邦由盛而衰的時代。寫過*44*部劇作，保留有*11*部。他的創作思想代表農民的利益，堅決反對雅典與斯巴達兩大集團之間進行的伯羅奔尼撒戰爭，宣傳和平而名垂千古，僅存作品中有*4*部是以反戰爲題材的；它還譴責貧富懸殊，主張貧富均等，把喜劇作爲政治鬥爭的武器。他還留下一些有關創作的言論。在他的《蛙》一劇中提出，推崇一個作家的標準，要看他是否爲國家教好人民。他借酒神之口在劇中説，使人類墮落的作家應當處死。他最早提出了文藝的社會功能問題。

阿里士托芬在反對戰爭、主張和平的作品中，以《阿卡奈人》最傑出。㉗在「開場」時，走出一個主張和斯巴達議和的雅典農民，他看到公民大會不讓一個主和的阿非忒俄斯發言，於是他給了阿非忒俄斯 *8* 塊錢，派他替自己一家人同斯巴達議和，他訂了一個 *30* 年海陸和約後，便帶著一家人舉行鄉村酒神節遊行。但是那些阿卡奈人（即劇中的歌隊），因爲他們的葡萄藤被入侵的斯巴達軍毀壞了，主張向斯巴達人報復，聽説有人媾和，便出來反對，要懲罰這位雅典農民。這位雅典農民只得冒著生命危險去説服他們。他向阿卡奈人指出，他並不想投靠斯巴達人，他家的葡萄藤也被斯巴達割去，但戰爭的責任不能單由斯巴達人來承擔，雅典當局也難辭其咎。他只説服了一半歌隊，另一半歌隊請出主戰派將領拉馬科斯來支持他們。這位雅典農民當場和他扭打，並向阿卡奈人指出，戰爭只對主戰派的軍官有利，那些原不服的阿卡奈人終於明白過來，不再反對議和。接著，拉馬科斯再度出征，這位雅典農民卻因已與斯巴達單獨媾和，便開放和平市場，以顯示和平的好處。在「退場」中拉馬科斯跛著腳上場，他在戰爭中負了傷，叫苦連天；而這位雅典農民則由兩個吹笛女伴著，赴宴歸來，酒醉飯飽，得意洋洋。作者在劇中處處用對照的手法，突出和平的幸福，戰爭的痛苦並力圖掃除雅典人狹隘的主戰思想和復仇的心理，主張各邦團結友好。

伯羅奔尼撒戰爭結束，雅典作爲一個戰敗國破壞嚴重，貧富分化成爲戰後社會的主要問題。阿里士托芬另一名劇《財神》是爲了醫治城邦貧富不均而作。劇情是寫雅典農民克羅密斯一生勤勞，卻一貧如洗。他目睹好人受苦，壞人致富的現實困惑不解。因而到阿波羅廟求神，神示走出廟門跟蹤所碰見的第一個人，便可擺脫貧困。他出廟後第一個碰到的是一個又窮又髒的瞎子。這個瞎子是財神。他恍然大悟，明白了爲什麼富者常不仁，而好人卻往往貧困，因爲財富是瞎子，所以貧富懸殊也是不合理的。於是他把瞎子請到家中，欲請神醫來治財神的瞎眼，使他恢復光明，好明辨是非，能正確地分配財富，當他正要成行時，一個乾瘦的老婆扮演窮鬼的跑了出來，責備他們不該把她拋棄，並大談貧窮如何激勵人們上進，而富足和安逸將使人一事無成；貧困和勞動才是文化的源泉。克羅密斯不能駁倒這個窮鬼，窮鬼也沒有阻止住克羅密斯去請神醫，財神的瞎眼終於醫好復明了，就專門去拜訪好人，摒棄壞蛋。從此勤勞善良的人們過富裕的生活，懶惰或靠敲詐勒索爲生的人紛紛破產貧困，連宙斯廟中當祭司的人也失業了。阿里士托芬站在貧民的立場上，提出了財產不平等的問題。但是他找不到也不可能找到解決這一問題的道路，只好懷念過去，想恢復雅典民主盛世的農民權利。

阿里士托芬想像力豐富，他的戲劇情節是虛構的，採用我們現在看來十分荒唐的漫畫形式，但反映了生活的本質。他在喜劇中採用經過提煉的民間的樸素語言，有時也配合一些城市中的漂亮話。劇中有許多抒情詩，特別是那些描寫農村風景的詩，寫得十分優美。他的喜劇有機智、有詩，也有粗野的成分。海涅曾說過，阿里士托芬的喜劇像童話裏的一棵樹，上面有思想的奇花開放，有夜鶯歌唱，也有猢猻爬行。阿里士托芬的作品還有歷史史料的價值。

表現人體的古典的建築和雕刻藝術

古希臘人認爲人是藝術的主體，也是美的主體。古典藝術的理想是把人本主義象徵化，把人體看作自然界最高的創造物而加以讚美，給予人體以美感。這種表現人體的藝術，除表現人自身的優美外，還有精神的內涵，它通過人的形體的具體神情、體態（即肢體語言）去表現他們的精神追求。或寄托於當時自由民關於智慧、勇敢等等的審美理想。古希臘人是西方人體藝術的創造者，直到今天，古典希臘藝術的傑出作品，還被後人奉爲學習的典範。

古希臘人創造了以柱式爲核心的古典建築體系。希臘古典建築的成就，主要表現在神廟的構造上。古希臘人信奉多神，他們認爲，每一處美麗的地方都有自己的神，廟宇是神的住所，故神廟普立。最初的神廟只有一間正殿的土坯磚房屋，希臘城邦建立後，每個城邦都有它的守護神，特別是守護神的廟宇在希臘人的社會生活中具有更重要的地位。例如雅典城的守護神雅典娜廟，自公元前6世紀初始，年年舉行宗教慶典，每隔四年還有特大的慶祝活動，諸如戰車比賽、徒步競走、舞蹈及音樂比賽等。有些守護神的聖地，在舉行宗教慶典時，應時開放市集，盛況空前。因此，圍繞聖地的周圍就陸續建造起旅舍、會堂、敞廊等公共建築物，形成了以神廟爲中心的建築群。此外，神廟又是城邦公共生活的中心，公民集會、討論國家大事都在這裏舉行。所以，神廟就成爲希臘城邦的象徵，它的意義遠遠超出宗教建築的範圍，對形成共同崇拜的中心，促進公民集體的團結，激發公民熱愛城邦都起著重要的作用。因此，希臘人對神廟的外形與裝飾十分重視。神廟是四方形的房子，或者兩面，或者四面配以柱子，一般在廟牆的上方飾以浮雕，廟内的主廳供奉神像，宗教獻祭儀式在廟前廣場上舉行。

希臘神廟的美主要體現在整個建築的各個部分的比例關係上。廟的長度總是和它的寬度成一定比例。柱子的粗細和它的高度以及各個柱子之間的間隔大小也有一定的比例。這種比例關係通常與不同的柱式有關。希臘神廟建築的特點是創造了獨具風格的柱式，主要的有多利亞、愛奧尼亞和科林斯三種。柱式是以不同的柱子結構爲中心的建築體系。柱子的區別主要表現在有無柱的基礎和柱頭的不同形式。

多利亞柱式最初多用於多利亞人聚居之地。這種石柱由兩部分組成：刻有垂直的凹槽的柱身和沒有裝飾的圓形柱頭。每根柱子上的凹槽一般是16至20條。愛奧尼亞柱式流行於愛奧尼亞人中，石柱由三部分組成：柱的基礎、刻有垂直的凹槽的柱身和有渦卷裝飾的柱頭。它比多利亞式的高一些、細一些、凹槽有24至48條。科林斯柱式的石柱也由柱的基礎、柱身和柱頭三部分組成，但是柱頭有精美的葉狀裝飾，適用於小型廟宇，到公元前4世紀才採用，希臘化時期進一步有所發展。希臘古典時期主要採用多利亞柱式和愛奧尼亞柱式。希臘古典柱式的藝術風格是模仿人體的，一般認爲多利亞式是仿照男性體型的，顯得雄偉樸實；愛奧尼亞式是仿照女性體型的，顯得典雅秀麗。柱式還體現了複雜的數學原理。希臘的柱式對後來西方建築藝術影響很大，直到20世紀現代建築興起之前，歐美各國的重要建築都在一定程度上使用著希臘柱式的體系。

希臘古典柱式的建築藝術的高度成就集中體現在公元前5世紀下半葉雅典衛城的建築群中。其中尤以祀奉雅典守護神雅典娜的帕特嫩廟㉘最著名。由伊克梯努和卡里克拉特設計。它建造在衛城的最高處，長69.5米，寬30.86米，採用雄渾莊重的多利亞柱式的風格，外形雄偉壯觀，廟宇的四周環以柱廊，東西兩端並列8柱，南北兩側17柱，它是多利亞柱式中最宏偉、最完美的建築。廟宇的內部使用了4根愛奥尼亞柱式，使它在雄偉之中有和諧莊重之美。廟周的列柱不是全部垂直，只有正中兩根垂直，其他柱子都向中央略微傾斜，愈靠外傾斜愈多，令人感到建築物強勁有力，平穩安全，每根柱身都呈曲線，趨向是底寬上狹，中央的偏低又略爲膨脹。柱子的基石也不是水平的直線，中間略微隆起，呈弧線形，避免了僵直的幾何線，使人感到地基厚實。材料除屋頂用木外，全部用白色大理石砌成，還用了大量鍍金飾件，大理石的局部又施以鮮豔的色彩，具有濃厚的節日歡樂的氣氛。廟的西半部是國庫和檔案館，東半部是殿堂，雅典娜的雕像安置在當中。

除主體建築帕特嫩廟外，還有山門、勝利神廟和伊利特盎神廟，㉙形成一布局自由、高低錯落和層次分明的建築群。山門建在衛城西端的陡坡上，是一巨大的門廊，類似我國北京故宮的太和殿前的太和門，外觀質樸莊重。從山門口可看到戎裝的雅典娜銅像。山門的左翼是勝利神的小廟，它前後的門廊上各有四根愛奧尼亞柱式。位於帕特嫩廟之北是伊利特盎神廟，這個神廟根據地形高低起伏，運用不對稱構圖手法成功地突破了神廟一貫對稱的格式，由三個小神殿、㉚兩個門廊和一個女像柱廊組成。㉛東面門廊均用愛奧尼亞柱式，風格輕快。南面的女像柱廊爲一片白色大理石牆所襯托，並同帕特嫩廟隔路相望。它以小巧玲瓏的造型，與帕特嫩廟的龐大莊重形成對比，它不僅襯托了帕特嫩廟在建築群裏的中心地位，也表現了自身的精緻秀麗，在建築群中起了活躍的作用。衛城的建築群在建築史上被譽爲建築群體組合藝術中一個極爲成功的實例。

雅典衛城的建築群表現了希臘古典建築高超的藝術，滲透著古希臘人民的智慧、才華和無窮的創造力。它如同中國的長城、埃及的金字塔，是希臘民族的象徵，是世界文化的瑰寶。

希臘古典的雕刻藝術家致力於表現人體的健美。基本的題材是刻畫作爲城邦保護者的神，取得優異成績的運動員和具有美德的公民。它體現了希臘人對人的偉大和智慧的讚頌。

古典雕刻藝術家遵循的基本準則是單純、精確、合理、和諧。從單純出發，古典雕刻只集中在少數幾種類型上，強調主題的突出和手法的洗練。精確意味著要嚴格的寫實，人物形象要栩栩如生，而且要輪廓鮮明，細部清晰，而單純、精確的客觀標準就是合理。雕像要體現均衡、對稱、比例、變化統一以及數量關係等。最後要求和諧的創造出自然而又完善的典型形象。當然，這些都是城邦繁榮時期奴隸主充滿信心和種族優越感的表現。根據這些準則，他們在表現人物體態、舉止動靜的技巧上取得了驚人的成就。古典盛期的雕刻藝術家著重於男性人體美的研究，探索怎樣表現人的動態，特別是運動員的動作。他們的作品並不一定完全真實的表達個性，而是把人的美質集中和提高，創造出完美的形象。到古典的後期，隨著民主政治的日益沒落和城邦危機的爆發，已比較側重於刻畫女性的體態體現女性美。

希臘古典時期最著名的雕刻家是米隆（*Myrom*）、菲狄亞斯（*Phidias*）和波力克利特（*Polycleitos*）。米隆是古典初期雅典雕刻藝術大師，以表現運動中的人體姿態著稱。他的代表作《擲鐵餅者》，這是希臘雕刻中流傳最廣的作品之一。原青銅雕像已遺失，現存的是大理石的仿製品。「擲鐵餅者」面部表情比較含蓄，從充滿信心中顯得沈著，頭部既不粗大也不凶猛，屬強勁而又秀雅的運動員。作者抓住了運動員擲出鐵餅時最緊張瞬間，所表現的最典型、最優美的姿態；他的身體向右扭轉 90度並向下彎曲 45度，全神貫注在拿鐵餅的右手上，而全身重量落在稍稍前躬的右腿上，左腳與左手則鬆弛地放置在一個即將劇烈地劃動的弧形的起點上，給人一種印象，一旦那鐵餅隨同右臂在空中旋轉，潛藏在全身的力量便將迅速迸發，形象逼真，使觀者把注意力集中在運動員的運動上面，令人難忘。

古典時期最負盛名的雕刻家是雅典的菲狄亞斯。他參加並領導了帕特嫩廟的全部裝飾工作。他和其他一些卓越的雕刻家共同完成了且裝飾了兩面山牆、92塊瓏間壁和一條長160米的腰線。東面山牆上表現了雅典娜誕生的傳說，西面山牆描述她和波賽東爭奪對雅典的控制權。腰線的組畫敘說了雅典娜節雅典公民的盛大慶典。瓏間壁上的系列畫描述了希臘人和異族的鬥爭。這些作品被視爲希臘古典藝術的最高成就，以致在藝術史上，人們通常把這一古典藝術的黃金時代稱爲「菲狄亞斯時代」。

菲狄亞斯以表現神像著稱，帕特嫩廟中的雅典娜像是他的一大傑作。這尊神像連同底座高約 *12* 米，在木胎外面貼上金箔，嵌上象牙。女神戎裝站立，面向廟門，左手扶著長矛和盾牌，右手托著勝利女神尼凱的小雕像，頭著金盔，威嚴勇武，具有一種不可淩犯的氣度，並有一種女性的嬌矜，相貌上顯得睿智美麗。神的形象被賦予人的形式，達到美的、健康的身體完滿與結合的境地。其實，對神的炫耀，也是人的自我炫耀，自我欣賞。這尊雅典娜像充分的反映了雅典人戰勝波斯後的民族自豪感。

波力克利特是古典盛期的藝術大師，主要活動在伯羅奔尼撒半島。波力克利特除精於雕刻作品外，還從事理論研究，他結合自己的創作實踐，總結了一套表現人體的規則，寫成了一部《論法規》的書。可惜他的這本書已失傳。波力克利特以表現男性健美體格的名作《持矛者》，是他的「法規」的理想範例。

《持矛者》原爲銅製雕像，已不存在，現存的多是根據羅馬人的仿製品複製的。《持矛者》主要從三方面體現了「法規」；身長與頭部的比例是 *7：1*，這樣形成的人物形象是比較粗短的，被藝術家理解爲健壯的典型比例。波力克利特的藝術特點主要是表現力。其次，雕像的重力只集中在一隻腳上（右腳），右腳承擔了體重，另一隻腳（左腳）放鬆，它的膝部呈明顯的彎勢而僅以腳趾觸地，由於這樣處理，使右腳顯得更爲有力，左腳也更舒展自如，兩腳的功能有顯著的區別，整個身體肌肉筋脈的緊張與鬆弛的變化關係就更突出了。第三，全身隨兩腳的弛張而起相應的變化，用力的右腳和持矛的左手相呼應，鬆弛的左腳則和自由的右手相配合；頭略向右轉，肩膀稍向左偏等，使全身結構形成有機的聯繫，反映出人的生理結構在實際運動中的對立統一關係。這個作品在思想內容上，表現一個意志堅定拿著步槍緩步行進的戰士，在強健的體魄中充滿著信心和力量。這個健美的青年形象，反映了古希臘人對保衛祖國戰士的讚頌。波力克利特作品的藝術風格是雕像堅實有力，雖與斐狄亞斯雕像端莊秀美的藝術風格有區別，但是，他們的作品表現出來的愛國主題則都是一致的。

希臘古典雕刻藝術在表現人體的寫實主義傳統和典型塑造方面，對後來各國、各民族的文化發展都產生過深遠的影響。

希臘古典時期的哲學和科學

希臘的古典時期是哲學思想發展繁榮的時代，卓越的哲學家紛至沓來，他們在早期希臘哲學的成果基礎上，開展了希臘哲學思想系統化的階段，爲後世留下了不少發人啟迪的歷史遺產。各門學科開始從哲學中分離出來，爲後來的發展奠定了初步的基礎。

西方古代唯物主義的傑出代表是德謨克利特（*Democritus*，公元前 *460*– 前 *370* 年）。他出生於北希臘色雷斯工商業城邦阿布德拉的一個富商之家。他青少年時代以專心學習著稱，曾向波斯術士和迦勒底星相學者學習神學和天文學，後來師事於原子學說的創始人留基伯。德謨克利特冷漠財富，專心探求科學真理，曾到埃及、巴比倫、波斯等地遊歷，學習東方文化。政治上他擁護奴隸主民主政治。到了他的中年，希臘半島爆發了伯羅奔尼撒戰爭，戰爭的結果雅典奴隸主民主派的力量削弱了，但地處北方的以經濟和文化發達著稱的阿布德拉城，還處於相對安定的局面，德謨克利特在此從事學術研究，他不重名利地位，據說他曾表示自己寧願找到一個因果的說明，而不要波斯王位。他寫了 70 多種著作，幾乎涉及當時的各門學科，馬克思稱他爲「經驗的自然科學家和希臘人中第一個百科全書式的學者。」㉜可惜的是他的著作也都失佚了。從現存殘篇中，可以知道他的語言富有節奏，比喻生動，形象鮮明。

德謨克利特在前人研究的基礎上，提出了著名的「原子論」。他認爲，世界的本原是原子和虛空，一切事物都由它們構成的。原子是一種最小的、不可見的，不能再分的物質微粒，堅硬結實，永不毀壞，但在形狀、排列和位置上是千差萬別的，而虛空則是原子運動的場所。它同樣是一種客觀的存在。原子在虛空中不斷運動，運動是原子本身所固有的屬性。由於原子的運動碰撞，於是生長成天地萬物。日月星辰都由原子構成，甚至人的靈魂也是原子構成的。

在認識論方面，德謨克利特堅持了唯物論的傾向，提出了「影像說」。他認爲從構成事物的原子群中，會不斷流射出一些原子組成的「影像」，它們作用於人的感官和心靈，便產生感覺和思想。從而肯定了人們的感覺和思想是客觀世界的反映。既然感覺和思想都是由影像的作用所引起的，那麼，它們之間又有什麼區別和關係呢？德謨克利特認爲，感覺只能認識事物的表現現象，只有理性才能認識原子，也就是認識到事物的根本。所以他把認識分成兩類，暗昧的認識（即感性認識）和真實的認識（即理性認識）。在他看來，真理是隱藏著的，不能直接爲感覺所揭示，只能爲理性所發現。從這個意義上說，理性是優於感覺的，是感性的深化和完成。但是，他並不輕視感性認識，認爲感覺是認識的起點，感性認識是理性認識的基礎。德謨克利特的認識論雖是一種樸素的消極直觀的反映論，但它有力的打擊了當時宗教迷信和唯心論。對於探索人的認識活動的規律作出了有益的貢獻。

德謨克利特的原子論缺乏實驗科學的基礎，只是一項天才的推測，偉大的假想。但它卻是古希臘奴隸制和科學水準還十分低下的條件下，唯物主義發展所可能達到的最高成就。直到20世紀初，人們才科學地揭示了原子和原子的活動。應該說德謨克利特的唯物主義比其先前的一切唯物主義都更深刻地闡述了世界的本原的問題。

西方古代唯心主義著名的代表是蘇格拉底和柏拉圖。

蘇格拉底（*Socrates*，約公元前469–前399年）出生在雅典一個雕刻匠之家，母親爲助產婆。他青少年時曾隨其父學手藝，後致力於哲學。蘇格拉底相貌醜陋，但說話富有魅力，他經常在大街、市場等公共場所同各式各樣的人談論各種問題，如戰爭、政治、友誼、愛情，特別是道德問題等，這樣逐漸地在他的周圍聚集了一批貴族青年，如克里底亞、柏拉圖、色諾芬等，他以討論方式講授，成了一個不取報酬的社會道德教師。他晚年時，雅典政局動盪。雅典民主派由於伯羅奔尼撒戰爭的失敗，政權被推翻，出現了「三十僭主」的統治期間勒令蘇格拉底不許講學。公元前*404*年，貴族寡頭在雅典執政八個月，次年被推翻，恢復了民主制，可是在風雨飄搖中恢復起來的雅典法庭，對於這個主張貴族政治的蘇格拉底，於公元前*399*年，以敗壞青年和瀆神的罪名處死。

蘇格拉底的哲學思想包含許多內容，古今學者研究他的資料的也十分多，通常認爲在他之前，古希臘哲學家是從「自然」上升爲哲學問題，蘇格拉底開始從「自我」來說明哲學問題。蘇格拉底的哲學以研究社會倫理道德爲主。他反對研究客觀自然界，認爲那是瀆神的行爲。他的信條是研究「自己的心靈」，「認識自己」。

在認識論上，蘇格拉底認爲認識是從對自己知識的懷疑開始的。他常說：「自己一無所知」，「智慧在於承認無知」。這是因爲他把知識建立在理性基礎上，認爲一切知識都是經由概念。概念是撇開具體事物的特殊屬性而形成的，是普遍的、不變的。所以知識也是普遍的、絕對的、永恆不變的。他認爲知識與工匠的技藝是不同的，人們一般所說的知識其實並不是真正的知識，因爲它都是變化的，沒有永恆價值的。蘇格拉底認爲自己沒有掌握那種絕對的、永恆的、真正的知識，從這個意義上他認爲自己是無知的。他確定了概念在認識中的作用，提出人們的認識不應停留在個別、具體，而應提高到一般概念的抽象思惟，即從個別或特殊事物中求出具有高度概括的一般概念或「普遍定義」。這是他留傳下來的主要哲學遺產。但是，蘇格拉底誇大了概念，認爲概念能產生事物，一般先於個別，這是不科學的。

蘇格拉底的倫理學說是建立在知識論的基礎上的，他的著名格言是：「知識即美德，無知即罪惡。」從此出發，他還提出各行各業，乃至國家政權應由經過訓練，有知識有才幹的人來管理。毫無疑問，蘇格拉底的「美德」反映的是奴隸主貴族的道德規範，是強烈的爲奴隸主貴族政治服務的。因爲在奴隸社會裏只有富有的奴隸主階級才能掌握知識，他的這一觀點是反對當時雅典民主政治中所實行的抽簽選舉法。但是蘇格拉底看到知識的積累和德行的內在聯繫，要求人在追求知識中完善自己的道德，其中有積極因素。

蘇格拉底還認爲美德和知識是人的心靈先天就有的，但是人們並不能一下子就意識到這種先天有的知識，必須通過一系列的引導、啟發，把別人先天有的、潛在的知識，也就是美德誘發出來，或引導人們走向知識和美德，在這個意義上他稱自己是知識的「助產士」。蘇格拉底並不把現成的道理奉獻給人，而是接二連三地向人提問題，使對方作出錯誤的回答，迫使對方承認自己無知，然後再引導對方拋棄謬見，找到正確、普遍的東西，也就是通過對個別的分析比較來尋找「一般」，實質是歸納下定義的方法。

蘇格拉底是用問答法論證他的主觀唯心主義哲學思想的。但是，這種問答法使「師」、「徒」之間是一種「討論」、「啟發」的關係，通過對話揭露認識中的矛盾，實際上是對學生的一種思惟訓練。使學生學到這種思惟方法後，自己開動腦筋，去探索真理的奧秘。這與我國古代的傳統不同，一部「論語」記載了孔子及其弟子的言行，孔子傳授知識和循循誘導的風格流傳萬世，但美中不足的是，沒有一個孔子的弟子提出不同意見，孔子曾說：「道不同，不相爲謀。」蘇格拉底死後，他的學生柏拉圖發展和豐富了這種方法，而柏拉圖的學生亞里斯多德的哲學是從批判柏拉圖開始的。亞里斯多德說過：「我愛我師，但我更愛真理。」這種思想傳統對西方後來科學發展有重大的影響。

柏拉圖（*Platon*，公元前 *427*– 前 *347* 年）生於雅典貴族之家，曾追隨蘇格拉底學習，蘇格拉底被處死後，在年輕的柏拉圖心裏留下了不可磨滅的印象。柏拉圖逃離雅典。後來赴埃及、南意大利等地遊歷。其中南意大利畢達哥拉斯派的門徒，有堅定的信念，淵博的知識，手中還掌握了政權，讓柏拉圖留下了極深的印象。柏拉圖的最高理想是哲學家應爲政治家，政治家應爲哲學家。在南意大利，他結交了一個摯友狄昂，狄昂是西西里島敘拉古僭主㉝狄奧尼修的內弟。因他的原故，柏拉圖應宮廷之請前往敘拉古，他希望把僭主教化成哲學王。但會面時和狄奧尼修交談不和，這個僭主在盛怒之下，把柏拉圖輾轉賣爲奴隸，幸得友人爲他贖身。公元前 *387* 年，柏拉圖在雅典近郊阿卡德米創辦學園，這所學園是歐洲歷史上第一所固定的學校，學生大多是貴族子弟，柏拉圖在此講學著書先後共 *20* 年。在學園生活期間，柏拉圖曾兩次離開雅典。公元前 *367* 年，狄奧尼修逝世，其子狄奧尼修二世繼位，由狄昂攝政，邀請柏拉圖重訪，聘他爲二世師，後來二世與狄昂發生矛盾，把狄昂放逐國外，柏拉圖不悅，適逢爆發戰爭，他以此爲藉口返回學園。過了 *5* 年，戰爭結束。柏拉圖應二世再次的邀請到敘拉古，他來後極力勸二世與狄昂和好，因此激怒了二世，柏拉圖被禁在御花園裏達一年之久，最後才放他回家。此後狄昂帶領學園同學去攻打敘拉古奪權，終以自相殘殺而失敗。柏拉圖政治理想幻滅，從此在學園從事教書寫作直到逝世。

柏拉圖在學園中的講稿並未留傳下來，但他所寫的對話全部都保存下來。學者比較公認的說法是，大約25篇對話是真品，另有6篇對話系爲僞作。在這些著作中，柏拉圖闡述了他的客觀唯心主義世界觀和奴隸主貴族的道德、政治等思想。他的著作主要用對話體寫成，繼承和發展了蘇格拉底的「問答法」，在相互討論中，揭示對方論點的矛盾，得出柏拉圖所希望得出的結論。同時他又把對話提煉成一種獨特的文學形式，對話生動自然，以淺喻深，富有哲理，耐人尋味，且能引人入勝。

柏拉圖創立了客觀唯心主義的思想體系。他的核心部分是其「理念論」。他認爲「理念」的精神世界高於現實世界，先於現實世界而存在。理念是第一性的，現實是第二性的；柏拉圖繼承了蘇格拉底的概念論，認爲每一個事物都有一個相應的概念，這個概念是獨立存在的，它就是產生事物的理念。所有的理念構成一個獨立存在的世界，即所謂理念世界。他認爲現實世界是虛假的、不可靠的，只有理念世界才是真實的、可靠的。例如床，柏拉圖認爲世界上有「三種床」：一是世界上本來就有理念的床，不妨說它是神創造的；二是木匠用床的理念製造出來的個別具體、感性的床，即人們生活中所用的床；三是畫家所畫的床。柏拉圖說，只有第一種床才是真實存在，永恆不變的；而木匠所造的床，不過是對床的理念的模仿，是理念的影子，是不真實的、瞬息萬變的；而畫家畫的床就更不真實了，是摹本的摹本，影子的影子，和第一種真實存在的床隔著三層；相同地，對其他萬事萬物均可這樣推論下去。因此，理念世界是唯一真實的世界，而物質世界是變幻不定的理念世界的摹本和影子。

柏拉圖顛倒了物質和精神的關係，是客觀唯心主義的鼻祖。

柏拉圖把他的理念論應用到認識論上，他認爲物質世界是虛幻的、不真實的，真正的知識只能從理念世界中來。人們在認識理念世界的過程中的感覺是不起作用的。那怎樣才能認識真理呢？他提出了「回憶說」。因爲人的靈魂是不死的，在它墮入人的肉體之前，它是和理念一起生活在理念世界裏，對各種理念本來就有所認識；只不過當它投入到人體時，由於受肉體的污染而把原來認識的理念忘記了。因此，人的學習和研究只不過是頭腦裏固有知識的回憶。所以求知就是回憶，不知就是遺忘。根據這種學說，人的感覺不但不是認識的來源，而且還是認識的障礙，認識不是由感性上升到理性，而是理性不斷克服感覺障礙的過程，也就是靈魂力求從身體的束縛中解放出來的過程。這是典型的唯心主義的先驗論。

柏拉圖認爲知識既然是心裡原本就有的，教育應注重引導、啟發，使人的原有知識表現出來。他進一步的發展了蘇格拉底的「精神接生術」，認爲在認識活動中，人的理性應從一些「暫時假定」（指客觀的具體事物）出發，逐步上升到「根本不是假定的東西」，上升到「絕對第一原理」（即理念）然後又回過頭來，把握這個原理爲根據而得出東西。柏拉圖所說的前一階段相當於蘇格拉底所說的歸納，他所說認識的後一階段則是演繹。柏拉圖在唯心主義的基礎上第一次提出了演繹的問題，他把認識的過程看作歸納和演繹的統一。他的這個思想曾受到列寧的注意。列寧曾說：「關於柏拉圖，據說第歐根尼．拉爾修曾經說過：柏拉圖是辯證法即第三哲學的創始者……，可是那些特別高嚷柏拉圖的功績的人們，卻極少考慮到這個功績……。」[34]

柏拉圖理念論的哲學是古希臘唯心主義發展的高峰。對後世影響深遠。這個唯心論體系以及由此體系而產生的各個流派，在中古歐洲成爲基督教神學的重要精神支柱，直到近代，形形色色的唯心主義、先驗論都可以從這一神秘博雜的體系中，汲取他們認爲有用的靈感。但是，柏拉圖的哲學影響也有積極的一面。他專門研究了理念之間的辯證關係，如「一」與「多」。「動」與「靜」等，認爲它們之間不是絕對對立、絕對排斥，而是相互聯繫、相互滲透的。對辯證學說的發展史有一定的貢獻。

亞里斯多德（*Aristotle*，公元前 *384*– 前 *322* 年）是西方古代最博學的思想家之一，百科全書式的學者。從亞里斯多德開始，希臘的科學才初步地有了分科的研究，所以，他不僅對哲學而且對西方科學發展都有重大的影響。

亞里斯多德出生於色雷斯的斯塔吉拉城，在雅典受教於柏拉圖。他曾任馬其頓的亞歷山大國王的老師。他畢生獻身於科學。他的科學研究曾得亞歷山大之助；亞歷山大曾爲老師提供了 *800* 塔蘭特的科研費用等，並派人爲他搜集許多標本、資料。公元前 *335* 年，亞里斯多德在雅典創辦呂里昂學校，因他經常帶領一幫學生在校園的林蔭道上，一邊散步一邊講學討論，因而他們被人稱爲「逍遙學派」。他的重要著作大都是在此時寫成的。公元前 323 年，亞歷山大死後，在希臘人的反馬其頓浪潮中，他被迫逃離雅典，次年死於哈爾基斯。

亞里斯多德一生所從事的學術研究活動涉及邏輯學、修辭學、物理學、生物學、心理學、政治學、經濟學、倫理學、歷史學、美學以及哲學等各方面的問題，寫下 *400* 卷（一說 *1,000* 卷）的著作，現存 *47* 部著作。這些著作大體可分兩類：一是爲廣大讀者以對話形式寫成的通俗讀物；另一類是他在呂克昂爲自己學生所寫的比較深奧的講稿。前者大多失傳，僅留下一些片斷，後者即現在所看到的那些作品。現存著作是經後人大量的考證校勘、編纂整理的。

亞里斯多德的哲學思想動搖於唯物論與唯心論之間，但歸根究底還是唯心的。他的哲學是在批判老師柏拉圖的「理念論」的過程中形成的；「我愛我師，但我更愛真理」的名言，是他批判柏拉圖時所說的。亞里斯多德的哲學思想的核心是所謂「實體學說」。他認爲物質世界是客觀存在的，自然界是實物的總和，並且是永恆運動和變化的。而一般只能存在於個別之中，本質只能存在於具體的實物之中。他指出「理念論」的根本錯誤是把事物的一般（概念）和特殊（個別事物）割裂開。那麼，事物運動變化的原因是什麼呢？亞里斯多德提出一套關於形式和質料的說法。他認爲，一切事物是由形式和質料構成的。在未取得某種形式以前的質料，只是潛在的或可能的某物，而非物質的形式則是積極主動的，能推動質料的「潛能」成爲現實的東西，這就否認了事物本身的運動，實質上是德謨克利特的原子論與柏拉圖的理念論的折衷。亞里斯多德把原子變爲質料，但卻抽去了物質運動的屬性，貶之爲消極的不起作用的東西。批判「理念論」卻接受了它可以先於物質的部分。他還提出形式的背後還有一個推動力，即「一切形式的形式」即所謂「純形式」，它是「第一推動力」，是獨立於物質之外的「精神」。因此，實際上它就是神。這使他更陷入了唯心主義。

在認識論方面，他承認自然界、客觀物質世界是認識的對象，是一切經驗和感覺的源泉。他還論證了認識的過程，認爲感覺只是提供個別具體事物的知識，只有理論和科學思惟才能認識一般和本質的東西。但是，當亞里斯多德把形式和質料、潛能和現實割裂開來的時候，他又違背了唯物主義的反映論思想，認爲質料本身是不可知的，認識的對象只是形式；感覺是「感受被感覺的形式，而不是感受物質」，這又否認了認識是客觀物質世界的反映。因此，亞里斯多德的哲學觀點是屬於唯心主義範疇的。

亞里斯多德是邏輯學，即形式邏輯的創始人。他稱邏輯學爲分析學，認爲必須掌握這種方法和工具，才能進行科學和哲學的研究，邏輯學可以說是哲學的導論。他提出了形式邏輯的三大基本規律，即同一律、矛盾律和排中律。他研究了概念、判斷和推理等邏輯形式，首創了三段論推理的格和規則的學說，即由大前提、小前提和結論組成。他強調思惟形式與存在形式的一致性，認爲邏輯的形式和規律是客觀事物存在的形式和規律的反映。他正確的指出，思惟的真或假取決於是否符合思惟對象的實際。提出歸納和演繹的兩種方法，前者是從個別事物推出普遍原則，後者是以普遍原則論及個別事物。他強調邏輯不但要求論證形式的正確性，而且要求論證内容的真實性。

亞里斯多德十分重視社會政治問題的研究，他曾收集了希臘158個城邦的憲法，編寫了各國的政體，可惜都已失佚了，《雅典政制》是其中保留下來唯一的一部，它系統地闡述了雅典民主政治發展的歷史。亞里斯多德認爲人天生是政治的動物，一個人如果脫離社會和城邦，那他就不成其爲人，不是神就是野獸。他認爲國家是社會團體之一，是最高的社團，是以行善爲目的。他主張法治，認爲法律是「沒有感情的智慧」，具有一種爲人治所不能做到的「公正性質」。亞里斯多德推崇城邦制度，他的晚年處在希臘城邦危機和希臘化的初期，大奴隸制經濟的發展，中小生產者的破產，東西方文化進一步交流融合，亞歷山大帝國的統治，城邦政治正爲歷史所淘汰。顯然，他的城邦至上政治思想不能適應當時歷史發展的要求。他和其他奴隸主階級的思想家一樣，極力維護奴隸制度。他認爲人分成兩類：天生自由人和天生的奴隸。蠻人與奴隸同一概念，而文明的希臘人奴役其他「蠻族」是天經地義的。亞里斯多德的倫理學說是調和矛盾，主張「中庸之道」。

亞里斯多德是古希臘最著名的文藝理論家。他的文藝思想集中體現在《詩學》和《修辭學》兩部著作中，他廣泛地探討了文藝和美學的一系列理論問題，如文藝與現實的關係，文藝的不同種類的特點等。他肯定文藝有深刻的社會意義，認爲現實世界是文藝的藍本，文藝是對現實世界的模仿，模仿並非消極的抄襲，而是通過觀察和認識，來反映現實中具有普遍意義的事物。亞里斯多德爲西方文藝理論奠定了基礎，兩千多年來一直有深遠的影響。

在自然科學方面，亞里斯多德在生物學中，詳細觀察和記錄了500多種動物的生活情況，他作了動物分類的嘗試，可以說是動物分類學的創始者。他解剖過幾十種動物，研究動物的生理構造。在天文學中他論述月球和地球是球形的。在氣象學中解釋了一些自然現象，他在觀察的基礎上建立了一些自然地理的學說。他還認爲一切金屬都可以互相轉變，因爲它們的成分是彼此相近的，這種説法成爲後來煉金術的思想淵源之一，而煉金術則是化學的萌芽。

由於歷史條件的限制，亞里斯多德在知識方面不可避免的有缺陷，甚至錯誤。在物理學上，他說物體在同一地點下落，其速度與重量成正比，這個錯誤被後來伽利略所糾正。亞里斯多德確定的地球中心説，長期被中世紀教會認爲是不可動搖的真理；哥白尼爲了推翻它，奮鬥了一生，布魯諾並爲此而被燒死。雖然如此，近代西方的哲學家和科學家在推翻他的一些錯誤結論的同時，並沒有全盤否定他的功績，人們將披在亞里斯多德學説上的神學外衣剝掉之後，不得不承認他在人類哲學和科學發展史上作出的巨大貢獻，他是許多門科學的創始人和奠基者，在人類科學的發展史上有不可磨滅的功績。在對亞里斯多德作出很高評價的是馬克思和恩格斯，馬克思在「資本論」中稱他是「古代最偉大的思想家」，恩格斯在「反杜林論」中説他是古代「最博學的人」。直到現在，西方學術界對亞里斯多德的研究相當重視，比較一致的肯定是他在人類科學文化史上的應有的地位。應該説亞里斯多德是西方古代世界的一位文化偉人。

希波克拉底（*Hjppocrates*，約公元前 *460*— 前 *377* 年）是西方的「醫學之父」。他出生於小亞細亞的科斯島上的一個醫生之家，從小隨父學醫，曾遍歷小亞細亞、黑海沿岸和北非等地行醫，廣泛地學習各地的民間醫學，後來成爲古希臘科斯醫學學派的卓越代表，被西方尊稱爲「醫學之父」。希波克拉底及其學派的巨著《希波克拉底文集》共 *70* 卷，現存 *60* 卷，包括解剖學、生理學、病理學及各科臨床診斷等許多方面。據近代學者考證，其中一些重要的著作，如《論風、水和地方》、《瘟疫》、《骨折》、《關節復位》、《頭顱創傷》、《預後》、《箴言》等出自希波克拉底的手筆。

希波克拉底的首要功績是否定「神賜疾病」，用實際觀察疾病過程的方法來對抗這種謬說，爲醫學奠定了科學的基礎。他提出體液的學説，認爲人體由四種體液：血液、粘液、黃膽汁和黑膽汁組成，這四種體液在人體内的混合比例是不相同的。因而他把人分爲多血質、粘液質、膽汁質、抑鬱質四種氣質類型。這種關於人的氣質的成因的解釋雖不正確，但他的氣質類型的劃分及其名稱都一直沿用至今。他還認爲人體的四種體液調和，人就健康；某種體液過多，人就會生病，而體液的失調往往是外界因素影響的結果。因此，他注意外界的自然環境對人的健康的影響。

希波克拉底第二個重大的貢獻是衝破宗教的禁令和習俗，秘密地進行了人體的解剖，獲得了許多關於人體結構的知識，爲外科學奠定了基礎。其中特別有名的是穿顱術，這可能是用腦割治、醫治失明的膿腫或良性瘤的手術。《文集》中敘述説：「當眼睛毫無顯著病症便失明時，可以在頭部切開，把柔軟的幾部分分開，穿過頭骨，使液體全部流出。……用此法，病人便能治愈。」在疾病的治療上，他認爲必須首先注意病人的氣質、特徵、生活方式等因素，不能見病不見人，醫生醫治的不僅是疾病，更重要的是病人。尤爲強調「自然療法」，主張不要輕易用藥，讓身體自行恢復健康。他在治療中提出要「預後」，要求醫生不僅要對症下藥，還要根據病因，預告疾病的發展趨勢。

《文集》中有一卷《箴言》，記錄了許多醫學的至理名言：「人生短促，技術長青」，「無故困倦是疾病的前兆」，

「暴食傷身」等等。特別難能可貴的是，希波克拉底提出了醫務道德問題，當時是以誓詞的形式出現的；其大概的內容是：「我以阿波羅及諸神的名義宣誓，對授業之師，敬若父母。對宣誓立約的門生，我要克盡全力，採取我認爲有利於病人的醫療措施，不給病人帶來痛苦和危害。不受賄賂，不勾引異性……。」今天西方許多國家醫生開業都根據他的誓詞內容舉行宣誓儀式。*1949*年世界醫協把它作爲國際醫務道德規則。

希羅多德（*Herodotus*，約公元前 *484*–前 *425*年）是西方的「歷史之父」。他以《歷史》一書聞名於世。希羅多德出生於小亞細亞的哈利卡納蘇城一個富有的奴隸主之家。青少年時代，他的家族因反對波斯帝國的附庸、哈利卡納蘇僭主的暴政而遭受迫害，他也因此受牽連，被迫移居薩摩斯島。大約從 *30*歲開始，他遊歷腓尼基、敘利亞、巴比倫、波斯帝國的內地、埃及、黑海沿岸、馬其頓以及意大利半島南端的西西里島。在歷時十年的遊歷中，他每到一處，實地遊訪當地的名勝古蹟，認真的了解民情風俗和社會狀況，採訪、搜集各種民間傳說和歷史故事，並作紀錄整理。公元前 *447*年，希羅多德來到當時希臘的政治、經濟和文化中心的雅典，與伯里克利、索福克利斯等名人結下深厚的情誼。此時他在伯里克利等人的支持和鼓勵下，決心寫一部完整敘述希波戰爭的歷史著作。爲此他再次遊歷，遊訪過斯巴達、底比斯、達爾斐及希臘地區的不少城市，考察過一些戰役發生的地點及路線，搜集了許多史料。公元前 *443*年，他隨同雅典人前往南意大利殖民，成了圖里翁殖民城邦的公民。晚年，希羅多德在此潛心著述《歷史》，直到逝世。死時全書可能尚未做最後定稿。《歷史》一書，大約是在公元前*420*年出版的。

《歷史》一書，以希波戰爭爲中心，故亦名爲《希波戰爭史》，全書分*9*卷。前半部是追溯波斯和希臘發生衝突的原因，從傳說時代一直講到波斯的擴張和斯巴達與雅典的崛起。後半部集中敘述戰爭的經過，從小亞細亞希臘人的起義，馬拉松、薩拉米戰役，普拉提亞和米卡爾之戰，一直到公元前*478*年希臘人佔領位於色雷斯的塞斯托斯城爲止。它的內容豐富，生動地敘述了西亞、北非和希臘地區近*20*個國家和民族的地理環境、民族分布、經濟生活、政治制度、歷史故事、風土人情、宗教信仰、名勝古蹟等。

希羅多德在撰寫《歷史》時，除了從荷馬史詩、檔案文獻、石刻碑銘、宗教紀錄以及前輩作家的多種著作中獲得資料外，更多的是利用了親身採訪和實地調查中所獲得的大量資料。成爲西方第一部重要的歷史著作。在西方史學上，是他，首先採用了歷史敘述體的形式，《歷史》類似我國古代史學中的紀事本末體，後來成爲西方歷史編纂學的一種正宗體裁；是他，開始注意考證史料，辨別真僞，最先運用歷史批判的方法撰寫歷史；是他，開始注意探究歷史事件發生的原因，尋求事物的因果關係。是他，具有廣闊的視野，不以記述希波戰爭爲滿足，還將各地風俗習慣加以介紹，寫的是他那個時代希臘人所知道的世界歷史，可以稱它是西方人最早的一部具有通史性質的著作。他尊重不同民族的豐功偉績，重視東方文明，表現了不少卓越的見解。他認爲東方是一切文化和智慧的搖籃。《歷史》的文字語言生動，詞匯豐富，文章流暢可誦而有韻致。在西方，希羅多德有「散文學之父」

的美稱。希羅多德在政治上歌頌雅典奴隸主的民主政治，在《歷史》中提到了「在法律面前人人平等」的問題，這是他所嚮往的一個政治目標。

希羅多德同時存在著不可避免的局限和缺陷，他篤信英雄史觀，有濃厚的宗教迷信與天命論的思想。因此，希羅多德在敘事時夾雜著一些神示、稗史等；此外，由於他親雅典的政治立場，有時違背史實偏袒雅典。所以他所敘述的歷史非全部可信，他也不能真正的揭示歷史發展的原因。但它仍不失爲西方第一部有系統的歷史著作。如今，《歷史》一書已譯成多種文字，在世界各國普遍流傳，成爲世界古代歷史的重要參考著作。希羅多德和我國的司馬遷同爲行跡極廣，閱歷豐富，學識淵博，可相媲美的歷史學家。正是由於他的創造，西方歷史學才第一次成爲一門真正的學科。所以，希羅多德被尊稱爲西方的「歷史之父」。

第3章

希臘和東方文化的交流——希臘化文化

希臘化時期的科學

公元前 *4* 世紀後半期，希臘被馬其頓征服。亞歷山大率領希臘聯軍東侵，建立了遠達印度邊界的龐大的軍事帝國。隨著亞歷山大的進軍，希臘文化迅速向各地傳播，開始了所謂的希臘化時期。希臘化時期的文化與古典時代的希臘文化有著繼承的關係，當時的各種著作都是用希臘文書寫的，不過，這一時期的文化與東方文明古國文化傳統是分不開的，其中包含了東方人民的貢獻。所以，希臘化文化實際上是希臘和東方各地文化互相交流的結晶。以前希臘人的文化中心是雅典，而這一時期的文化最大中心是埃及的亞歷山大里亞。

公元前 *332* 年，亞歷山大佔領埃及後，在尼羅河三角洲的入海口建立一新城，命名爲亞歷山大里亞。亞歷山大死後，其部將托勒密據地自立，使亞歷山大里亞成爲埃及托勒密王朝的首都。從公元前 *3*—前 *1* 世紀，它吸引了近東以及各地的商人、學者，亞歷山大里亞成爲地中海和東方各國貿易和文化交流的中心。

亞歷山大里亞城的建築反映了希臘城市建築的先進水

準。此城面臨大海，背倚馬瑞提斯湖。港口介於海岸與法洛斯島之間，有東港和西港。東港是巨大的商港和軍港，西港爲漁港。法洛斯島的東端建有著名的燈塔，㉟據載此塔全用石料砌成，高130米，塔身由上、中、下三部分組成。下面是方形的底座，中層爲八角形的塔牆，上層是圓形塔頂，圓塔之上是信號房，雕刻著一個手持漁叉，威武雄壯，7米高的海神波賽東的雕像。在圓頂下安置一大火爐，夜裏燃燒起熊熊的烈火，用巨大的青銅鏡反射，把火光射到海上，使過往船隻只距它50公里之外，就能找到開往亞歷山大里亞港的航向。被古代人羨稱爲七大奇觀之一。

亞歷山大里亞城的街道寬闊，城裏最華麗的建築是王宮，佔全城四分之一甚至三分之一的面積。王宮的一部分是最負盛名的「繆斯神宮」（又稱博學園）。是當時最大的學術中心，裏面有圖書館、動植物園、研究院、展覽廳、演講堂、餐廳、以及學者工作居住建築等，它們均有回廊，並以園苑相連。圖書館藏書約40至70萬卷，它蒐集了一部分東方典籍和相當完備的希臘著作，是古代最大的藏書機構。圖書館長由國王任命，最初的幾位館長都是享有盛名的學者。研究院從地中海各地招攬人才，由國王提供優厚的待遇。人數達百名，來到這裏的雖有希旨承寵的文人，但也有很多對文化作出巨大貢獻的人物。他們主要從事學術研究和創作，也收徒講學。神宮內經常舉行各種學術討論會，學者們發揮宏論詰難切磋，對於學識淵博者經常給予各種獎勵。一些學者在此整理圖書文獻，校訂各種抄本，編寫詳盡的注疏、說明和解釋，對溝通東西文化及保存古代文化起了重要作用。

希臘化時期值得稱道的是科學技術有了顯著的進步。出現了一些傑出的自然科學家如歐幾里德、希帕卡斯、阿基米德等等，他們在東方古國天文、數學等長期發展的基礎上，從積累大量的實際經驗逐步推向理論化的階段。例如在數學方面，已能運用抽象概念的邏輯推理，從少數定理推演出無數的新命題，具有更廣泛的理論意義。在理論聯繫實際方面也取得了新的成果。這些卓越的自然科學家如同銀河群星，交相輝映。他們對後來西方的自然科學的發展有深遠的影響，因此有的學者稱希臘化時代是第一個偉大的科學時代。

歐氏幾何的創始人歐幾里德（*Euclid*，約公元前 *330*– 前 *270* 年）是亞歷山大里亞數學和幾何學方面的著名代表。早年他曾在雅典的柏拉圖學院受過教育，學習了古典時代的各種科學文化。由於雅典的衰落，約公元前 *300* 年，他應托勒密埃及國王的邀請，客居亞歷山大里亞城從事數學的教學與研究工作。歐幾里德勤懇治學，深受學生的尊敬。他嚴格教徒，反對急功近利、投機取巧。據說有個學生跟歐幾里德剛剛學了第一個幾何命題，就急不可待，問學了幾何學將得到些什麼好處。歐幾里德對旁邊的侍者說：「拿三個錢來給這位先生，他想的是在學習中要得到實惠。」托勒密的國王也問歐幾里德：「學習幾何學有沒有捷徑可走？」歐幾里德答道：「幾何學怎能有陛下的坦途。」他長於理論思惟，在科學的園地裏勤奮的耕耘了一生，於公元前 *275* 年，他 *55* 歲時就辭世了。

歐幾里德的《幾何原本》是一個具有教科書性質的名著。他全面系統地總結了希臘的數學知識，以簡明而合乎邏輯的程序闡述各種定理、命題和論證，不僅使幾何學的知識集於大成，而且對科學思考的方法作了令人信服的示範。它概念清楚，推理周密，論證有力。幾何原本共 13 卷（1–6 卷論平面幾何，7–9 卷論數的理論，10 卷論無理數，11–13 卷論立體幾何）。它是最早用公理法建立起來的數學演繹體系的典範，因此在數學和一般科學教育中都具有基本意義。歐幾里德的這本名著奠定了古典幾何學的基礎。幾何原本的手抄本流傳了 1,800 多年，到 1482 年印刷發行以來，世界上各種主要文字幾乎都有譯本，印行總計超過一千版次。我國早在元、明時期就有譯本。

阿基米德（Achimedes，公元前 287– 前 212 年）是西方古代偉大的數學家和力學家。他出生在希臘的殖民城邦西西里島的敘拉古。父親費狄是位數學家兼天文學家。阿基米德從小受到良好的教養，11 歲時被送往亞歷山大里亞城去學習，成爲歐幾里德的學生埃拉托斯特尼和卡諾恩的門生，學習數學、天文學和力學，並開始了他早期的學術活動。阿基米德除繼承歐幾里德證明定理的嚴謹性外，他著重於實際的運用，曾利用力學與螺線知識，製成阿基米德螺線揚水器，用於農業水利。據説像這類實用的發明，如滑輪組機械等共有 40 多種。公元前 240 年，阿基米德由亞歷山大里亞回到敘拉古之後，擔任國王亥厄洛的顧問，幫助國王解決生產實踐，軍事技術以及日常生活中的科學技術問題。阿基米德的晚年，發生了第二次布匿戰爭（即羅馬與迦太基之間的第二次戰爭）。敘拉古聯合迦太基共同對抗羅馬，羅馬將領馬賽拉斯率海陸兩路精兵圍攻敘拉古，在此民族危亡之際，阿基米德爲祖國盡忠，製造出精鋭的軍械抗擊入侵者，據説他用回轉起重機抓住羅馬的兵船，懸在空中，將船上的人全部摔了出來，或向海上拋去，使船碎人亡。陸上的敵人也被他發明的投石機擊退，使敵軍攻城兩年多，屢攻屢敗。後來，羅馬人利用敘拉古人慶祝月亮女神阿爾杰米節時，由於失去了警惕，羅馬軍用雲梯爬過城牆進入城內，清晨，*75*歲的阿基米德正在鑽研幾何問題，殘暴的羅馬士兵舉劍刺死了這位古代偉大的科學家。阿基米德以身報國，敘拉古人們按照他生前的遺願，在他的墓前做了個石雕的墓標；一個圓柱上接一個球體，他選擇這樣的標誌，是因爲他證明了計算球積體積的公式。

在漫長的中世紀，西方很少知道阿基米德的著作。後來威尼斯人瓦拉根據一部抄於*10*世紀的稿本，將包括《圓的度量》在內的七種阿基米德原著譯成拉丁文，於*1501*年出版，阿基米德的著作才重新流傳開來。*1670*年，英國牛津出版了阿基米德的遺著全集。

阿基米德是一位偉大的數學家，他確定了按級計算的方法，並且是微積分法的奠基者。阿基米德的《砂粒計算》一書，是專講計算方法和計算理論的。他要計算充滿宇宙大球體內的砂粒數量，這是一個很奇特的想像，這個數大得不得了，是1後帶63個零，即10^{63}。爲了計算，他建立了新的量級計數法，把相當於10^{8}定爲一個新單位，10^{16}爲二級量，10^{24}爲三級量，10^{32}爲四級量……而10^{56}爲第八級量，提出了表示任何大數量的模式。他就等比級數1、a、a^{2}……，提出$a^{p} \cdot a^{q} = a^{p+q}$，這與對數運算是密切相關的。

他在《圓的度量》㊱一書中，利用圓的外切與內接96邊形，求得圓周率π爲：$3\frac{10}{71} < \pi < 3\frac{1}{7}$，這是數學史上最早的，明確指出誤差限度的$\pi$值。他使用「窮竭法」，即要求面積（或體積）的曲線形分割成若干直線形，無限加多這些

直線形的數目，則這些直線形面積的總和，就是所求的曲線形的面積。用現在的話來說，即用逐步近似而求極限的方法，證明了圓面積等於以圓周長爲底，半徑爲高的正三角形的面積。這種方法已初步具有現代微積分的雛形，因此阿基米德是微積分計算基礎的最初奠基人。

阿基米德還是一位偉大的力學家，槓桿原理的發明者。他把實驗的研究方法和幾何學的演繹推理方法很好地結合起來，使力學科學化，既有定性分析，又有定量計算。從物體重心的觀點出發，他對槓桿的平衡條件作了數學的證明，並確定了三角形、平行四邊形、梯形、拋物線弓形等平面圖形的重心，寫出了《論平面的平衡》的科學著作。證明了現今被廣泛運用的重量比等於距離反比的槓桿定律。這個定律是一切機械設計的基礎，用於生產實際，創造出無數的奇蹟。據說此時，他曾寫信給亥厄洛國王，發出無與倫比的豪語：「如果給我一個支點，我就可以推動地球。」機遇終於來臨，有一次，國王造了一艘大船，由於船體過大，請了許多能人都無法將它推下水去。後來要阿基米德設法完成這一任務，他設計了一套槓桿滑輪系統，它只需利用很少的力氣，就能將很重的東西拉動。當一切都準備就緒後，他便將繩子的一頭交給國王，國王順手拉一下，船卻向前滑動，終於進入水面。

阿基米德是力學、流體力學的奠基人。據說亥厄洛國王讓工匠做了一頂金王冠，他懷疑工匠摻了假，但又拿不出證據來，便要阿基米德在不損壞金王冠的條件下，查明王冠中是否摻了其他金屬，並要準確地知道摻入的數量。阿基米德用了當時能利用的一切理論和實驗來研究這個問題，仍未能解開這個王冠之謎。有一天阿基米德走進公共浴室洗澡，仍在思索這個問題，這時澡盆裏的水已滿到盆口，他站進澡盆，水立刻溢出盆外。他坐下去，入水愈深，體重就愈輕，水不斷地溢出，直到他全身入水時，水才停止外溢。他忙走出盆外，看到盆內的水已不與盆口相齊，而是少了許多。這個日常生活現象，使他領悟到一個極重要的科學原理。當時他驚喜若狂連衣服也忘了穿，就赤身露體跑往王宮，一邊跑，一邊喊：「我找到了！我找到了！」之後，阿基米德做實驗，他把王冠和王冠重量相等的一份黃金和一份白銀，依次浸入盛滿水的容器裏，察看每次溢出的水各是多少。若王冠放入水中排出的水和同樣重的純金放入水中排出的水一樣多，那就證明王冠是純金做的，如兩者排出的水不一樣多，那就證明王冠摻了假。根據試驗的結果，阿基米德發現，這個王冠既不是純金做的，也不是白銀做的，而是黃金和白銀摻和在一起做成的。他又利用數學計算的方法，將摻入金王冠中白銀的重量精確地計算了出來。在阿基米德的面前，那個工匠只得承認在金王冠中摻了白銀，而且數量與這位科學家計算的結果完全一樣。阿基米德不僅解了王冠的疑點，更重要的是，他爲人類提供了流體靜力學的基本原理，這就是後來被稱爲「阿基米德定律」的浮力定律：「浸在液體裏的物體，其所減少的重量，等於同體積的該液體的重量。」這一原理表述在阿基米德的《論浮體》的著作中。今天潛水艇的沈浮，航空中的氣球和飛艇的浮力等都是利用阿基米德的原理，從此之後，水力學才作爲一門科學建立起來，它對科學技術，生產實踐的發展有著重大的意義。因此，阿基米德有「力學之父」的稱號。

阿基米德的科學思想也是值得稱道的，他將理論和實踐應用緊密結合，不僅使數學、力學等學科得到發展，而且還推動了工程技術的進步，他既是偉大的科學家，又是傑出的發明家。阿基米德之所以取得這麼巨大的成就，這是因爲他熱愛自己的祖國，具有獻身科學，爲之奮鬥終生的精神。他廢寢忘食爭分奪秒地探索科學真理，直到死前的最後一刻。據載他常在火盆的灰燼裏畫三角形、方形、圓等幾何圖形，有時思考問題，竟忘了吃飯。古希臘人有用油擦身的習慣，他擦身時經常呆坐著，用油在自己身上畫幾何圖形，而把原做的事情忘得一乾二淨。正是這種專心致志的忘我精神，使他取得了巨大的成就。阿基米德還是一位十分謙虛的人，他說過，他的一切發現，別人都會發現，而且還會有更多的發現。他在發表每一個重大發明時，總是慎重的與其他人通信商量，因而他的一些著作便帶有通信討論的形式。如果發現自己著作中有錯誤，他毫不隱諱地承認，並告之讀者共以爲戒。這種研究中的科學態度，也是他取得巨大成就的原因。阿基米德的許多發現至今列入科學知識的寶庫。

阿波羅尼斯（*Apollonives*，公元前 *262*– 前 *190* 年）是創立圓錐曲線論的大幾何學家。他出生於小亞細亞的別迦。青年時在亞歷山大里亞學習，他的老師是歐幾里德的學生。後來他僑居於小亞細亞西部的佩爾加蒙。在那裏他會晤了亞里斯多德的弟子、數學史家歐德莫斯。阿波羅尼斯大概一生都將阿基米德作爲自己的競爭對手，阿基米德研究過的許多課題，他都研究過，例如關於大數系統的討論等，他的著作《速度法》（現已失傳）相當於一本速算手册，在這本書中，他提出了比阿基米德的 π 爲 $3\frac{1}{7}$、$3\frac{10}{71}$ 之間更爲精確的近似值 3.1416，但他是如何求到的，已無從考證。

阿波羅尼斯的幾何學家的盛名是靠他的名著《圓錐曲線論》得來的㊲這部著作全面系統地討論了圓錐曲線的性質，包含著坐標制和曲線方程的思想。全書有 *487* 個命題，共八卷，前四卷是入門篇，它匯總了歐幾里德等人的成果，第三卷至第七卷包括了阿波羅尼斯獨創性的成果，其中的第五卷是圓錐曲線論精粹，它把現代稱爲「法線」看作是曲線給定的內點或外點引向曲線的最短和最長的直線，還討論了從特定點出發可引「法線」的條數，並用作圖法求出了它們同曲線的交點；此外，他還提出了確定任何一點處曲率中心的命題，由此就能導出圓錐曲線的漸屈線的笛卡兒方程。第六卷中有一些比歐幾里德更爲專深的成就，已包含著「解析幾何」的思想。亞里斯多德和歐幾里德都曾研究過圓錐曲線，但是阿波羅尼斯攀上了當時的頂峰。

阿波羅尼斯是從純理論研究上創立了圓錐曲線理論的。到 *1604* 年德國的克卜勒鑽研了阿波羅尼斯的圓錐曲線理論，發現了行星運行軌道是橢圓，從而爲牛頓萬有引力理論奠定了主要基礎。不僅如此，圓錐曲線理論啟導笛卡兒建立了解析幾何學，而圓錐曲線問題成爲微積分發展的推動力之一，它對後來西方 17 世紀數學發展起了重要作用。

西方古代著名的天文學家是亞里斯塔克和希帕卡斯。

亞里斯塔克（*Aristorchus*，約公元前 *310*– 前 *230* 年）是薩摩斯島人，後來到亞歷山大里亞的繆斯神宮工作。他曾提出過日心說，比哥白尼早 *1,000* 年，哥白尼曾把他引爲自己學說的先驅。亞里斯塔克的著作已失傳，我們只能從後人的轉述中知其大概。亞里斯塔克的理論根據，認爲太陽大於地球。他在論文《論太陽及月亮之大小及其與地球之距離》中推算出太陽的直徑與地球的直徑之比一定大於 19：3，但小於 43：6。這個數字雖然與實際相比仍小得多，但理論原則卻是正確的，即從太陽大於地球許多倍的角度可知，必定是地球繞太陽而行，決非太陽繞地球而動。日心說是古希臘天文學最大的貢獻之一。但是限於當時天文學發展的水準，他的理論在觀測中不能得到證明，亞里斯塔克的學說在古代從者也甚少。當時天文學界佔統治地位的是，以希帕卡斯爲代表的地球中心說。

希帕卡斯（*Hipparchus*，約公元前 185– 前 120 年）生於比提尼亞的尼凱亞，曾先後在羅德斯島和亞歷山大里亞城工作。他曾用幾何推理來反對亞里斯塔克日心說，他的天文體系固然有地心說的謬誤，可是在具體的天文研究中卻有不少的成就。希帕卡斯吸收了古埃及和巴比倫長期天文觀察的材料，結合希臘天文研究的成果，發展了天球運行學說，即認爲在中心的地球之外，月亮、行星、太陽、恆星等皆固著於各自的軌道上循序運行，從而可用具體數據和機械原理解釋並預測各類天體的行蹤。爲此他在公元前 134 年編制了古代世界最詳細的星表。表上載有 850 顆恆星的位置和亮度。在把前人的觀測和自己的星表對比時，他發現了「歲差」的天體運動規律，即地球南北極軸線略呈傾斜旋轉而造成的春秋兩分點在天體上的位移，古巴比倫人基那德（約公元前 340 年）在他之前對此只有察覺，而希帕卡斯則比較精確地闡述了這一規律。他確定了回歸年的長度爲 365 日 5 時 55 分 12 秒，與實際情況僅差 6 分多鐘。他引進了圓周分爲 360 度，每度分爲 60 分，每分分爲 60 秒的規定。他還是三角學的開創者，將三角學運用於天文研究。他在地理學方面最早應用了經度和緯度的劃分。

埃拉托斯特尼（*Erastothenes*，公元前 275–前 195 年）是一位博學多才的科學家，他出生在北非的昔勒尼（今利比亞），曾到亞歷山大里亞求學，後來又到雅典鑽研哲學。公元前 235 年，他回到亞歷山大里亞，任托勒密三世之子的教師，並出任亞歷山大里亞圖書館館長。後來他患眼疾，雙目失明，被迫辭去圖書館館長之職，生活困苦，於公元前 195 年絕食而死。

埃拉托斯特尼一生勤奮好學，興趣廣泛，在哲學、文學、數學、史學方面均有精深造詣，但他開創最大的學科則是地理學。他充分利用了古埃及長期地理測量的資料以及希臘航海家有關各地的信息，從地球是一球體的原理出發，利用數學、幾何和其他科學方法而創立了數學地理學。其中一個最重大的成就是對地球圓周長度作了科學的測算。他利用自己發現的黃道傾角原理，根據埃及最南端的希恩（今阿斯旺）地處北回歸線附近的地勢，觀測了希恩和亞歷山大里亞兩地於夏至日中午所形成的日傾角，並根據埃及長期實測資料，推定兩地處於同一子午線、實際距離爲 5,000 希臘里等數據，算出地球圓周爲 252,000 希臘里，若以一希臘里等於 157,5 米計，則可知埃拉托斯特尼所得地球圓周長度爲 39,690,000 米，即 39,690 公里，與實際值（約 40,008 公里）相差無幾，可以說是古人對地球大小的最接近於實際的科學測算。埃拉托斯特尼還寫了《地理學》一書，建立了普通地理學的完整體系，並且科學地論述了自然地理現象。他準確地把地球劃分爲五個地帶：圍繞南北極的兩個寒帶、在寒帶和南北回歸線之間的兩個溫帶以及圍繞赤道的熱帶。雖然由於時代的局限，他對亞洲、非洲廣大地區所知極少，也完全不知道美洲，他都按已知各地大致距離及緯度高低繪製了古代世界較完備的地圖。

埃拉托斯特尼還是一位數學家，他創造了素數表，從此，素數一直是數學中研究的課題。他以赫爾墨斯㊳神話為基礎，寫了有關天文學意味的詩篇《赫爾墨斯》。在哲學方面他寫過一部《哲學史》。他還從事過年代學的研究，曾把特洛亞戰爭以來政治上和文學上的大事日期固定下來。他還寫了12冊的《喜劇史》。可惜他的著作幾無所存，我們僅從後人引述中知其片斷。埃拉托斯特尼是一位成就卓著的學者，他曾被人稱為「柏拉圖第二」。

希臘化時期的哲學

希臘化時期雅典仍保持了哲學思潮中心的地位，但是，哲學開始走下坡路。這時哲學中的各主要流派，不同程度上都反映出奴隸制城邦沒落時期的特點。哲學家們的注意力已經不再集中在解決自然和社會的根本問題，探索宇宙萬物的本原，而集中在追求個人的幸福，尋找擺脫痛苦的途徑。他們的任務是要給人提供一種行為的準則、規範、給人生以指導。因此，倫理學就成了他們的哲學體系的中心和根本。其中影響最大的主要是伊比鳩魯學派和斯多葛派。

伊比鳩魯（*Epikouros*，公元前341－前270年）是唯物主義著名的哲學家。他是薩摩斯島上的雅典軍事移民的兒子。他天資聰慧，少年時就開始讀哲學。18歲時他來到雅典繼續鑽研自然科學和哲學，他深受德謨克里特學説的影響，同時也接觸了柏拉圖、亞里斯多德的哲學。此時馬其頓戍兵雅典，並大批驅逐雅典的外邦人，伊壁鳩魯逃往克羅克亞，後又到累斯波斯島和小亞細亞等地流浪，在此期間他當過哲學教師。公元前 *306* 年，伊比鳩魯重返雅典，他買下一座花園的住宅，辦起學校，專心在此講學授徒直至終生。伊比鳩魯的學校被人稱作「伊比鳩魯花園」，他的學生被稱爲「花園哲學家」。據説他的學生中甚至有婦女和奴隸，這在古希臘還是個創舉。伊比鳩魯一生勤奮著述，寫了 *30* 卷著作，可惜絕大部分已失傳，留存下來的只有三封信和一些著作的片斷。伊比鳩魯創立的學派延續了 *600* 年之久，他的思想學説由他的學生們繼承下來。

伊比鳩魯認爲哲學的任務在於告訴人們達到幸福的手段，研究自然乃是達到幸福的前提。他繼承和發展了德謨克利特的原子論。他同德謨克利特一樣，認爲世界是物質的運動的。構成世界的物質是原子，但他在許多重要方面對德謨克利特的原子學説作了補充和修正。他認爲原子不僅有大小和形狀上的差別，還有重量上的區分，重量也是原子的屬性，因此原子在虛空中就必然要往下降落這就進一步肯定了原子自己運動的觀念。伊比鳩魯還提出，原子在直線下降的過程中，有的原子可以由於其內部原因而自動地脱離其原來的直線運動的軌道，向旁邊傾斜出去。正是由於這種偏離運動和相互衝擊、碰撞，原子才能互相結合，構成萬事萬物。伊比鳩魯並不否定原子按必然性而運動著，同時又容許原子的自動傾斜或偏離，這就給現實中的偶然性找到了根據，説明偶然性歸根到底還是由於原子內部的原因造成的。這種思想具有素樸的辯證法思想，它清除了由於片面強調必然性，否定偶然性的客觀存在而產生的宿命論，而宿命論使人失去爲自己的幸福而鬥爭所必具的勇氣，「偏離說」則爲追求個人的自由幸福找到了理論根據。

在認識論上，伊比鳩魯也繼承和發展了德謨克利特原子論的「影像說」。他肯定認識對象客觀的實在性，認識是由事物所發生的「影像」透入我們感官的孔道所引起的。他不僅把形狀看作是對象所具有的，而且把性質也看作是客觀對象本身所具有的。伊比鳩魯更加強調感覺的作用，他肯定感覺不僅是認識的來源，而且還是真假的標準。他指出，理性不能推翻感覺，因爲理性本身就是建築在感覺之上的。感覺本身是沒有錯誤的，錯誤只存在我們對感覺的解釋和判斷之中。

伊比鳩魯哲學的一個重要特點是注重倫理問題，他主張人生的目的是追求幸福的快樂，但是這種快樂以一定物質享受爲基礎，但不是肉體粗俗的享樂，應注重身體的無痛苦和靈魂的無紛擾，達到精神安寧愉快的個人主義理想。把物質慾望減少到最低限度。

從原子論的宇宙觀出發，伊比鳩魯否認靈魂不滅的宗教迷信，他認爲靈魂是由物質即原子構成的，靈魂必須依附於身體才能存在，身體毀滅了，靈魂也隨之消散。他說：「一切惡中最可怕的——死亡——對於我們是無足輕重的，因爲當我們存在時，死亡對於我們還沒有來，而當死亡時，我們已經不存在了。」[39]這種思想破除了人們對於宗教所宣傳的種種死後受懲罰的恐懼。他雖然沒有否認神的存在，但反對神干預自然的發展，干預世間事務和人的命運的說法。伊比鳩魯主張世界有無限個，神根本不存在於任何一個世界上，而是存在於各個世界相接處的虛空中，過著寧靜美滿的生活，神是不願干預世界生活的，因爲這樣就會擾亂了他們平靜的生活，破壞了他們自己的幸福。伊比鳩魯對宗教迷信的這些批判曾受到馬克思的重視，他說：「伊比鳩魯是古代真正激進的啟蒙家，他公開地攻擊古代的宗教，如果說羅馬人有過無神論，那麼這種無神論就是由伊比鳩魯奠定的。」[40]

伊比鳩魯是古希臘傑出的唯物主義哲學家。他的原子唯物論是古希臘素樸唯物主義發展的頂峰，對近代歐洲哲學思想的發展發生過巨大的影響。他的倫理學說具有明顯的個人主義傾向，已從古典時期哲學家積極干預生活的傳統滑坡後退，而走向了回避現實、追求個人的心靈寧靜上去，它反映了城邦危機時期奴隸主一種無可奈何的失敗主義情緒。但是他的無神論思想和快樂主義還有積極的一面，他告訴人們應當反對宗教迷信，應當爲人們謀取一定的物質福利而鬥爭，無疑對後來社會政治思想發展史上起著進步的作用。

斯多葛派的創始人是芝諾（*Zenon*，約公元前*336*–前*264*年）。他出生於塞浦路斯島的西提雍城。芝諾初隨其父親經商，但對哲學甚感興趣，約公元前*315*年，他來到雅典，讀了色諾芬的《回憶錄》和柏拉圖的《申辯篇》，對書中所描繪的蘇格拉底的人格十分敬佩。據說就在這次經商航行中他遇險沈船，喪失了全部資財，於是放棄商業活動，留居雅典潛心研究哲學。他師事於犬儒學派的克拉提，後又受教於麥加拉派的斯提爾波的辯證術，他也學習過赫拉克利特、亞里斯多德等人的著作。經十多年的學習，他在雅典創立了自己的學派。芝諾講學的地方是一個用繪畫裝飾起來的，一側爲牆、一側爲柱列的有屋頂的柱廊。希臘人稱這種建築物柱廊爲「斯多葛」，他的學派也因而名爲「斯多葛學派」（意即「畫廊學派」），芝諾在此講學直到辭世。

芝諾一生寫了 *24* 篇作品，現今都散失了，但在古代作家的著作中對他的作品進行了有關的轉引和論述。芝諾的斯多葛派的哲學從理論上説是唯心主義，而且帶有神秘主義的色彩，但在認識論和宇宙觀方面明顯具有折衷主義的性質，爲了符合自己體系的需要，他們往往把唯物論與唯心論融合在一起。

芝諾繼承了早期唯物主義哲學家的思想，承認自然的客觀性、物質性，認爲世界是由基本的物質——火構成的，而且是運動變化的。但又與亞里斯多德的形式質料説揉合在一起，主張宇宙萬物有兩個原則：積極主動（能動的）原則和消極被動的原則後者指沒有質的物質，前者則指內在的理性、邏各斯㊶或上帝。但這兩個原則並不是彼此分離的二個實體，只是在思想上將它們分開，而在實在的東西中它們是融爲一體的、不可分離的。在這裏斯多葛派不僅肯定宇宙萬物的客觀存在，也肯定了上帝、靈魂的真實存在。既然構成世界的基本物質是火，而火只是一種被動的本原，他們便加以唯心主義的發揮，認爲上帝就是原始的火，是萬物的最初源泉。他們認爲宇宙在實際的演化進程中，從原始的火轉化爲氣，由氣又形成水，水的重濁部分凝聚成土，清輕部分轉化爲氣，氣稀薄又變成原始的火。火、氣、水、土這四種元素的混合而組成了無機物、植物、動物和其他自然物體。甚至能思惟的「靈魂」也是火性的東西，是一種火與氣的混合物「普紐瑪」。總之，原始的火（上帝）是宇宙的原動力，也就是神使世界運動變化；同時它又是合理的合目地的，因而使宇宙成爲一個活生生的，合目地的，有秩序的和諧的體系。上帝與世界的關係猶如人的靈魂同肉體的關係，上帝是世界的靈魂。因此宇宙萬物的本原是上帝，也是理性邏各斯。斯多葛派用有神論、唯心論改造了赫拉克利特的火的學說。斯多葛派還進一步引出所謂世界大火和世界輪回說。他們認爲宇宙由火起始而生萬物，經過一個預定的時間（據說是 *18000* 年或 *10800* 年），又爲一場大火所燒掉，萬物又復歸爲原始的火。如此周而復始，循環不已。而且每一重新產生的世界在一切方面皆是前一世界的再現。斯多葛派還傳布宿命論的原則，提出世界上的一切事物都是絕對地被必然性所支配的，他們稱必然性爲「命運」。命運和神聖的天命（天道、神意）是一致的，它們都不過是上帝的不同方面，兩者都源於上帝的意志，所以上帝是萬物的主宰。

在倫理學方面，斯多葛派最基本的概念是「自然」（或本性），他們的格言是：「順從自然（本性）而生活」。斯多葛派認爲，人是宇宙體系的一部分，宇宙的本性是理性。人就應當按其本性即理性而生活。所以人的美德就是「順應自然」或「順應理性」。他們認爲宇宙是被絕對的規律所支配的，世界上一切都是必然的、命定的，而這種規律，必然性不是別的，正是理性的規律或必然性，理性就是神的意志。所以世界上的一切都是預先安排好了的，偶然逃脫的機會是沒有的。命運是一種必然的規律，合理的秩序，自然的法則。人們對於他們所遭遇的不幸，沒有擺脫的希望，只有逆來順受，服從命運，順應「自然」，安於現狀。他們教人追求內在的德性修養，因爲幸福不在於物質而在於德行，主張克制一切的慾望，甚至認爲爲了「合理的原因」，可以放棄自己的生命，所以在斯多葛派中不乏自殺的人。它反映奴隸制城邦沒落時期的一種悲觀思想。

芝諾創始的斯多葛派延續了四、五百年之久，它是個傳布廣泛，對西方古代社會頗有影響的唯心主義哲學。後期的斯多葛派倫理學說更處於突出地位，宿命論和禁慾主義的觀念表現得更加充分，並且進一步走向宗教神秘主義。

希臘化時期的文學和藝術

在希臘化時期，與希臘古典城邦制度沒落相一致，文學脫離現實和群眾，講究辭藻，有學究氣味和感傷情調，比較有成就的是新喜劇。

這時的希臘處在馬其頓的統治之下，干預政治生活的舊喜劇逐漸衰落，劇場也不再是群眾性的政治文化活動中心，而成了富人的娛樂場所。新喜劇正是迎合這種需要而創作的。它不談政治，內容僅限於貴族家庭中才子佳人的愛情糾葛，專在情節的曲折和風格的雅緻上下功夫，缺乏深刻的思想內容，有形式主義的傾向。喜劇中還穿插歌舞。新喜劇作家中最有成就的是雅典的米南德。

米南德（*Menander*，大約爲公元前 *342*– 前 *242* 年）出身貴族，寫過 *100* 多部喜劇，得過 *8* 次戲劇獎。他的作品在過去只知道一些殘篇，如《評判》等劇的片斷。*1959* 年發現米南德一個全本《恨世者》，爲希臘文版本。到 *60* 年代末又發現了一本全本《薩摩斯女子》。以上兩個全本均爲古抄本。米南德在希臘各地享有崇高的聲譽，埃及國王托勒密曾親自寫信邀他去做客和演出。米南德是個斯多葛派的信徒，在他的喜劇作品中，鬧劇成分很少，沒有什麼笑話和滑稽動作。《恨世者》和殘篇《評判》等劇中的主題都是勸善規過，提倡寬大仁慈，以調和社會矛盾。米南德還強調性格的重要性，他認爲人們的幸運或不幸取決於自己的性格。他的人物彼此有聯繫，各個人物都能推動情節向前發展。劇本的結構緊湊，語言流暢。米南德的喜劇曾被羅馬的劇作家改編，對後世西方喜劇尤其是風俗喜劇有重大的影響。

希臘化時期的雕刻，隨著王國統治的確立，城邦民主政治的沒落，使一些藝術作品蒙上一層宮廷的色彩。但在一些工商業發達、希臘人集中的大城市，政治生活比較自由，反映現實主義的藝術仍然取得了一些成就，在寫實表現技巧和擴大取材範圍方面也有所發展。這一時期雕刻中心是亞歷山大里亞；小亞細亞的帕加馬和愛琴海上的羅得斯島。

亞歷山大里亞的寫實佳作是《老婦人像》。

亞歷山大里亞的藝術家們把希臘藝術與古代東方的雕刻風格結合起來，它既有爲宮廷服務的作品，如國王雕像、王宮的雕刻裝飾和工藝；也有反映廣大市民日常生活的作品，它突破了古典雕刻題材的範圍，反映下層群眾的日常生活。後一種是它的精華部分，它使雕刻藝術向前發展了。著名的《老婦人像》就是其代表作。這尊像與古典雕刻側重於理想化人物和理想化的生活不同，塑造了一個貧苦的老婦人的形象，他手提筐籃，背負重袋趕集歸來，非常真實地塑造了老婦的容貌和神態，把她的衰老和淒涼悲苦的景象表露無遺，深刻地反映了當時的勞苦人民終生勞累，到頭來仍得不到較好歸宿的慘境（原件在紐約藝術博物館）。

小亞細亞的帕加馬王國也是希臘化時期希臘的雕刻藝術中心之一。這個小王國經常受鄰國高盧人的侵犯，到公元前3世紀帕加馬王國終於打敗了高盧人。因此和高盧人的鬥爭便成爲帕加馬雕刻的主要題材。例如帕加馬宙斯神壇上鐫刻的威武有力的諸神與巨人之戰的大浮雕飾帶，影射著帕加馬人反對高盧人的鬥爭。帕加馬的藝術家製作《高盧人及其妻》是一著名的代表作；它表現一位失敗了的高盧戰士在殺死自己妻子之後，毅然自殺的情景，這位高盧戰士的妻子頹然倒下的姿式和他舉刀自刎的堅毅形象形成了鮮明的對比，具有壯烈的英雄氣慨。這一藝術作品已從一般地刻畫蠻勇的高盧人，轉而歌頌他們熱愛自由的精神。

《拉奧孔群像》是愛琴海羅得斯島上藝術家的傑作。它大約創作於公元前2至1世紀之間。取材於一個神話故事，在特洛亞戰爭中，特洛亞的祭司拉奧孔，因識破天神幫助希臘人攻破特洛亞的計謀，他和兩個兒子被海神派來的巨蟒纏死。它生動地表現了拉奧孔父子和巨蟒搏鬥的痛苦掙扎的情景，形象逼真，具有高度的寫實技巧，對後來西方的雕刻藝術有著深遠的影響。

這一時期最著名的是表現女性人體美的傑作——《米洛的維納斯》像。

《米洛的維納斯》像是19世紀在愛琴海南部的米洛島發現的，它的發現曾轟動了整個西方藝術界，長期以來一直是世界上最流行的雕刻作品。它的作者和兩隻斷了胳膊的原有姿態一直是爭論不休的問題，一般學者認爲它的作者可能是愛琴海某一島嶼上的雕刻家；至於她斷了的兩隻胳膊的原來姿勢？有的認爲是拿著金蘋果？有的認爲是扶著戰神的盾？

有的卻認爲是拉著裹在下身的衣裙？……近年來一些人認爲，她的一隻手正伸向站在她面前的小愛神丘比特。人們曾依照各自的推測補塑了她的雙臂，但總覺得不協調，不自然，還不如就讓她缺兩隻胳膊，讓人們用自己的想像去補全它。因而她就以「斷臂美神」而聞名遐邇。

女神像的左右手雖已失落，但頭部和身軀保持完好。女神像不完全以裸體表現，下身裹著衣裙，神態優美、健康、充滿活力。她的形象美麗、溫柔、優雅，但面部表情有點冷漠。它的風格新穎，在雕刻藝術上，一般認爲它融合了希臘各派之長，達到高度的境界。從女神像身軀的簡練、概括的曲線中，可以看到古典時期那種神性莊嚴的特徵，從面部的表情和半身裸體的姿態又使我們感受到公元前4世紀後期的社會氣息。從膚身衣裙的處理又可以看到希臘化時期自然人間的痕跡。它猶如爲希臘雕刻藝術作了一個總結。

第4章 羅馬時期的西方文化

羅馬的文學和藝術

古希臘晚期的文化成就由古羅馬直接繼承，並把它向前推進，達到西方奴隸制時代文化的最高峰。它在世界文化史上佔有重要的地位。

古羅馬延續一千餘年，歷史悠久，影響深遠。它最初只是包括羅馬城及其周圍地區一個小城邦國家，公元前6世紀末由王制改爲共和制，在國力強盛之後連續對外擴張，首先統一了拉丁平原和整個意大利半島，最後征服了包括希臘在內的地中海四周的廣大地區，成爲東起小亞細亞和敘利亞，西到西班牙和不列顛，北包括高盧（相當現在法國、瑞士的大部和德國、比利時的一部分），南至埃及和北非的遼闊的大帝國。羅馬文化在共和後期和帝國早期臻入極盛。

羅馬文化不是獨立發展起來的，受外界文化影響頗深。羅馬開始征服意大利，然後又統一了地中海沿岸最先進、富饒的地區，這個地區本來就有一些文化相當發達的國家，如伊達拉里亞、希臘、敘利亞、埃及等國家。羅馬人最初從伊達拉里亞人那裏學會了冶煉、犁耕、排水工程和拱門建築等先進技術。而且大量吸收和借鑒了希臘文化的成就。早在公元前8至6世紀羅馬人從希臘在意大利的移民城市庫米那裏摹仿希臘字母，創造了拉丁文字。公元前3世紀上半葉，羅馬人征服了南意大利，與希臘各城邦的接觸更加頻繁，希臘人的先進文化也隨之輸入，到公元前2世紀中葉，羅馬征服整個巴爾幹半島，優秀的希臘藝術和各種科學著作大量傳播到意大利，尤其是許多受過良好教育的希臘人被當作奴隸和人質帶到羅馬，他們給羅馬奴隸主當家庭教師、醫生和音樂師，其中有的人獲得自由後，成爲羅馬社會中的名流人士。羅馬文化是在吸收和綜合其它民族優秀文化的基礎上，形成獨特風格的拉丁文化。

羅馬文化的成長雖受外界的影響，但這種文化奠基在自己的土地之上，羅馬自己的傳統是它的文化的主要內容。羅馬統一地中海之後，贏得了相對和平時期的到來，生產力達到古代世界最高水準，這就爲其文化的發展提供了物質基礎。

羅馬文化的發展深受征服擴張的影響，並且有世界性。羅馬在征服過程中大肆掠奪，優秀的東方和希臘的雕刻等藝術品和各種科學著作，大量湧入羅馬。羅馬文化中成就最大的法學，它的「萬民法」是羅馬統治範圍內的「國際法」。

羅馬文化受官方控制，特別在帝國時期，藝術家和科學家必須得到皇帝的承認，才能作出真正的成績。羅馬歷代的皇帝都傾向將一切聲譽歸爲己有，並且大多數的發明創造歸皇帝專利。例如著名的自然科學家普林尼曾將其著作《自然史》獻給了尼祿皇帝。因此，羅馬文化的民主性較希臘薄弱。

羅馬文化在不同領域和不同歷史時期有其不同的特點。一般在共和時期藝術品多是質樸的色彩，帝國時期則具有奢侈的宮廷藝術的特點，公元3世紀危機之後，文化也就趨向衰落。總之，羅馬文化深深地烙上了它的政治、經濟和軍事的烙印。在西方，古羅馬文化和古希臘文化一樣，同屬「古典文化」的一部分，在西方文化發展中曾起過很大的作用。

羅馬最早的文學來自民間的詩歌，受希臘的影響較大，到共和末期才有獨立的發展。留傳下來的最早的文學作品是戲劇。公元前3世紀末至1世紀中葉，出現了戲劇的繁榮。戲劇分悲劇和喜劇兩種，有的模仿希臘的，也有的以羅馬歷史和現實生活爲題材。悲劇均已失傳，流傳下來的喜劇以普勞圖斯的作品稱著於世。

普勞圖斯（*Titus Maccius Plautus*，公元前254–前184年）出身於意大利中北部的平民階層，早年在羅馬的劇場當過木工和演員，後來他經商失敗，在磨坊做工，並寫作劇本。他出身於社會下層，對下層人民的生活熟悉，這就爲他的戲劇創作提供了豐富的素材。普勞圖斯寫過100多部喜劇，流傳至今只有21部。他的喜劇題材多樣，風格不一，大都根據希臘新喜劇改編，用的是希臘題材，反映的卻是羅馬人的生活。他的主要作品有《孿生兄弟》、《吹牛的軍人》和《一壇黃金》等。

《孿生兄弟》描寫幼年失散的孿生兄弟，相貌完全一樣，後來在尋找的過程中，引起種種誤會，鬧出許多笑話，終於重逢的經過。反映了羅馬上層社會的生活和精神面貌。

《吹牛的軍人》寫雅典城中的一個青年結識了一個妓女，後來這個妓女被一軍官所霸佔，那個青年的奴隸設計使青年重獲妓女，軍官受到奚落，這個奴隸在劇中成爲主角，由於他聰明機智，最終戰勝了橫行霸道的貴族軍官。

《一壇黃金》描寫一個貧窮而誠實的老人，偶然間找到了祖父埋在爐灶底下的金子，他猜疑心重，坐臥不安，整天吃不好飯，睡不著覺，把金壇子藏來藏去，唯恐秘密被人發現，金子被人偷走，直到把它作爲嫁妝，送給了女兒，才擺脫了精神重負。這是一部典型的性格喜劇，把人物的心裏狀態刻畫得十分入微。

普勞圖斯的生活喜劇幽默生動，他繼承了希臘新喜劇傳統，刻畫了一系列生動的人物類型，如吹牛的軍人、騙人的庸醫、貪婪的老鴇、機智的奴隸等的形象給人以深刻的印象。他的劇本中的對白，具有辛辣的戲謔特點，這種粗獷逗笑的風格開創了新型的文學表現手法。這種手法和羅馬人的氣質相投，因此曾在羅馬舞台上風行一時。

普勞圖斯還是一位具有民主思想的劇作家，由於羅馬奴隸主貴族，並不被允許在舞台上進行政治評論，因此他的喜劇回避了重大的政治問題。但是不少的社會問題，如當時財富不均，貧富矛盾、金錢關係的發展給羅馬傳統的家庭關係造成破壞等，在喜劇中仍得到反映。普勞圖斯對羅馬貴族當時的淫亂、貪婪、寄生等給予無情的鞭韃，他嘲笑富人，對窮人深表同情，他的喜劇反映了在新的經濟條件下，下層人民的矛盾心理。他的喜劇語言豐富，文學技巧嫻熟，普勞圖斯的喜劇爲詩劇，格律豐富多變，是研究羅馬早期詩歌發展的重要材料。他的喜劇中採用不少古意大利民間喜劇的成分，對後來羅馬式喜劇的發展有重大的影響，對文藝復興時期劇作家也頗有影響。如莫里哀的名著《慳吝人》就是在《一壇黃金》的影響下寫成的。

羅馬還有「角鬥戲」和「海戰戲」。

古羅馬的各種節日和賽會很多，到帝國時代各種節日娛樂又同宗教祀典、慶功遊行、集會演戲結合在一起舉行。因此，盛大規模的公共娛樂越來越多，娛樂時間也越來越長，有的長達幾個月。節日娛樂內容還包括演角鬥戲等。

角鬥戲是古羅馬戲場上舉行的一種殘酷而又奇特的娛樂方式，參加角鬥比賽的人稱角鬥士。隨著羅馬對外擴張戰爭的勝利，使羅馬奴隸來源十分充足，價格低廉。羅馬的奴隸主除了把奴隸用於農業、手工業等生產部門外，還有很多奴隸在奴隸主家裏充當僕役，有文化教養的奴隸給奴隸主充當歌手、樂工、醫生、教師。奴隸甚至還被用在公共娛樂方面。其中身體強健者充當角鬥士，也有被判死刑的罪犯充作角鬥士的。公元前 3世紀之後，角鬥之風盛行羅馬。許多城市奴隸主辦有專門訓練角鬥士的學校，這種學校像集中營一樣，四面圍以高牆和崗樓。角鬥士在教練的皮鞭和棍棒下練習擊劍、角力等，學校裏還設有禁閉室，用來拷打和禁閉違令的角鬥士。他們將訓練好了的角鬥士出租或賣給別人。羅馬的一些政治野心家經常舉行角鬥戲，除顯示自己的富有之外，更重要的是爲了收買人心，以便提高自己的社會聲望。羅馬的統治者和大奴隸主最初是在大的節日裏或是慶祝戰爭勝利時才舉行比賽。到公元前 1世紀，每逢節日都要舉行角鬥戲，許多城市都興建了角鬥戲場。最初角鬥的形式是一個對一個地單個格鬥，後來發展爲分組、成隊的格鬥，隨著羅馬社會風氣的日益腐敗，角鬥的規模愈演愈大，到公元前 1世紀凱撒時組織的角鬥竟達 320對。角鬥士用的武器主要是劍、匕首、三叉戟、套網和盾牌。通常角鬥就像步兵交手戰，後來出現了雙方騎馬鬥，數百名角鬥士排成兩行相互拼殺；還有蒙面角鬥的。羅馬的奴隸主還強迫角鬥士與猛獸鬥。在舉行角鬥前，奴隸主總要將猛獸餓上一兩天，以便使它們搏鬥起來更加凶猛。羅馬的奴隸主則以觀賞角鬥士流血為樂事，這是一種極其野蠻的娛樂活動。

窮奢極慾的羅馬奴隸主貴族階級，還別出心裁地搞出「海戰戲」。它一般是在人工挖成或天然形成的湖面上演出，擺開敵對的兩艘戰艦，強迫角鬥奴各自登上一方戰艦，互相戰鬥廝殺。早在共和末期凱撒統治時就演出過「海戰戲」，到帝國初期更為發展，奧古斯都曾下令開鑿一個長 *1,800* 羅馬尺，寬 *1,200* 羅馬尺的湖泊，逼使 *3,000* 人表演海戰戲，戰鬥場面仿照公元前 *480* 年希波戰爭中的薩拉米海戰的情景。一方扮演波斯海軍，一方扮演希臘海軍，小而靈活的希臘艦隊以薩拉米海灣的有利地形，一舉殲滅了笨重的波斯艦隊，一些戰艦被擊沈，許多角鬥者葬身於湖中。羅馬皇帝克勞狄竟驅使 *1.9* 萬奴隸和罪犯在一天然湖面上演出「海戰戲」。為了防止奴隸、罪犯逃跑，克勞狄下令在湖面的四周築起人工障礙物，並派步兵把守要道口，不準他們登岸。不言而喻，他們的傷亡一定是慘重的。

這種血腥的娛樂，既說明奴隸主統治階級早已滅絕人性，另一方面也預示著奴隸制度已經走到了盡頭。

帝國初期，被稱為羅馬文學的「黃金時代」。當時詩文並茂，而詩歌尤盛；出現三大著名詩人。

維吉爾（*Publius Vergilius Maro*，公元前 *70*— 前 *19* 年）生活在羅馬共和國開始轉變為帝國的時代。他出身於小土地所有者的家庭，曾在米蘭等地讀書，之後到羅馬學法律，後來又改習哲學和文學。內戰時期他的田產被沒收去犒賞老兵，他向奧古斯都申訴而重獲土地。他認識了奧古斯都的親信麥凱納斯，成爲麥凱納斯文學小組的成員。維吉爾一生中的主要作品有牧歌 *10* 首、農事詩 *4* 卷和史詩 *12* 卷。其中史詩《伊尼德》是維吉爾的代表作。這部史詩是他生命最後十一年的心血結晶，到死時只完成了初稿。爲了熟悉史詩主人翁漂泊、停留的地方，他曾到希臘和小亞各地旅遊。準備對全詩進行加工，但不久病重，只對其中個別章節進行了加工、潤色。但它仍不失爲一部完整的藝術佳作。

《伊尼德》書名的意思是「關於伊尼亞斯的史詩」。史詩分爲兩大部分。前六卷模仿《奧德賽》寫伊尼亞斯的漂泊生活。內容是特洛亞的一個王子伊尼亞斯，在特洛亞被希臘人攻陷後逃了出來，在海上漂流了 *7* 年，第七年被風暴吹到了北非的迦太基，迦太基的女王狄多盛情招待他，他向女王講述了特各亞的陷落和自己漂泊的悲慘經歷，並和狄多結了婚。但天命卻決定他必須遺棄狄多到意大利去重建邦國，致使狄多自殺。伊尼亞斯抵意大利後，參拜神廟，在神巫的帶領下遊歷地府，見到了特洛亞戰爭中陣亡的英雄和狄多的靈魂，也見到了亡父的靈魂，亡父向他預示了羅馬未來的命運，並在他面前展現了他未來的子孫，從羅慕洛開始直到凱撒和奧古斯都。史詩後六卷模仿《伊尼亞特》寫伊尼亞斯在意大利半島登陸後和當地異族作鬥爭的生活。伊尼亞斯到了拉丁姆地區，國王熱情接待他，並以女兒相許，這事激怒了另一個求婚者——路圖利亞的國王圖爾努斯，從而引起了雙方的戰爭，全詩以圖爾努斯被伊尼亞斯殺死便結束了。

維吉爾通過歌頌羅馬祖先建國的豐功偉績，以表彰屋大維的先祖，詩中把屋大維的家譜追溯到伊尼亞斯的兒子尤魯斯，從而肯定屋大維神聖的血統，從而證明屋大維執掌政權是天命的現實體現。並且強調羅馬帝國疆域遼闊乃神意所賜。作者珍視主人翁伊尼亞斯所具有的虔誠、教敬、勇敢、克制、大度、公正不阿等品德，他集中體現了古羅馬英雄的美德，塑造了一個理想的羅馬人形象，也是屋大維力圖恢復的傳統道德的標準。伊尼亞斯已不像阿喀琉斯爲了爭奪一個女俘的私事而放棄責任，他克制自己的感情，服從使命。從《伊尼德》史詩開始，西方文學中第一次出現了所謂責任與愛情衝突的主題。

從藝術上看，《伊尼德》是羅馬詩歌的最高成就。風格不像荷馬史詩那樣活潑明快，而是嚴肅、哀婉；重視人物的心理活動；它沒有人民口頭文學的特點，是西方「文人史詩」的開端。《伊尼德》史詩使古代史詩在人物、結構、詩韻格律等方面進一步獲得了定型。史詩中的許多詩句成爲當時流行的名言警句，被視爲羅馬文明的標誌之一，爲後代詩人經常引用。《伊尼德》被譯成各種歐洲文字，並曾出現不少模擬作品，對文藝復興時代和古典主義文學都具有極大的影響。

另一位詩人是賀拉西（*Quintus Horatius Flaccus*，公元前 65－公元 8年），他是羅馬的諷刺詩人、抒情詩人和文藝批評家。他誕生在南意大利，父親是個獲釋奴隸。內戰時期賀拉西參加過共和派的軍隊，共和派失勢，他向元首政治妥協，開始寫作。公元前 39年由維吉爾介紹，他加入了麥納斯文學集團。六年之後，麥凱納斯又在羅馬附近贈給他一座花園。他讚美詩人和愛情，也歌頌奧古斯都、屋大維的人格和事業。他的作品有《諷刺詩集》兩卷 18首。而最享盛名的是他的後期作品《頌歌》。

《頌歌》裏主要是抒情詩，它教導人們，離開未來的神，享受你的生命。一個舒適的別墅，夏天在林蔭的隱蔽處，冬天在熊熊燃燒的火旁，上等的葡萄酒，令人愉快的朋友，沒有煩惱，形成自己生活的理想。通過描繪田園詩歌般的生活，頌讚奧古斯都的統治。頌歌中有一部分被稱爲「羅馬頌歌」，宣揚純樸、堅毅、正直、尚武、虔誠等傳統美德，以適應奧古斯都政權的需要。

在創作方法上，賀拉西強調作家應有生活感受和刻苦的功夫。作品應有教育意義，注意社會效果，情節應合乎「情理」，創新不能超過「習慣」所允許的範圍形式與語言應作仔細、深入的推敲，既不忽視內容，又要注意形式的完美。他的詩歌以表達的準確和恰到好處見稱。賀拉西抒情詩運用希臘化詩人流派的技巧。他的文藝思想和創作原則對文藝復興，特別是對古典主義文學起過很大的影響。

第三位詩人是奧維德（*Publius Ovidius Naso*，公元前*43*－公元*17*年）。他出生於外省騎士家庭。青年時期曾到羅馬學習演說修辭，家裏想把他培養成律師。但是奧維德喜愛詩歌，從*20*歲起他便從事詩歌創作。早年寫了《愛》、《女英雄書信集》、《愛的藝術》、《愛的醫療》等作品。這些詩歌描寫愛情的心理，尤其是婦女的心理，同時也反映了當時羅馬貴族糜爛淫逸的生活。其中《愛的藝術》一書，對當時奧古斯都恢復古老風尚，重整道德的政策進行了嘲諷，在他*50*歲那年被放逐到黑海之濱，他在那裏住了九年後辭世。

奧維德最好的作品是《變形記》。全詩共*15*卷。用六步詩行寫成。它是由*250*個神話故事組成的故事集，其中較長的故事約*50*個，短故事或略一提到的故事約*200*個。故事中的人物可分爲神話中的神和男女英雄以及所謂歷史人物三類。全詩的結構可以分爲以下各個段落：序詩，引子（天地的開創，四大時代，洪水的傳說），神的故事（*1–6*卷），男女英雄的故事（*6–11*卷），歷史人物的故事（*11–15*卷），尾聲。奧維德把古代世界各國所流傳的許多神話，特別是希臘神話搜集在一起，巧妙地穿插戀愛故事，從天地創造一直寫到當代羅馬，使這部作品成爲古代神話的匯編。作者根據畢達哥拉斯的一切生物死後靈魂相互轉替的唯心學說，從思想上把各個故事聯繫起來，而且每篇都扣住「變形」這一共同點，因而故事中的人物最後不是變成獸類，便是變成鳥形，或變成樹木、花草、頑石，最後以凱撒變成天上的星辰作結束，用此來歌頌帝國。詩人以豐富的想像力，大膽的獨創性和巧妙的語言使許多古老的神話傳說重新獲得生命。書中著名的故事有日神之子法厄同的故事，驕傲的姑娘阿拉克涅變蜘蛛的故事等，都充分地體現了這些特點，至今仍廣爲傳頌。

奧維德的創作態度嚴謹，他曾毀掉不少自己認爲不滿意的詩篇，不讓它們流傳下來。他非常重視修辭和音韻，追求語言表現的美。它不僅給古羅馬文學藝術增彩生輝，而且給後世的不少詩人如但丁、莎士比亞、歌德等以很大的影響，成爲後代詩人選取創作題材的「神話辭典」。

古羅馬人在雕刻藝術方面有突出的成就，創造了給人以立體感的人物雕像。早在公元前*1*世紀，羅馬帝國的初期人物雕像藝術達到了較高的水準，起初羅馬人以希臘爲師，大量收藏、臨摹希臘的雕刻藝術。更早的時候，羅馬人就有爲死者脫製蠟像的習慣，之後，在希臘雕像的啟迪之下，逐漸掌握了以雕刀與鑽子雕鑿人像的技巧。因此，羅馬雕刻與希臘雕刻儘管有許多相同之處，但羅馬畢竟形成了自身的藝術風格。在希臘，對神的讚頌總是採取人的形式；在羅馬表現人，對人的謳歌往往加進些神的韻調。如果說，古希臘雕塑在藝術上最大的成就是對人體美的發現，那麼人物個性刻畫得真實、準確則是羅馬雕塑的特色。它偏重於寫實，要求雕像從容貌、表情等方面都要酷似其人。羅馬的各種人物的頭像、平身坐像、立像的比例都很適中，形象逼真，神態自若給人以立體感。他們尤其注重人物眼部瞳孔的雕刻，使之雙眼傳神，富有充分的表現力，許多人物雕像，遠遠望去，栩栩如生。古羅馬人在肖像雕刻上所做出的貢獻，爲藝術史家們所公認。

在雕刻題材方面，因受古希臘雕刻藝術的影響，既有神像，又有政治色彩的名人像。雕刻的材料有青銅、石料、金、銀等。早在公元前 *1* 世紀就出現了許多羅馬著名政治家的青銅雕像。如西塞羅、龐培、凱撒和屋大維像。據說屋大維銀製的全身像，在羅馬就有 *80* 尊之多。公元 *1* 世紀後期又出現韋伯薌青銅雕像，在上述政治家的雕像中，尤以屋大維奧古斯都的立像最爲著名。

《奧古斯都立像》是描繪屋大維奧古斯都正聚精會神地向軍隊發表演說的情景。屋大維身材高大而魁梧，身著盔甲，左手執權杖，右手向上舉起，食指指向前方，好似在指揮千軍萬馬奮勇向前，形象強勁有力。雕像頭部覆有僧侶式短髮，短髮下是清癯的面頰，深陷的雙目、薄薄的嘴唇，充分顯示了他那威嚴、堅毅和聰慧的人格，當然這裏有誇張的地方。在屋大維的右腳旁邊，精細地雕塑了一位有翅膀，沒有眼睛，天真、伶俐、活潑、可愛的小愛神丘比特的像。神話說，丘比特是愛情美女神維納斯的小兒子，因他手執弓箭，除叫愛神外，又稱他爲弓神。丘比特臉兒紅潤，頰上有一雙逗人喜笑的酒窩。羅馬人傳說情人有情總是不睜開眼，而是張開了心，所以小愛神被扎沒了眼睛；小愛神永遠只是個小孩而不會長大，他需要伴隨有識之士而行。羅馬的雕刻藝術家都注意到了這些特點，雕塑中的丘比特伴隨屋大維成行，它進一步體現了屋大維的高大形象，從而成爲古羅馬人物雕像的典範之一。

羅馬的史學

羅馬史學興起較晚，羅馬興起後的前 500 年（公元前 8–前 3 世紀）幾乎沒有產生著名的歷史學家和著作。公元前 3 世紀之後，羅馬人開始大量吸收希臘文化。古希臘的史學成爲羅馬人學習的榜樣。羅馬著名的史學家有李維、普魯塔克、阿庇安等。

李維（Livy，公元前 59– 公元 17 年）原爲意大利的帕多瓦（今威尼斯附近）人，後移居羅馬。受到屋大維的賞識和款待，曾任屋大維的孫子克勞狄的老師。他目睹羅馬共和制的傾覆和帝制的建立，又洞悉帝國初期的政事，這就使他能把羅馬的歷史作一總結。

李維的著作《羅馬史》，從傳説的羅馬建城一直敘述到奧古斯都的養子德魯蘇去世，前後 744 年，全書 142 卷，現殘留 36 卷。他把上下古今融匯在一起，而略古詳今。他歌頌羅馬人的光榮和偉大，宣揚羅馬的愛國主義和傳統習俗。儘管書中流露出一些共和傾向，但總的還是適應了奧古斯都復興政策的需要。《羅馬史》文筆生動，被譽爲《史詩式的散文》。書中塑造了不少羅馬古代英雄人物，形象崇高，令人敬佩。書中描寫的戰鬥場面波瀾壯闊，激動人心。作者爲一些歷史人物撰寫的演說辭也很有聲色。

普魯塔克（*Plutarchus*，公元 *46–120* 年）是著名的傳記史家。他是希臘中部喀羅尼亞城人，曾遊歷過希臘本土的歷史名城、愛琴諸島、小亞細亞、埃及以及意大利等地，到處搜羅文獻資料和口碑傳說，他博聞強記，通曉多門學科，並能關心世道人心，有濟世之志，是一位學識淵博而又富於人道精神的哲人。後來，他在羅馬講授哲學，結識了許多名人。並且先後爲羅馬皇帝圖拉真、哈德良講過課、深得讚賞被擢居高位。普魯塔克一生著作宏富，是克代罕見的多產作家之一。流傳至今的著作中，最著名是傳記集《希臘、羅馬名人合傳》。

《希臘、羅馬名人合傳》中的 *46* 篇是以類相從，即按照其爲軍事家、政治家、立法者或演說家，用一個希臘名人搭配一個羅馬名人，共 *23* 組，每組後面都予以論讚。其餘 *4* 篇則爲一人一傳。這本《合傳》是用希臘文寫作的，其文瑰麗多姿，夾敘夾議，啟人思想。在西方史學上，普魯塔克是傳記體歷史著作的奠基者。《合傳》也是世界歷史文庫中的要籍之一，傳誦甚廣。古代史上許多重要人物的事蹟都是它流傳下來的。莎士比亞的歷史劇《優里斯．凱撒》、《安敦尼與克婁奧巴特拉》等均取材於此，而普魯塔克所宣揚的倫理觀念，對後來「文藝復興」時期人文主義思潮的興起，起過很大的啟迪作用。

阿庇安（*Appian*，公元 *95–165* 年）是羅馬帝國時期偉大的史學家。他出生在埃及的亞歷山大里亞城，後來長期寄居於羅馬。擔任過皇帝金庫檢察官和埃及總督等重要職務。

阿庇安用希臘文寫作了一部從羅馬建國至圖拉真時代的《羅馬史》共 *24* 卷，完整保存下來的有 *11* 卷。可稱爲通史。他在編寫體例上，按照國別或重大的歷史事件來命篇，敘述其前因後果，本末始終。通常認爲他是西方史學中「記事本末體」的創始者。阿庇安還注重政治史和文化史，這在古代史學家中最難得的。阿庇安還特別重視羅馬共和國的內部鬥爭。他不僅揭露羅馬統治階級對外侵略擴張的種種血腥暴行。而且記述了各族人民反侵略的英勇鬥爭。揭示了羅馬社會的深刻矛盾，記載了像斯巴達克起義那樣的奴隸反抗鬥爭，特別重視羅馬內戰的物質基礎，揭示了小土地所有者與大土地所有者之間的鬥爭，因而受到馬克思、恩格斯的高度評價。

羅馬的哲學

古羅馬的哲學是在希臘哲學基礎上發展的。各個民族在哲學思想方面是有其不同的特點的，羅馬人在哲學方面沒有像希臘人那樣富於思辯，而比較注重於實際的運用。希臘晚期的各種哲學如斯多葛派、伊比鳩魯派等對羅馬的哲學影響甚大，羅馬的哲學也存在著唯物論和唯心論兩派的鬥爭。羅馬共和末期傑出的唯物主義哲學家是盧克萊修。

盧克萊修（*Titus Lucretius Carus*，公元前 *98*– 前 *53* 年）是羅馬古代最著名的唯物主義哲學家、詩人、西方古代原子論的完成者。關於他的生平，歷史上幾乎沒有留下任何可信的記載。據說他因患間隔發作的精神病，最後服毒而死。他的《物性論》，是融哲學、科學和詩歌爲一體的傑作。在這部著作中對伊比鳩魯的原子學說作了完整、系統的敘述。全書分爲6卷，論述了物體和虛空、自然及其規律、靈魂、感覺和情慾、天體的生滅和人類的起源以及一些異常現象的由來。這部著作是在他死後才發表的，湮沒了千餘年，直到文藝復興時期才發現了經中世紀保存下來的這份基本完整的手稿。由於德謨克里特和伊比鳩魯的著作大量散失，《物性論》成爲研究古代唯物主義的最重要的著作，並對近代唯物主義思想和自然科學的發展發生了深遠的影響。

盧克萊修根據當時科學發展所達到的水準來反對唯心主義。他堅持用自然本身來說明自然，認爲原子運動的規律是自然的最高定律。並用大量的經驗事實和邏輯上的類比推理，詳細的闡明了這一規律。他說自然界沒有什麼東西能從無中產生，每種東西總有自己的質料，春天灑滿玫瑰，夏天布滿穀穗，秋天果實累累，都是由於它們有一定的種子，並經過一定季節、一定的時間和一定的養料。如果一切可以從無中來，那麼，任何東西都能產生任何東西，「人可以從大海升起，魚可以從陸地長出，禽鳥會突然從天而降。」[42]等等。同樣道理，一切產生出來的東西，也不會歸於無。他說如果物能夠變成無，那麼，一切東西就會立刻被毀滅，世界也不再是充實的，事實上一個事物的損失等於一個或另一些事物的增加，它不是變成無，而是變成了另一種形態，另一種事物，沒有什麼東西的死滅是絕對的。

盧克萊修又指出，自然之所以有嚴格的規律性，乃是因爲事物有一定的物質基礎，就是原子和虛空。他和伊比鳩魯一樣，認爲原子是永恆的，不可分的，原子的形狀是各式各樣的，不同形狀的原子以不同的次序和位置排列起來，構成不同的事物，而原子在一定時間內聚集或散開就表現了自然的規律性。可是原子和虛空都是看不見的，盧克萊修旁徵博引的用了大量日常生活中，形象生動的事例來論證原子和虛空的實在性。他提出原子的微粒雖看不見，但可用其他看不見的東西的存在來證明；我們看不見風，但從狂風的巨大力量而相信它的存在。一件乾的衣服掛在海邊，慢慢就變濕；濕了的衣服曬在太陽底下，又會變乾，沒有人看見濕氣如何侵入衣服，也沒有人看見它如何被陽光趕走。還有，如犁頭的磨耗、石舖的路被無數的腳磨光等等，我們都無法看到每次消失了多少微粒。所有這些，都證明了自然「永遠用不可見的物體來工作」，證明了不可見的原子微粒是真實存在的。同時，虛空雖是「一種其中無物而且是不可觸的空間」，也是真實存在的。他除了說沒有虛空物體就沒有運動的場所之外，還認爲物體就是由原子和虛空混合形成的。爲什麼食物能進入肌體，養料可以輸進樹木，聲音能夠透過牆壁。寒風滲入肌骨？因這些物體中有空隙可以讓他們通過，這就證明了虛空的存在。同樣體積的棉花和鉛塊，爲什麼棉花輕而鉛塊重？因爲棉花裏包含了更多的虛空。如果二者同樣充實的話，那就應該是一樣重了。總之，一切事物都是由原子和虛空構成的。盧克萊修認爲原子有三種運動：由原子碰撞而發生的運動，由原子重量而產生的向下直線運動，和由原子下降時產生偏斜的運動。他認爲這種原子內部自動發生偏斜的運動，是形成世界萬物的原因。因此，運動是物質自己的運動，和神沒有任何關係。

盧克萊修還區分靈魂和精神，認爲靈魂是生命的本原，分布於全身；而精神是理智和意識，它只存在於胸中；但它們都是物質的，是最精細的原子，它們和軀體一起存在和消亡。他反對靈魂不死和輪迴的謬論。

在認識論上，盧克萊修繼承了德謨克里特和伊比鳩魯的「影像說」，認爲事物流射出來的「影像」作用於感官到一定程度便產生感覺。他也是一個感覺主義者，強調感覺是認識的基礎。感覺是可靠的，錯誤是由推理造成的。他說：「任何時候任何東西，對這些感官顯出是怎麼樣，它就真是那麼樣。」[43]因爲感覺是「我們的生命和安全所依賴的整個基礎」。如果看到了懸崖和其它危險的東西而不避開，就會送掉性命。

盧克萊修進一步發展了伊比鳩魯的無神論思想。他對宗教深惡痛絕，認爲宗教所宣傳的對死的恐怖是人類不幸和罪惡的根源。他以徹底的唯物主義者的胸懷説明，死，是生命的終點，是不可避免的，一切怕死的觀念都是愚蠢的，他歷數古往今來的帝王將相、豪傑和賢哲都不免於死，而生死交替，新陳代謝是不可抗拒的自然規律。靈魂和肉體是共生共死的，從而批判了靈魂不死的宗教觀念。

《物性論》第五部分是盧克萊修的社會歷史觀。他描繪了大地的形成、動植物的起源以及人類由野蠻到文明的發展圖景。他認爲，人類歷史的發展也是一個進化過程。地球上最初只長著植物，然後才產生動物。動物中先有鳥類，後來才有其他動物和大類。原始人像野獸那樣過著漫遊的生活，餓了採果，渴了飲溪水，不會用火，沒有房屋，不懂耕種，沒有語言，沒有公共生活。只是由於生活的需要，在對自然鬥爭的過程中，才慢慢地有了茅屋、皮毛和火，有了家庭生活。再後，人們發明了工藝，建築了城市，組成了國家，產生了法律。他認爲自然、社會、語言、國家都是一個發展的過程，決不是神所創造的。

盧克萊修的原子論唯物主義是古代樸素唯物主義所能達到的最高水準，不僅是古代哲學遺產中的精華，而且對後來唯物主義有深刻的影響和價值，是文藝復興時代反教會鬥爭的有力武器。馬克思高度評價了盧克萊修，稱道他是一位「朝氣蓬勃、吒叱世界的大膽詩人。」[44]

羅馬帝國的早期，新斯多葛主義盛行。新斯多葛主義與早期斯多葛派的不同之處，是它的實踐和道德的原則更得到重視，倫理學說處於更加突出的地位，宿命論和禁慾主義的觀念表現得更加充分，並進一步的走向宗教神秘主義。新斯多葛主義在羅馬社會統治階層中廣爲傳播，甚至皇帝和著名的大臣都成爲它的信徒。實際上它已成爲羅馬貴族的宮廷哲學。它的代表人物有塞涅卡、愛比克泰德。

塞涅卡（*Lucius Annaus Seneca*，約公元前 *5*– 公元 *65* 年）是新斯多葛派的奠基人。他出身於騎士家庭，曾任尼祿的老師，在宮廷中享有很高的地位。塞涅卡表裏不一，一面大談操守和節制的道德，另一面他自己卻接受尼祿賞賜的無數錢財，過著窮奢極慾的生活。

塞涅卡的哲學思想主要表現在倫理學上，他宣揚俯首聽命的宿命論思想，認爲世界是由「天命」決定的，人完全無能爲力。他的格言是：「願意的人，命運領著走，不願意的人，命運牽著走。」他主張人的唯一任務是提高道德和智慧，保持精神上的安寧。他還千方百計地鼓吹禁慾主義，要求人們放棄現實生活和慾望，以期待神的啟示和精神上的解脫。塞涅卡的這些思想後來成爲基督教教義的重要思想資料。

愛比克泰德（*Epictetus*，約公元 *50–138* 年）出身於奴隸，後以教學爲生。他強調對上帝的虔誠、忠實。因爲上帝是世界的主宰者，上帝提供了世界上的一切東西，也創造了人。並把自己的一部分本質的東西即理性給予了人，讓自己照管自己，而人作爲上帝的作品，就有責任不辜負、不辱沒上帝。而上帝的本質就是健全的理性，也就是善的本質，因此人要行善就得服從上帝的意志。他強調對他人要忍耐、寬恕和節制。因爲所有的人都是上帝的後代，按本性大家都是兄弟，故應給一切人以愛，而不應當以惡報惡。他還主張對外在的好處採取冷漠的態度，因爲幸福只能在我們能力所能及的範圍內尋找，超出我們的能力之外去尋找幸福會招致不幸，因此必須實行節制。他甚至主張從世俗生活中消極隱退。愛比克泰德的目的是要人們篤信上帝，相信命運，安於現狀，放棄鬥爭，以維持開始走向沒落的奴隸制社會。

猶太——希臘哲學家斐洛（*Philo*，約公元前 *25–* 公元 *40* 年）生於亞歷山大里亞的猶太教教士的家庭，是古羅馬神秘主義最主要的代表。他認爲猶太教是集人類智慧之大成，而猶太教經典是最神聖的書，同時他對希臘哲學，尤其對柏拉圖的哲學十分熟悉。他採用亞歷山大里亞的譬喻講解法，用希臘哲學對猶太經典作寓言式的神秘的解釋；斐洛還認爲希臘哲學淵源於猶太經典，柏拉圖和亞里斯多德都是摩西的信徒，他們從舊約中得到了智慧。他把猶太神學和希臘唯心主義哲學揉合起來，建立了一種神秘主義的學說。

斐洛肯定上帝的存在，認爲上帝是絕對超驗的存在物，是超乎一切界限的，我們只能知道他是存在的，但不知道他究竟是什麼，他的本質不是理性所能達到的，我們不能通過思想來理解他、規定他，不能用語言來形容他。因此，我們只能相信他的存在。

斐洛還認爲上帝無所不包，他是萬物的基礎和源泉，是絕對的權能，絕對的完美，絕對的善。但是上帝不能直接作用於世界，因爲這樣上帝就要爲物質所沾污而成爲有限的了。他提出上帝對世界的作用要通過一個中間環節（中介）。這個中介是什麼呢？斐洛利用了猶太教的天使和魔鬼的觀念，又利用希臘哲學的世界靈魂（斯多葛派）和理念（柏拉圖）的概念，並且把它們改造揉合成「邏各斯」。邏各斯是上帝的智慧、權能和意志的實體化，是上帝的作品。上帝通過邏各斯的中介，從混沌的質料中塑造出可見的事物世界，在創造世界時也創造了時間和空間。斐洛這些思想後來成了基督教的思想來源之一。

斐洛還提出，人應當通過理論上的沈思，從肉體中，從自身的邪惡中拯救自己，斷情絕慾。而要做到這一點，必須借助於上帝，依靠上帝的啟示，使我們達到心醉神迷的狀態，這樣我們的靈魂才能直接領悟上帝，達到神人合一，這也是人生的最高目的。

羅馬的自然科學

羅馬的自然科學知識，是總結在羅馬自己的生產經驗的基礎上，並吸取了地中海各族人民的科學成就而發展起來的，其特點是應用科學的發達。

古羅馬的建築事業發達，特別在羅馬帝國時期，建築華麗而壯觀，從羅馬城的建築上可以看到幾分。羅馬城有30道城門，城內神廟數百座，11個大劇場，其中有兩個圓形大劇場，16所公共浴場以及宮殿、凱旋門、紀功柱和水道橋等。難能可貴的是許多建築遺蹟一直保存至今，使我們能了解它的成就。

羅馬人在建築的結構上優於希臘，尤其在實用方面達到相當高的水準。促進羅馬建築結構水準提高的是建築材料的發展。羅馬人除使用磚、木、石等建築材料外，並開始使用混凝土建築。羅馬生產天然混凝土，它是一種火山灰，加上石灰和碎石後，凝結力強，堅固且不透水。加之這種天然混凝土在開採和運輸上都比石材廉價、方便，而且能減輕結構的重量。羅馬人起初用混凝土來填充石砌的基礎、台基和牆垣裏的空隙，從公元前2世紀起，混凝土開始成爲獨立的建築材料。後來幾乎排斥了石塊，在拱券結構建築中，從牆腳到拱頂是天然混凝土的整體，它的測推力小，結構穩定，這就使羅馬建築有可能無論在實用或美觀講究上，都大大的推前了一步。

羅馬建築上重大的功績是，他們將希臘人的列柱和西亞的圓拱結合運用，創造了拱券結構。每當建築功能有新的發展而要求更廣闊的空間時，首先遇到的就是屋頂和它的支撐者的結構發生矛盾。拱券技術的產生取代了內部支撐牆柱，這就使羅馬的一些大型建築如政府大夏、圓形劇場等，獲得了宏敞開闊、流轉貫通的內部空間，不僅提高了建築的使用價值，而且擺脫了希臘建築須順應地勢、利用山坡的被動局面，使羅馬的建築在布局方式、空間組合等方面獲得新的生命。

爲了解決柱式與拱券結構的矛盾，羅馬人發展了柱式。支撐拱券的牆和墩子又大又重，必須裝飾，羅馬人在長期實踐過程中產生了券柱式，即在牆上或墩子上貼裝飾性的柱式。把券洞套在柱式的開間裏。券腳和券面都用柱式的線腳裝飾，以協調風格。柱子凸出於牆面約四分之三柱徑。羅馬的柱式裝飾華麗，甚至額枋都布滿浮雕，旨在象徵著權力和壯觀。羅馬的柱式一般失去了希臘柱式的端莊和典雅，但羅馬柱式的規範化程度已很高。

羅馬的建築種類很多，有爲炫耀侵略戰爭勝利的紀念物、紀功柱、凱旋門等；有爲奴隸主腐朽生活服務的娛樂場所、劇場、角鬥場等；以及公共設施、公路、地下水道和水道橋等。

《圖拉真紀功柱》是在希臘人阿波羅魯斯建築師領導下，歷時5年建成的，一直保留至今。石柱高35.23米，圓柱下有一長達244米，共有2,500個人物的浮雕環繞帶，表現圖拉真遠征達西亞戰爭的戰鬥、攻城、渡河、犧牲、談判等一系列活動。並刻有阿波羅魯斯所建造的橫跨多瑙河的著名木橋圖樣，頂端立有圖拉真的全身雕像，㊺圖拉真皇帝死後的骨灰就埋在這石柱下面。

最著名的《哥羅賽姆大劇場》（又稱《大角鬥場》）建於公元69年，落成於公元80年，是爲紀念羅馬鎮壓猶太人起義而建立的。劇場從外面看有四層，其內部層次很多，並不與外部有一致的連屬關係。它與希臘劇場不同，演出的場所不在中心而移到一邊去了。中間成了「池子」（觀眾席）。座位共有 *60*排，按觀眾等級分區，可容 *8*萬觀眾。場內設有 *80*個出入口，下層是通路，二、三層是照明窗。劇場中心的舞台周長 *524*米。有許多供辦公、倉庫、圈獸、角鬥士居住用的地下室。舞台可以灌水成湖，表演海戰場面，為此備有專門的起重裝置可以吊起戰船。

在公共設施方面，羅馬人也有重大的成就，他們修築了公路，一般在鄉間修驛道，集市要道口修建大幹道，還有通往古羅馬諸城堡的大小幹道。築路工程講求質量，下面舖石子和黃沙、上面舖石板或大石塊。羅馬城內修建了公共浴場。公共浴場通常是一座複雜而又豪華的建築，其內有供浴前運動或遊戲的回廊，入浴的人做過浴前運動後，進入溫度不同的暖氣房，暖氣靠裝在地窖裏的熱鍋爐供氣，暖氣管敷設在牆壁內。暖氣房有數間，每過一間，暖氣房內的溫度就跟著升高一些。入浴的人等全身蒸騰汗液出透後，用溫水洗澡，再用涼水沖淨，全身塗上一些油膏。羅馬的奴隸主不僅在浴室洗澡，還可以到浴室附設的茶館、酒肆同朋友談話，或在體操室內做操，擊劍室裏擊劍，圖書館中閱覽圖書。它實際上是一種俱樂部。所有羅馬浴場保存最好的是 *3*世紀時可容 *1,800*人的《卡拉卡拉浴場》。

古羅馬城共有 *11*條水道向城內輸水，羅馬舖設的地下水道聞名於世，其中有一條注入臺伯河的「大下水道」，它至今仍在。這一地下水道是用硬石炭石砌成的，堅固耐久，城內已使用過的污水，雨後地面上的漬水，均可通過它流進台伯河。在橋梁建築方面，他們在羅馬城邦，修建了水道橋，以適應農業灌溉的需要。這種引水道工程在帝國的前期大量興建，它的結構有兩種：一種專爲輸水管道用的引水道工程，同一般橋梁一樣，下面有許多半圓形的拱門，上面是一條有凹槽的水溝，可將水源從一地接通到另一地，提供灌溉用水。這種形式的水道橋架設得比較長，可以在中間的某一處交接另一水道，呈「十」字形，通過橋面上的水槽東南西北均可輸送水源。但是，這種水道橋的橋面與公路橋的橋面不同，人、馬車是不能通行的。另一種是三層多孔水道橋，其建築形式更爲精巧，它的最上面一層有輸水管道，可以引水，中間及最下面一層可供人、牲畜和車輛通行。

由於建築事業的發達，產生了建築學的著作，可惜流傳下來的只有奧古斯都的軍事工程師維特魯威寫的《建築十書》，此書分十卷，主要有：建築師的修養和教育，建築構圖的一般法則，柱式，城市規劃原理，市政設施，廟宇，公共建築物和住宅的設計原理，建築材料的性質、生產和使用，建築構造做法，施工和操作，裝修，水文和供水，施工機械和設備等。這部著作，首先是內容完備，奠定了西方建築科學的基本體系。*2,000*多年來，儘管建築科學有著重大的進步，這個體系卻仍然有效。第二，維特魯威系統地總結了希臘和羅馬人民的實踐經驗。例如有關建築物的選址，他探討了建築物的性質與城市的關係，細致的考慮到地址四周的地形、道路、朝向、陽光、水質和污染等。他本人也具有豐富的實踐知識，在講到抹灰時，他詳盡的敘述從消化生石灰，製砂漿，打底子直到刷最後一道罩面顏色漿的全部工序和操作方法。維特魯威認爲，只有兼備實踐知識和理論知識的人才能成爲稱職的建築師。他詳細闡明了幾何學、物理學、聲說、氣象學等基礎科學以及哲學、歷史學等對建築創作的重要意義。第三，他按照希臘的傳統，把理想化的美和現實生活中的美結合起來，論述了建築藝術原理。他特別強調建築物整體，局部以及各個局部之間的比例關係，強調它們必須有一個共同的量度單位。他還總結了希臘和羅馬共和時期柱式的經驗，把以數的和諧爲基礎的畢達哥拉斯學派思想同以人體美爲依據的希臘人本主義思想統一起來。他對建築美的研究，始終聯繫著建築物的性質、位置、環境、大小、實用、經濟等等，注意根據各種情況構思設計。*15*世紀後，《建築十書》成了西方建築師的基本教材，文藝復興時期許多建築著作都是模仿它的。

羅馬的建築和建築學爲西方現實主義的建築奠定了良好的基礎。

羅馬出現了三大農學家：加圖、瓦羅、科路美拉以及他們的農學著作。

羅馬農學成就大，現存羅馬最早的農書是加圖的農業誌。加圖（*Marcus Porcius Cato*，公元前*234*–前*149*年）是羅馬共和國前期著名的政治家、散文家和農學家。是位博學的人。他生平著述甚多，涉及修辭學、醫藥、軍事、法律、農業等，其中最重要的著作《農業誌》被完整的保存下來。原文*2*萬餘字。

《農業誌》的內容廣泛，他對農業生產中的各種問題都提出了自己的看法：何時施肥，怎樣施肥；如何管理葡萄和橄欖；如何管理牲口，如何選擇和構築打穀物以及保管糧食等。加圖對不同規模和性質的莊園應使用多少奴隸勞動和奴隸間的分工，都作了精細的計算。他竭力主張莊園主要親自從事農業生產，以多賣少買的方法增加收益。提出集約經營，在各種作物中他認爲種植葡萄最有利，經營菜園次之，糧食則居第六位。他認爲以發展商品生產爲主的莊園，應盡可能選擇靠近城市，或鄰近大道，或鄰近航運便利的河流。《農業誌》提供了公元前2世紀意大利中部農業生產和奴隸制經濟發展的寶貴材料，是研究古羅馬經濟的重要史料之一。

第二位農學家瓦羅（*Marcus Terentius Varro*，公元前*116*–前*27*年）出生在意大利薩賓地區一鄉村，曾任執政官，屬龐培派，法薩盧戰後，他棄龐培，投凱撒。内戰結束後，從事著述。瓦羅的著作豐碩，包括天文、地理、航海、語言、歷史、哲學、農學、醫學等。但保存下來的則較少。只有《論拉丁文法》的一部分殘篇和《論農業》三卷。

《論農業》分別論述農、林、牧、漁等各方面的知識。瓦羅時代的莊園的規模已較加圖時代發達，莊園已趨向於農業、畜牧業和手工業、漁業等副業多種類型的綜合經營。莊園收入顯著增加。莊園建築豪華講究，有公園、鳥房、池塘、獵園等等。瓦羅特別注意如何對待奴隸的問題，爲了防止奴隸起義，主張讓奴隸有少量的財產和與女奴同居，以便使奴隸忠實可靠和眷戀莊園。它反映了公元前*1*世紀中葉羅馬莊園和農業的狀況。

第三位農學家科路美拉（*Lucius Junius Moderatus Columella*）是帝國初羅馬化的西班牙人，他在長期研究農業和畜牧學的基礎上，寫成《論農務》*12*卷，分別論述了土地和農作物、葡萄種植、土地面積和樹木、家畜動物、家禽和養魚、野牛和養蜂、菜園和果園、管莊的職責和歷法、女管莊職責等。

科路美拉是抱著振興羅馬農業的願望進行寫作的。他哀痛帝國初期意大利奴隸制莊園經營的無利可圖和衰落。抱怨土地交給「最壞的奴隸」去耕種，「猶如把土地交給劊子手一樣。」他還埋怨外省糧食的輸入，莊園主熱衷於在外地建築別墅，唯獨不在農業上去花工夫細心研究。他指出土地是追求財富的可靠途徑。主張莊園主應研究古代耕作方法和經驗。例如在布匿戰爭時，羅馬人從非洲迦太基記下許多有價值的農業經驗。科路美拉用相當的篇幅，翻譯了迦太基農學家馬哥的著作。他要莊園主親自參加管理，因地制宜的種植農作物。《論農務》對中世紀的莊園管理有過重要影響。

以上三位農學家的著作，對研究羅馬莊園經濟的發生、發展和衰落的歷史提供了珍貴的資料。

羅馬在天文學和地理學的主要代表是托勒密（*Ptolemy*，約公元 *100–170* 年）。他是埃及亞歷山大里亞城的著名學者。到他生活的時代，希臘的天文學經過幾百年的發展，已經積累了豐富的成果。托勒密創立自己的天文學說體系，是在系統地總結前人成就的基礎上，通過進一步論證完成的。

古希臘天文學的傳統是注重運用幾何學原理來描述天地結構與天體運動。希臘的天文學家在探索天地結構上，基本有日心說和地心說兩派。到亞里斯多德時，地心說更加完備，而且在天文學中佔據重要地位。羅馬時期的托勒密，對亞里斯多德的地心說作了推演和論證，寫出學術專著《天文學大成》，建立了「地心學說的體系」。這本巨著共 *13* 卷，分別闡述了地和天的概念。論證地爲球形，居於宇宙的中心，靜止不動，而日月及其他星球則環繞地球而運行；敘述了太陽、月亮、行星運動的規律以及如何推算日蝕、月蝕等。並且製作了古代天文儀器等。他的這本著作直到*16*世紀哥白尼的日心說提出前，一直是中世紀的天文學的權威著作。

在地理學方面，托勒密著有《地理學》*8*卷，書中敘述了製圖法的基本原則，提出將球形大地畫在平面的圖上所必具的數學知識，他講述了兩種類型的平面投影，並利用這些方法將當時已知的世界各地畫成地圖。由於投影方法的優越和簡便，《地理學》一書得到廣泛的傳播，直到*14*世紀仍不失爲一本地理學權威著作。在數學方面，托勒密著有《天球測繪》和《平面球體圖》兩書，分別的論述正射投影和極射投影的數字系統。

托勒密是一位古代著名的科學家，他對科學事業作出過貢獻。比較有爭議的是對他的地心說體系。應該看到，托勒密的「地心說」反映了人類在一定歷史階段對自然界的認識能力，他的論證方法也有可取的積極因素。但是，隨著時代進步和人們知識水準不斷的提高，其中的偏差謬誤就越來越突出。根據地心說的引伸，眾星圍繞的地球簡直就是宇宙的主人，住在地球上的人類於是成了地位特殊的「天之驕子」，這就同基督教關於上帝創造了人並又爲人創造了世界萬物的教條切合。進入中世紀後，托勒密的地心說爲教會所利用，用以壓制科學研究和學術活動，統治西方思想界達千餘年之久，儘管如此，托勒密仍是西方古代的一位有名的科學家。

在自然科學上最有成就的是老普林尼（*Pling the Elder*，公元*23–79*年）。他出生於意大利新科莫姆城（今科莫）的一個騎士之家，歷任騎兵軍官、財政督察官、海軍艦隊司令等官職。是一位古代著名的百科全書式的學者。他一生勤奮，用十年時間積累搜集資料，一共摘引了近 *2,000* 種著作，引用的主要作者就有 *100* 人。公元 *77* 年老普林尼寫成 *37* 卷的《自然史》，死後由小普林尼出版。

《自然史》是一部集古羅馬自然科學之大成的巨著。它內容廣博豐富。論及天文、地理、動植物、農業、礦物、醫學、冶金等各個方面。又是西方第一部科普通俗著作。例如在第二卷的天文中，記述了公元前 *217* 年羅馬城的大地震。還講了地震的種種前兆。他說：「海上的船夫也同樣能預測地震，海上無風而突然掀起巨浪時，或船隻猛烈搖動、桅杆偏斜都是地震的前兆。在陸地上如果井水混濁、發生污臭味時，或有好天侯天空上如出現一片遮住大地的薄雲時，也可能發生地震。」在《自然史》的後七卷，他記載了大量化學反映過程和處方，是西方歷史上第一部論述化學反應的科學著作。他指出金屬元素有金、銀、鐵、錫、鉛和水銀，非金屬有琉磺和木炭等。在第八卷中講述了四種葡萄壓榨機。老普林尼在這部書中新創了許多術語和名詞，從希臘語和其他語言中借用了許多詞，豐富了拉丁文的詞匯。這對於拉丁文後來成爲歐洲學術界通用的語言起了很大的作用。他在書中把中國稱爲「賽里斯」（拉丁文 *Seres*，意爲絲綢之國）。

公元 *79* 年 *8* 月 *24* 日下午 *1* 時，意大利的維蘇威火山爆發，老普林尼爲了取得火山爆發的第一手資料，並救援這一地區的災民，不顧個人安危，深入險地，因火山噴出的含琉氣體而中毒死亡。老普林尼爲科研工作獻出了生命，他對自然科學作了不朽的貢獻，他的《自然史》在世界科學發展史上是一部有著重要價值的著作。

羅馬著名的醫學家蓋倫（*Claudius Galenus*，公元*129－200*年）生於小亞細亞的帕加馬，曾到亞歷山大里亞鑽研醫學，晚年任羅馬皇帝馬可·奧里略的宮廷醫生。他在總結希臘解剖學和醫學知識的基礎上，將醫學提高到「理論」的程度，寫了許多醫學著作，對後世影響很大。爲了考察人身各部器官的作用，他用動物作解剖，並把實驗的結果寫成書，著有《解剖過程》、《身體各部的機能》等書。

蓋倫有獨立的醫學觀點，他提出肝臟產生「自然之氣」，肺部產生「生命之氣」，大腦產生「智慧之氣」的假說，他認爲這三種靈氣混入血液，在血管內如潮汐漲落般來回作直線運動，供養各器官，造成奇妙的生命現象。他還認爲血液產生於肝臟，存在於靜脈之中，進入右心室後由室壁滲透流入左心室，認爲心是負責呼吸的，心臟舒張時吸進空氣，心臟收縮時排出空氣。這顯然是不正確的。蓋倫是柏拉圖主義的信徒，他認爲人體結構如此複雜有條不紊，只能出於神的創造。蓋倫的理論在中世紀得到基督教的推崇，他的著作被奉爲經典，影響西方醫學界達*1,500*年之久，直到英國醫生哈維發現了血液循環，才把他的謬說徹底推翻。

羅馬法

羅馬法是羅馬文化中最重大的成就之一。羅馬文化中對世界文化貢獻最大的當推法學。

羅馬法是隨著經濟的發展和階級鬥爭的需要，在吸收和發展古代亞非國家和希臘諸邦的法律基礎上，經過千餘年的發展演變，最終成爲古代世界各國法律中，內容最完整，體系最完善，而且對後來世界各國影響最廣泛的法律。

羅馬第一部成文法是公元前449年頒布的《十二銅表法》。[46]它是平民反對貴族，爭取政治權利鬥爭所取得的重要成果。在一定程度上限制了貴族官吏任意解釋習慣法的特權。它總結了前一階段的習慣法，並爲以後羅馬法的發展奠定了基礎。《十二銅表法》的內容廣泛，包括公法和私法。在私法方面，它調整了家族和個人財產的權利和義務；在公共事務方面，它明定了社會犯法行爲，制定了一些基本的規章制度。其中第一、二表爲訴訟程序和法庭規則；第三表債務；第四表父權、家長權；第五表家長和遺囑；第六表契約；第七表土地法；第八表傷害法；第九表與憲法有關的一些規定；第十表神聖法；第十一表婚姻；第十二表關於訴訟的一些補充規定。

《十二銅表法》是保護貴族奴隸主利益的。它維護私有財產不受侵犯，如對放火者、夜間行竊等均處死刑。但是，法律已編制成明確條文，定罪量刑須以條文爲準，這在一定程度上限制了貴族的專橫，法律中某些規定多少反映了平民的要求，如限制高利貸的活動，固定年息最高爲8.33%等，從這方面說，《十二銅表法》具有一定進步意義。

公元前3至1世紀，羅馬由於長期對外掠奪，不僅擴大了海外市場和對外貿易，商品貿易經濟也有了很大發展，通過一系列對外侵略戰爭的勝利，羅馬成爲地中海的霸國。公元前1世紀，羅馬國內爆發了大規模的奴隸起義和平民運動，羅馬奴隸主統治階級，爲了保障自己的階級利益，逐漸的廢棄了共和制，建立起軍事獨裁的統治。這一時期羅馬法的特色是市民法佔據統治地位；萬民法也產生了。

市民法亦稱公民法，是羅馬國家早期的法律，由公民大會和元老院所通過的，帶有規範性的決議以及其他一些習慣法規範。其適用範圍僅限於羅馬公民。市民法的主要內容是有關羅馬共和國的行政管理、國家機關及一部分訴訟程序的問題，涉及財產方面（如土地佔有、債務關係、財產繼承等）的不多。這時的羅馬法採用屬人主義，而非屬地主義，也就是羅馬公民均受法律的保護，而不論其居住地區如何。即使羅馬公民在被征服地區也享有公民法保護的權利，而對居住在羅馬的異邦人和被征服地區廣大居民來說，儘管是自由民，也不能享受此法之保護。

公元前*3*世紀，由於羅馬征服意大利，羅馬公民與異邦人和被征服地區廣大居民關於適用法律的矛盾增大，為此出現了新的萬民法。所謂萬民法，意即「各民族共有」的法律，實際上它並非處於羅馬國家之外或羅馬國家之上的法律，它是羅馬法的一個有機組成部分，它既適用於羅馬公民，也適用於非羅馬公民。「萬民法」實際是羅馬統治範圍內的「國際法」。它是按照羅馬奴隸主階級的需要，吸收了各民族已有的法律成果，在較為複雜的關係中發展起來的。《萬民法》的內容主要是調整財產關係，特別是有關所有權和契約關係的規範。萬民法的體系比市民法更加完備，更加靈活，更加適應羅馬奴隸主經濟的發展和統治階級利益的要求。後來，隨著異邦人的不斷獲得公民權，兩者逐漸接近，到查士丁尼時最終統一起來。

公元*1*至*2*世紀是羅馬帝國的興盛時期，羅馬的統治者為了擴大帝國的社會基礎，陸續授予各行省臣民以公民權。到公元*212*年，卡拉卡拉皇帝授予全帝國自由民以公民權，使公民身份與非公民身份的差別趨於消失。恩格斯指出：「這樣，至少對自由民來說產生了私人的平等，在這種平等的基礎上羅馬法發展起來了。」[47]這就促使羅馬法的研究和法學家的活動不斷加強。早在共和的後半期，由於經濟生活的日益複雜化，要求在財產關係方面確切地規定權利義務。但在國家法律尚未完備的條件下，不能不借助於法學家的研究活動和他們的著述。

當時著名的法學家積極協助國家進行立法工作外，還擔負著解釋、答覆法律上的疑難問題，編撰各種合法證書、指導當事人起訴和著述等項任務。通過這些活動，彌補了法律上的不足，使法律適應社會需要不斷發展。起初凡是法學家均可發表意見，到奧古斯都統治時有了變化，賦予若干法學家「公開解釋法律的特權」，他們的解答由於是皇帝特許的，而具有法律的效力。法學家們的意見一致時，即產生法律效力，如有分歧，裁判官可參酌判案。

帝國初期被稱爲羅馬法的古典時代。當時研究羅馬法的學者很多，法學也比較發達，不少法學家紛紛著書立說，發表各種不同見解，學者中觀點相同或接近的逐漸形成一個學派。公元 1 世紀前半期，形成了「普洛庫爾派」和「薩比努士派」，前者反映大奴隸主的要求，後者代表中小奴隸主的利益。兩派之間主要對財產權持不同的態度。兩派的論爭對羅馬法學的研究以及「私法」的發展起了很大的推動作用。公元 2 世紀中葉，兩派觀點漸趨一致，其後百年間學者輩出，羅馬法進一步興盛，先後出現過五大法學家：蓋尤斯、伯比尼安、保羅、烏爾比安、莫迪斯蒂努斯，他們受到統治階級的尊崇，處於權威地位。他們在世時撰寫了許多著作和論文，有的還擔任政府要職，積極從事有關活動。他們死後，羅馬皇帝曾頒布過「引證法」，規定遇有疑難問題如成文法無明確規定時，要依照五大法學家的著作來解決，若各家觀點不一致，取決於多數；如不同觀點比數相等，則以伯比尼安的學說爲準。這說明皇帝進一步用立法形式肯定五大法學家的學說具有法律效力，要求司法審判機關在實踐活動中應遵照執行。

3世紀羅馬爆發危機之後，帝國日趨衰落，統治者迫切要求將反映本階級意志的現行法用特定的形式鞏固下來，藉以維持其搖搖欲墜的統治。爲此，不少的皇帝在其執政期間都進行法典匯編工作。起初由個別法學家編纂皇帝的敕令，如公元3世紀末草擬的《格里哥安法典》和《格爾摩格尼安法典》、《狄奧多西法典》（以上主要是皇帝的敕令）。但大規模、系統地編纂法典的工作，是在西羅馬帝國滅亡之後，東羅馬帝國皇帝查士丁尼統治時期開始的。

公元528年東羅馬皇帝查士丁尼委任以大臣特里波尼安爲首的十人法典編纂委員會，對歷代羅馬皇帝頒布的敕令進行整理、審訂，加以匯編，刪去已失效或跟當時法規相抵觸的內容，編成《查士丁尼法典》共12卷。保存至今只有9至12世紀的手抄本。

公元530年查士丁尼又任命一個由十六名法學家組成的委員會承擔編輯、解釋、精減、整理法學家著作的任務，結果完成50卷的《法理匯要》。查士丁尼於533年將它作爲法律頒布，並廢除了未收入匯要的某些法學家論著中的法律。

大約在同時，又發表了《法學總論》，爲羅馬法原理大綱。此外，從534年至565年查士丁尼逝世期間頒布的大量法令被匯集爲《法令新編》。上述的《查士丁尼法典》、《法理匯要》、《法學總論》、《法令新編》總稱爲《民法大全》（又稱爲《羅馬法大全》）。《民法大全》系統地收集和整理了自羅馬共和時期至查士丁尼爲止所有法律和重要的法學家著作，卷帙浩繁，內容豐富，標誌著羅馬法發展到最完備的階段。對後來西方各國法律和法學有重大的影響。

羅馬法形成了自己的完備體系。羅馬法傳統的結構被法學家劃分爲「公」、「私」法兩大部分。公法是保護整個國家和社會利益的法律；私法是保護一切私人利益的法律。公法包括宗教祭祀活動和國家機關活動的規範；私法包括所有權、債權、家庭婚姻以及繼承關係等方面的法律規範。私法通常又被分爲人法、物法和訴訟法。所謂人法是關於人的權利能力和行爲能力，人的法律地位、各種權利的取得與喪失，以及婚姻家庭關係等方面的法律。根據羅馬法，作爲自由民要享有權利能力必須具有「人格」，「人格」是享受權利和負擔義務的先決條件。羅馬法上的「人格」是由三種身份權（自由權、市民權、家屬權）所構成，總稱爲人格權。其中自由權是自由民不可缺少的權利。市民權指公民擁有的一些特權，如選舉、擔任官職、榮譽、婚姻、財產等。家屬權是指家長享有操縱一家的全權，根據羅馬法，家庭中父有父的身份，子女有子女的身份，家長對外能代表一家獨立行使各種權利。自由民只有同時具備這三種身份權，才能在政治、經濟和家庭等方面享有完全的權力。羅馬法的主要內容分爲：所有權、債權、婚姻與家庭、犯罪與刑罰等。

羅馬法是建立在羅馬奴隸制經濟基礎之上的，它的內容和立法技術遠比其他奴隸制法律詳盡，它所確定的概念和原則具有措詞確切、嚴格、簡明和結論明晰的特點，成爲古代社會保護私有制剝削關係的一種最完備的法律形式。恩格斯指出它是「商品生產者社會的第一個世界性法律。」[48]羅馬法中特別是它提出的自由民在「私法」範圍內形式上的平等，契約以當事人同意爲生效的主要條件和財產無限制私有等重要原則，對後來西方許多資本主義國家的法律，特別是民法的發展有過重大的影響，甚至成爲資產階級法律體系的楷模。恩格斯稱之爲「典型資產階級社會的法典」[49]的法國《拿破崙法典》從結構、內容、基本原則乃至法律術語都是從羅馬法繼承下來的。隨著資本主義經濟的進一步發展，羅馬法的影響遍及世界。20世紀初，羅馬法的影響經過日本，也伸展到舊中國，即使今天，在法制建設上，羅馬法可供借鑒之處也不是沒有的。

基督教的產生及其對西方古代文化的影響

基督教是一種崇拜，信仰上帝和上帝之子「救世主」[50]的宗教，它在1世紀產生於巴勒斯坦，是從猶太教的一個革新的教派演化而形成的。後來逐漸傳播到歐洲和北非，成爲整個羅馬帝國的新宗教。

地處亞、非、歐三洲交通要道上的巴勒斯坦，是古代各大國爭奪的對象和衝突的戰場。猶太人長期處在外族統治之下，飽受殘殺、俘擄、放逐之苦。公元前63年猶太爲羅馬征服。猶太人幾次起義，均遭殘酷的鎮壓，使被壓迫群眾在現實的生活面前感到無能爲力，就把希望寄托在「救世主」的降臨上。據死海文書[51]記載，一個信奉救世主的秘密教派，公元前2世紀已在活動。基督教所以最早出現於巴勒斯坦，同那裏流行的猶太教有關。恩格斯説基督教是猶太教的私生子，它是從猶太教中分離出來的，直接承襲了猶太教一神教的思想。而猶太教的救世主的觀念，構成基督教信仰的基石。但是，基督教進一步創造了一個救世主的具體形象耶穌。按基督教「聖經」記載，上帝有一次在巴勒斯坦伯利恒顯靈，使處女瑪利亞（後稱聖母）受孕生耶穌。耶穌長大後有神力，能起死回生，驅魔逐妖，並收了12名信徒，影響日盛。羅馬地方官追緝耶穌，因信徒猶大的叛賣，耶穌被捕並被釘死在十字架上。[52]但他死後三天復活，不久升天。基督教宣稱，耶穌的死是代替人類受難。其實，耶穌是個宗教傳説中的人物。[53]此外，基督教接受了東方一些神秘宗教的影響。例如基督教的魔鬼學説和最後審判觀念是從波斯的祆教繼承而來的，甚至基督教的聖誕節也是附會祆教太陽神米特拉的生日而來的。基督教還吸收了希臘、羅馬的庸俗哲學。特別是吸收猶太宗教哲學家斐洛與斯多葛派的哲學。由於基督教吸收了東西方各種宗教成分，又沒有造成民族隔絕的儀式和煩瑣的清規戒律，並且不分階級、種族和性別的接受信徒，它淘汰了其他宗教，爲羅馬帝國範圍内廣大民眾所接受。然而，對廣大人民最富有吸引力的還是原始基督教的政治思想和主張。

原始基督教反對羅馬的暴政，反對爲富不仁。《新約·啟示祿》説羅馬是「魔鬼的住處和污穢之靈的巢穴」，攻擊羅馬君主的「罪惡滔天」及其不義，預言神將對他們進行無情的審判，羅馬帝國將要毀滅，代之而起的是「上帝國」。《彼得啟示祿·附祿》稱「上帝國」居民將「過無憂無慮的生活……有葡萄酒、蜂蜜和牛奶三條泉流……既沒有婚姻，也沒有死亡，也沒有買和賣……上帝使人長命百歲」。在《新約·馬太福音》中說，窮人易升上帝天國，而富人進上帝天國比「駱駝穿過針眼還難」。原始基督教某些社團還實行財產公有，共同消費，彼此互助，反映了被壓迫群眾的要求，參加的多是窮苦人。所以，恩格斯說：基督教「在其產生時也是被壓迫者的運動：它最初是奴隸、窮人和無權者、被羅馬征服或驅散的人們的宗教。」[54]公元*1*至*2*世紀，基督教迅速發展起來，受到羅馬政府的多次迫害，但未能阻止擋基督教的發展。

但是，早期基督教作爲一種宗教，雖咒罵、攻擊羅馬帝國，卻沒有真正的革命運動的實踐，只是把希望寄托於救世主——基督的降臨。它對未來的理想也是虛幻的，給人們帶來的是幻想的幸福，只是以上帝天國代替羅馬帝國，而不是依靠群眾革命鬥爭，推翻羅馬帝國的統治，建立現實的地上天國。因此，這個被壓迫者的宗教，從一開始就包含了可能蛻化變質的內在因素。

公元*2*世紀之後，隨著羅馬帝國專制統治的加強和危機的醞釀，越來越多的人，包括中等階層（手工業作坊主、商人、富裕農民等）和其他富有者大批加入基督教。他們有文化，有財產，在教會內地位逐漸提高，教會領導職務逐漸落到有產者手中，他們把持教會，形成與普通信徒對立的有權勢的教會統治集團。這樣，基督教無論在成分上，或者性質上以及組織上都發生了根本的變化。這時教義加進忍耐服從，愛仇如己的內容。《新約·馬太福音》告誡人們「不要與惡人作對」。「要爲逼迫你的仇敵禱告」。「惟有忍耐到底，必然得救。」「羅馬書」中說：「凡掌權的人都是上帝所命的，所以抗拒掌權的，就是抗拒上帝的命令，抗拒者必自取刑罰。」在羅馬三世紀危機中，受到震動或打擊的大奴隸主、大官僚，甚至皇親也皈依了基督教。基督教的演變不僅不危害帝國的統治，反而使帝國統治者認識到它是一股可以利用的社會力量，因而從迫害鎮壓轉變爲扶植、控制和利用。公元313年，君士坦丁皇帝頒布「米蘭敕令」，承認基督教的合法地位，並給教會和教士許多特權。自此，基督教終於成爲羅馬帝國的國教，維護搖搖欲墜的羅馬奴隸制帝國。

基督教在國教化的過程中，逐步形成了將基督教神學加以系統化的「教父哲學」，宗教神職人員爲了更好地適應統治階級的需要，必須對教義作出新的補充和解釋，並且進一步把基督教的信條理論化，形成一整套的基督教教義，這些制訂或解釋教義，爲後世基督教奠定理論基礎的神學家，被教會尊稱爲「教父」，其學說被稱爲「教父哲學」。由教父們所制訂的基本教條大體上可歸納爲；㈠創世說。認爲上帝是人類萬物的創造者和主宰，是人格化的神，具有聖父、聖子、聖靈三個「位格」，這三者共存於同一個神的「本體」之中，即「三位一體」論。㈡原罪說。認爲人類的祖先亞當和夏娃在天堂花園中偷食了禁果，犯了大罪，他們的罪惡因此遺傳下來，所以他們的子孫一生下來就有罪。㈢救贖說。認爲人類苦難深重，無法自救，只能指望上帝派遣「救世主」下凡，但救世主並不拯救人類脫離現實苦難，而教導人們只有忍受苦難，信奉上帝，來世便可以得救。㈣天國報應說。認爲人們死後升入天堂，必須接受天命所確定的身份地位，鄙棄一切物質的慾望，否則就要被打入地獄，遭受永刑。㈤天啟說。認爲人們的認識和理性要服從信仰，跟信仰抵觸的一切知識都是無用的，信仰完全來自上帝的天啟，一切真知都是「天啟」的產物，後來一直被教會所沿用成爲基督教內部爭論不休的幾個問題。

西歐封建制是在羅馬帝國的廢墟上建立起來的，日耳曼人的入侵，使奴隸制的生產關係連同它的上層建築遭到徹底的破壞，它對古代的文化也破壞了。唯一保存下來的幾乎就只有基督教。當時的基督教會在開化異族，傳播古代知識方面起過作用。基督教從爲奴隸主服務，轉而爲封建主服務。在中世紀的西歐，以羅馬教廷爲首的天主教是封建社會的精神支柱，其本身也是最大的封建主；它把意識形態及科學置於神學的控制之下，任何不合正統神學的思想學說都被斥之爲「異端」而受禁止和迫害。總之，基督教使西歐封建社會的各個方面都染上了宗教的色彩。

•註　　釋•

❶威爾·杜蘭主編：《希臘的興起》。《世界文明史》第一卷，台灣幼獅中心編譯，幼獅文化事業公司 *1985* 年版，第 *5* 頁。

❷傅東華譯：《伊利亞特》，人民出版社 *1958* 年版。

傅東華譯：《奧德賽》，商務印書館 *1947* 年版。

❸《伊利亞特》意爲「伊利昂（特洛亞的希臘人稱呼）之歌」，或「伊利昂的故事」。

❹《奧德賽》意爲「奧德修斯之歌」。

❺考克學上稱爲「特洛亞Ⅶ－A」。

❻其原因不詳，有的學者鑒於廢墟中沒有火燒的痕跡，認爲它毀於地震；有的則認爲王宮中沒有殘留珍貴的物品，推測由於外來的洗劫而被破壞。

❼泥板上寫的是線形文字B，已譯讀成功。

❽希臘神話傳說，「獨眼巨人」是神的後裔，只有一目，但有超人的體力。

❾以傳授知識和訓誡的詩歌類型。

❿泰勒斯可能利用迦勒底人推算日蝕的方法，即利用「沙羅周期」每兩次日蝕相隔 *18* 年零 *11* 天，從公元前 *603* 年 *5* 月 *18* 日的日蝕推算出來的。

⓫北京大學哲學系外國哲學史教研室編譯：《赫拉克利特著作殘篇》。《西方哲學原著選讀》上卷，商務印書館 *1985* 年版，第 *21* 頁。

⓬北京大學哲學系外國哲學史教研室編譯：《赫拉克利特著作殘篇》·

《西方哲學原著選讀》上卷，商務印書館 *1985* 年版，第 *23* 頁。

⑬同上。

⑭同上。

⑮同上。

⑯一說畢達哥拉斯被人殺死。

⑰中國、印度、埃及人提出使用「勾股定理」內容比畢達哥拉斯早，有的學者認爲畢達哥拉斯的功績，在於他能用數學邏輯的方法對這個公式給予初步的證明。

⑱《馬克思恩格斯選集》第三卷，人民出版社 *1972* 年版，第 *468* 頁。

⑲普羅米修斯一詞，希臘語原意爲先知先覺。《普羅米修斯》共有三部曲，第一部爲《被縛的普羅米修斯》，第二部爲《普羅米修斯被釋》，第三部爲《帶火的普羅米修斯》，二、三部均已失傳。

⑳馬克思：《（博士論文）序》，人民出版社 *1961* 年版，第 *3* 頁。

㉑馬克思：《（黑格爾法哲學批判）導言》。《馬克思恩格斯選集》第一卷，人民出版社 *1972* 年版，第 *5* 頁。

㉒復仇女神是母系氏族社會的血親復仇原則的體現。

㉓恩格斯：《致敏・考茨基》。《馬克思恩格斯選集》第四卷，人民出版社 *1972* 年版，第 *454* 頁。

㉔「斯芬克斯之謎」這個成語由此而來。

㉕底比斯國王被打死後，其妻弟繼爲王。

㉖周煦良主編；《外國文學作品選》，上海譯文出版社 *1979* 年版，第 *91*～*105* 頁。

㉗周煦良主編：《外國文學作品選》第一卷，上海譯文出版社 *1979* 年版，第 *107*～*119* 頁。

㉘帕特嫩原意爲處女宮。神話傳說雅典娜爲處女神，故稱帕特嫩廟。

㉙伊利特盎是傳說中雅典人的祖先。

㉚據說東部是供奉古老的雅典娜木像的正殿，西部是奉祀伊利特盎和海神波賽東的像。

㉛女像柱廊即用女子像爲石柱的柱廊。

㉜《馬克思恩格斯全集》第三卷，第 *146* 頁。

㉝僭主：「僭主」一詞來自呂底亞語，在公元前 *7* 世紀中葉才在希臘語中出現，它本是對國王的另一種稱呼，無貶意。後來它演變成專指憑武力而不是通過選舉建立的個人獨裁。公元前 *7* 至 *6* 世紀，僭主政權作爲一種政體，在許多希臘城邦中存在過。

㉞列寧：《哲學筆記》，人民出版社 *1960* 年版，第 *240* 頁。

㉟此塔建於公元前 *280* 年左右，早已在海島上消失。

㊱《圓的度量》早在 *1631* 年就被介紹到我國，在意大利傳教士羅雅谷（ *1593* ～ *1638* 年）編譯的十卷本的《測量全義》一書中，此書在當時譯作亞奇默德《圓書》。

㊲《圓錐曲線論》保存下來的是希臘文稿，後三卷是阿拉伯文譯本，第八卷失傳。前四卷有海伯格翻譯本，在德國出版，法國尚有七卷的法文譯本。

㊳希臘神話中管畜牧、道路、商業、體育及口才的神。

㊴伊比鳩魯：《致美諾寇的信》。《古希臘羅馬哲學》，三聯書店 *1957* 年版，第 *366* 頁。

㊵《馬克思恩格斯全集》第三卷，第 *147* 頁。

㊶「邏各斯」或譯爲「道」。

㊷盧克萊修：《物性論》，商務印書館 *1981* 年版，第 *9* 頁。

㊸盧克萊修：《物性論》，商務印書館 *1981* 年版，第 *216* 頁。

㊹《馬克思恩格斯論藝術》第二卷，人民出版社 *1963* 年版，第 *57* 頁。

㊺ *1588* 年改爲聖彼得像。

㊻刻在十二塊銅板上的法律條文，故稱十二銅表法。

㊼《馬克思恩格斯選集》第三卷，人民出版社 *1957* 年版，第 *143* 頁。

㊽《馬克思恩格斯選集》第四卷，人民出版社 *1957* 年版，第 *248* 頁。

㊾《馬克思恩格斯選集》第四卷，人民出版社 *1957* 年版第 *248* 頁。

㊿「救世主」在希臘文中稱爲基督，故稱這種宗教爲基督教。

51 *1947* 年發現於死海附近的紙草文獻。

52十字架後來成爲基督教的象徵和崇拜物。

53耶穌究竟有無其人，至今還在爭論。對於基督教徒來說，耶穌沒有懷疑的餘地；從耶穌的傳奇式的故事來看，人們不相信耶穌這個人的存在；有人認爲耶穌復活是荒誕的，而耶穌其人還是存在的。但大多數學者認爲耶穌是傳說中的人物。

54《馬克思恩格斯全集》第二十二卷，第 *525* 頁。

復興篇

賀熙煦

第1章
800年封建宗教文化

封建宗教文化產生的環境

公元 *5*世紀末到 *17*世紀中葉，是西歐封建社會形成、繁榮、解體的歷史時期，也是西方文化發展史上的重要轉折階段。

從 *476*年西羅馬帝國滅亡至 *13*世紀末，西方文化完全被日耳曼蠻族和基督教所吞噬，古代希臘文學、藝術和科學都失去了光輝、造成古典文化的中斷。因此，西方史學家把這一時期稱爲「黑暗的中世紀」。

*14*至 *17*世紀中葉，隨著資本主義的萌芽成長，西方文化又出現了新的轉折，產生了偉大的文藝復興運動和宗教改革運動。這兩大革命運動不僅加速了西歐封建社會的解體，而且也標誌著西方文化從「中世紀」轉入「近代」的重大發展。

在西歐中世紀初期，封建宗教文化佔絕對統治地位，這是西方文化與中國文化最根本的區別。同樣是以封建土地所有制和農耕經濟爲基礎的封建社會，爲什麼西方形成以基督教神學爲中心的封建宗教文化，而中國則產生以儒學爲主體的封建倫理文化？中西文化的這種差別，主要是由於歷史環境不同所造成的。

中國封建化的道路是以部族爲基礎，國王通過分封或賞賜，把大量土地分配給自己的宗室和親族，他們既得到了土地，又建立了血緣關係網，形成東方型的宗法封建社會。在這樣的社會裏，只能產生以儒學爲主體的封建倫理文化，強調「三綱」、「五常」是指導人們行爲方式的最高道德標準和原則。

與此相反，西歐封建制度是在羅馬奴隸制解體和日耳曼人氏族制度解體的基礎上綜合而成的，人們通常稱之爲羅馬·日耳曼式的封建化道路。西羅馬帝國滅亡後，在西歐建立了西哥德、東哥德、勃艮第、法蘭克、倫巴德諸王國，以法蘭克最強大。在他們的社會中，封建大土地所有者主要來自三個方面：㈠國王把沒收西羅馬帝國皇室的土地無條件分封給親兵和將軍，形成日耳曼封建軍事貴族；㈡有政治經驗和文化教養的羅馬奴隸主和一般的羅馬人，因被吸收參加蠻族王國政府機關和軍事部門的管理而轉化爲官僚封建貴族；㈢原來爲羅馬帝國服務的僧侶佔有大量土地，變成了封建主階級。這些來自不同民族和國家的封建主，雖然與國王有某種依附關係，但不可能像中國那樣出現以血緣爲網絡的宗法封建社會，而是建立以土地爲紐帶的等級佔有制的西方型的封建國家。從法蘭克王國查理·馬特的采邑改革到查理大帝特恩權的實施，標誌著西歐等級佔有制封建國家的形成和確立。封建領主制度的這一特點，決定了西方文化發展的方向和性質。他們需要的不是儒家式的東方封建倫理文化，而是以層層服從爲核心的基督教神學思想體系，以維護各自爲政的封建等級關係。

超國家的封建神權統治體系的建立，是西歐封建宗教文化產生的又一特殊的歷史環境。在東方封建社會裏，由於皇權的無比強大，教會從來就服從於國家，不可能建立神權政治，即使是伊斯蘭教國家，也是政教合一的政治體制，如阿拉伯帝國。只有在西歐，因爲羅馬·日耳曼式的封建化道路，才形成封建神權國家，凌駕於世俗政權之上，成爲超國家的經濟與政治集團。封建神權王國的建立，使封建宗教文化取得了統治地位。

西羅馬帝國滅亡後，留給日耳曼蠻族諸王國的唯一精神財富是基督教。由於日耳曼人的文化極端落後，他們只有依靠基督教，才能鞏固對被征服地區人民的統治。如法蘭克人征服的高盧地區，絕大部分的原有居民都信奉基督教，與只佔人口5%的統治者在經濟上和宗教上都存在難以克服的矛盾。爲了緩和雙方的對立情緒，法蘭克王國的國王、墨洛溫王朝的創立者克洛維，決定放棄部落神，率領3,000親兵在蘭斯大教堂接受洗禮。克洛維皈依基督教不僅鞏固了他在高盧地區的封建統治，而且還爲他以後依靠教會勢力，戰勝那些信奉阿利安教派的日耳曼人奠定了基礎。❶

在墨洛溫王朝歷代國王的扶植下，基督教會的勢力迅速擴大，到8世紀中葉便建立了教皇國。「教皇」一詞源出於拉丁文「爸爸」，是對一般主教的尊稱。5世紀中葉以前，羅馬主教本無教皇的稱號。455年，西羅馬帝國皇帝瓦倫丁尼三世授與羅馬主教立奧有制訂全教會法規的特權，於是，他便自封爲教皇，稱爲立奧一世。這就是羅馬教皇名稱的由來。但在很長一個時期內、這一名稱仍不被基督教世界所承認。❷8世紀時，羅馬遭到北方倫巴德人的侵擾，教皇斯提凡二世請求法蘭克國王矮子丕平救援❸，丕平爲了報答教皇，於 *754* 和 *756* 年兩次出兵意大利，打敗了倫巴德人，並迫使他們將拉文那到羅馬一帶的土地交給教皇統治，於是教皇國就這樣誕生了。這個教皇國延續了 *1,100* 多年（*756–1870* 年）。教皇國的產生，標誌著以教皇爲首的神權統治和以國王爲代表的世俗統治兩大政權體系的形成，這是西方世界封建政治體制的一個最突出的特點。這兩大政權體系的相互勾結和鬥爭，給西歐各國歷史的發展，帶來了極其深遠的影響。

查理帝國分裂爲法、德、意三國後，由於領主制的發展，羅馬教皇的權力越來越大。爲了提高教會的地位，教廷趁機僞造了一個文獻，宣稱早在君士坦丁大帝遷都君士坦丁堡時，就已經將西羅馬帝國和全教會的統治權交給了羅馬主教西維斯德一世。這就是教會史上所謂「君士坦丁的贈禮」。教廷企圖借此表明教皇在西方世界擁有至高無上的權力，國王或皇帝必須服從教皇。從此以後，基督教世界便產生了教權與皇權的鬥爭。後來到文藝復興時期，意大利人文主義者瓦拉（*1407–1457* 年）利用自己的語言學知識揭穿了羅馬教廷僞造的歷史文件，斷定「君士坦丁的贈禮」純係虛構，從而否定了教皇國的合法性及其世俗統治權力的歷史依據。但在沒有揭露之前，這個僞造文件長期成爲羅馬教皇爭奪世俗權力的得力工具。到了 *11* 世紀下半期，教權與皇權的鬥爭達到高潮，主要表現爲對主教授職權的爭奪。在西歐，各國主教一般都是由教皇授職的，連國王或皇帝也要由教皇加冕認可。德國則不然，德皇亨利四世不僅擁有主教授職權，甚至常常干預教皇的選舉。德國的宗教政策引起了羅馬教皇的不滿，雙方發生激烈鬥爭。*1076* 年春他們各自召開宗教會議，互相宣布廢黜對方。教皇格里哥利七世則決定開除亨利四世的教籍，並解除其臣民的效忠誓約。*1077*年初，亨利四世害怕國內領主叛亂，被迫親自前往意大利的卡諾沙晉見教皇，請求恢復教籍。他冒雪在教皇駐地門前等候了三天才被召見，史稱「卡諾沙晉見」。亨利四世跪在地下吻了教皇的靴子以後，方被允許恢復教籍。卡諾沙事件說明教權壓倒了皇權，羅馬教皇控制了整個西方世界。這是教皇集權制對領主分權制的勝利。

*1198*年，英諾森三世登上教皇寶座之後，教權發展到了頂峰，成爲宗教霸權主義的創始人。他大肆鼓吹教皇是「世界之主」，陰謀奪取全世界的領導權。在西歐，他可以任意宣布廢黜各國軟弱無能的國王，並強迫波蘭、匈牙利、丹麥等國家，臣服於羅馬教廷。在東方，英諾森發動了第四次十字軍東侵，妄圖征服拜占庭帝國，並進而佔領伊斯蘭教世界。在東方各國人民的強烈反抗下，他的陰謀沒有得逞，不得不退回歐洲。由於英諾森三世通過教會在西歐各國佔有三分之一的土地，並控制這些國家的經濟、政治、宗教和文化等事務，因此，各國不得不派代表常駐羅馬，並且每年把大量的貢賦源源不斷地運送到這座神聖的京城。羅馬是神權統治和封建剝削的巨大國際中心。正因爲如此，所以基督教文化在西歐便取得了「萬流歸宗的地位」。宗教霸權主義是西方封建社會中又一最突出的特點。

此外，中國從奴隸制向封建制過渡是由分裂走向統一，而西歐則由統一走向分裂，這也是中、西文化出現差別的重要原因之一。在中國，以土地國有爲基礎的秦、漢大帝國的建立，必然會產生爲它服務的儒家大一統思想。在西歐，由於實行土地層層分封，結果形成了許許多多封建割據的小王國。各級領主依靠莊園生產自己所需要的一切生產資料和生活資料，只有極少數的產品如鹽、鐵、絲綢、武器等，才從外地購買。莊園之間幾乎沒有聯繫，它們完全成爲孤立的、封閉的自給自足的經濟單位。在這樣的社會環境中，唯一保存下來的基督教自然成了人們精神生活的支柱。貧苦的農奴被剝奪了受教育的權利，根本談不上有什麼文化。他們對許多自然現象，特別是人剝削人的社會現象弄不清楚，任憑神父隨意解釋。所以當時莊園內燈火輝煌，人群擁擠，紛紛到教堂去傾聽神父的佈道，尤其是那些瞎編胡謅的頌詞和讚美詩，給苦難深重的農奴以極大的安慰，從心靈上鏟除他們對封建等級剝削和壓迫的不平。至於莊園中的日耳曼領主，絕大多數是文盲，他們在精神生活上除信仰基督教外，別無他求。由羅馬奴隸主轉化而來的莊園領主，早就是基督教徒。因此，西歐各國上至國王下至普通群眾，都是虔誠的天主教信徒。封建割據和封閉式的莊園經濟是封建宗教文化產生和盛行的最肥沃的土壤。

由於以上各種原因，所以在西方封建社會裏，便形成了以基督教神學爲中心的光怪陸離的宗教文化思想體系。

一切文化領域皆蒙上宗教的靈光

西歐宗教文化的第一個特點，就是基督教會壟斷一切文化。因爲「中世紀是從粗野的原始狀態發展而來的。它把古代文明、古代哲學、政治和法律一掃而光，以便一切從頭做起。它從沒落了的古代世界承受下來的唯一事物就是基督教和一些殘破不全而且失掉文明的城市。其結果正如一切原始發展階段中的情形一樣，僧侶們獲得了知識教育的壟斷地位，因而教育本身也滲透了神學的性質。政治和法律都掌握在僧侶手中，也和其它一切科學一樣，成了神學的分枝，一切按照神學中通行的原則來處理。教會教條同時就是政治信條，聖經詞句在各法庭中都有法律的效力。……神學知識活動的整個領域中的這種無上權威，是教會在當時封建制度裏，萬流歸宗的地位之必然結果。」❹

所謂基督教會壟斷整個文化領域，一方面是指它支配和控制了西歐社會各階層的思想和精神生活；另一方面是說教會的教條成爲一切文化的出發點和核心，文學、藝術、科學、政治、法律、哲學、教育等等，其內容必須按照基督教的教義來剪裁，否則就是異端思想，要受到羅馬教會的嚴厲懲處。

基督教有哪些最基本的教義呢？按照西方教會的觀點，基督教是公元1世紀羅馬帝國奧古斯都和提比略皇帝時代，巴勒斯坦一個小村莊的拿撒勒人耶穌依據《聖經》創立的。基督教的《聖經》分爲《舊約》和《新約》兩部分，前者是以色列猶太教的聖典，共39卷；後者是在前者的基礎上新編的，共27卷，爲基督教的權威經典。到4世紀末，經教父奧古斯丁（*Aurelius Augustinus, 354–430*年）等對《聖經》的論證和注釋後，制訂了教父學。教父學規定基督教的基本教義有：「創世說」、「宇宙等級秩序說」、「三位一體說」、「原罪說」、「救贖說」、「天堂地獄說」、「禁慾主義」和「來世主義」等等。他們說，世界萬事萬物都是上帝從虛無中創造出來的，頭五天創造天地日月星辰和動植物，第六天創造人類第一對祖先亞當與夏娃，一切創造完畢，第七天便休息了。上帝創造的萬事萬物不是雜亂無章的，而是按照尊卑等級秩序安排的。萬能的上帝具有人性和神性兩種性質，是「聖父」、「聖子」、「聖靈」三位一體的化身。亞當和夏娃違背上帝的旨意，偷吃了「伊甸園」（天堂花園）中的「禁果」，犯了不可饒恕的罪行，被趕出樂園。因此，他們的子孫一生下來就有罪，也就是所謂「原罪」。人類注定要世世代代受罪，後來慈祥的上帝開恩，派遣耶穌降世，被釘死在十字架上，代人類贖罪。❺人類要想得救，必須依靠教皇和教會的赦免，實行禁慾主義，忍受現實中一切苦難，來世可望靈魂上升天堂，否則就要入地獄受苦受難。這些宗教學說完全是唯心主義的，其目的在於闡明宗教信仰與現實世界的關係，使人相信現存的社會制度是上帝早已安排好的，必須絕對服從，不要反抗。因此，基督教是鞏固封建秩序的最有效的思想武器。

除教義外，教會還制訂了煩瑣的宗教儀式，即「聖事」、「聖體」或「聖禮」，以約束教徒的行爲。*12*世紀時，教會規定的宗教儀式有七種：一曰洗禮，即入教儀式，將水注入受洗人的頭上或額上，表示接受基督教；二曰堅振禮，由神父按手並敷油於教徒頭上，以示堅定信仰；三曰懺悔禮，又名告解禮，教徒單獨秘密向神父坦白其所犯罪行，表示悔改，然後由神父代表上帝赦免其罪，也可納錢贖罪（後來的贖罪符即源於此），死後靈魂不下地獄；四曰聖餐禮，即做彌撒，由神父把祝聖後的餅乾和酒（宣稱是耶穌的肉和血轉化而來），分給教徒食用（如爲世俗信徒則只能領取餅乾），以表示紀念救世主；五曰終敷禮，教徒在臨終前由神父敷聖油，以此赦免其一生的罪過；六曰婚配禮，由神父主持世俗信徒的結婚儀式，並爲之祝福；七曰授職禮，是教會神職人員的授職儀式。

教會通過基督教的教義和宗教儀式，便可控制人們的整個精神生活和行爲方式。西歐社會各個階層包括皇帝、國王、各級領主、僧侶以及普通男女信徒等，都只能在宗教的框架用思考與行動，不允許有半點超越。凡有違背者必須向神父懺悔，否則一律開除教籍（破門律）。如皇帝或國王被開除教籍，同時也就解除了其臣民對他的效忠誓約，即王位被廢除。由此可見羅馬教皇權勢之大和控制社會之嚴了。

爲了鞏固封建神權統治，教會必須壟斷一切文化，實行愚民政策。在文學方面，教會文學獨佔了中世紀早期的文壇。這種文學主要是爲了宣傳基督教的教義，勸說人們自覺遵守基督教的倫理道德，服從教皇的神權統治和封建等級秩序。作品的主題大都是一些「原罪」、「禁慾」、「懺悔」之類的說教；描寫的對象是禁慾的修士和修女，以及懺悔的男女信徒；其體裁大致有基督故事、聖徒傳、苦修記述、祈禱文、宗教讚美詩和宗教戲劇等。如法國的宗教詩《聖亞里克西的生涯》，便塑造了一個禁慾主義者的典型形象。亞里克西本是一位富人，但爲了斷絕塵世上的一切情慾，他竟在結婚前夕拋棄年輕美麗的「妻子」，逃到荒山野林中去過獨身生活。這位教會作家企圖通過一個富人苦修的受教思想與行爲，爲人們提供學習的榜樣。教會文學充滿了宗教神秘色彩，失去了文學價值。

中世紀初期的藝術，同樣也是爲基督教服務的。宗教藝術的特點首先是公式化和簡單化。繪畫千篇一律，表現的人物都是正面形象，肅穆古板；畫面簡單，布局對稱，採用平面構圖法；背景均爲金色，以示「遠離塵世，超凡脫俗」之意。按照宗教藝術的要求，嬰兒時代的耶穌，一定要畫成一個小老頭，年輕的聖母瑪利亞，必須描繪成老太婆。二是象徵性，如牧羊人象徵耶穌，羔羊象徵群眾，船象徵教會，蘋果象徵幸福，心臟象徵愛，刷子象徵純潔等等。三是不許畫裸體像，即使是被釘死在十字架上的基督，也要穿上華貴的服裝。四是作品低劣，頭大身小，不成比例，作者大都是民間藝人或農民。

中世紀初期的宗教藝術，比較集中地反映在建築上。*14*世紀以前，西歐建築分爲羅馬式和哥特式兩種。羅馬式建築盛行於*9*至*12*世紀，其主要特點是厚實粗矮，半圓的拱門，堅厚的石牆，狹小的窗戶，粗矮的柱子，圓矮的屋頂，給人以笨重結實和望而生畏的感覺。這種建築以教堂居多，如法國的阿耳大教堂，德國的美因斯大教堂，意大利的比薩大教堂等。從*12*世紀末葉起，在法國北部出現了哥特式建築，它起源於哥特族，以後逐漸流行於西歐各國。這種建築以高直細尖的風格而著稱於世，有尖拱門、尖高塔、尖屋脊、尖房頂、尖望樓。牆壁較厚，窗戶較大，柱子較細，房內陽光充足。門前裝有生動的浮雕和石刻，內外牆上都刻畫著花紋、雕像和耶穌受難的圖形。彩色玻璃窗上嵌鑲著許多圖畫，都是《聖經》上的故事，便於不識字的人學習宗教。陽光透過彩色玻璃，五彩繽紛，光耀奪目，使人產生一種神秘虛幻的感覺，彷彿就是上帝居住天府的情景。哥特式建築特別高，如巴黎聖母院的塔樓高*60*餘米，英國夏特爾教堂南塔高*107*米，法國的斯特拉斯堡教堂高*142*米，德國烏爾姆教堂高161米。它使人感到教會的權力至高無上，個人渺小，並把人的目光引向「天堂」，追求來世幸福。

中世紀早期的教育，更是被教會所壟斷。從5世紀起，西歐唯一讀書的地方是修道院，唯一認識拉丁文的人是僧侶。日耳曼人幾乎都是文盲，甚至有許多國王在簽署文件時不會寫自己的名字，連赫赫有名的查理大帝也目不識丁。因此，西歐封建社會一開始，僧侶便控制了教育。爲了改變文化教育的落後狀況，查理大帝除自己帶頭學習文化外，還創辦了兩種學校：一是宮廷學院，專爲日耳曼貴族及其子弟設立的，培養騎士階級；二是教會學校，訓練初級神職人員。學校設有文法、修辭、邏輯，幾何、數學、天文、音樂等，稱爲「七藝」。但教育的領導權仍爲教會學者所把持，教師都來自僧侶，教學目的和內容也是爲宗教服務的。

到了12世紀，隨著基督教徒的迅速增多，教會自己又創辦了初級學校和中級學校。初級學校除學習拉丁文和簡單的算術外，還得學會做宗教儀式，以便領導教徒做彌撒。中級學校仍按查理大帝的規定，學習「七藝」。教會學校是直接爲基督教服務的。

政治和法律也被教會所操縱。法庭的法官大都由教會神職人員擔任，控制國家的司法機關。世俗法官審判案件時，如無教會法官在場，判決無效。在中世紀的西歐，大家都是基督教徒，因此實際上教會審判案件的範圍，沒有任何限制。這樣教會法官便把世俗法官完全排斥在司法機關之外了。由於教會壟斷法庭，因此，主教和高級僧侶又成了法典和法律的制訂者。日耳曼蠻族諸王國的法律，大都是由僧侶們編纂的。波隆那大學教會法學者格拉先編輯的《教會法規歧異匯編》一書，被認定爲*12*世紀最主要的法典，在羅馬教會中沿用了*500*多年。

在科學領域內，基督教會更是一個專制獨裁者；其宗教與科學是完全對立的，爲了維護神權統治，教會對科學一向採取專制政策。他們的方針是：「上帝萬歲，消滅科學！」首先，教會下令燒毀了羅馬巴拉丁圖書館、埃及亞歷山大圖書館和西班牙的托勒多圖書館，沒有燒掉的羊皮紙手稿，也被僧侶們用刀刮去，妄圖把古典著作消滅乾淨。其次，強制推行托勒密的「地球中心論」、蓋倫的醫學論和亞里斯多德的「第一推動論」等三大教會理論支柱，以排擠真正的科學。第三，一切自然現象和社會現象必須依據《聖經》去解釋，禁止用科學道理去說明。如雷電本是一種非常普通的放電現象，但僧侶說它是地獄中硫磺湖冒出來的煙。後來，他們覺得這種解釋不妥，便又把雷電說成是上帝對某些罪惡的懲罰，並編造許多雷電能救善懲惡的故事，以恫嚇和欺騙那些善良的信徒，鞏固宗教信仰。對於社會生活，教會也根據《聖經》亂加解釋。他們胡說人類的生活完全是由上帝和惡魔支配的，天空中到處隱藏著惡魔，給人們帶來各種災禍；人若有病只要敬奉聖徒的遺物，保證百醫百好。如舔一下聖徒墓前的欄杆能治喉痛，吃一把聖徒神龕下的泥土可以治胃痛，魚刺卡喉，用聖徒墓前的破布一擦就好。如遇天旱蟲災，只要教會寫一道咒文，即可驅除蟲害。我們不妨引一段這樣的奇文，供讀者觀賞：

「願上帝保佑，阿門。鑒於在特拉主教區內，維勒諾斯居民申訴說：蝗蟲、毛蟲及其它蟲害踩躪本地葡萄園，為時已達數年，使居民蒙受重大損失。他們請求我們（特拉的主教）對上述蟲害予以警告，並以宗教處罰迫使害蟲離開本地區。

為此，現在我們，根據本教區享有的職權，對上述蝗蟲、毛蟲及其它蟲害，不管叫什麼名字，提出警告，限在六天內離開維勒諾斯的葡萄園和土地，如上述蟲類敢違抗，六天期滿後，我們將詛咒它們，決不寬貸。」❻

這種咒文不過是一張廢紙，但它卻典型地反映了封建宗教文化的特徵。然而這種露骨的欺騙畢竟是不能持久的，所以到了9世紀便出現了經院哲學。

封建宗教文化與古典唯心主義哲學的奇異結合——經院哲學的興衰

基督教神學本身就是唯心主義的產物，但它爲什麼又要與古典唯心主義哲學結合起來呢？這種雙料唯心主義的封建文化究竟是怎樣產生的呢？

9至13世紀末，封建等級佔有制度在西歐各國都已普遍建立起來，同時以羅馬教皇爲首的超國家的神權政治也進入了鼎盛時期。這兩大不同封建政權體系之間的鬥爭，使西歐政局日益尖銳化和複雜化。爲了鞏固封建等級秩序和確保神權統治的穩定，教、俗封建統治階級都希望建立一種既與基督教神學完全符合，又與封建等級制度相適應的封建文化，於是把神學和古典哲學結合起來的經院哲學便應運而生了。另一方面，隨著城市商品經濟的發展和科學技術的進步，特別是阿拉伯人把亞里斯多德的著作介紹給西方國家之後，人們的認識能力提高了。在這種形勢下，基督教神學家深感教父學過於粗糙和簡單，要求用哲學來論證神學，建立新的基督教神學體系，以便更好地欺騙廣大信教群眾。於是他們便借用柏拉圖的唯心主義哲學思想，並玩弄亞里斯多德哲學中唯物和唯心兩方面的概念來解釋宗教，因而促進了經院哲學的產生。經院哲學是神權主義和封建主義相結合的產物，也是西歐封建宗教文化的進一步完善與發展。

經院哲學起源於查理大帝時代的宮廷學院，因爲當時學院中的師生用一種脫離實際和煩瑣空洞的推理方法講授和學習《聖經》，故有經院之稱。因此，後來凡是從事研究《聖經》這門學問的學者，就叫經院哲學家，他們的思想便稱爲經院哲學。

經院哲學的主要任務是用哲學的形式，從教父學和《聖經》已經確立的教條出發，經過三段式的邏輯推理，論證這些教條正確無誤，並使它更加理論化、系統化和思辯化，成爲龐大的神學體系，爲封建等級制度和神權統治服務。它表面上看起來是哲學，實質上是哲學化的唯心主義神學體系。這種經過改裝了的基督教神學，比教父學具有更大的欺騙性。

經院哲學的特定任務，決定了它的研究對象和研究方法的特點。經院哲學家認爲既然一切真理都來自《聖經》，因而根本沒有必要去研究自然界和社會現實，也無須通過實踐的方法去發現新知識。所以他們研究的對象，都是一些荒唐無聊的神學命題，討論問題的方法也只能是純粹抽象的推理。如「天使吃什麼？」、「天堂的玫瑰有沒有刺？」、「一根針尖上能站幾個天使？」、「石頭能不能吃？」、「老鼠吃了聖餐怎麼辦？」等等，這些根本無法論證的問題，他們偏偏要引經據典，進行演繹推論和爭辨，爭論不清，便互相指責，謾罵，甚至毆鬥，最後不了了之。

經院哲學產生於 9 世紀，盛行於 13 世紀，14 世紀便開始衰落了。在這 400 年中，西歐出現了許多經院哲學家，其中最著名的是安瑟倫和托馬斯．阿奎那斯。因爲他們主張一般概念是先於個別事物而存在的客觀實在，故被稱爲「唯實論者」或「實在論者。」

安瑟倫（*Anselmus, 1033–1109* 年）是意大利的僧侶，後又進入法國諾曼底的貝克修道院學習，1078 年被委派爲該院院長。由於他在神學上造詣較深，1093 年又被提升爲坎特伯雷大主教。安瑟倫是一個典型的信仰主義者，被稱爲第二個奥古斯丁。在《神何以成人》一書中，他明確提出信仰第一的原則。他說：「不是先理解，後信仰；而是先信仰，後理解。」他一生從事神學和哲學研究，並千方百計企圖用哲學概念去論證神的存在。爲了證明宇宙中有上帝，他提出了一個非常荒謬的公式，即從上帝的概念中推論出上帝的存在。首先在心靈中要有一個上帝的存在，並確信它是最偉大的實體；如果上帝只存在於心中而不是現實存在，它就不是最偉大的實體了；既然確信沒有任何東西北上帝更偉大，因此，上帝既存在於理智中，也存在於現實中。這就是著名的所謂上帝存在的本體論證明。其實他的論證完全是一堆廢話，上述公式沒有也不可能從客觀實體上說明上帝的存在，而是從概念到概念，論證了半天，最後還是說了一句空話：「神即存在」。

安瑟倫的從概念中推出存在的方法，並非他的創造發明，而是柏拉圖的極端實在論，在新的歷史條件下的翻版。柏拉圖早就提出了「絕對理念」就是事物的本質，並先於個別事物而存在的實在論。安瑟倫繼承柏拉圖的思想，認爲凡是愈普遍的東西愈實在，上帝的觀念最普遍，故上帝最實在、最完善。這種論證方法只能證明唯實論者自我意識的存在，決不能說明上帝的存在。

集經院哲學之大成的是意大利神學家托馬斯·阿奎那斯（*Thomas Aquinas, 1225−1274*年）。他出生在洛加塞卡城，父親郎多爾是阿奎那的伯爵。托馬斯在蒙特·卡西諾修道院受完九年初等教育後，於*1239*年進入拿波里大學。*1244*年，他不顧父親的反對，放棄了貴族生活，決定參加多明我會僧團爲僧，並被派往德國的科隆，跟隨神學家阿爾伯特學習。後來，阿爾伯特到巴黎大學講學，他又隨師就讀於巴黎大學。*1257*年，托馬斯受聘爲巴黎大學神學教授。*1259−1268*年，他回到意大利後，被羅馬教廷任命爲教皇的神學顧問，專心從事著述。托馬斯一生共寫了*18*部著作，重要的有《論正統信仰的真理、異教徒駁議大全》、《神學大全》、《哲學大全》和《論存在與本質》等。

《神學大全》是托馬斯的代表作，被基督教會捧爲經院哲學的最高經典。這部著作分爲三部分：第一部分論證上帝及其創造物是客觀存在；第二部分說明上帝是最善最美的，並且是萬事萬物的歸宿；第三部分闡述罪人皈依上帝的道路與方法，特別強調教徒必須遵守七種聖禮。它是一部集基督教神學之大成的巨著，包括幾百個問題，這些問題又分許多「子題」，這些「子題」構成了上百個篇章；運用形式邏輯的三段式論法，引用大量《聖經》詞句，把基督教的全部教條，從上帝、天使到惡魔編輯成一部龐大的神學著作。一書在手，全部神學一目了然。這部著作的基本特點，就是把亞里斯多德的哲學和基督教神學緊密結合起來，把上帝這一最高的神隱蔽於客觀事物之中。因爲托馬斯認爲安瑟倫的「神即存在」的觀點太露骨了，所以他在論證上帝存在這一最高神學命題時，便放棄了安瑟倫的本體論證明，採用亞里斯多德的「第一推動論」的觀點，通過上帝的創造物來論證上帝的存在。他覺得道理很簡單，既然上帝創造的萬事萬物是客觀存在的，因此上帝也是客觀存在的，但不是先於個別事物而存在，而是存在於事物之中。這樣，托馬斯便把哲學上的客觀存在與基督教神學中的上帝，巧妙地結合起來了，使人們確信上帝是存在的。他論證的方法比安瑟倫高明得多，但欺騙性也越大。

托馬斯還根據亞里斯多德目的論的思想，又創立了一種「宇宙等級秩序論」的學說。他認爲整個宇宙都處在等級體系之中，從無生命界起，到植物界、動物界，再上升到人、聖徒、天使、上帝。每一級都要以追求較高一級爲目的，並力求達到目的。上帝是宇宙的終極目的，也是萬事萬物追求的最終目的。在宇宙等級結構中，下級從屬於上級，上級統御下級，整個等級體系都要服從上帝。這個由下而上遞相依附的等級體系是上帝預先安排好的，任何人都無力反抗。托馬斯製造的這一套理論，把封建等級制度和教階制度神聖化了，因而成爲西方封建統治階級最好的統治工具。

在政治上，托馬斯極力鼓吹「教權至上」，國王、皇帝都必須服從教皇，國家必須服從羅馬教會，俗人必須服從僧侶。同時，他又認爲君主制是一種最好的政治形式；國王的職責是保衛和平，指導俗人的塵世生活，否則社會就會解體。此外，托馬斯還大力宣揚神學倫理思想，提倡禁慾主義和來世主義，要人們禁止「自然慾望」，以求得來世享受天堂的「最高幸福」。

封建宗教文化的四大矛盾

封建宗教文化經過托馬斯·阿奎那斯論證之後，達到了高峰。它表面上看起來十分強大，但實際上是虛弱的。這種文化像海市蜃樓那樣，經過短時期的壯觀之後，很快就隱退了。它不像中國的儒學那樣穩定統一，而是矛盾重重，無法克服，最後在各種矛盾的衝擊之下而倒塌，被資產階級的新文化取而代之。這是西歐封建宗教文化的又一重要特點。

封建宗教文化有四大矛盾，首先是它與世俗文化的矛盾。中世紀初期，基督教會雖然壟斷了一切文化領域，但並沒有消滅世俗文化。*8*世紀初，阿拉伯人征服西班牙以後，把東方高度發展的文化科學帶到了西歐，在科多瓦創辦許多大學。後來，他們又把亞里斯多德的著作介紹給西歐各國，還將中國的四大發明陸續傳入歐洲。十字軍東侵後，拜占庭的希臘學者又到了意大利，傳播希臘古典文化。這一切不僅打破了教會對文化的壟斷局面，而且爲世俗文化的發展開闢了道路。如西歐的城市學校和大學，就是在東方世俗文化發展的基礎上產生的。*11*世紀以後，隨著城市的興起，市民仿照阿拉伯人的學校，創辦了一種新型的城市學校，學習工商業知識和羅馬法，以促進並保護商品經濟的發展。在城市學校的基礎上，西歐各國又建立了大學。*1158*年，意大利首先創辦了波隆那大學。接著，英國、法國則分別成立了牛津大學和巴黎大學。13世紀時，意大利有薩勒諾大學和巴勒摩大學，德國有海德堡大學，英國有劍橋大學，法國有奧爾良大學，西班牙有薩拉曼加大學，奧地利有維也納大學等。到14世紀，歐洲已建立了40餘所大學，成爲科學文化發展的中心。每個大學設有四科：文學、神學、法學和醫學，以神學最高。文學是基礎，每個學生必修。文科設七藝，學生首先學習文法、修辭、辨證法，考試及格後可得學士學位。然後再學算術、幾何、天文和音樂，考試及格後可得碩士學位。有了碩士學位再選修其他三科，只要其中一科畢業，便可獲得博士學位，並取得教授資格。大學學習方法是聽課和辯論，先由講師或教授做講演，再讓學生自由討論。每學完一個單元或一個學習階段，要進行一次論文答辯，通過後方可授與相應的學位。這一套嚴格的學習和考試制度，推動了西歐文化科學的發展。城市學校和大學的興起，不但標誌著西方文化發展的新趨勢，而且初步改變了教會壟斷教育的局面。

在文學方面，教會文學也不是唯一的，與它相對立的還有民間文學、騎士文學和城市文學。中世紀初期的民間文學大都是民間藝人的口頭創作，以詩歌爲主。如法國的民間故事《到地獄的賣藝詩人》，描述一位民間的賣藝詩人，心地善良，終年賣唱，仍不得溫飽。他死後到了地獄，看見魔王正在審判神父、主教和修道院長，這些人都被判處火刑，而這位貧窮的賣藝人則被指定爲司爐。這個故事具有鮮明的反教會性質。有些民間故事成了英雄史詩創作的依據，其中最著名的英雄史詩有法國的《羅蘭之歌》，德國的《尼卜龍根之歌》，西班牙的《西德之歌》，英國的《亞瑟王》等等。但這些民間的最優秀作品，後來都被封建文人改編爲騎士文學。

騎士文學也是一種世俗文學，它主要反映封建騎士的思想面貌和生活方式。十字軍東侵後，騎士的地位日益提高，逐漸形成了一套騎士制度和騎士精神。騎士文學的主題是歌頌騎士的忠義和爲愛情與護教而英勇獻身的俠客行爲。這種文學不受禁慾主義的約束，強烈追求現實生活中的快樂與幸福，但不反對宗教。

法國的《羅蘭之歌》是一部描寫騎士英雄形象的代表作，形成於 12世紀。史詩中的主人翁羅蘭是法蘭克王國的著名騎士， 778年隨查理大帝出征西班牙。他率領的兩萬士兵在通過庇里牛斯山朗塞瓦爾峽谷時，遭到巴斯克人的伏擊，全部官兵英勇犧牲。這部作品主要是歌頌忠君愛國，反對賣國求榮，因此廣泛流傳於西歐各國，受到封建統治階級的重視。德國的《尼卜龍根之歌》， 12世紀末到 13世紀初由民間故事改編而成。它敘述尼德蘭王子西格弗里殺死巨龍，獲得寶物，爲恭泰王打敗了敵人，後來被奸臣暗害，以及他的妻子克琳西德爲夫報仇的故事。史詩譴責了奸人，讚揚了胸懷坦蕩的英雄。西班牙的《西德之歌》，形成於 12世紀中期。史詩中的主人翁西德實有其人，他就是抵抗阿拉伯人入侵的西班牙民族英雄迪亞斯。他的英勇事跡廣泛流傳於西班牙民間， 12世紀改編爲騎士文學。英國的《亞瑟王》，原是描寫亞瑟領導凱爾特人抵抗盎格魯·撒克遜人入侵的民間故事， 13世紀被改編爲騎士文學，亞瑟王便成了英國騎士的英雄。

城市文學是反映市民階級的願望和要求的，具有明顯的反封建、反教會的性質。它繼承民間文學的傳統，內容生動活動，語言辛辣幽默，有強烈的藝術感染力。城市文學首先產生在法國，以《列那狐的故事》最有名。它寫的是動物王國，反映的卻是人類社會生活。作者採用寓言的體裁，賦予動物以人格化。獅王諾勃勒代表國王，老狼伊藏格蘭代表騎士，大熊勃能代表領主，驢子代表僧侶，駱駝代表教皇，雞、貓、兔、蝸牛等小動物代表下層群眾，列那狐代表市民。列那狐在和獅、狼、熊、駱駝、驢的鬥爭中，總是勝利者；但她又常常欺壓小動物，而小動物又成功地揭穿了列那狐的各種詭計。列那狐的兩面性，是市民性格的典型反映。

在藝術方面，也產生了一種與宗教藝術相對立的新藝術。13世紀末，意大利比薩城內有一位名叫尼克拉·比薩諾（*Nicola Pisano*）的雕刻家，偶然發掘出了古希臘的雕刻，他以此爲摹本創作出了仿古典雕刻的新作品，第一次打破了宗教雕刻藝術的束縛。在繪畫上，佛羅倫薩附近的西埃那城內，住著許多從拜占庭帝國遷來的藝術家，在他們的影響下，意大利的美術創作也出現了一種新氣象。如當時最有名的畫家契馬部埃（*Cimabue, 1240－1302*年），在他的代表作《聖母與天使》中，瑪利亞已是年輕美麗的世俗婦女，耶穌也是一個天真活潑的嬰兒了。因此，後人尊稱他爲佛羅倫薩「畫家之父」。但他的作品還沒有擺脫拜占庭形式主義藝術風格的影響，後來他的學生喬托才改變這種畫風，把佛羅倫薩的藝術推向一個新的發展階段。

世俗文化的興起與發展，把封建宗教文化的陣地一個一個地佔領了。到了後期意大利文藝復興時，羅馬教廷也不得不接受人文主義文化，以至於羅馬在一個短時期內也成了文藝復興的中心。可見封建宗教文化在西方社會是沒有生命力的。

基督教的異端運動和正統派的鬥爭，是封建宗教文化第二個無法克服的矛盾。佛教和伊斯蘭教内部雖然也有派別鬥爭，但大都是僧侶上層爭權奪利，或是對教義與戒律的分歧。而基督教的異端運動，則是各國勞動人民反封建、反教會的革命運動。恩格斯說：「一般針對封建制度發出的一切攻擊，必然首先就是對教會的攻擊，而一切革命的社會政治理論大體上必然同時就是神學異端。爲要觸犯當時的社會制度，就必須從制度身上剝去那層神聖外衣。」❼在西歐，農民和市民反封建的革命鬥爭，經常採取異端運動的形式，這是西歐各國封建社會階級鬥爭的特點。

基督教產生之初，本無異端之稱。*325*年，在尼西亞世界第一次宗教會議上，基督教正統派正式宣布阿利安派爲異端派，從此，在基督教世界開始有了異端的名稱。到了中世紀，教會宣布，凡拒絕接受基督教教義的部分或全部，否認羅馬教廷規定的信條，或抗拒和詆毀教皇，在宗教問題上寬容他教的看法，以至巫術等，都被稱爲異端。歐洲封建社會初期，在拜占庭帝國境内，先後爆發了保羅派和鮑格米勒派運動。❽他們提出世界上存在光明和黑暗、善神與惡神的鬥爭，剝削和壓迫是惡神的化身，必將被善神消滅。因此，他們主張沒收教會的土地和財產，廢除教階制度，簡化宗教儀式，恢復早期基督教的平等。這些異端教派運動雖然被統治階級鎮壓下去了，但對西歐各國人民反封建鬥爭產生了直接影響。

從*10*世紀下半期開始，西歐各國市民和平民掀起了反封建、反教會的異端運動。12世紀初，意大利爆發了阿爾諾德領導的異端教派的大起義。他提出人的靈魂得救主要依靠貧困，而不是依靠教會。1147年，他在羅馬領導平民舉行起義，建立了羅馬共和國。這個國家既反對教皇，又攻擊皇帝，成爲西歐第一個市民政權。1155年，教皇哈德良請求德皇腓特烈一世進軍羅馬，逮捕了阿爾諾德，並將他判處絞刑，起義失敗。

12世紀下半葉，法國市民以阿爾比城爲中心，又發動了聲勢浩大的阿爾比派異端運動。他們之中分爲兩派，即華爾多派和純潔派。前者是里昂富商華爾多創立的，主張貧困是靈魂得救的先決條件，否認羅馬教會和宗教儀式對靈魂得救的特殊作用。因此，華爾多帶頭把自己的全部家產賣光，將錢分給城內的平民，所以他的教派又叫「里昂貧民派」。純潔派則繼承保羅派和鮑格米勒派的思想，認爲世界上存在兩種本原，即上帝與撒旦（魔鬼）、善神與惡神的鬥爭，善產生靈魂，惡化爲肉體與慾望。人的靈魂要得救，必須消除一切慾望，保持純潔。此外，還要打破外界強加於人的一切枷鎖，包括國家和教會。因此純潔派在政治上要求廢除法庭和死刑，反對戰爭和服兵役。阿爾比派反封建、反教會的革命思想，引起了統治階級和羅馬教廷的仇視。英諾森三世爲了平息異端教派運動，於1208年組織十字軍討代，大肆屠殺異端分子，阿爾比派終於被鎮壓。

爲了防止異端運動的再起，英諾森批准成立了兩個托缽僧團。1210年，意大利修士方濟各創辦了方濟各會，或稱「法蘭西斯派」，又叫做「小兄弟會」。他本出身富商家庭，但爲了欺騙群眾，仿照異端教派的方式，標榜赤貧，身穿灰服，捧鉢乞食，俗稱灰衣僧。1214年，西班牙神父多米尼克又建立了多米尼加派修道會，也叫「佈道兄弟會」，我國譯爲「多明我會」。他同樣標榜赤貧，身穿黑服，以乞食爲生，俗稱黑衣僧。這兩個僧團吸引那些對羅馬教會不滿的人參加，以達到分化和破壞異端教派運動的目的。

1216年，英諾森三世死去後，繼任教皇洪諾留三世遵照他的遺命，於1220年通令多明我會和方濟各會組建異端審判法庭，即宗教裁判所，加強對異端的暴力鎮壓。這種法庭不受當地主教領導，直屬羅馬教皇管轄。從1233年起，凡羅馬教會統治的地區，都成立了異端審判區，委任多明我會和方濟各會的修道士爲法官，凌駕於領主和主教之上，到處迫害異端教派分子。異端法庭設在每一地區的修道院中，它擁有監獄和人數眾多的偵察分子和武裝特務，可以任意逮捕、監禁、審判和處死有嫌疑的異端，死刑規定爲火刑，並沒收其全部財產歸修道院。異端法庭在西歐存在500多年，到底迫害和屠殺了多少異端分子，實無法統計。只就西班牙異端法庭而言，先後被它判處的異端就達38萬餘人。

由於羅馬教廷採取各種鎮壓措施，西歐各國異端教派運動暫時處於低潮。但隨著文藝復興運動的興起，各國資產階級在異端運動的基礎上，發動了轟轟烈烈的宗教改革運動，紛紛要求建立民族教會和民族文化，羅馬教廷的神權統治再也無法維持下去了。

封建宗教文化的第三大矛盾，是它與民族文化的衝突。羅馬教皇以「世界之主」自居，他不僅要求西方世界接受封建宗教文化，而且妄圖把它擴展到整個世界。然而從13世紀後期起，由於城市商品經濟的迅速發展，西歐各國的封建領主土地所有制已開始向地主土地所有制轉化，自然經濟逐漸解體，動搖了封建神權統治的基礎。同時，隨著市民階級的成長與壯大，由於自由貿易的需要，他們積極支持中央集權和國家統一，封建割據局面日益消除，這就使封建宗教文化賴以生存的政治基礎也不復存在。於是出現了市民階級與王權結成同盟，共同反對羅馬教廷統治的新形勢。日益強大的國王和市民不僅要求擺脫教皇的控制，而且還要把基督教改造成爲國家或市民階級所需要的新教。封建宗教文化與民族文化的矛盾和衝突不可避免，教權與皇權的鬥爭又重新爆發了。

首先向羅馬教廷發起進攻的是法國。13世紀末，法王腓力四世開始統一法蘭西，成爲法國歷史上第一個專權的君主。因爲統一法國對英作戰需要大量經費，他除向聖殿騎士團借款外，而且還向本國教會征稅，並將把持司法機關的僧侶趕出法庭之外。1269年，教皇卜尼法斯八世發布教諭宣稱，世俗君主無權干預教務，並要求國王停止向教會徵稅和驅逐法庭中的神職人員。雙方針鋒相對，誰也不肯讓步。1302年，腓力四世決定召開法國歷史上第一次三級會議，要求第三等級全力支持他反對羅馬教皇的鬥爭。後來法王派人攻進卜尼法斯八世的住所，這位教皇遭毒打後不久就死了。1305年，在腓力四世的壓力下，一位法國主教當選爲教皇，稱爲克雷門五世。從此七位繼任教皇都是法國人，教皇官邸也從羅馬遷到法國的阿維農城，歷時達70年之久。過去不可一世的教皇，現在卻成了國王的階下之囚。在西歐歷史上王權第一次壓倒了教權，民族意識代替了「萬流歸宗」，一個建立民族教會和民族文化的新時代到來了。

第一個發出新時代信號的，是英國牛津大學教授、著名的神父約翰·威克里夫（*John Wyeliffe, 1324−1384*年）。他代表西歐市民階級首先提出了宗教改革的要求，以建立本國的民族教會。威克里夫宗教改革的觀點是：㈠英國應立即擺脫教皇的統治，成立國王領導下的國家教會；㈡英國教會的大主教、主教、神父等神職人員，一律由本國僧侶擔任，停止向羅馬教廷繳納任何賦稅；㈢沒收羅馬教會的土地，分配給貴族，教會的什一稅改爲教徒自願捐獻，神職人員不得佔有財產；㈣簡化宗教機構和宗教儀式，減少教會的費用。*1382*年以後，他又開始把《聖經》由拉丁文譯爲英文，開創了民族文化的新局面。威克里夫的這些思想，對後來西歐各國的宗教改革運動和民族文化建設，都產生了深刻的影響。因此，西方史學家把他稱爲「宗教改革的辰星」。

經院哲學內部唯名論與唯實論的鬥爭，是封建宗教文化的第四大矛盾。唯名論者認爲個別事物是先於概念而存在的，概念只不過是用來表示事物的名稱，故叫「唯名論」。他們提出個別事物先於一般而存在的觀點，是唯物主義思想的萌芽，代表市民階級的利益，因此是進步的。這一學說的創始人是法國都爾城聖馬丁教會學校校長貝倫加爾（*Berenger, 1000−1088*年）。與他同時代的法國神父羅瑟林（*Roscellinus,* 約 *1050−1112*年），還提出了極端唯名論的思想。他認爲唯有具體事物才是客觀存在，一般概念只是代表許多事物的名稱，甚至是一種符號或聲音。按照這種觀點去推論，基督教的所有教條便都成了毫無意義的符號。*1092*年，教會宣判羅瑟林爲異端。

唯名論最卓越的代表是巴黎大學教授阿貝拉（*Petrus*

*Abailarclus, 1076–1142*年）。他是羅瑟林的學生，才華出眾，神學上有較高的成就。阿貝拉是一個自由思想家，主張在教義上可以自由爭論，這在當時是非常大膽的。他在《是與否》這篇文章中，提出手抄的《聖經》和教父學也有錯誤，因此有些教義如是否有上帝、耶穌的肉和血能否轉化爲餅與酒等等，都是值得懷疑和討論的。他堅決反對安瑟倫的「信仰而後理解」的觀點，主張「理解而後信仰」。這一口號雖不是反對信仰本身，但對於啟發人們的思考是有積極意義的。在哲學上，阿貝拉不同意羅瑟林的極端唯名論。他認爲一般概念不能說是空洞無物的名詞或聲音，而是有一定內容的概念。他承認一般是從許多個別事物中抽象出來的共性，但又認爲這種共性在每一個個別事物中完全個別化了的，與個別事物是同一的，因此不能說共性就是一般。這就是說，在客觀上只有個別，沒有一般，一般只不過是人通過抽象而形成的概念。這就是阿貝拉的「概念論」。根據這一學說，什麼「三位一體」、「原罪」、「實體轉化」、「天堂地獄」等，都是不存在的。*1140*年，羅馬教會將阿貝拉軟禁在克呂尼修道院反省，兩年後去世。

到了*13*世紀，唯名論在英國得到了進一步發展，唯物主義因素增強了，並且與自然科學緊密結合在一起。這一時期最有名的唯名論者是羅哲爾．培根（*Roger Bacon, 1214–1294*年）。他是牛津大學的教授，一生除刻苦學習《聖經》外，主要從事於數學、物理、化學、光學和醫學的研究。他的重要著作有《大著作》、《小著作》、《第三著作》和《哲學研究綱要》等，現存者只有《大著作》一書。在哲學上，培根同所有的唯名論者一樣，強調只有個別才是真實的存在，一般是沒有的。宇宙是由許多個別事物構成的，而不是由一般組合的。因此，他認爲世界是可以認識的，人們通過對具體事物的研究，是能夠掌握其客觀規律的。培根認爲認識真理的唯一途徑是依靠感覺得來的經驗，而不是書本上的結論。他在《大著作》一書中指出人們謬誤的主要原因，是由於盲目崇拜權威的結論。他公開宣布：「個人的經驗比權威的證明更確實。」但他在數學研究中找不到經驗的來源，便誤以爲高深的數學真理是天賦的。羅哲爾·培根的哲學思想和科學研究，觸犯了基督教的教條，被宗教裁判所監禁15年。

封建宗教文化四大矛盾鬥爭的結果，使羅馬教會失去了壟斷文化的地位，爲文藝復興時期資產階級新文化的產生鋪平了道路。

封建宗教文化的歷史作用與影響

長期以來，歐洲學者把羅馬教會壟斷社會意識形態各個領域，看作是造成西方文化落後的根源。這種看法雖然有一定的道理，但很不全面。中世紀初期，西歐封建文化爲什麼落後？除教會壟斷這一重要因素外，根本原因是封建土地私有制沒有得到充分發展的結果。中國漢唐時代的封建文化之所以高度發達，是因爲從秦代以來實行了地主土地私有制，使封建經濟在一定時期內獲得蓬勃發展？從而促進了封建文化的繁榮。在西歐，只有希臘、羅馬的土地私有制得到了自由和充分的發展，加之其工商業繁榮和奴隸制民主政治，故產生了高度發達的古典文化。進入中世紀以後，法蘭克王國在很短時期內也實行過地主土地私有制，但到加洛林王朝時便被債主土地佔有制所代替。由於日耳曼人的封建土地私有制得不到自由發展，加上他們原來的社會發育不全，又受基督教文化的束縛，故西方文化必然遠遠落後於東方國家。只有全面分析西歐文化落後的原因，才有可能正確評價封建宗教文化的歷史作用。

封建宗教文化是封建經濟和政治的產物，反過來又爲經濟基礎服務。而且以教皇爲代表的羅馬教會，它本身就是一個有組織的封建經濟和政治集團，這就決定了基督教文化在促進封建制度的形成與鞏固的過程中，起了特別重大的作用。

第一，幫助蠻族諸王國建立了封建統治制度。日耳曼人征服西羅馬帝國後建立起來的蠻族諸王國，都是由軍事民主制轉變過來的早期封建國家，各種制度都很不完備。日耳曼封建主要想統治被征服地區的廣大人民群眾，就必須依靠教會幫助他們建立起比較完備的統治制度。如蠻族王國的法律和審判制度，大都是由高級僧侶制訂的。7世紀初葉，法蘭克王國規定，在制訂法律時必須邀請全體主教參加。506年，西哥德王國公布的《阿拉里克簡明法》，也是由法學家會同主教們編纂的。又如各國初期的賦稅制度，大都是當地僧侶商議後確定的。此外，蠻族各國的行政區劃，都是參照基督教的教區制度建立的。

第二，促進了封建土地所有制的形成。處在原始公社末期的日耳曼人，來到古代文明世界的廢墟之後，對私有制尤其是土地私有制是十分陌生的。早已擁有龐大地產的羅馬教會，特別起勁地宣傳土地私有，以擴大自身的經濟利益。教會這種宣傳不但促進了法蘭克人和其他日耳曼人中私有觀念的流行，而且加速了西歐封建土地所有制的形成。各國國王把大量土地分封給將軍和親兵，出現了一大批軍事封建貴族。6世紀下半期以後，教會和世俗封建主又大肆掠奪農村公社自由農民的土地，封建大土地所有制迅速發展起來。到了9世紀，法蘭克王國的自由農村公社已經消失，代之而起的是領主的封建莊園，封建制度已經確立。在四百年的封建化過程中，教會自身也發展成爲最大封建土地所有者。810年，在阿亨宗教會議上，按財產和土地多少把教會神職人員分爲三個等級。第一等擁有3千到8千處領地，第二等爲1千到3千處領地，第三等爲1千處領地以下。至於修道院佔有的土地就更多了，如著名的富爾達修道院竟擁有1.5萬處產業，即使是小修道院也擁有二、三百戶農民。這些很不完整的數字表明，基督教會在加速封建大土地所制的形成中，起了很大的作用。

第三，協助蠻族諸王國鞏固封建秩序。日耳曼人在征服西羅馬帝國的過程中，曾遭到當地居民的強烈反抗，他們對被征服地區的人民除加強暴力鎮壓外，主要是依靠基督教文化來維護和鞏固封建秩序。7世紀中葉時，法蘭克王國境內大多數居民雖已服從墨洛溫王朝的統治，但東北邊區有少數群眾仍未歸順。於是教會便派遣大批修道士前往邊區，修建教堂和修道院，由神父傳經佈道，馴化那裏的居民，服從封建統治。查理大帝對薩克遜人用兵33年，但始終沒能征服他們。後來由於教會的幫助，爭取薩克遜人信仰基督教，查理大帝才順利地佔領了薩克遜地區。11世紀以後，由於封建等級制度的確立，西歐各國都處於封建割據和無政府狀態之中，如何鞏固各自爲政的等級秩序，也必須依靠以層層服從爲核心的基督教神學體系去發揮作用。

第四，修道院保存了不少古代農業生產技術和管理制，幫助日耳曼人提高了社會生產力。如富爾達、克呂尼和息斯特西派等大型修道院，在農業和園藝方面積累了豐富的深耕細作的經驗，還有一套既有嚴密集中又有分工負責的經營管理制度。這些生產和管理經驗，對西歐農業乃至於城市經濟的發展，都起了一定的推動作用。

第五，教會創辦的學校雖然是爲宗教服務的，但對日耳曼蠻族來説，仍然起到了傳播文化的作用。

不過，封建宗教文化畢竟是一種以神學爲中心的社會意識形態，對西歐封建社會的消極影響也是不能低估的。

首先，800年封建神權統治，使西方文化在較長時期內處於停滯落後狀態。在教會專制主義和蒙昧主義的摧殘下，西歐的文學、藝術和科學根本無法發展。當時絕大多數的學者都從事神學研究，幾乎沒有人敢於探索自然和社會。因此，在西歐封建社會最初幾百年中，除神學外，沒有出現著名的文學家、藝術家和科學家，以及有影響的著作和作品。英國的羅哲爾·培根雖然不顧教會的禁令勇於研究自然現象，並取得了巨大成就，但等待他的卻是15年監禁，著作被燒毀。到了文藝復興時期，教會更加殘酷迫害先進的思想家和科學家，許多文化名人被活活燒死。羅馬教會的鎮壓雖然無法阻止文化科學的進步，但卻延緩了西歐近代文明的誕生。

其次，妨礙了民族國家和民族文化的形成。從13世紀後期起，隨著城市商品經濟的發展和市民階級的壯大，西歐各國開始由封建割據走向統一的歷史過程，但這一偉大潮流遭到了羅馬教會的嚴重破壞。尤其是意大利和德意志，由於教皇的干預長期處於四分五裂之中，民族國家和民族文化在整個中世紀期間始終無法形成。

最後，延緩了西歐封建制度的解體。羅馬教廷是一個巨大的國際剝削中心，它從歐洲各國掠奪來的大量財富，63.7%用於戰爭，36.3%用於維持教會神職人員的奢華生活。教會的殘酷剝削和驚人的揮霍，阻礙了西歐各國資本主義的萌芽和成長。同時，教會本身就是封建生產關係的代表，直接破壞了生產力的發展。教會大領主和修道院長對農奴的剝削尤爲殘酷，其剝削量大大超過世俗封建主對農奴的剝削。以10世紀法國的聖里奎爾修道院爲例，它擁有2,500處莊園和2,500幢房子，每年要佃戶提供1萬隻小雞，1萬隻閹雞，7.5萬個雞蛋，400磅蜂蠟。此外，還要繳納大什一稅和小計一稅。佃戶每年的收入幾乎被剝削殆盡，連最低的生活水準都無法維持，生產力遭到嚴重破壞。到了14世紀時，貨幣地租日益成爲主要的剝削方式後，而修道院仍然保持農奴制剝削，以阻礙封建制度的解體。在政治上，教會封建主常常與世俗封建主相勾結，共同鎮壓農民起義和異端運動，頑固地維護封建制度，延緩封建社會的滅亡。

第2章

文藝復興和資產階級文化的形成

資本主義商品經濟登上歷史舞台和西方世界的騰飛

資產階級文化的產生和發展，需要兩大前提條件：一是資本主義商品生產，二是走向海洋，建立世界市場，爲商品生產服務，加速資本主義的發展，以促進文化的進一步繁榮。這兩個條件在西歐首先是在意大利最早形成的。

意大利在政治上是一個分散落後的國家，但在其北部城市中，資本主義萌芽比西歐任何國家都早。它瀕臨地中海，是東西方貿易的樞紐，有許多發展商品經濟的優越條件。早在*10*世紀，威尼斯和熱那亞商人已開始與東方各國進行貿易，獲得高額利潤。十字軍東侵後，威尼斯商人排擠了阿拉伯人和拜占庭人的競爭，控制了地中海和黑海的商道，海路暢通無阻，東西方貿易增加十倍，威尼斯因此而成爲西歐最大的商業共和國。*13*世紀中葉，威尼斯巨商馬可·波羅的父親和叔父，跋山涉水，歷盡艱辛，於*1266*年首次來華，尋找商業市場。波羅兄弟回國時，元世祖忽必烈曾修書並派使臣隨他們去歐洲晉見教皇，邀請西方學者來華講授「七藝」，但使臣行至中途因病阻留。至此，我國封建政府兩次派使臣去西歐都未成功。❾波羅兄弟回國住了兩年之後，決定第二次來華，17歲的馬可·波羅隨父、叔於1275年到達元朝的上都。馬可·波羅在我國住了17年，足跡遍及東方許多國家和地區，實地考察了當地的風俗、物產和經濟狀況。他在中國頗有積蓄，回國後人們都稱他爲「馬可百萬」。1298年，即他回去的第三年，因參加對熱那亞的戰爭受傷被俘，禁錮於熱那亞監獄。在獄中他口述東方各國的見聞，由同獄難友魯思蒂謙整理成《馬可波羅遊記》，或叫《東方見聞錄》。《遊記》把印度、中國和日本說成是黃金遍地、香料盈野的世界，引起西方商人和冒險家的無比嚮往，從而促進了新航路的開闢和新大陸的發現。

威尼斯商人的廣泛貿易活動，積累了巨額資金，加速了西歐資本主義的萌芽。14世紀初期，佛羅倫薩首先出現了資本主義生產。1338年，它已擁有200家呢絨業手工工廠，有毛紡織工人3萬餘人，平均每個工廠有雇佣工人150人，可見其規模之大。它每年可出產呢絨10萬匹以上，行銷西歐與近東各國，年產值達1,200萬佛羅琳。佛羅倫薩的經濟發達，擁有銀行、毛織、絲織、皮毛、醫藥、布匹、律師等七大行業，是歐洲工業文明的最早發祥地。到了15世紀，英國、法國、德國、西班牙和尼德蘭，都相繼產生了分散的和集中的資本主義手工工廠。資本主義商品經濟的迅速發展，需要大量的金銀和廣闊的市場，而金礦稀少和市場狹小的西歐無法滿足這種要求，於是歐洲人自然想到了遍地是黃金的東方，幻想從那裏撈回大批黃金、白銀，並找到產品和原料市場。怎樣才能去到東方呢？當時一些航海冒險家提出一種新看法，認爲可以避免利用從地中海經絲綢之路通往東方的舊道，另找一條新航路直達東方。意大利航海家哥倫布根據地圓學說，提出從海上向西航行也可通往東方的假設。於是一個走向海洋的浪潮便形成了。

1492年8月3日，哥倫布在西班牙國王的支持下，率領88名海員，分乘三艘帆船，從巴羅斯港啟航，橫渡大西洋。他的探航隊在茫茫的大海上經過69天的航行，於10月12日黎明到達巴哈馬群島中的瓦特林島。以後他又發現了古巴和海地等島嶼。哥倫布以爲他所到達的地方就是印度，故稱當地居民爲「印第安人」即印度人，這一誤稱一直沿用至今。1493年3月15日，哥倫布返回西班牙，受到國王的隆重歡迎。接著，他又組織了三次西航，陸續發現了牙買加、波多黎各和多米尼加等大小島嶼，爲西班牙找到了廣闊的殖民地。哥倫布直到臨終之前，堅信他發現的地方就是東方的印度。同時代的地理學家佛羅倫薩人亞美利哥前往實地考察後，斷定哥倫布發現的地方不是印度，而是一塊「新大陸」。1507年，人們以亞美利哥的名字，將新大陸命名爲「亞美利堅」。這就是美洲簡稱的由來。

在哥倫布第一次航抵新大陸後不久，葡萄牙貴族達·伽馬奉葡王之命，於1497年7月8日，率領170人分乘四艘帆船，從里斯本啟錨，沿著迪亞士開闢的航線向東航行。他的船隊繞過好望角後，順利抵達東非海岸；在阿拉伯航海家伊本·馬季德的引導下，又進入印度洋。1498年5月20日，達·伽馬的探航隊終於到達印度西南海岸的卡利庫特城。他第一次實現了西方人的夢想，找到了直達東方的新航路。1498年8月，達·伽馬的船隊滿載著印度的寶石、絲綢、香料、象牙啟錨回國，於1499年9月9日返抵里斯本。這次航行獲得相當於航行費用60倍的暴利，振動了全歐洲。

西班牙國王垂涎欲滴，急於雇人航行亞洲爭利。正在這時，葡萄牙的破落貴族麥哲倫，向西班牙國王查理提出繞道南美直達東方的計劃。1519年9月20日，他率領265名船員，分乘五艘帆船，從盧卡爾港啟航，沿著巴西海岸南下，穿過麥哲倫海峽，進入太平洋，於1521年4月7日航抵菲律賓群島的宿霧島。麥哲倫到達這個地區後不久，即用西班牙王子菲律普二世的名字命之，今菲律賓由此得名。他為了征服各地島嶼，利用當地的部落矛盾，干預宿霧島附近馬克坦島的內政，結果被一部落酋長錫拉普拉普殺死在海灘上。麥哲倫死後，他的船隊越來越少，最後只剩下一隻船和18人，於1522年9月6日返回西班牙。人類歷史上第一次環球航行實現了，它證明大地確實是球形的真理。環球航行的成功，是航海家們冒險、堅韌、百折不撓的人文主義思想的勝利，是資本主義發展的必然結果。事實說明，只有商品經濟才有可能把全球連成一個統一的整體。由於世界市場的產生，西方國家開始騰飛了。

中國向來是一個航海大國，為什麼沒有擔負起環球航行的歷史使命呢？如果從條件來說，我國遠洋航海的技術，是當時世界上第一流的。比哥倫布早87年，明朝偉大的航海家鄭和（1371–1435年）已開始大規模遠洋航行。1405–1433年，他先後七次下西洋，成為世界航海史上的偉大創舉。他的船隊和船員之多，是歐洲人無法相比的。鄭和第一次和第四次下西洋率領的「寶船」就有62艘和63艘，出海人員皆為2.7萬餘人。最大的船長145米，寬59米，裝有12面風帆，用水羅盤定航向，配備二、三百名水手，可載運1,000餘人。這樣先進的航海工具，為什麼他只開闢了從中國到東非海岸的航線而沒有走向世界呢？這不是由於鄭和缺乏遠見和勇氣，而是受經濟條件和階級關係的限制。15世紀初，明朝仍然是封建大帝國，自然經濟佔絕對統治地位，東南沿海地區的工商業雖有較大的發展，但尚未出現資本主義和資產階級。鄭和下西洋的目的不是爲了發展商品經濟，而在於弘揚明朝的國威，爭取更多的東南亞國家來華稱臣納貢。1408年，即鄭和第一次下西洋回國後的第二年，渤尼國王麻那惹便率王族和朝臣150人來華回訪朝拜，受到明成祖的歡迎。以後，幾乎每次下西洋都有一些國家派大小不等的使團隨鄭和來華朝覲和進貢，明政府都給予厚賜。由於來訪使團的人數很多，所以鄭和有兩次下西洋是奉命接送各國使團而進行的。可見歷時28年遍及37國的鄭和下西洋，主要是受明朝的委託出國做政治訪問，而不是商業性遠航。他的船隊滿載著黃金、白銀、絲綢、瓷器、漆器、銅器、鐵器和布匹等，除主要用於換取南洋各國高級奢侈品如珠寶、香料、珍禽異獸供皇宮大臣享受外，其餘部分都以封建禮品賜送給各國王室了。明朝與南洋各國盛行「貢賜貿易」，它雖使中國贏得了政治聲譽，但經濟損失巨大。然而這一切，使明王朝感到滿足與自豪。在狹隘的封建利益束縛下，鄭和七次下西洋沒有也不可能突破區域性範圍而走向世界。歷史證明，封閉的自然經濟和目光短淺的封建統治階級，不可能征服海洋，更不可能把世界聯爲一體。這樣，我國便失去了一次加速經濟發展的良機，使工業文明遲遲不能產生。從此中、西封建社會的發展便分道揚鑣了：西歐各國開始從「中世紀」向「近代」過渡，中國仍停留在封建帝國的老路上，而且愈往後走，差距愈大。這就是西方文化後來居上，中國文化由盛而衰的根本原因和歷史性的轉折點。

新航路的開闢和新大陸的發現，對西歐經濟的發展乃至於對整個世界歷史進程的演變，都產生了劃時代的影響。「商業革命」、「價格革命」和殖民制度的建立，使西方資產階級一下子便成爲暴發戶。英、法、德、西班牙、尼德蘭等地的資本主義手工業工廠，如雨後春筍般地發展起來，西歐開始進入資本主義時代。隨著資本主義的萌芽和發展，便產生了資產階級的新文化運動。

文藝復興在西方文化發展史上的地位

從14世紀開始，西方文化進入了一個新的發展時期——「文藝復興」時期。所謂「文藝復興」，原意爲古代希臘羅馬文學、藝術的「再生」，實質上是資產階級的新文化運動。它是繼希臘羅馬古典文化之後的又一次文化高潮，堪稱爲「西歐文化第二繁榮期」。

歷時三個多世紀的文藝復興運動，大致可分爲三個階段。14世紀初到15世紀中葉爲第一階段，是文藝復興發生期。這一時期，意大利文學家但丁、佩脫拉克、薄伽丘等，首先掀起了批判經院哲學的啟蒙運動，提出了人文主義新思想，標誌文藝復興運動的開始，又稱爲「早期意大利文藝復興」。15世紀中葉到16世紀末爲第二階段，是繪畫、雕刻、詩歌、小說和戲劇的繁榮期。在這一階段。達·芬奇、米開朗基羅、拉斐爾等，把意大利的藝術推向高峰，是爲「後期意大利文藝復興」；伊拉斯莫、拉伯雷、莎士比亞、塞萬提斯等，又寫出了一大批文學名著，文藝復興運動達到高潮。*17*世紀初到該世紀中葉爲第三階段，是自然科學和唯物主義哲學興起的時期。哥白尼和哈維分別揭開了宇宙和人體的秘密，法蘭西斯·培根等創立了近代唯物主義學說。在文藝復興的同時，西歐許多國家還發動了宗教改革運動，它們共同衝擊著封建制度。

文藝復興運動首先發生在意大利。隨著佛羅倫薩資本主義的成長和資產階級逐步取得統治地位，引起了社會經濟活動、生活方式和思想意識形態的巨大變化。在資本主義商品生產的社會裏，經濟發展與社會進步，主要取決於自由競爭。佛羅倫薩在長期內外激烈競爭中，變成了一個商品經濟非常發達的城市共和國，資產階級在這裏最早成爲統治階級。在它的領導下，市民和附近的農民不再生活在封閉的莊園裏，而是過著近代化的都市生活。資產階級地位的變化，商品經濟的自由競爭，以及城市化的生活方式，孕育出佛羅倫薩人嶄新的世界觀和人生觀。他們相信世界是人創造的，而不是神創造的。從這一觀點出發，他們開始把目光從「天堂」轉向地上，不再羡慕來世的幸福和封建特權，而是追求現實世界的樂趣、愛情、榮譽、智慧、友誼、自由和財富。他們迫切要求擺脫封建神學世界觀和宗教文化的束縛，建立適合於新經濟體制和政治體制發展需要的新文化。因此，佛羅倫薩便成了文藝復興的搖籃。

同時，意大利又是中世紀封建宗教文化的堡壘，這一特殊的歷史背景，也推動了文藝復興運動的最先發生。自從教皇國成立後，羅馬一直是神權統治的中心。教皇憑藉自己至高無上的權力，除干預西歐各國內政外，更主要的是破壞意大利的統一，以鞏固神權專制統治。而當前佛羅倫薩的激烈變革，更引起羅馬教廷的驚慌。他們把佛羅倫薩共和國的新思潮運動，看成是威脅神權統治的大敵，因而特別注意干涉它內部的政治鬥爭。教皇在佛羅倫薩大力扶植親教會的貴族分子，不斷挑動和擴大黨爭，甚至不惜勾結外敵，發動戰爭，企圖消滅它。羅馬教廷的腐敗和罪行，激起了全意大利人民的公憤。於是以但丁為代表的資產階級知識分子，便發動了以批判神權和提倡人權為核心的新文化運動。

此外，意大利還是世界文明古國之一，有著悠久的歷史和文化遺產。它不但直接繼承了古代羅馬文化，而且長期受希臘文化的影響。*1453*年，君士坦丁堡陷落後，大批拜占庭的希臘學者逃到意大利講學，或創辦學校，使知識分子迅速形成了研究古典文藝的熱潮。這種獨特的文化環境，也為意大利文藝復興運動提供了優先條件。

意大利的新文化運動，在形式上表現為復興希臘、羅馬古代文學和藝術，故在歷史上稱為「文藝復興」。早期資產階級還不夠成熟，他們剛登上歷史舞台，提不出一套系統的理論，所以在創立自己的新思想時，不得不借助於古典文化中的現實主義、人本主義、樸素唯物主義、自由思想、個性獨立等現成的形式來表達，借復古以創新，用「舊瓶裝新酒」。所以，在所有世界古代文明中，只有希臘、羅馬古典文化，才轉變為工業文明。

意大利文藝復興產生後，迅速傳播到德、法、英和西班牙等國，人文主義思潮得到進一步發展與豐富，文藝復興運動形成高潮。

文藝復興運動是西歐資本主義發展的巨大成果，是西方資產階級知識分子的偉大創造。這個運動在西方文化發展史上，有著特別重要的歷史地位，它不僅是一次文化革新運動，而且也是人類思想史上一場偉大的革命。在歐洲，曾經有過兩次世界觀和學術思想上的大飛躍：第一次是文藝復興時期人文主義的產生，結果帶來了新航路、新大陸、新世界和新宇宙的發現，開闢了資本主義發展的新時代；第二次是 *19* 世紀 *40* 年代末馬克思主義的誕生，開創了無產階級革命的新紀元。這兩次思想大革命，都具有劃時代的歷史意義。在東方封建社會裏，正是由於缺乏學術思想上的革命，故各國社會發展長期處於停滯落後狀態。誠然，中國的四大發明在世界科技史上也是一次重大的革命，但它僅僅是技術上的革新，對中國的傳統儒學毫無觸動，與西方的人文主義比較起來，就顯得有些遜色了。

文藝復興運動標誌著封建主義文化的沒落，資本主義文化的誕生，從此西方文化進入世界文化的最前列。

人類思想史上的偉大革命
——人文主義的產生

西歐早期的資產階級文化，是一種以人文主義爲核心的新文化。由於它建立在對神的批判和人對自身認識的基礎上，因此具有濃厚的「人性」色彩。人文主義文化是近代民族文化的真正起點。這個時代的文學、藝術、思想意識、宗教信仰、倫理道德，以及風俗民情等等，都具有強烈的地域性和民族性，因此，人們又稱這種文化爲「民族文化」。

人文文化的產生，是以「人的重新發現」爲前提條件的。 *800* 年的封建神權統治，把人變成了「神」。當時每個人的頭上，都被扣上一項神聖的光環，嚴格約束他們過著苦行僧的生活，沒有情慾、沒有價值、沒有人格和尊嚴，簡直像木偶。資產階級誕生後，要求砸碎頭上的光圈，恢復人的本來面目。文藝復興的重大成果之一，就是人重新發現了自己。他們高呼：「我是人，人的一切特性，我都具備。」因而產生了人文主義文化。但是，在東方各國的封建社會中，沒有出現過這種文化。因爲人文主義從本質上說是資本主義萌芽時期生產關係要求的反映。資本主義生產關係最根本的特點是個人的自由競爭，因此，只有資本主義興起後，才會產生以個人爲中心的人文主義思想。同時，也只有隨著資本主義的萌芽成長，才能形成資產階級知識分子隊伍，創立人文科學。

我國16世紀中葉以前，沒有出現資本主義關係和資產階級知識分子階層，當然不可能產生人文主義文化。中國的士大夫完全依附於地主階級，是封建統治集團的後備軍，一旦科場高中，便上升爲官僚貴族。他們始終無法擺脫儒學的束縛，一生只知道讀孔孟之書，傳聖賢之道，毫無民主與科學意識，怎能產生人文主義科學！明末雖有黃宗羲、顧炎武、王夫之等少數先進知識分子，但也沒有創立中國的人文文化。後來西方工業文明傳入後，許多知識分子主張維新變法，但即使像嚴復、康有爲、梁啟超、胡適等著名人物，在倡導一陣子西學後，最後還是回到了孔家店。五四運動後，馬克思主義在我國已廣泛傳播，完全沒有必要提倡資本主義的人文文化了。

西歐國家則不同，資產階級知識分子具有強烈的民主與科學意識，堅決反對封建神學的枷鎖。他們當中雖有少數名人被政府委以要職，但始終沒有離開民主與科學的軌道。他們專心從事文學與科學研究，提倡人文主義文化。但丁、佩脫拉克和薄伽丘等人，就是在研究希臘、羅馬古典文化中，發現了以人爲中心的世俗文化，從而創立了人文主義和人文科學。佩脫拉克第一個把自己研究的學問稱爲「人學」，以與「神學」相對立，故被尊爲「人文主義之父」。

人文主義是資產階級的世界觀和歷史觀。它主張以「人」爲中心，反對以「神」爲中心。它提倡「人權」，反對「神權」。肯定人是現實世界的創造者、主宰者和享受者；提倡「人性」，反對「神性」，批判禁慾主義，蔑視天堂地獄，強調個性解放，追求財富、榮譽、智慧、幸福；提倡自由平等，反對等級特權，不以出身門第爲貴，主張以德才取人；提倡人文教育，反對經院哲學，崇尚理智，鼓勵冒險和個人奮鬥，追求真理，探索自然，獎勵發明創造，欣賞文學藝術，全面發展人的才智；擁護民族獨立和中央集權，反對侵略和封建割據，促進資本主義發展。

人文主義在歷史上起了巨大的進步作用

㈠人文主義既是西方學術思想和研究方向上一次巨大的轉變，也是人類世界觀的一次偉大革命。從14世紀以後，人文主義世界觀逐漸代替了宗教神學世界觀，給西方世界帶來了一系列新發現，爲資本主義和資產階級的大發展開闢了一個新時代。

㈡動搖了神權統治的理論基礎，教皇權力從此由盛而衰。宗教改革運動爆發後，由於宗教人文主義的興起，西方基督教世界就更加分崩離析了。

㈢加速了民族國家和民族文化的形成。16世紀以後，西歐很多國家都建立了中央集權的政治體制，為資本主義和民族文化的發展，提供了可靠的政治保證。

㈣促進了西歐近代文明的誕生。人文主義思潮是西歐第一次思想大解放運動，它蘊藏著一種空前的個人潛在能量，使西方方知識分子能在意識形態各個領域內創造奇蹟。正是由於在它的推動下，西歐才出現了文學、藝術和科學的繁榮。人文主義思想還對*18*世紀法國的啟蒙運動乃至美國獨立戰爭，都產生過深遠的影響。

但人文主義仍然是剝削階級的世界觀，資產階級的本質和偏見，決定了它必然具有階級的和時代的局限性。它提倡的「人權」、「人性」、「自由」，都是資產階級的人權、人性和自由。此外，它雖然反對宗教神學世界觀，但並不否定宗教。

意大利啟蒙文學和世界史上第一次人權運動

意大利是文藝復興的發祥地，也是西歐啟蒙文學的故鄉。啟蒙文學家通過自己的創作新道路和新形式，倡導人文主義，鼓吹資產階級的人權、人性和自由，探索從中世紀走向近代社會的途徑，啟發人們從宗教神學奴役下解放出來，投身於現實生活的鬥爭。在他們的影響下，很快就出現了歷史上第一次「人權運動」，因此，他們的文學創作被稱為啟蒙文學。同時，由於這種文學具有強烈的民族特點和風格，用本國語言寫作，所以他們又被譽為民族文學的創始人。意大利早期文藝復興的啟蒙文學家有但丁、佩脫拉克和薄伽丘，合稱為佛羅倫薩「文學三傑」，他們是文藝復興運動的先驅者。

但丁．阿里蓋利（*Dante Alighieri, 1265－1321*年）是一位跨時代的文學家，人文主義思想的最初代表。他出身於騎士世家，其父曾任法庭文書，開始成爲一般市民。但丁自幼跟隨詩人拉丁尼學習，後來又研究了古典文學、哲學、天文、地理、歷史、繪畫和音樂，成爲著名的詩人和學者。但丁在*9*歲時，認識了佛羅倫薩一位富商的女兒比亞特麗斯，*18*歲時，他們又見過一次面。以後但丁常到一座橋上去會見她，但從未見到，回家後便寫許多詩讚美她。*1289*年，比亞特麗斯嫁給了一位銀行家，第二年因病去世。但丁聞訊後十分悲痛，日夜哀思，又寫了許多詩悼念她。*1292*年左右，但丁把讚美和哀悼比亞特麗斯的抒情詩整理成集，取名爲《新生》。這部詩集充滿了對愛情和人生的讚美，第一次放射出人文主義思想的光芒，不過但丁始終沒有把自己稱爲人文主義者。

在這之後，但丁開始進入政界。他早在青年時代，就已經參加了教皇支持的蓋爾夫黨，並曾與德皇扶植的吉伯林黨作過戰。不久，蓋爾夫黨打敗了吉伯林黨，掌握了佛羅倫薩共和國的政權。*1300*年*6*月，但丁以醫藥行會的代表資格，當選爲佛羅倫薩共和國六行政長官之一。蓋爾夫黨執政後，内部分裂爲黑、白兩黨，經常發生内鬨。但丁雖屬於白黨，但秉公處理了兩黨鬧事的領導人。*1301*年黑黨在教皇卜尼法斯八世和法軍支持下，推翻了白黨政權。*1302*年，但丁以反對教皇和「叛國」、「貪污」等罪名，被判處終身流放。他孤身逃離佛羅倫薩，以後再也沒有回家與親人見面。*1321*年*9*月，但丁病逝於拉文那，年僅56歲。

在流放期間，但丁專心從事於文學創作和研究。他的主要著作有《論俗語》、《饗宴》、《帝制論》和《神曲》等。《神曲》是他的代表作，分爲《地獄》、《煉獄》和《天堂》三部；共 *100* 首詩，計 *1.4233* 萬行，用托斯坎尼方言寫成。它是一部「夢幻」故事，敘述但丁在古羅馬詩人維吉爾和情人比亞特麗斯的靈魂引導下，夢遊「地獄」、「煉獄」和「天堂」的經歷。 *1300* 年 *4* 月 *8* 日入「夢」，*4* 月 *14* 日出「夢」，共 *6* 天。故事是從但丁中年迷路於「幽林」開始的。*4* 月 *8* 日下午，他在一座黑森林中迷路，遇見了豹、獅、母狼擋道，嚇得全身發抖。正在危亡之際，維吉爾的靈魂出現在但丁面前，引導他出險。天黑時，維吉爾把但丁引到了地獄門前，參觀一個亡靈的罪惡世界。他們先走進地獄的「走廊」，看見有一面旗子在飄揚，一些生前毫無主見的鬼魂隨著旗子飄來飄去。他們既不能入地獄，又不能升天國，永遠懸空掛著。因此，地獄的「走廊」又名「懸林」，主要用來懲罰那些生前爲騎牆派的鬼魂。

穿過「懸林」，維吉爾引但丁來到地獄第一層，即「候判所」。它是地獄中唯一有陽光、綠草和鮮花的地方，住著古代文化名人荷馬、賀拉西、奧維德、蘇格拉底、柏拉圖和維吉爾等人的靈魂。維吉爾引導但丁遊完地獄和煉獄後，還要回到這裏。這些聖哲沒有罪過，也沒有痛苦，只因生前沒來得及接受基督教，不得不在此等候上帝的判決。第二層是真正地獄的開始，居住著一群古今男女色情的鬼魂。他們在深谷中哭嚎，在風波中沈浮，晨昏顛倒，站立不定。第三層是貪食者靈魂的住所，他們在泥塘中受風雨和冰雹的襲擊。第四層，住著浪費者和貪吝者的鬼魂，他們被分成兩隊，互相衝撞撕打，永無寧日。第五層是用污水灌成的「恨湖」，聚集一群暴怒者的幽靈。他們驕怒成性，常常氣得用牙齒咬自己的肉。從第六層起，開始進入下層地獄，⓫靈魂的罪惡愈重，受刑愈苦。第六層是地帝城（即「狄司城」）的所在地，城內燒著「永劫的火」，燃燒著異教徒的靈魂。第七層分爲三環，收容各種殘暴者的靈魂。第一環聚集殺人者的鬼魂，他們永遠被泡在血水之中。第二環，一些信仰不堅而自殺者的靈魂，他們被化爲樹林，被怪鳥哈比經常用爪子撕裂。第三環中，一群對上帝和自然殘暴者的幽靈，在熱沙中受煎熬，他們的腳在不斷地跳動。第八層是一個名叫「瑪來波爾查」的深谷，凡欺詐者的靈魂都囚禁在這裏。這一層共分爲十個斷層，分別懲罰各種醜惡的靈魂。第一斷層中，居住著淫謀、誘奸者的鬼魂，他們被一個生角的判官不斷鞭打。第二斷層，阿諛者的靈魂泡在大糞溝裏，滿頭都是糞水。第三斷層，買賣聖職者的鬼魂在此受火刑，其中有教皇尼古拉斯三世和還活著的教皇卜尼法斯八世的靈魂，他們倒立在一個石洞内，大火從腳跟往下燒。第四斷層，聚集一群占卜者的靈魂，他們的頭被反扭到背後，眼睛向後看，退著走路。第五斷層，貪官污吏者的鬼魂沈沒在燒開的瀝青中，他們無法忍受想露出外面透氣，但立即遭到惡魔用鋼叉挑刺。第六斷層，一些僞君子的靈魂，頭戴鉛質鍍金的大風帽，外觀漂亮，内中全是鉛塊，行動不便，疲憊不堪。第七斷層是匪盜者靈魂受刑的場所，他們被蛇咬著立刻化爲灰末，然後又恢復原形再被蛇咬。第八斷層，一些惡謀士的鬼魂被捲進火中燃燒，化爲一個個火團。第九斷層，挑撥離間者的靈魂受到了應有的懲罰。他們的下顎裂開到喉管，兩腿之間掛著自己的肚腸，吃進去的食物都流在外面，發出惡臭。有的還把自己的頭割下來，提著頭髮，像提著燈籠一樣。第十斷層，僞造者的靈魂在受苦刑。一個僞造金幣者的幽靈，遍身癬疥，搔癢難忍，只好用指甲把痂皮一片一片地刮下來。有一女鬼因生前愛其父美，便僞裝母親騙取父歡，死後變成一個赤裸的靈魂，受人恥笑。第九層地獄是一冰湖，叛徒的靈魂凍結其中，只有頭部露出外面。它又分爲四環：「該隱環」，親族相殘者靈魂的「歸宿」；「昂得諾環」，叛國者鬼魂的「刑場」；「多祿謀環」，暗殺賓朋者幽靈的「囚室」；「猶大環」，賣主求榮者靈魂的「牢房」。地獄底層正中，一位叛逆天使的三張嘴裏各咬著猶大、布魯圖斯和卡西斯三個叛徒的頭，猶如啃饅頭一般，其慘狀目不忍睹。

維吉爾引導但丁看完地獄亡靈的罪惡後，又來到煉獄，即淨界。它是罪惡較輕的鬼魂修煉之所，經「淨火」烤煉之後，罪人的靈魂可望上升天堂。煉獄浮在南半球海中，分爲三部分：從海濱到「山門」爲煉獄外部；山門以上的「寶塔山」爲煉獄本部，有七級；「地上樂園」與天堂接壤，爲煉獄頂部。煉獄本部七級代表七種罪惡：嬌、妒、怒、惰、貪財、貪食、貪色。煉獄門口站著一位天使，用劍在但丁額上刻七個「P」字（即 *Peccate*「罪惡」的縮寫），每上一層，通過「淨火」，去掉一個「P」字，象徵人類靈魂不斷淨化。

於是維吉爾引導但丁上了第一級，看到一群生前驕傲的靈魂，身負巨石，彎腰而行，以克服過去的錯誤。第二級，嫉妒的靈魂，身穿粗衣，一雙眼皮用鐵絲縫著，眼淚不斷從縫口中流出。第三級，善怒者的鬼魂被濃煙包圍著，好像瞎子一樣，盲目行動。第四級，一些懶惰者的靈魂，在忙忙碌碌地煉習勞動。第五級，貪得無厭者的幽靈伏在地上哭泣，他們的目光死盯住地上的東西，從不肯向天上看一眼，生怕貪來的財物丟失了。第六級，懲罰那些貪食者的靈魂。這裏有棵結滿水果的大樹，可不管他們如何踮起腳跟，卻咬不著那香甜的果子；還有一條清泉，可不能喝，讓他們永遠飢渴。第七級，一群生前貪色者的靈魂在懺悔，他們爲了洗滌自己的罪惡，一個個跳進「淨火」中去烤煉。但丁也縱身火坑，去掉了最後一個「P」字。最後，維吉爾把但丁引進「地上樂園」。至此他的使命已經完成，返回候判所去了。但丁由比亞特麗斯迎進天堂。

天堂也有九層，是精英居住的地方。聖賢明君按德行大小，分居在不同的層次。第一層月球天，住著正人君子的精靈，他們有某些缺點，還具有人形。從第二層開始，英靈的人形消失，化爲光團，層次愈高者，光團愈大，德行愈高。第二層水星天，爲聖君賢相聚集之所。第三層金生天，居住博愛者的靈魂，有國王和主教。第四層太陽天，基督教聖哲靈魂的住處。第五層火星天，爲信仰而犧牲者靈魂的歸宿，其中有在十字軍東侵中死去的但丁的遠祖卡卻基達的英靈。第七層土星天，居住隱逸寡居者的靈魂。第八層恆星天，是耶穌及其高足弟子的住處，第九層水晶天，九種天使居住的地方。在九層天之上還有天府，是上帝的住處。但丁遠遠窺見了上帝的形象，它是三道光圈，光明燦爛。一刹那之間，但丁似乎見到了整個宇宙，但很快又忘記了。夢醒如故，至此，《神曲》全部結束。

《神曲》是一部集中世紀哲學、神學和藝術之大成的巨著，又是近代黎明的序曲。但丁謹慎地採用夢幻的文學形式和象徵晦澀的手法，把中世紀的傳統觀念和新的世界觀巧妙地搓揉在一起。它一方面宣傳了許多宗教神學思想和封建落後觀點，另一方面又大力倡導人文主義新思潮。但丁用畢生精力創作《神曲》，其真正的目的在於：㈠意大利要復興，首先要淨化人們的靈魂。他寫靈魂由迷途經過地獄的痛苦、煉獄的磨練、再上升到天堂光明的歷程，充分體現了人的思想革新的道路。㈡意大利要統一，必須實行政教分離。因此，但丁在夢遊三界時，分別由維吉爾（代表人智）和比亞特麗斯（代表信仰）引導，前者不能進入天堂干預宗教事務，後者也不允許插手於地獄和煉獄中的世俗生活。只要把神權和君權分開，國家必能統一復興。㈢爲此必須放棄經院哲學，提倡人文主義，追求真理，崇尚理智，探索自然，復興古典文化，努力奮鬥，積極投身於現實世界的建設。因此，《神曲》的誕生，標誌著文藝復興運動的開始。

佛朗西斯科·佩脫拉克（*Francesco Petrarch, 1304–1374*年）不僅是人文主義的奠基者，而且也是近代詩歌的創始人。其父爲佛羅倫薩的律師，因反對黑黨於*1302*年與但丁一起被逐放，逃到阿雷佐城。*1304*年*7*月*20*日，佩脫拉克誕生於此城。以後經多次搬遷，最後於*1312*年他全家移居於法國南部的阿維農城。佩脫拉克自幼酷愛文學，但父親要他學習法律。*1326*年，他父親去世後，放棄法學，專心研究維吉爾的詩歌和西塞羅的散文，成爲早期文藝復興時期著名的詩人和學者。*1304*年巴黎和羅馬爭相邀請他前去接受詩人桂冠。*1341*年*4*月*8*日，彼特拉克在羅馬的卡匹托利山上接受了「桂冠詩人」的稱號，成爲一代詩人的光榮。

佩脫拉克在復興古典文化中，起了特別重要的作用。他到過西歐許多文化名城如巴黎、科隆、根特等，四處搜集拉丁文和希臘文的古典作品。只要他知道某地發現了古代手稿或殘稿，便出重金購買，如無法買到，則親自抄錄，精心收藏。此外，他還收集了許多古代錢幣、碑刻和雕像。在佩脫拉克的發掘和細心研究下，他終於發現了古典文化的精華——人本主義。因此，他第一個提出要來「一個古代學術——它的語言、文學風格和道德思想的復興。」由於佩脫拉克的倡導和鼓勵，到了15世紀，意大利掀起了復興古典文化的高潮。

佩脫拉克一生寫了不少著作，其中以《詩集》、《阿非利加》、《意大利頌》和《名人列傳》等最著名。《詩集》是他的代表作，用意大利民歌十四行詩寫成，收集366首抒情詩，抒發作者對情人勞拉的愛情與哀思。據說，1327年春，佩脫拉克在阿維農的一個教堂內，遇見一位騎士的妻子勞拉，他們一見鍾情，互相愛慕。此後他寫了大量的抒情詩，傾吐自己對勞拉的愛戀之情。1348年，黑死病奪去了勞拉的生命，佩脫拉克很悲傷，又寫了許多哀詩。他仿照但丁的《新生》，編輯了《詩集》這部名著。但佩脫拉克描繪的勞拉不像比亞特麗斯那種抽象的神性美，而是具有迷人的人體美，富有強烈的肉體感和人情味。他反對把愛情象徵化和哲理化，主張愛情就是肉體感官的享受。佩脫拉克在《秘密》中坦率地說：「我不想變成上帝，或者居住在永恆之中，或者把天地抱在懷裏。屬於人的那種光榮對我就夠了。我自己是凡人，我只要求凡人的幸福。」他的思想充分表達了當時資產階級的幸福觀和戀愛觀。

佩脫拉克不但強烈追求愛情，而且特別重視個人的榮譽。他寫了好幾部歌頌古代豪傑的著作，向民族英雄學習，立志要做一個千古不朽的巨人。他的史詩《阿非利加》，著重描述了第二次布匿戰爭期間羅馬統帥西庇阿·阿非利加打敗迦太基名將漢尼拔的事蹟，塑造了一位典型的愛國英雄形象。詩人通過這部長詩，歌頌了意大利民族的偉大，鼓勵愛國志士應像阿非利加那樣去做一個統一祖國的英雄。在《意大利頌》中，他進一步闡明了反對封建割據，渴望和平統一祖國的思想。他的《名人列傳》，寫出了從羅慕洛到凱撒等*21*位名人的傳記。這部著作除了爲後人提供一部羅馬史外，還把羅馬帝國與四分五裂的意大利現狀加以對比，以激發人民復興祖國的鬥爭意志。

佩脫拉克的人文主義思想，比但丁時代前進了一大步。

喬凡尼·薄伽丘（*Giovanni Boccaccio, 1313–1375*年）是近代短篇小說的創始人，市民文化的真正代表者。他父親是富商，在巴黎姘識一個法國女人，生下薄伽丘。不久，母親死去，父親將他帶回佛羅倫薩。薄伽丘從小受過良好的教育，尤愛文學，*7*歲時便能做詩。長到*15*歲時，其父要他學習經商，他不感興趣，白白浪費了六年時間。後來，父親又強令他去拿不勒斯學習法律，仍不合他的志趣，又消磨了六年光陰。最後，他選擇了文學創作的道路。薄伽丘的早期作品有《愛米多》、《似真似幻的愛情》和《可愛的菲亞美達》等，這些作品都是寫給他在拿不勒斯的情人瑪利亞的。*1348–1353*年，他的創作進入高潮，寫成了著名的短篇小說集《十日談》，此後，再也沒有寫出較好的作品來。他的文學理論著作有《諸神的家譜》和《但丁傳》等，主張創作應反映現實生活，並強調文學對人的巨大改造作用。1373年起，薄伽丘在佛羅倫薩大學主持但丁的《神曲》講座。1375年12月21日，他病逝於佛羅倫薩附近的折搭多爾鎮。

《十日談》是早期意大利文藝復興時期最傑出的一部文學作品，被人們譽爲《人曲》，以別於但丁的《神曲》。書中假借十個男女青年爲逃避1348年佛羅倫薩流行的黑死病，來到郊區一座別墅中講故事消閒，每天每人講一個故事，十天講完一百個，故名《十日談》。這部名著在世界文學史上有著特別重要的意義，它一方面以嬉笑怒罵的方式，揭露天主教會的腐敗和黑暗，另一方面又用一種赤裸的思想解放形式，大力宣揚「食色性也」的人性觀念。這兩方面的內容突出反映了早期文藝復興運動的特點，出色地完成了時代賦予薄伽丘的歷史使命。這部書一開頭，就把矛頭指向羅馬教會。第一天講了一個「歹徒升天」的故事，既幽默又可笑。夏潑萊托本是一個大騙子，做盡了壞事，但他在臨終前向外地神父懺悔時，把自己說成是天下最大的好人。神父深信不疑，決定爲他舉行隆重的下葬儀式，全城百姓跟隨於後，爭先恐後地去吻他的手足，並將他的屍衣撕得粉碎，以得到一塊「聖物」爲榮，歹徒變成了「聖徒」，愚弄群眾的神父又被壞蛋愚弄，這不是十分荒唐可笑嗎？第一天第二個故事「楊諾勸教」，更有意思。楊諾是巴黎的絲綢商人，勸說好友亞伯拉罕放棄猶太教，改信天主教。亞伯拉罕表示要親自到羅馬去調查一番，回來後再做決定。他在羅馬這個神聖的京城中，看到的盡是一些男盜女娼的事情，教廷已經壞到了不能再壞的地步。按照常理亞伯拉罕不可能加入基督教，但故事的結尾十分奇特，他以教會現在還「屹然不動」和「你們的宗教確是比其他的宗教更其正大神聖」爲由，接受了基督教。這個故事明明是說羅馬教會大廈腐敗將傾，卻反而稱它「屹然不動」和「神聖」，這不是對基督教會絕妙的諷刺嗎？緊接著，《十日談》以大量的篇幅和幽默嬉笑的筆鋒，批判了教會的禁慾主義，揭露了僧侶的禽獸行爲。如第三天講一個修道院長爲了姦淫教民的妻子，把她的丈夫用藥酒灌醉，關進教堂的地窖裏，教民醒來之後，還以爲自己在煉獄裏受罪。而院長則自由自在地跟教民的女人私通，後來女的懷孕，又把教民放回去，做孩子的爸爸，這位教民還感謝院長替他向上帝禱告而「復活」。修道院長本是一個流氓惡棍，結果反而成了救活教民的「聖人」。男修士如此，女修士也不例外。如第三天故事第一，講有一個以聖潔著稱的女修道院，請來一位「啞巴」做工，他是這裏唯一的男人。當他把包括院長在內的全體修女弄到手以後，不願再裝啞巴，便開口說話了。女院長爲了掩蓋敗跡，編造謊言，說是由於她們的虔誠禱告和聖徒的恩典，才出現「啞巴」說話的奇蹟。因此，這座修道院的名譽不但沒有受到影響，其威信反而比過去更高了。又如第九天愛利莎講了這樣一個故事：一個修道院的女院長，平時訓誡眾修女千萬不可犯色戒，否則必將受到嚴懲。一天晚上，一個小修女被另一修女捉住姦情，要求院長立即前來處置。院長在匆忙中拿起床上男人的短褲頭作頭巾，往頭上一戴，便來到大廳審問小修女。她當著眾修女的面，聲色俱厲地把小修女痛罵了一頓，並口口聲聲說要嚴加懲處。那小修女忽然抬頭一看，見院長頭上有兩條布帶在晃動，發現她頭上戴的不是頭巾，而是男人的短褲頭。小修女心中明白今晚院長床上也有男人在睡覺，便不慌不忙地對院長說：「請你先把頭巾扎好了再跟我說話吧！」女院長在往頭上一摸，這才知道自己的事情也敗露了，只好當眾宣布：「家醜不可外揚。」《十日談》中，這類故事很多，不能一一列舉。薄伽丘寫這些故事，絕不是爲了迎合讀者的低級趣味，而在於暴露教會的腐敗。揭露僧侶男盜女娼，是他反對基督教禁慾主義的一種特殊的鬥爭方式。

在揭露羅馬教會的同時，薄伽丘在《十日談》中，高舉著「人性」和「人權」的大旗，爲資產階級登上歷史舞台鳴鑼開道。禁慾主義是思想自由和個性解放的大敵，如果不從它的束縛下解放出來，資產階級便不可能成爲自由人走進近代文明社會。因此，薄伽丘首先大力宣傳「人性」思想，使人們取得自由戀愛的權利。他認爲「性愛」是人的天性，無論男女在「人性」面前，都是無法抗拒的。他在第四天開頭特意安排了一個小插曲，十分有趣。一個受禁慾主義毒害很深的老年人，爲了不讓兒子接觸女人，竟搬到深山老林中去居住。一天，青年跟著父親下山進城，在路上第一次看到了一群少女。兒子問父親那是什麼？父親回答說，它們是「綠鵝」，是「禍水」。誰知青年卻高興說道：「親愛的爸爸，讓我帶一隻綠鵝回去吧！」老頭兒這才明白，性愛是不能禁止的。又如第二天故事第十，有一個富裕的市民，生理上有嚴重缺陷，不能結婚。他不聽別人的勸告，選擇全城最美麗的少女爲妻。婚後爲了掩飾自己的缺陷，他拿一本幾乎一年到頭全是節日和齋日的日歷給夫人看，以示不能同房。這位少夫人苦不堪言，又不知如何是好。不久，她被一海盜拐走了。丈夫知道後，急忙跑到海盜那裏想將夫人贖回，但這位少婦明確表示不願回去與他守齋過夜，寧可留在這裏與海盜度過青春。再如第三天故事第十，講一個修女痴心修行，想做一名聖女。後來當一位，美男子向她求愛時，她不得不放棄「神性」，順從了「人性」。

這些故事，生動說明了「食色性也」的真理。

在《十日談》中，薄伽丘還提出了人類平等和男女平等思想。第四天故事第一，可以說是世界史上第一篇「人權宣言」。內容是說唐克烈親王的獨生女綺思夢達公主寡居在家，常私自與家奴紀斯卡多在地下室幽會。後來，他們的隱情不幸被王爺發現，紀斯卡多遇害。父王痛罵女兒不該與下賤的家奴私通，而應找一個王孫公子作情侶。綺思夢達不但不以此爲恥，反而理直氣壯地宣布；「我們人類向來是一律平等的，只有品德才是區分人類的標準，那發揮大才大德的才當得起一個『貴』；否則就只能算是『賤』。……請你看看滿朝的貴人，打量一下他們的品德、他們的與止、他們的行爲吧；然後再又回頭看看紀斯卡多怎樣。只要你不存偏見，下一個判斷，那你准會承認：最高的是他，而你那班朝貴都只是些鄙夫而已。」這難道不是一篇向封建等級制度挑戰的檄文嗎？作者的這一思想還貫串在其他許多故事裏。如第六天故事第七，它的情節雖然很簡單，但具有代表性。據說，普拉他城有一條法律規定，凡婦人通奸而被丈夫發覺後，一律處以火刑。有一次，年輕的菲莉芭被丈夫捉住姦情，其夫告到法庭，要求法官處之以火刑。她毫不畏懼地出席法庭，神色從容，侃侃而談，指責這條法律沒有經過婦女同意，根本不能成立。她本是一個犯婦，反而成了控訴者和勝訴者。法官認爲她言之有理，便將這條法律改爲：凡婦女因金錢關係而對不起丈夫的，才處以火刑。薄伽丘雖然不理解舊社會廣大婦女受壓迫的根源，但他提出男女平等的思想，卻是十分可貴的。不過，這部小說也有許多消極的東西，作者在大力宣揚人文主義思想的同時，也傳播了一些封建落後的東西，容忍了不正當的男女關係，甚至鼓吹縱慾，以至於後來在佛羅倫薩出現了一股性解放的浪潮，破壞了社會的風俗和倫理道德。

意大利早期啟蒙思想家所提倡的「人權」、「人性」與「自由」，雖然有很大的局限性，但在當時卻是進步的。它否認了封建神權和等級特權的合法性，爲資產階級爭得了自由與幸福的權利，人類社會從「中世紀」向「近代」跨進了一大步。

文藝復興運動的高潮與人文主義者對近代社會藍圖的構想

*16*世紀是西歐資本主義開端的時代，也是文藝復興運動高潮和文學繁榮的時期。這一時期的文學作品除繼續批判羅馬教會外，還著重描繪出了改造社會的各種藍圖。德、法、英和西班牙等國的人文主義者，按照各自民族的特點，繼承意大利文學傳統，以豐富多彩的形式，創作了許多反映時代理想的巨著，爲西歐近代文學和政治思想奠定了牢固的基礎。

德國資本主義發展遇到雙重障礙，一是國內的封建割據，二是羅馬教廷的搜刮。德國人文主義者片面強調國家落後的根源是羅馬教會統治壓榨的結果，以爲只要改革教會，國家就能復興。德國的新文化運動圍繞著教會問題而展開，故稱之爲宗教人文主義運動。他們創作了大量反對教會的作品，爲宗教改革運動提供了理論根據。

德希德里·伊拉斯莫（*Deciterius Erasmus, 1466－1536*年），是德國16世紀初最有影響的人文主義者。他原是尼德蘭鹿特丹一位神父的私生子，後來定居於德國。幼年時期，他在家鄉受過初等教育。*1484*年左右，父親去世後，他和哥哥彼得都出家爲僧。*1492*年*4*月，伊拉斯莫被提升爲神父。*1495*年*8*月，他就讀於蒙太古學院。*1499*年起，他曾多次訪問英國，也到過意大利，接受人文主義教育。伊拉斯莫一生寫過很多著作，主要的有《格言集》、《基督戰士手册》、《格言千匯》、《愚人頌》、《基督教君主教育》、《論自由意志》、《西塞羅派》和《論教會的純潔》等，以《愚人頌》爲代表作。《愚人頌》假托一個「愚人」婦女之口，公開宣揚人生的目的是爲了尋歡作樂，追求現世生活的幸福。她讚揚自己的品德和才能，嘲笑國王、貴族、教皇、主教和僧侶的愚昧，諷刺那些崇拜聖徒遺物、販賣贖罪符和朝聖等宗教迷信活動，反對教皇干預政治，猛烈攻擊經院哲學。「愚人」斷言，不消除德國人的無知，國家便不能復興。這部作品的思想，對於德國人文主義運動的形成與發展，起了巨大的推動作用。

伊拉斯莫在西方文化史上最卓越的貢獻，就是運用人文主義思想去解釋宗教，創立了宗教人文主義。早在*1503*年，他在《基督戰士手册》一書中，就提出了宗教是教徒個人內心的信仰，不需要教會干預的觀點，第一次否認了教會拯救靈魂之說。這就是宗教個人主義的萌芽。這一新的宗教思想，反映了資產階級要求擺脫羅馬教廷統治，建立民族教會的願望。伊拉斯莫是16世紀宗教人文主義運動的一面旗幟。但他不贊成馬丁·路德的宗教改革運動，不同意打倒教皇，更不允許人民革命，推翻封建制度。他直到臨終前仍然堅持認爲，宗教革新只不過是一種重振教會道德的復興運動，只要肅清了教會内部的弊端，基督教就會重新興旺發達起來。所以，他在病危時還口授一篇《論教會的純潔》的文章，作爲振興教會的遺言。儘管伊拉斯莫對羅馬教廷如此忠心耿耿，但到1558年，教皇保羅四世仍宣布已經去世20餘年的伊拉斯莫爲異端，其全部著作都被列爲禁書。

烏利赫·封·胡登（*Ulrich von Hutten, 1488–1523*年）是德國激進的人文主義者，代表騎士的利益。他出身於小貴族家庭，企圖依靠騎士階級實現德國的統一大業。青年時期，他求學於法蘭克福大學，在老師勒赫林的影響下，成爲著名的青年人文主義作家。1515–1517年，胡登與另一青年學者魯邊合作，出版了兩卷《愚人書信集》，攻擊羅馬教皇與經院哲學家。1517年12月，胡登在爲出版意大利學者瓦拉的名著《論僞造的君士坦丁的贈禮》一書寫的序言中，第一次明確指出教皇不是上帝的代表。這些著作的出版，有力地配合了馬丁·路德的宗教改革運動。1520年，他又連續發表了《羅馬的三位一體》、《觀察家》和《狂熱症》等作品，向教皇和封建諸侯挑戰。他在第一篇著作中說：「現在有三件事妨礙德國的提高：諸侯的無所作爲、不懂科學和人民的迷信」；「羅馬靠三種東西使一切人服從：強力、狡猾和假裝神聖」；「羅馬最恨的三件事是：保護地方教會的權利、牧師主教的自由選舉和德國人的覺悟，尤其是恨第三件事。」同年，胡登在《致薩克森選侯書》中還指出：「現今我們的德意志已經沒有黃金，並且也幾乎沒有白銀了。所剩下的一點，，又天天被羅馬教廷最聖潔的官員們詭計多端地榨取走了。」「在羅馬有一群最壞的人，飽食終日，無所事事，靠著我們的錢養活著。」因此，他堅決主張用武力推翻羅馬教皇和封建諸侯在德國的統治，建立以騎士爲主體的帝國政府，按照他們的要求統一德國，實行改革。*1522*年*9*月，他參加了濟金根領導的騎士暴動。*1523*年*4*月，濟金根陣亡，胡登逃到瑞士避難，不久因病去世。

法國資本主義產生後，一方面與封建制度有矛盾，另一方面又要依靠國家進行資本原始積累。資產階級中一部分人依附於王權，成爲「穿袍貴族」。因此，法國的新文化運動，分爲貴族性和民主性兩種傾向。

龍沙（*Ronsard, 1524–1585*年）所領導的「七星詩社」，是貴族性新文化運動的代表。他出身貴族，*10*歲開始進宮爲王子伴讀。後來他受國王的派遣，出使英、德、意和丹麥等國，受到新思潮的影響。他在研究古典文化尤其是詩學方面，卓有成效。龍沙和杜貝萊等創辦的「七星詩社」，爲建立法國民族文化作出了一定的貢獻。他們在文學創作中，堅決反對拉丁語，主張用法蘭西民族語言寫作，推動了法國文學和詩歌的復興。但「七星詩社」的作品充滿了貴族情調，而且只注意形式，輕視內容，不受人民群眾所歡迎。

弗朗索瓦·拉伯雷（*Francois Rebelais, 1494–1553*年）是民主傾向的作家，代表法國新文化運動的主流。他出身在一個律師家庭，自幼出家爲僧。拉伯雷在修道院裏刻苦鑽研古典文學、哲學、天文、法律和醫學，違反了教規，被迫離開修道院。不久，他又在戴梯薩主教的支持下，繼續研究人文科學。*1527*年後，拉伯雷遊歷了普瓦提埃、波爾多、奧爾良和巴黎等許多文化名城，接觸了社會上各種代表人物。*1530*年，他進入蒙伯利埃大學學醫，第二年即去里昂行醫。*1532*年，他化名爲那齊埃先出版了《巨人傳》的第二部，轟動了全城。*1534*年，他發表了《巨人傳》的第一部。*1546*年，他用真名出版了《巨人傳》的第三部。*1547–1552*年，《巨人傳》第四部出齊。*1562*年，拉伯雷死後十年，《巨人傳》第五部才出版。這部巨著的問世，標誌著法國文藝復興運動已達到高潮。

《巨人傳》是一部著名的長篇政治小說，主要敘述高朗古傑、高康大、龐大固埃祖孫三代巨人國王改造社會的神奇事蹟。爲了塑造巨人形象，拉伯雷用誇張的手法，把人物寫得特別高大和奇特。第一部寫高朗古傑之子高康大一生下來就大喊：「要喝，要喝，要喝！」⓫長大以後，他的體形和食量大得驚人，一雙鞋底竟用了*1*千多張牛皮，每天需要1萬多頭奶牛供應奶汁。他啓蒙入學時，因接受經院式教育，幾乎變成呆子。後來他前往巴黎求學，受到人文主義的教育，成了巨人。正在求學之時，他的國家遭到鄰邦國王畢可羅壽的侵略，他便離開巴黎回國，途中遇到修士約翰，二人結爲好友，共同打敗了侵略者。爲了酬謝約翰的戰功，高康大特意爲他修建了一座「德廉美修道院」。⓬約翰是修道院的主持，院內一切活動和事務，都以人文主義思想爲指導。第二部寫高康大的兒子龐大固埃的事蹟。⓭他與父親一樣，在巴黎接受人文主義教育，成爲新一代巨人。龐大固埃在巴黎結識一位江湖流浪漢巴呂奇，他們志同道合，成爲終生伴侶。

後來龐大固埃在巴呂奇的幫助下，打敗了安那其國王的入侵，並做了渴人國的國王。他在渴人國推行人文主義政治深受人民的愛戴。長期流浪的巴呂奇想在渴人國結婚成家，但又害怕婚後妻子不貞，到底是結婚還是不結婚，始終拿不定主意。他到處向專家學者請教，有一位詩人告訴他說：「結婚好，不結也好，結婚沒有什麼不好，不結婚，比結婚確實更妙。」巴呂奇聽後不得要領，便決定出海漫遊。第三部寫龐大固埃和巴呂奇在遊歷中，接觸了社會上各種各樣的人物，如女占卜者、詩人、修士、神學家、哲學家、法學家、醫學家、啞巴、瘋子等等，通過這些人揭露了法國教會和封建貴族的種種罪惡，並提出各種各樣的社會問題。最後龐大固埃和巴呂奇只好到遙遠的地方去尋找神瓶，求得神諭。第四、五部敘述龐大固埃、巴呂奇和約翰修士三人尋找神瓶的經歷。他們遊歷了「長壽島」、「鬼崇島」、「吃風島」、「反教皇島」、「教皇派島」、「鍾鳴島」、「絲綢國」，最後到達「燈籠國」。他們沿途看到了羅馬教會、封建法庭、經院哲學家們的種種犯罪活動，可以說是閱遍了人間罪惡。他們漂洋過海，歷盡艱辛，終於找到了象徵真理的神瓶。它給他們的神諭是「喝呀！」書的結尾仍然是「喝」，前後呼應，貫串始終。那麼「喝」的寓意是什麼呢？它主要是指暢飲真理、暢飲知識、暢飲愛情，充分體現了文藝復興時期資產階級的進取精神和求知欲望。

《巨人傳》的內容十分豐富，幾乎涉及16世紀法國社會生活的各個方面，但它的中心思想是反映法國從中世紀向近代過渡的特點。拉伯雷的偉大功績，就是爲新興資產階級描繪了一個「自由王國」的最初藍圖。《巨人傳》中的「德廉美修道院」，是作者精心設計的理想社會。這裏的公民無憂無慮，行動自由不受任何封建道德和宗教禮節的約束。修道院的男女信徒可以自由進退，任何人無權干涉，院內只有一條規定：「隨心所欲，各行其是。」可以自由地享受一切，稱心如意地發財致富。每個公民都必須受高等文化教育，舉止高雅，講究吃穿，能講幾國語言。這就是西歐第一個「民主與科學」的近代國家學說的萌芽。這個新世界的發現，對於歐洲政治思想的發展和近代社會的產生，都具有深遠的意義。爲了實現這一宏偉理想，拉伯雷主張創辦人文主義教育，用科學知識把人培養成全面發展的巨人，以達到改造舊社會，建設新世界的目的。《巨人傳》中祖孫三代巨人不僅是人類偉大力量的象徵，而且也是實現人文主義理想的動力。但企圖通過巨人國王和人文主義教育去改造世界，那只不過是一種空想而已。文藝復興時期，文學家和思想家的理想都是先進的，但實現理想的方法往往是落後的，這是人文主義者的通病。

米歇爾·埃康·德·蒙太涅（*Michel Eyquem de montaigne, 1533–1592* 年）是法國著名的散文作家，其聲譽僅次於拉伯雷。他的代表作《隨筆集》三卷，不但是一部充滿人文主義思想的散文作品，而且也是哲學、政治思想和教育思想的著作。蒙太涅是西歐第一個用散文形式塑造藝術形象的作家，開創了隨筆式作品的先例，使散文進人文學領域。因此，他的《隨筆集》在法國和西歐文學史上佔有十分重要的地位。

英國資本主義的發展，比西歐其他國家都要迅速，資產階級和新貴族的勢力比較強大，與封建制度的矛盾很尖銳。

同時，英國資本原始積累最典型、最殘暴，特別是圈地運動，使廣大農民深受其害。英國人文主義者在揭露封建社會黑暗的同時，還深刻批判了資本主義的本質。英國文藝復興取得的成就最大。

英國的新文學產生於*14*世紀下半期，以詩歌創作爲主。這時正是封建制度解體和資本主義產生的時代，因而出現了杰弗利·喬叟（*Geoffrey Chaucer, 1340–1400*年）這樣著名的詩人。他是英國文學語言和現實主義文學的奠基人，有「英國詩歌之父」的稱號。他的作品都是用倫敦方言和抒情詩寫成的，爲創立英國文學語言和詩體形式作出了重大貢獻。⓮喬叟的主要作品有《悼公爵夫人》、《眾鳥之會》、《特羅勒斯與克麗西德》和《坎特伯雷故事集》等，以後一部作品爲代表作。《坎特伯雷故事集》的結構近似於薄伽丘的《十日談》，由總論和二十四個故事組成，⓯每個故事前又有「小引」和「開場白」，最後還有「收場語」。二十四個故事中有兩篇是散文，其餘爲詩歌。作者在總論中說，他因去坎特伯雷朝聖，住在一家泰巴客棧，晚上又來了二十幾位香客，他們結爲朝聖旅伴。店主哈利·裴特建議大家在途中講故事，誰講得最好，回來後由眾人合請他吃飯。這就是《坎特伯雷故事集》的由來。二十四個故事的內容豐富多彩，有傳教故事、聖母神蹟傳說、聖徒傳、騎士傳、民間傳說、希臘故事等等。作者從人文主義思想出發，通過講故事的方式，批判了封建道德和禁慾主義，歌頌了自由、幸福和愛情，讚揚了大自然的美。但這部作品中有極少數故事，宣揚了聽天由命的消極思想，甚至提倡縱慾主義。

托馬斯·莫爾（*Thomas More, 1478–1535*年）是繼喬叟

之後的又一著名的人文主義學者，歐洲早期空想社會主義學說的創始人。他的名著《烏托邦》，是世界史上第一部「社會主義小說」。他出身於倫敦一個大法官家庭，後來他本人也當過大法官。宗教改革時，他因拒絕承認國王爲英國教會的最高首腦，於1535年7月6日被亨利八世判處絞刑。

莫爾是一個才華橫溢的激進人文主義者和政治思想家，以1516年寫成的《烏托邦》而名垂青史。這部名著是在英國圈地運動愈演愈烈的情況下產生的。「烏托邦」一詞出自希臘文，意爲「烏有之鄉」。小說分爲兩部分。第一部分通過作者與葡萄牙航海家希斯拉德的對話，在揭露圈地運動「羊吃人」的罪惡之後，第一次提出廢除私有制和建立公有制的主張。第二部分借希斯拉德之口，描述了烏托邦的社會制度。烏托邦是一個城邦國家，由五十四個城市組成。居民以城市爲中心，過著共同勞動、共同享受的共產主義生活。烏托邦沒有私有制、沒有剝削、沒有壓迫、一切財產公有。產品按需分配，住房每十年重分一次，穿統一的公民裝和工作服，吃公共食堂。沒有商品貨幣關係，黃金只用做刑具和便桶。城邦沒有農民，城市居民輪流到農場勞動兩年後再回城市，以消滅城鄉差別和工農差別。主要生產部門是手工業和農業。生產的基本單位是家庭，從事某種專門性的世襲手工業生產。每人每天只需勞動6小時，其餘時間用作科學和藝術研究或文化娛樂活動。烏托邦人實行一夫一妻制和宗教自由政策。在政治上，城邦最高領導人由聖哲終身任職，其他官員一律經秘密投票方式選舉產生，並規定一年一選，不得世襲。國王和官吏的職責是組織生產和保衛國家，無任何特權。但烏托邦允許保存奴隸，他們主要來自本國罪犯、戰俘和從國外買來的犯人。烏托邦沒有私有制和階級，因而不存在內戰，但對外戰爭仍不可避免。莫爾把烏托邦人的對外戰爭分爲三類：因人口過多而進行的殖民戰爭；爲援助鄰邦而進行的反侵略戰爭；爲反對外敵入侵而進行的衛國戰爭。顯然，第一類戰爭反映了英國商人和殖民主義者的利益。莫爾社會主義思想中的這些錯誤的觀點，應該加以批判。儘管如此，但他早在資本主義萌芽時期就批判了資本主義制度，實不愧爲一位偉大的社會主義思想家。

威廉·莎士比亞（*William Shakespeare, 1564–1616*年）是英國偉大的人文主義戲劇家和詩人，西方文壇把他同荷馬、但丁、歌德並稱爲世界四大詩人。他出生在英國中部沃里克郡艾汶河上斯特拉夫鎮一個小資產者的家庭，其父約翰曾任該鎮鎮長。莎士比亞*7*歲進入當地聖十字文法學校，學習拉丁語、文學和修辭學。後因家道中落，他不得不停學協助父親做生意。*1587*年左右，莎士比亞前往倫敦謀生。開始他在劇院門口爲前來看戲的富人照顧馬匹，後來當了演員、編劇，以至於劇團股東。由於他勤奮好學，又得名家的指點，故*30*歲時便成爲著名的戲劇家和詩人。他一生共寫了*37*部劇本、兩部長詩和*154*首十四行詩。*1610*年，莎士比亞回到故鄉，同兩個女兒住在一起，*1616*年*4*月*23*日病逝。*1623*年，劇團老友約翰·海明琪和亨利·康德爾搜集整理莎士比亞的劇本，編印成《莎士比亞戲劇集》，當時只收入三十六個戲劇，不包括《泰爾親王配力克力斯》。這部巨著的出版，說明英國人文主義戲劇已進入全盛時期。*1642*年後，由於掌權的清教徒下令禁止演戲，故文藝復興戲劇到此結束。

近年來，西方戲劇評論家特別是美國作家，重新提出了19世紀中葉時已經爭論過的問題，認爲莎士比亞的全部戲劇不是他本人所作，而是同時代的戲劇家馬洛創作的，或其他作家寫的。⑯這個問題正在探索之中，據説已取得某些進展。但莎士比亞之謎能否揭開，還有待於進一步研究。直到目前爲止，全世界仍然公認莎士比亞的戲劇是他本人創作的。

根據國內外學者的研究，莎士比亞的戲劇創作可分爲三個時期：第一時期從1590–1600年，共22部，以歷史劇和喜劇最多，也有少數悲劇；第二時期從1600–1608年，共10部，主要是悲劇，也有悲喜劇；第三時期從1608–1613年，共5部，以傳奇劇爲主。

莎士比亞創作的第一時期，正是伊麗莎白女王統治的全盛階段，年輕的作家充滿信心，寫出了一批具有初步人文主義思想的作品。他除了寫作9部歷史劇、10部喜劇和3部悲劇外，還完成了他的全部詩歌創作。他的第一部長詩《維納斯與阿都尼》，是描寫青年男女愛情的，宣揚「人性不可抗拒」。第二部長詩《魯克麗斯受辱記》，敘述少女魯克麗斯被羅馬暴君的兒子賽克斯圖斯姦污後，自殺身亡，臨終前她囑托親人爲她報仇雪恨，結果導致羅馬王政的滅亡和共和國的興起。這部作品譴責了暴政，申張了正義。莎士比亞的154首十四行詩，絕大部分是描寫作者同一青年貴族之間的友誼；最後二十幾首詩是寫詩人對一黑膚色女郎的愛情。

莎士比亞的《約翰王》、《理查二世》、《亨利四世》（上、下）、《亨利五世》、《亨利六世》（上、中、下）和《理查三世》等9部歷史劇，主要是歌頌王權，擁護國家統一和民族獨立，反對封建割據與外族入侵。這 9 部劇本總結了英國從 12 世紀末到 15 世紀末三百年的政治經驗，爲後人提供了一部極爲豐富而深刻的歷史教材。其中《亨利四世》（上、下），是莎士比亞歷史劇的代表作。理查二世昏庸無能，其堂弟奪取了王位，稱爲亨利四世，諸侯紛紛叛變，都被亨利四世敉平。但王太子威爾斯親王是一個浪蕩公子，常與流氓惡棍爲伍，胡作非爲，放浪形骸，不思悔改，難成大器。亨利四世在平定貴族叛亂後，決定傳位於太子。威爾斯即位後，改過自新，稱爲亨利五世。1415 年，在阿金庫爾一役中，他一舉打敗了法軍，使英國的國際地位空前提高。在莎士比亞看來，亨利五世是最理想的君主。他企圖通過靈魂淨化的辦法，把放蕩的太子改造成爲適合於資產階級要求的「開明君主」，以制服諸侯的分裂，發展資本主義。他讚揚亨利五世，實際上是歌頌伊麗莎白女王。

莎士比亞的十部喜劇《錯誤的喜劇》、《馴悍記》、《維洛那二紳士》、《愛的徒勞》、《仲夏夜之夢》、《威尼斯商人》、《無事生非》、《皆大歡喜》、《第十二夜》和《溫莎的風流娘們》等，大都描寫青年男女的愛情與婚姻關係，提倡男女平等，戀愛自由和個性解放，頌揚仁愛與友誼，抨擊封建道德和門第觀念，批判禁慾主義和資產階級的利己主義。如《威尼斯商人》便是莎士比亞早期喜劇的代表作，作者通過這部劇本，塑造了一個典型的自私自利的夏洛克形象。威尼斯商人安東尼奧爲了幫助朋友巴薩尼奧和波西雅結婚，向高利貸者夏洛克借了 3,000 金幣。二人約定，如到期不還，夏洛克可以從安東尼奧身上割一磅肉。後來，安東尼奧的貨船失事破產，不能如期付款，夏洛克堅持要求法庭判割一磅肉。正當他得意忘形之時，波西雅化裝成律師；出席法庭爲安東尼奧辯護。她提出可以割一磅肉但必須不多不少，更不許流血，否則，夏洛克將受到懲處，並沒收全部家產。最後夏洛克敗訴，安東尼奧和波西雅夫婦喜慶團聚之樂。劇本熱情歌頌了人世間的友誼，批判了夏洛克自私自利的醜惡本質。

莎士比亞在這一時期還寫了三部悲劇。《泰特斯·安德路尼克斯》，是寫羅馬內訌的悲劇。《裘力斯·凱撒》，是寫羅馬共和派反對凱撒獨裁統治而產生的悲劇。《羅密歐與朱麗葉》，是寫一對青年男女爲追求愛情而自殺身亡的悲劇。作者在這部悲劇中，無情地揭露了封建統治階級的罪惡，滿腔熱情地歌頌了青春、愛情和美好幸福的生活。

第二時期，莎士比亞的人文主義思想有了進一步發展與深化，他的戲劇創作進入高潮。這時由於資本主義迅速發展，資產階級與王權的矛盾日益激化。莎士比亞不理解這一矛盾的性質，便把這種衝突籠統歸結爲「善」與「惡」的鬥爭。爲了探索罪惡的社會根源，他不得不從寫喜劇轉變爲以寫悲劇爲主，同時也寫了一些喜劇，但無論是悲劇或喜劇，都籠罩著淒慘悲憤的氣氛。他的四大悲劇《哈姆雷特》、《奧賽羅》、《李爾王》和《麥克佩斯》，都寫於這一時期。以後他又寫了《安東尼與克莉奧佩特拉》、《科利奧蘭納斯》和《雅典的泰門》等三部悲劇。這七部悲劇富有極其深刻的社會內容和思想意義。

《哈姆雷特》寫於1601年，講述丹麥王子哈姆雷特爲父報仇的故事。他在德國威登堡大學讀書，因父王暴死回國奔喪。叔父克勞狄斯毒死其父，娶其母，並謠傳老王是在花園中睡覺被蛇咬傷致死的。爲了復仇和重振乾坤，王子借裝瘋以迷惑敵人。他在弄清事情的全部真相後，決定要殺死弒君篡位的克勞狄斯。王子復仇心切，誤以爲躲在母后寢宮帷幕內偷聽母子談話的是其叔父，一劍刺去，殺死的卻是他情人奧菲利亞的父親、新王的走狗波洛涅斯。克勞狄斯又施展陰謀，決定派人送王子去英國，企圖借刀殺人。王子中途矯詔逃回丹麥。這時他的情人奧菲利亞因過度悲傷而發瘋，最後溺水而死。克勞狄斯使出最後一手，慫恿波格湼斯的兒子雷歐提斯與王子決鬥。宮廷比劍結果，哈姆雷特、雷歐提斯、克勞狄斯和王后等人，都同歸於盡。哈姆雷特的家庭悲劇並非偶然，而是與腐敗的封建制度密切有關。作者巧妙地借王子之口明確指出，他的家庭悲劇是由於這個「顚倒混亂的時代」造成的。因此，哈姆雷特復仇的實質是爲了改造社會。但他只相信個人力量，孤軍作戰，懲罰了敵人，也犧牲了自己，沒有完成時代賦予他的偉大任務。所以王子的悲劇，也是文藝復興時期人文主義者的悲劇。在資產階級文學史上，哈姆雷特是表現個人與社會衝突、理想與現實矛盾的傑出的藝術典型。莎士比亞第一個成功地塑造了個人反抗社會的英雄人物，爲後來資產階級作家描寫個人英雄主義的文學提供了範例。他的《哈姆雷特》，不愧爲悲劇的代表作。

《奧賽羅》作於 *1604* 年，寫的是威尼斯元老普拉班修的女兒苔斯狄蒙娜衝破種族偏見，勇敢地與黑色摩爾人出身的將領奧賽羅結婚後的家庭悲劇。他們婚後生活美滿幸福，但旗官伊阿古對奧賽羅任命凱西爲副官很不滿意，便設下奸計，讓奧賽羅懷疑妻子與副將通姦。粗魯的奧賽羅果然上了圈套，一怒之下，竟將妻子掐死。事後，伊阿古的妻子愛米利亞向奧賽羅揭發了其夫的陰謀，奧賽羅悔恨莫及，在刺傷仇人之後，復以劍自刎身亡。莎士比亞通過這一悲劇，憤怒譴責了資產階級利己主義的罪惡行徑，表現了人文主義的倫理道德思想。

《李爾王》寫於 *1605* 年，敘述不列顛國君李爾王悲慘遭遇的故事。他因年老體弱，決定將國土分給慣於奉承的長女高納里爾和次女里根掌管，將愛說直話的三女考狄利亞逐出國境。長女和次女得到國土以後，殘酷虐待父王，最後甚至將他趕出家門。三女得知父親遇難，立即率兵討伐兩個姐姐，不幸被俘處死。李爾王在苦難中十分悔恨，但爲時已晚。最後，他發狂而死。這部悲劇揭露了英國資本原始積累時期資產階級見利忘義、唯利是圖的本質。

《麥克佩斯》作於 *1605* 年，敘說蘇格蘭大將麥克佩斯弒君篡位的故事。麥克佩斯與名將班柯率軍打敗叛軍後，在班師回朝途中，遇到三位女巫，預言麥克佩斯要做國王。在野心和妻子的驅使下，他殺了國王鄧肯，奪取了王位。爲了鞏固自己的地位，他又謀害了班柯和貴族麥克德夫的妻子。這一系列犯罪行爲，使麥克佩斯精神失常。不久，他的妻子因發瘋而自殺。後來，鄧肯之子和麥克德夫組織一支軍隊，打敗並消滅了麥克佩斯。這部作品説明仁愛是人的天性，野心使人殘暴而違背人性。麥克佩斯的悲劇，在於野心戰勝了善良的本性。

在後三部悲劇中，以《雅典的泰門》最富有現實意義。雅典貴族泰門一向慷慨好客，賓朋盈門，大擺筵席，揮金如土，結果弄得傾家蕩產，一貧如洗。他爲了生活到處向人救援，卻到處碰壁，親友反目，最後變成一個厭世主義者。當他逃到深山挖野菜發現黃金時，想起往事，才認識到金錢是萬惡之源。莎士比亞通過泰門之口沈重地控訴說：「金子！黃黃的、閃光的寶貴金子？這東西只這一點點兒就可以使黑的變成白的，醜的變成美的，錯的變成對的，卑賤變成尊貴，老人變成少年，懦夫變成勇士」。深刻揭露了資本主義制度下金錢的本質，抨擊了顛倒黑白、混淆是非的黑暗世界。

莎士比亞寫的悲劇，反映了 *16* 和 *17* 世紀英國新舊社會交替時期的階級矛盾和衝突，富有濃厚的時代氣息。他以人文主義思想爲武器，於揭露封建制度罪惡的同時，又控訴了資本主義制度帶來的新災難。他寫的悲劇不是爲了讓人們流淚痛哭，而是通過「悲」去激發觀眾積極認識世界和改造世界。這是莎士比亞悲劇的獨特作用。

這一時期除七部悲劇外，還有三部喜劇：《特洛伊洛斯與克瑞西達》、《終成眷屬》和《一報還一報》。這三部喜劇都是描寫愛情的，但在愛情之上卻籠罩著背信棄義、道德淪喪和社會罪惡的陰影。這些喜劇失去了早期喜劇的特點，充滿悲劇氣氛，實爲悲喜劇。

第三時期是莎士比亞戲劇創作的後期，作品的思想性和藝術性大爲失色。到了晚年作者感到自己的理想與現實世界的矛盾越來越大，根本無法實現。於是他又從寫悲劇轉向寫神話傳奇劇。這類劇本雖然也反對黑暗勢力，但常常用抽象的道德去感化罪惡，以求得寬容與和解。他的人文主義理想轉化爲幻想。這一時期莎士比亞創作了《泰爾親王配力克力斯》、《亨利八世》、《辛白林》、《冬天的故事》和《暴風雨》等五部戲劇。後三部的情節基本上相似，主要通過幻想世界和傳奇人物的描寫，反映人世間的悲歡離合，其中以《暴風雨》

最典型。劇中的主人翁米蘭公爵普洛斯彼羅爲了專心研究學術，委託其弟安東尼奧治理國事。野心勃勃的安東尼奧趁機勾結拿不勒斯王朗沙篡奪了爵位，將兄長及其獨生女米蘭達趕到一個荒島上。普洛斯彼羅隱居島上，經過12年的艱苦努力，終於把荒島建成了一個烏托邦社會。有一天安東尼奧和朗沙等人在海上遇到暴風雨，被公爵用法術攝至島上。在普洛斯彼羅的仁愛感化下，安東尼奧和朗沙表示願意改過自新，並將爵位還給了兄長。朗沙的兒子和米蘭達結爲恩愛夫妻。全劇在寬容與諒解的氣氛中結束。這部傳奇劇充滿了浪漫主義色彩和幻想的情思，普洛斯彼羅建立的烏托邦社會，沒有官府，沒有國王，沒有私有制，沒有貧富，沒有刀槍，人們完全依靠大自然的恩賜，過著無知無識，無憂無慮的生活。這是由於作者的人文主義理想破滅之後只好用幻想來安慰自己。

莎士比亞的戲劇獨樹一幟，從語言、內容到形式都有自己的獨特風格，故人們親切地稱之爲「莎劇」。他的作品到今仍爲各國人民所喜愛，是人類文化寶庫中的明珠之一。

西班牙是一個反動的君主專制國家，封建貴族橫行，天主教勢力強大，嚴重阻礙資本主義的發展。16世紀上半期，騎士文學仍然流行，毒害著人民的思想。16世紀末，由於西班牙的「無敵艦隊」被英國打敗，又受尼德蘭革命的衝擊，反動勢力日益衰落，文藝復興運動才開始發展起來。西班牙人文主義者的主要任務，是揭露君主專制的反動和騎士的墮落。

米蓋爾·德·塞萬提斯·薩阿維德拉（*Miguel de Cervantes Saavedra, 1547–1616*年），是西班牙最傑出的人文主義作家。他出生在一個小貴族家庭，父親是江湖外科醫生。因家境貧寒，塞萬提斯在馬德里只讀過幾年中學。後來也參加了西班牙駐意大利的軍隊，當了一名士兵。*1571*年，他在西班牙與土耳其的「勒頒多」海戰中三次負傷，左手殘廢。直到*1575*年*6*月，他才離開軍隊回國。*9*月*26*日，當他乘坐的船隻航抵馬賽海岸時，遇到摩爾人的海盜，連人帶船被俘到阿爾及爾。他曾五次組織難友逃跑，都失敗了。*1580*年*1*月，由親友集資將他贖回。回國後，他開始從事文學創作。塞萬提斯的主要作品有《奴曼西亞》、《伽拉苔亞》、《懲惡揚善故事集》、《巴爾納斯遊記》、《八出喜劇與八出幕間短劇》和《唐吉訶德》。在重病期間，他還寫成了最後一部小說《貝雪萊斯和西吉斯蒙達歷險記》。*1616*年*4*月*23*日，塞萬提斯因患水腫病死於馬德里的萊昂街寓所。

塞萬提斯的代表作《唐吉訶德》，是一部諷刺騎士制度的長篇小說，描寫拉曼卻地方一位窮鄉紳吉哈諾三次出門行俠的故事。他年約*50*，因讀騎士小說入迷，幻想恢復騎士制度決心要做一名遊俠騎士。他改名爲唐·吉訶德，身穿一副祖傳的破舊盔甲，騎上一匹老馬，手持長矛，一切準備就緒，便開始周遊天下。唐·吉訶德第一次出師不利，被人打得像「乾屍」一樣，橫躺在驢背上由鄰居護送回家。他毫不灰心，第二次找到一個農民桑科·潘扎做侍從，繼續出門行俠。唐·吉訶德爲了建立騎士功勛，沿途進行了一系列的戰鬥。他以風車當巨人，以旅店作城堡，以羊群爲敵軍，不分青紅皂白，提矛就殺，鬧盡笑話，吃盡了苦頭，別人也深受其害。第三次，他與桑科再一次出門行俠，一路上受盡折磨，幾乎喪命。最後，唐·吉訶德被「銀月騎士」打敗，不得不返回家鄉，從此臥床不起。臨終前他才醒悟過來，憤怒控訴騎士小說是「胡說八道」、「荒謬透頂」並囑咐他的侄女千萬不要嫁給騎士，否則便不能繼承其遺產。

《唐．吉訶德》之所以久傳於世，是因爲它成功地塑造了一個富於幻想而又勇往直前的反封建鬥爭的典型人物。唐．吉訶德的雙重性格，真實地反映了16世紀末西班牙新舊社會過渡時期人們精神世界的特點。他羨慕自由民主的新社會，又迷戀過時的騎士制度。他有時是真理與正義的捍衛者和崇拜者，有時又變成幻想家和瘋子。他那嚮往自由、反對壓迫、主持公道和不怕犧牲的精神，令人肅然起敬；然而他那與風車、羊群開戰，把幻想當現實，碰得頭破血流，還不承認失敗，常常陶醉於精神勝利之中，又使人可笑可悲。唐．吉訶德性格的矛盾，反映了作者世界觀的矛盾。塞萬提斯一方面希望建立自由民主的新社會，一方面又幻想用中世紀騎士精神來改造醜惡的現實。人文主義理想是進步的，但解決矛盾的途徑和方法是荒唐的，一位單槍匹馬的騎士俠客，怎麼能建立一個近代文明社會！唐．吉訶德的形象已經成爲一種具有個人理想，但又脫離實際，落後於歷史進程的典型概括。他和魯迅筆下的阿Q一樣，是世界文學中不朽的藝術形象，至今仍具有現實意義。

《唐吉訶德》的第三部，描寫農民桑科治理「海島」的事蹟。桑科原來也有自私自利的落後思想，後來在周遊天下中逐步得到克服，變成一個思想純潔、心胸開朗、頭腦清醒、精明能幹的新人。他只當了幾天總督，就把海島治理好了。他爲政清廉，辦事公道，深受海島人民的敬重。他離開海島時，兩袖清風，一塵不染。桑科的輝煌政績，反映了西班牙人民要求建立美好社會的願望，突出了小說的主題思想。

洛卜·德·維加（*Lope de Vega, 1562–1635*年）是西班牙人文主義戲劇的奠基人。他一生寫了*1,800*多部劇本，現存*400*餘部，是歷史上少有的多產作家。他的代表作《羊泉村》，寫於*1612–1613*年，取材於*1476*年羊泉村農民反抗騎士暴動的真實歷史事件。駐紮在該村的騎士團長戈梅斯，企圖姦污村長的女兒勞倫霞，被農民福隆道索解救。正當他們舉行婚禮時，戈梅斯搶走了勞倫霞並準備處死福隆道索。全村*900*多農民聞訊後，立即舉行暴動，殺死了戈梅斯。國王派法官前來審訊起義者，大家都齊聲說，凶手是「羊泉」。法官沒有辦法，只好釋放他們。這部作品集中反映了西班牙人民對騎士制度的痛恨，歌頌了農民抗擊封建暴力的堅強意志和集體力量，塑造了羊泉村農民英雄群像，充分體現了作者的民主思想。但維加對專制君主仍抱有幻想，當國王發現戈梅斯叛亂的罪證後，立即寬恕了羊泉村農民，並將該村收爲國王的直轄領地，而全村農民也表示永遠忠於國王。維加只反騎士不反國王的思想，反映了西班牙人文主義者的階級局限性。

*16*世紀的意大利文學，遠不如早期文藝復興的繁榮，更趕不上西歐其他國家。

托爾夸多·塔索（*Torquato Tasso, 1544–1595*年）是意大利後期文藝復興比較有名的作家和詩人。他的代表作是《被解放的耶路撒冷》，敘述第一次十字軍統帥高弗萊多率領大軍，經過無數次戰鬥，打敗伊斯蘭教徒，佔領耶路撒冷的故事。這部長詩用了很大的篇幅，描寫十字軍騎士唐克雷蒂與伊斯蘭教女戰士克羅林達的愛情悲劇。他們的宗教信仰雖然不同，但在戰場相遇時，二人相親相愛，難分難捨。後來，克羅林達被十字軍包圍，唐克雷蒂爲了解救情人，在夜戰中不幸誤傷了克羅林達。臨終時她向唐克雷蒂傾訴了自己的愛情，並囑託爲她請求洗禮，接受她爲基督教徒。這部作品主要是宣揚了宗教寬容思想。由於作者同情伊斯蘭異教徒，受到羅馬教會的迫害，他被囚禁於瘋人院達7年之久。出院後，塔索從事文學理論研究，著有《論詩的藝術》和《論英雄史詩》等書。

意大利後期文藝復興最著名的思想家和作家，是托馬斯·康帕內拉（*Tommaso Campanella, 1568–1639*年）。他生於一個貧苦的鞋匠家庭，自幼喜愛文學。1582年，他出家爲僧，成爲多米尼克派的修士。在修道院裏康帕內拉如饑似渴地學習神學、哲學和古典著作，很快就成爲一位知識淵博的學者。1591年，他出版了第一部哲學著作《感官哲學》，強調知識來源於感覺，反對經院哲學。從此他遭到羅馬教會的迫害，並多次被宗教裁判所逮捕。1599年9月，康帕內拉秘密組織南部意大利人民反抗西班牙人的專制統治，因叛徒告發，又被捕入獄。他一生繫獄達33年之久，坐過50所監獄，受過7次酷刑。他痛恨意大利社會黑暗，於1601年在獄中寫成了名著《太陽城》。1628年，康帕內拉出獄後，繼續策劃人民反抗西班牙人的統治，險些被捕。1634年10月，他化名逃亡到巴黎避難。1639年5月21日，康帕內拉與世長辭，享年71歲。

康帕內拉的《太陽城》，是繼莫爾的《烏托邦》之後的又一部著名的空想社會主義著作。太陽城內一切財產公有，沒有富人和窮人，更沒有奴隸。人人在經濟上和政治上都是平等的，共同勞動，共同享受，產品按需分配。居民住公房，六個月輪換一次，以防止私人佔有。衣服的顏色和樣式都是統一的，按四季換發。大家都在公共食堂就餐，由醫生確定食譜，保證營養與健康。

太陽城實行普遍義務勞動制度，即一切勞動由全體公民共同負擔。社會各種勞動都受到尊重，無貴賤等級之分。人人都自覺參加勞動，並把它看成是一種光榮的職業。每人每天只勞動 4 小時，其餘時間用來讀書，或進行文娛體育活動。爲了提高勞動生產率，太陽城特別重視科學研究。

康帕內拉誤以爲一夫一妻制家庭是產生私有制的根源，主張廢除個體家庭，過共妻生活。兒童由國家托養，實行普及教育。他們既學習科學文化知識，又參加農場和手工作坊的勞動，把教育與生產勞動結合起來。在政治上，太陽城實行有限制的民主制度。城邦最高領導人由首席祭司擔任，他手下設有三位助手，分管軍事、科技與手工業、衣食與教育。這四位領導人均由他們本人指定後繼者，其他官員則由選舉產生。公職人員一律參加勞動，沒有任何特權。

康帕內拉和莫爾的社會主義原則，基本上是相同的，但在某些具體問題上又有所區別。康帕內拉提倡勞動光榮，教育與生產勞動相結合，廢除奴隸勞動，重視科技發展等思想，比莫爾高出一籌；而莫爾的一夫一妻制和徹底的民主制等主張，又超過了康帕內拉。但他們的社會主義思想都是人文主義思潮的產物，而不是工人運動的結果，故具有空想性質。他們的理想反映了早期無產階級對未來美好社會的嚮往，對後來西歐社會主義思想有深遠的影響。

充滿人性的西歐藝術

藝術是靠人性去溝通的，也是靠人性來發展的。*14*至*16*世紀的西歐藝術，充滿了人性。

西方人文主義藝術發源於佛羅倫薩，它是同新文學一起產生的。資產階級需要新文學，同時也要求欣賞新藝術，因此，佛羅倫薩也就成了人文主義藝術的發祥地。這一時期西歐藝術的特點是以人文主義思想爲指導，創作了許多歌頌人、讚美自然、謳歌理想的作品。描寫的主體是人，而不神，或通過神來表現人。有些藝術家爲了反對禁慾主義，開始創作裸體作品，更加突出了藝術的「人性」色彩。同時，畫家在繪畫中還運用了光學、力學、數學和解剖學等科學知識，使美術創作科學化和近代化。從此，西歐藝術進入了一個新的發展時期，即「文藝復興」時期。

喬托·第·班多涅（*Giotto di Bondone, 1267-1337*年）是近代美術和佛羅倫薩畫派的創始人。他出生在佛羅倫薩附近維斯賓雅諾的一個貧苦農民家庭，從小喜愛繪畫。據說，有一次他在山上放羊時用石子在石板上練習畫羊，被過路的大畫家契馬部埃看見，十分讚賞喬托的寫生技巧，將他收爲門徒。喬托在名師的指教下，很快成爲著名的畫家。*1305*年至*1308*年，他爲帕多瓦城阿里那教堂繪製的壁畫，使喬托成爲意大利繪畫名流之首。*1334*年，他在爲其它許多城市創作一系列藝術作品滿載盛譽歸來時，佛羅倫薩共和國政府特授予他「大師」稱號，並隨即任命他爲佛羅倫薩大教堂和城防建築等工程的主持人。喬托爲教堂大禮拜堂設計的鐘樓高 8.5米，內有 370個台階，遊者可以越級而上，直登樓頂，能看到佛羅倫薩全景。1337年 8月，他病逝於佛羅倫薩，安葬在城基之下。

喬托的作品幾乎全是壁畫，絕大部分被毀，只有阿里那教堂的壁畫至今保存完好，堪稱爲西歐藝術的一大寶庫。在36幅連續畫中，以《金門相會》、《逃亡埃及》、《猶大之吻》和《哀悼基督》最有名。這些畫雖然都是宗教題材，但卻塑造了許多真實生動的人物形象。以《金門相會》爲例，它取材於民間宗教傳説，大意是説年邁無嗣的約清受人歧視，離家出走，隱居荒野；安娜十分悲傷，每天祈禱，感動了上帝。不久，天使前來告慰二人，即將有孕降臨，後來生下聖母瑪利亞。夫妻二人在得到有孕的喜訊之後，急忙趕往羅馬城門口的金門相會。作者在畫中通過兩位老人擁抱的姿態和手勢，把他們相會的歡樂與喜慶之情表露無遺。畫面上城門邊有幾位過路的婦女爲他們重逢而感到高興的表情，以及一位穿黑衣的女郎掉頭掩面而過的戲劇性場面，更加突出了作品歡快的主題。這幅畫的人情味很濃，故喬托被人尊稱爲「現實主義藝術的鼻祖」。

喬托的後繼者是馬薩喬（*Masaccio, 1401–1428*年）。他是西歐第一個探索人體結構和透視法的畫家，爲美術創作開闢了一條新途徑。他的生平不祥，因才華出眾而被敵對者毒死。他只活到 27歲，故有「短命畫家」之稱。馬薩喬的代表作有《失樂園》和《納稅錢》。《失樂園》又名《逐出樂園》，是根據傳説人類始祖亞當和夏娃偷吃禁果，被上帝逐出天上樂園而創作的。畫面上的主要人物是亞當和夏娃，均爲裸體。他們懷著悲痛與絕望的心情，步履艱難，蹌蹌踉踉，走出樂園。夏娃張嘴閉眼，嚎啕大哭，亞當則掩面而泣，十分悲傷。作者通過這些細節的描寫，把他們失樂園的痛苦表現得有聲有色。《納稅錢》也是一幅宗教畫，描寫耶穌和門徒在行走途中，一收稅人攔路收稅的故事。攔路、要稅、取錢、交稅等場面，構成作品的基本情節。這幅畫的內容毫無宗教色彩，而是人間現實生活的反映。耶穌和收稅人兩個不同的形象，是光明與黑暗的代表，體現正義與邪惡的鬥爭。

早期文藝復興時期在雕刻上最有成就的是多納太羅（*Donatello, 1386-1466*年）。他誕生在佛羅倫薩一個毛紡織手工業者家庭，父親早喪。他自幼跟隨吉伯爾提學藝，⑰出師後從事雕刻達*60*年之久。《聖喬治》是多納太羅的成名之作，它表現一位神態機智、體魄健壯、性格剛毅、隨時準備保衛祖國的英俊青年形象。《大衛》爲一尊青銅裸體雕像，是作者的代表作。他頭戴一頂用月桂葉裝飾的帽子，右手握著從敵人手中繳獲的利劍，左手拿著一塊打死敵人的圓石，腳踏在剛砍下來的敵人的頭上。作者通過這些表現手法，塑造了一位英勇少年的形象。裸體表示人的自由與健美，說明人已經從宗教禁慾主義的束縛下完全解放出來。多納太羅是佛羅倫薩現實主義雕刻的創始人。

布魯涅列斯奇（*Filippo Brunelleschi, 1377-1446*年）是早期文藝復興最著名的建築設計師。他設計的代表作是《佛羅倫薩宮》和聖瑪利亞大教堂的中央穹窿頂。這個穹窿頂建於*1420-1434*年，高*30*餘米，直徑*44*米，頂部中央建有一個八角形的望樓，可以俯瞰全城，成爲佛羅倫薩的標誌。他與馬薩喬、多納太羅等三人，是意大利早期文藝復興時期傑出的藝術家，也是佛羅倫薩畫派的領導人中世紀後期的意大利雖然是一個經濟衰退和政治動亂的國家，但由於幾百年來城市商品經濟的發展，又培養了一大批藝術人材，因此它仍然是西歐文藝復興的中心。不過，從15世紀40年代到16世紀20年代末，羅馬已逐漸代替佛羅倫薩的地位而成爲人文主義藝術的名城，故西方史家稱之爲「羅馬文藝復興」。⑱這一時期，人文主義和現實主義思想已深入到藝術領域，出現了一大批千古不朽的作品，使意大利藝術呈現出空前的繁榮。當時藝術家之多和成就之大，是西歐任何國家都沒有的。其中最突出的是達·芬奇、米開朗基羅和拉斐爾，合稱爲後期意大利文藝復興的「藝術三傑」。

列奧納多·達·芬奇（*Leonard da Vinci, 1452–1519*年）是後期文藝復興多才多藝的巨人，他不僅是傑出的藝術大師，而且也是著名的科學家。達·芬奇生於佛羅倫薩附近的芬奇鎮，父親是法庭的公證人。他從兒童時代起，就非常喜愛繪畫。1466年父親比埃羅把芬奇送到佛羅倫薩名畫家和雕刻家弗羅基俄的作坊去學藝。老師教學生的第一課是畫蛋，練習基本功。經過10年的勤學苦練，達·芬奇的畫藝遠遠超過了老師。據說，從1476年以後弗羅基俄決心不再作畫，終身從事雕刻去了。1480年，達·芬奇創辦了自己的畫坊，接受顧主訂貨，同時又爲佛羅倫薩僭主羅倫索·美第奇宮廷作畫。由於他對美第奇家族的專制和腐朽生活不滿，故羅倫索·美第奇對他也十分冷淡。達·芬奇一生貧困，經常奔波在佛羅倫薩和米蘭等城市之間，從事藝術創作和科學研究，謀取生活。由於他長期致力於探索自然科學，尤精於解剖學，因而在繪畫中逐步形成了一種精細、和諧、逼真的藝術風格；而通過「手勢」和「微笑」來表現人物的個性與內心世界，則是他藝術創作的重要組成部分。他的代表作有《最後的晚餐》和《蒙娜麗莎》，並著有《畫論》。達·芬奇在藝術上的巨大成就，把佛羅倫薩畫派發展到高峰。他晚年到過羅馬，因不受教皇重視，只得含恨移居於法國，爲法蘭西斯一世宮廷服務。*1519* 年 *5* 月，達·芬奇病死於法國的克魯堡。

米開朗基羅·博納羅蒂（*Michelangelo Buonarroti, 1475–1564* 年）是佛羅倫薩偉大的雕刻家、畫家和建築工程師。他的作品充滿雄偉、剛毅、豪放的激情。他生於佛羅倫薩附近的卡普累斯鎮，其父曾任鎮長。據說，米開朗基羅的保姆是石匠的妻子，他從小在石匠家中學習雕刻。*13* 歲時，他投師於佛羅倫薩畫家吉蘭達約，因志趣不合，一年後即離去。不久，米開朗基羅進入美第奇家族創辦的美術學校學習，因該校內部設有古典雕刻珍品收藏所，他有機會學習和研究古代雕刻藝術，增長了知識和才能，爲後來成名奠定了基礎。從 *1499* 年到 *1534* 年，米開朗基羅先後居住於佛羅倫薩、威尼斯、波隆那和羅馬等城，爲各地和教皇製作了大量雕塑和美術作品，其中最著名的有《大衛》、《摩西》等雕像和 *1508* 到 *1512* 年的西斯廷教堂巨幅天頂畫《創世紀》。*1529–1530* 年，他曾領導佛羅倫薩人民抵抗德軍的入侵，失敗後，被迫於 *1534* 年 *9* 月離開故鄉，定居於羅馬。*1535* 年底到 *1541* 年 *10* 月，米開朗基羅又爲教皇繪製了西斯廷教堂的祭台畫《末日的審判》。藝術家一生的最後二十年，主要從事建築工作。從 *1547* 年起，他設計並主持了羅馬聖彼得大教堂的建造工程。他爲這個教堂修建了一個高達 *132.5* 米的圓頂，在世界建築史上佔有重要地位。後來西歐所有摹仿它的教堂，沒有一個能在雄偉和壯美方面超過聖彼得大教堂的圓頂。*1564*年 *2*月 *18*日，米開朗基羅病死於羅馬，安葬在佛羅倫薩。

拉斐爾·山蒂（*Raffaello Sanzio, 1483–1520*年）生於烏爾賓諾城，父親是該城公爵宮廷中的御用畫師。他從小失去母親和父親，由公爵夫人收養。*1496*到 *1503*年，拉斐爾先後在名畫家斐提和卑魯琴諾門下學。*1504*年，他第一次前往佛羅倫薩，同年末他再一次來到這座文化名城，一直住到*1508*年。在這四年中，拉斐爾刻苦學習了數學、解剖學和透視學等科學知識並研究和臨摹了達·芬奇、米開朗基羅、馬薩喬和多納太羅的作品，掌握了名家的技術，特別是達·芬奇的完善、和諧等構圖原理。在吸取當代藝術大師繪畫技巧的基礎上，結合個人的創作實踐，他創立了自己獨特的藝術風格：優美、典雅、華麗。拉斐爾擅長於畫聖母，在佛羅倫薩期間，他畫了一大批聖母像，其中著名的有《草地上的聖母》、《花園中的聖母》、《拿金雀的聖母》和《大公爵的聖母》等。*1508*年夏秋之間，應羅馬教皇尤利烏斯二世的邀請，拉斐爾到達羅馬工作。他和他的學生用了近十年時間，爲教皇宮四個大廳繪製了一系列巨幅壁畫。此外，他在後期還創作了許多聖母像，其中最著名的是《西斯廷聖母》。*1520*年 *4*月 *6*日，拉斐爾因高燒不退，突然病故，年僅 *37*歲。⓳他在短促的一生中，共創作了 *300*多幅藝術品。因爲他與米開朗基羅一生主要爲羅馬教皇服務，所以後人稱他們爲「羅馬畫派」。

此外，*16*世紀下半期，意大利還出現了一個「威尼斯畫派」，由貝利尼父子三人創立。這個畫派的主要代表是喬爾喬涅（*Giorgione, 1478–1510*年）和提香（*Tixiano, 1477–1576*年），他們的作品以嬌艷的風情著稱於世。佛羅倫薩、羅馬和威尼斯三大畫派的作品，構成*16*世紀西歐藝術的主體。

在意大利三大畫派的藝術創作中，有許多作品反映了資本主義初期的階級鬥爭。達．芬奇的《最後的晚餐》，就是這方面的一幅代表作。這幅畫是作者在*1495*年到*1498*年爲米蘭聖瑪利亞修道院齋室繪製的大型壁畫，畫長*880*厘米，寬*460*厘米，取材於《聖經．新約》猶大出賣耶穌的故事。爲了突出畫的主題和人物性格，達．芬奇抓住最後一次晚餐席上耶穌宣布「有人要出賣我」以後最緊張的一剎那，賦予十二位門徒以各種不同的姿態和手勢，來揭示每個人的精神世界：有的激昂，有的憤怒，有的憂慮，有的驚訝，有的表示清白與善良等等，唯有猶大一人驚惶失措，右手緊握錢袋，身體稍向後傾，表現出叛徒的心虛。畫中成功地塑造了耶穌和猶大兩個完全不同的典型形象，一個光明磊落，一個卑鄙無恥。它充分體現了達．芬奇對於正義與真理的追求，嚴厲譴責了叛徒的罪行和醜惡靈魂，反映了當時意大利社會進步與反動兩種勢力的殊死鬥爭。

米開朗基羅是在階級鬥爭年代中成長起來的藝術家，他的許多作品直接反映了社會鬥爭。如作者在*1498*到*1500*年雕刻的《哀悼基督》，便是一幅借宗教題材來歌頌人民起義領袖的佳作。它的內容很簡單，是說聖母瑪利亞在基督爲人類殉難後，抱著兒子的遺體默哀悼念。這座雕像只有兩個人物，聖母坐著，她低頭俯視橫躺在自己膝上裸身的基督，悲痛萬分。藝術家借聖母哭基督的形象，寄托自己對1498年人民起義領袖薩伏那洛拉壯烈犧牲的懷念。米開朗基羅的代表作《大衛》和《摩西》兩尊雕像，更是併發出愛國主義的激情。《大衛》作於1501–1504年，表現一個即將投入戰鬥的一刹那之間的裸體青年巨人的英勇形象。他左腿向前，左手舉到肩膀緊握著投石機弦，右手下垂，拿著一塊圓石，怒目注視前方，一瞬之間，神色與肌肉高度集中，似乎看準了目標，準備用盡全身力氣，給入侵敵人以致命的打擊。這座高5.5米的大理石雕像完成後，安放在佛羅倫薩共和國政府大廳前的廣場上，作爲市民政治思想的象徵。今天在市政廳門前放著的大衛像是複製品，原作已移藏於佛羅倫薩美術學院。《摩西》作於1513到1516年，是一尊高2.55米的大理石雕像。摩西是一位嚴峻的長者和法學家，頭上有兩隻高低不同的小角，象徵著智慧。他的目光炯炯有神，怒視前方。他右手拿著兩塊刻有《十戒》法規的石板夾在腋下，左手托著長而卷曲的鬍鬚，從而增強了人物的權威感。他上身從肩到胸部裹著輕鬆的衣服，下身是沈重的衣褶垂在兩膝之上。右腳向前伸展用力著地，左腿向後縮，腳尖點地，以乎要立即站起來撲向前去，用他那不可抗拒的力量來阻止即將發生的醜惡事件。如果說《大衛》表達了作者驅逐外敵的願望的話，那麼《摩西》則反映了藝術家對國內違法行爲的憤恨。此外，米開朗基羅創作的《被束縛的奴隸》和《垂死的奴隸》兩具雕像，體現了意大利人民反抗壓迫與奴役，爭取自由解放的希望和要求。

在早期意大利文藝復興中，人文主義思想還只是萌芽，15世紀末葉以後，這種新思潮在藝術領域內已逐漸取得了主導地位。達·芬奇的名作《蒙娜麗莎》(作於 *1503–1506* 年),揭開了人文主義藝術新紀元的序幕。據說它是佛羅倫薩一位商人妻子的肖像畫(一說爲達·芬奇的自畫像),也是世界美術史上肖像畫的典範之作。蒙娜麗莎被描繪得特別優美:她的眉毛舒展,嘴角微皺,臉上顯出剛可察覺的微笑;這微笑彷彿是從面部上掠過以的,包含著無窮的意味,既顯示出其內心的激動,又沒有失去穩重安祥的表情;她的眼睛特具神采,目光銳利而含情脈脈。作者用半明半暗的手法,把蒙娜麗莎的臉部畫得十分柔和可親,頸部和胸部畫得使人好像可以感到血管在跳動。雙手柔嫩豐滿,纖長的手指自由地放在安樂椅的靠臂上。衣服樸素無華,姿態自然,既莊重又溫柔。這幅肖像畫的成功,戰勝了藝術領域內以神爲中心的宗教觀念,鞏固地建立了以人爲中心的藝術思想,充分體現了時代精神。

米開朗基羅的藝術作品,是人文主義和現實主義相結合的典型。《大衛》、《摩西》等雕刻中塑造的人物,不但具有鋼鐵般的意志,而且表現出排山倒海的力量。他爲梵蒂岡西斯廷教堂繪製的巨幅天頂畫《創世紀》,更是人文主義思想的結晶。這幅壁畫長 *40* 米、寬 *14* 米,共畫了九幅《聖經》上創世紀的故事:《上帝劃分光明與黑暗》、《創造日月與動植物》、《創造魚同其他海中動物》、《創造亞當》、《創造夏娃》、《亞當夏娃的墮落和被逐出樂園》、《諾亞築祭壇》、《洪水》、和《諾亞醉酒》等。畫面人物眾多,有上帝、宗教神話人物、先知和一些不知名的男女裸體青年,西方教會傳說中的人物幾乎都包括在內。在整幅天頂畫中,總共畫了 *343* 個人物,每個人物形象都具有典型意義,作者在其中還特意畫了一百多個比真實人體大兩倍的巨人，他們具有赫丘利斯（希臘神話中的大力士）般的力量和英雄意志。這九幅畫雖然都是宗教題材，但絕不是歌頌上帝和宗教神話人物的偉大，而是表現一群具有人文主義理想的巨人聚會。《創世紀》的誕生，宣告了人文主義和現實主義藝術新時代已經到來。

拉斐爾的藝術作品，同樣充滿了人文主義思想。他一生最喜愛畫聖母，但任何一幅聖母像都毫無宗教色彩，而是一位年輕、美麗、慈祥與幸福的世俗母親，故最受人們歡迎和珍惜。拉斐爾的代表作《西斯廷聖母》，突出體現了作者聖母作品中所具有的世俗性和人民性。這幅畫作於 *1516–1519* 年，是作者精心設計的新作品。畫面前景的帷幕剛拉開，聖母瑪利亞抱著嬰兒耶穌從雲端而降。帷幕兩旁跪著兩個聖徒，男的是教皇西斯廷，女的名叫巴爾巴娜。教皇身穿黃錦袍，抬頭望著聖母，做歡迎的手勢。巴爾巴娜衣著樸素，內心喜悅，低頭向下，表示對聖母的敬意。畫底下有兩個小天使，似乎在思索什麼。這樣的構圖法，不僅使觀眾感到親臨其境，而且覺得這一切都是在眼前發生的一樣，這幅畫通過聖母把愛子獻給拯救人類的偉大事業，歌頌了那些爲理想與幸福而不惜犧牲一切的人們。拉斐爾的壁畫表面上好像是爲教皇歌功頌德的，但實際上也在宣傳人文主義思想。如《雅典學派》是作者爲教皇宮簽字大廳繪製許多壁畫中的一幅名作，表現一群古代希臘不同時期各派哲學家和科學家辯論、探索真理的生動場面。畫面氣勢磅礴，內容豐富，寓意深切，它反映了人類不斷探求真理的求知精神和人文主義者對文化科學繁榮的殷切希望。拉斐爾與達．芬奇、米開朗基羅一樣，通過藝術創作對人文主義的傳播，作出了不可磨滅的貢獻。

在後期意大利文藝復興運動中，歌頌人體美和大自然的作品，佔有突出的地位。當時許多藝術家特別喜用半裸體和裸體的藝術形式，來表現人體的線條美和力量，以徹底戰勝藝術領域內的宗教神學觀念。人體藝術的流行，是後期文藝復興的特點之一。佛羅倫薩著名畫家波提切利（*Botticelli, 1445–1510*年）的《春》和《維納斯的誕生》，是把大自然美和人體美結合起來的藝術珍品。這兩幅畫不僅風景十分優美，而且人物富有迷人的魅力。《春》中的花神沒有完全裸體，都是一些穿透明紗衣的半裸體美人，而維納斯則是一位完全裸體的少女，她們給人以極大的美的享受。達·芬奇的《麗達與天鵝》，是一幅更爲動人的裸體畫。它表現孤島上的少女麗達與天鵝（宙斯變的）初戀的喜悅與羞澀之情。畫的後景描寫島上的自然風光，前景則突出麗達全身裸體形象和天鵝矯健的體姿。麗達與天鵝婚配後，生下一個大鵝蛋，破殼而出的是兩個男嬰，也有說一男一女。畫面左下角有兩個小孩正在嬉戲玩耍，爭奪手中的鮮花。這幅畫的主題特別新穎，它巧妙地說明「人性不可抗拒」，在人跡罕至的孤島上，少女與天鵝也可結爲良緣，並組成美滿幸福的家庭。

米開朗基羅是裸體藝術的革新者。他不僅塑造了許多裸體雕像。而且在西斯廷教堂壁畫中也繪製了一大批裸體巨人群像。尤其是《末日審判》這幅畫，作者把所有的人物，包括聖母、聖子、聖徒、甚至於魔鬼等等，都畫成裸體，共創作了二百多個不同姿態的裸體人物，這是世界繪畫史上從來沒有過的。他畫裸體像的目的，主要是爲了表現人物的力量和意志，突出人的地位和作用。《創世紀》和《末日審判》兩幅巨型壁畫的完成，不但使西斯廷教堂成了基督教的神話世界，而且也變成了一座人體藝術的殿堂。在神聖的教堂內畫這麼多的裸體形象，一方面顯示了米開朗基羅的卓越膽識，另一方面也反映了15世紀以來人們審美觀念的進步和巨大變化。但一些宮廷派畫家認爲裸體畫面淫污了教廷，紛紛請求教皇同意給所有的裸體像畫上褲子，結果被人取笑爲「穿褲子的畫家」。當時正是「羅馬文藝復興」之際，教皇不敢毀畫，故西斯廷教堂壁畫得以保存至今。

以風情並茂著稱於世的威尼斯畫派，更擅長於描繪大自然美和人體美。喬爾喬涅的代表作《睡著的維納斯》，塑造了一位舉世聞名的裸體少女形象。維納斯睡在草地上，眼睛閉著，安祥而恬適地進入夢鄉。她的右手枕在腦後，右腳挽入左膝彎中。豐滿、柔嫩、圓渾的肉體裸露在外，猶如一隻雪白的母天鵝仰睡於池塘內。她身上似乎既具有瑪瑙般的晶瑩，又放射出象牙般的光澤。她雖然全身裸體，但又聖潔無邪，真令人嘆爲觀足。在西歐美術史上，很難找到像喬爾喬涅創作的這樣優美而高潔的女性裸體藝術形象來。此外，他的《田園合奏》和《暴風雨》，在西方畫壇上也享有盛名。提香的《酒神與阿麗亞德尼公主》和《浴後的維納斯》等作品，同樣洋溢著大自然的美和人體美的風情，爲威尼斯畫派贏得了很高的榮譽。

早在四百年以前，西方世界已開始流行人體藝術，而在我國它至今仍不被社會所承認，可見中、西文化觀念差別之大了。

在意大利人文主義藝術的影響下，西歐其他國家也湧現出一大批著名的藝術家，其中成就最大的有德國的丟勒、法國的古戎和尼德蘭的勃呂蓋爾等人。

阿爾勃萊希特·丟勒（*Albrecht Durer, 1471–1528*年）是德國宗教改革時期傑出的油畫家、雕刻家、版畫家和建築家。他生於紐倫堡的一個金銀首飾匠家庭，自幼隨父學習珠寶加工和銅刻。*1486*年，丟勒投師於瓦格莫特，學習繪畫與雕刻。*1492–1494*年，他又在格倫奈華特的畫坊中學習繪畫。*1495*年，丟勒自己也建立了畫坊，爲顧主作畫。不久，他先後到過意大利的帕多瓦、威尼斯，以及尼德蘭的布魯塞爾、安特衛普等名城，學習當代名流的技藝。丟勒的主要作品有木刻組畫《啟示祿》*18*幅；銅版畫《騎士、死神和魔鬼》、《在書齋中的聖哲羅姆》和《憂鬱》等；油畫《四聖圖》，以及許多肖像畫等等。此外，他還著有《人體比例研究》四卷，對人體解剖和透視學方面頗有貢獻。他的建築學體系中的某些設想，爲近代德國築城學所利用。

古戎（*Jean Goujon, 1510–1565*年）是法國著名的雕刻家和建築工程師。他的代表作有《山澤女神》、《無罪者噴泉》和盧佛爾宮室內外的裝飾浮雕。《山澤女神》又名《泉》，是巴黎噴水池的浮雕，刻在六塊石碑上，合起來構成一件完整的藝術作品。浮雕上刻有六個少女，他們的形態和動作各不相同，有的若有所思，有的面帶憂愁或笑容，有的安祥而嫻雅，有的若有所等待，形象逼真，栩栩如生。每個人的身上都圍著半透明的薄紗，顯露出半裸體少女的嬌媚。他的作品爲後來法國的雕刻藝術奠定了基礎。

彼得·勃呂蓋爾（*Peter Brueghel, 1525–1569*年）是尼德蘭的民族畫家，也是西歐文藝復興時期唯一的農民美術家。他出身農民家庭，常常穿著農民服裝深入農村和農民一起生活。他的畫不畫基督聖母，不畫宗教神話，也不畫權貴富商，而是專畫農民。他的作品有素描、油畫和銅板畫，題材廣泛，風格獨特，具有濃厚的下層勞動人民的鄉士氣息和民族情調。勃呂蓋爾的重要作品有《農民的舞蹈》、《農民的婚禮》、《冬獵》、《虐殺嬰兒》、《絞刑架下的舞蹈》和《盲人》等，這些作品大都是描寫農民生活和人民反抗西班牙專制統治的。《絞刑架上的舞蹈》是一幅構思獨特的作品，它描述一群男女在西班牙絞刑架下狂歌歡舞的動人場面，充分表現了尼德蘭人民不怕犧牲的革命樂觀主義精神和民族氣節。《虐殺嬰兒》則記錄了西班牙軍隊殘殺無辜兒童的罪行，是藝術家對侵略者凶惡面貌的深刻揭露和憤怒的控訴。勃呂蓋爾的藝術創作，極大地鼓舞了尼德蘭人民反抗西班牙暴政的信心和鬥志，因此，他被公認爲尼德蘭民族美術的真正創始人。他的作品不求華麗，強調反映社會現實生活，特別是農民的生活，因而成爲當時西方藝術一面獨特的旗幟。

科學與神學的博鬥

文藝復興時期也是科學與神學決鬥的年代。中世紀前期，由於自然經濟和基督教神學佔統治地位，西歐沒有自己的自然科學。資本主義興起後，資產階級爲了提高生產力，迫切要求在科學領域內結束神學統治，建立以實驗爲基礎的自然科學新體系。因此，從16世紀起，科學與神學便進行了一場殊死的博鬥。站在這一鬥爭前列的是波蘭天文學家哥白尼，他最先創立了「太陽中心論」。接著西歐各國學者與教會展開血戰，用生命捍衛和發展了他的學說。

尼克拉·哥白尼（*Nicolas Copernicus, 1473–1543* 年）是第一個揭開宇宙秘密的科學家。他生於波蘭中部的托倫城，其父爲富商，曾任該市市長和議員。哥白尼 *10* 歲喪父，由舅父烏卡斯·瓦茲洛德大主教撫養成人。*1491* 年，他就讀於克拉科夫大學，學習天文與數學。*1496–1506* 年，哥白尼前往意大利波隆那和帕多瓦等大學學習教會法和醫學，但重點攻讀天文學。回國後他住在赫爾斯堡舅父家中，開始整理總結自己在留學期間記錄搜集的天文資料，第一次寫出了「太陽中心論」的提綱：《試論天體運行的假設》。*1512* 年，舅父烏卡斯去世後，他離開赫爾斯堡，搬遷到波羅的海附近的弗隆堡居住。爲了觀察天體，哥白尼買下了這個城堡西北角的一座小箭樓作爲天文台，利用自製的簡單儀器，窺探宇宙的秘密，並記錄了大量的資料。*1516* 年後，他開始撰寫《天體運行論》，直到 *1530* 年左右才完成這部劃時代的著作。*1543* 年 *5* 月 *24* 日，當人們把這部剛出版的大作送到他失明的眼前時，他只摸了一下書的封面，一小時後便去世了。

《天體運行論》共 *6* 卷，是一部全面系統闡述「太陽中心論」的巨著。它的主要內容是：㈠地球不在宇宙的中心，而在太陽軌道的中心；㈡包括地球在內的一切行星軌道都以太陽爲中心，太陽是宇宙的中心；㈢天上的星球是不動的，而是地球在轉動；㈣太陽每天從東到西不是它自身在移動，而是地球在自轉。太陽中心論的創立，科學地闡明了天體運行的規律，推翻了幾千年來亞里斯多德和托勒密的「地球中心論」，爲近代天文學奠定了基礎。《天體運行論》的出版，不僅是天文學和人類宇宙觀的偉大革命，而且也標誌著神權政治的崩潰。從此以後，西方自然科學開始從神學中解放出來，成爲獨立的科學。哥白尼開創了天文學發展的新時代。

意大利天文學家和哲學家喬爾丹諾·布魯諾（*Giordano Bruno, 1548−1600*年）進一步發展了哥白尼的學說。他出生在拿不勒斯附近的諾拉鎮，因家境貧寒，*15*歲便進入多明我會修道院爲僧。在修道院裏他刻苦學習古典著作，並認真研究了哥白尼的《天體運行論》，因而遭到教會的迫害。從*1577*年起，他離開祖國先後流亡到瑞士、法國、德國和英國。*1583−1585*年，布魯諾在留居英國期間，寫出了《論原因、本原和統一》、《論無限性、宇宙和諸世界》和《驅逐趾高氣揚的野獸》等重要著作。在這些著作中，他糾正了哥白尼學說中的某些錯誤，提出了宇宙新理論。布魯諾認爲宇宙在空間上是無限的，在時間上是永恆的；宇宙沒有中心，太陽只是宇宙間無數星系中的一個小點；地球圍繞太陽轉動，而太陽和其他恆星的位置也在不斷地發生微小變化。他宣布宇宙是一個統一的物質世界，不生不滅，永遠守恆，宇宙之外無他物。這些新的天文學觀點，對教會又是一個沈重的打擊。*1600*年*2*月*8*日，宗教裁判所宣布剝奪他的教職，開除其教籍。*2*月*17*日，布魯諾被教會活活燒死在羅馬鮮花廣場，年僅52歲。他在生命的最後時刻高呼：「火並不能把我征服，未來的世紀會了解我，知道我的價值。」*1889*年，羅馬人民在鮮花廣場的中央，建立了一座布魯諾紀念碑，以表彰他爲追求真理而獻身的革命精神。

傑出的物理學家和天文學家伽里列奧·伽利略（*Galileo Galilei, 1564−1642*年），面對火刑繼續前進，爲天文學的發展又作出了新貢獻。他生於比薩城，後來全家又遷居於佛羅倫薩。幼年時期，伽利略在佛羅倫薩附近瓦洛姆布洛薩修道院讀書，17歲進入比薩大學學醫。入學的第一年，他從比薩大教堂懸掛的一盞油燈來回擺動中，發現了擺的等時性定律。1585年，伽利略大學畢業後回到佛羅倫薩，繼續研究數學。1589年，他被比薩大學聘爲教授。1590年，他在《論重力》一文中，第一次提出自由落體定律，否定了亞里斯多德的物重落地快、物輕落地慢的原理。爲了證實這一發現，伽利略在比薩斜塔上用10磅和1磅的兩個重量不同的鐵球從塔頂上拋下，結果它們同時落地，證明他的理論是正確的。全校大多數師生都十分信服，但亞里斯多德派的教授們仍然圍攻伽利略。1592年，他非常氣憤地離開了比薩，前往帕多瓦大學任教。此後，他對天文學發生了濃厚的興趣。1609年，伽利略利用自己發明的天文望遠鏡，首次觀察到了月球表面有「大山」、「海洋」和「火山」的裂痕；木星有四個衛星；銀河由無數個星系組成。他甚至窺察到了土星的光環，只因他的望遠鏡倍數太低，未能看得清楚。1610年，他根據上述發現，出版了《星空使者》一書，振動了西方世界。人們驚訝地說：「哥倫布發現了新大陸，伽利略發現了新宇宙。」1613年，他又發表了《論太陽黑子的信札》，證明太陽和地球都在緩慢轉動，不過太陽是在原地旋轉，而地球則圍繞太陽轉動。1616年，教會強迫伽利略放棄自己的學說，但他暗中仍繼續進行研究。1632年，伽利略出版了《關於兩個世界體系的對話》，進一步闡明了哥白尼的學說是正確的，並指出托勒密的地球中心論是十分荒謬的。1633年，宗教裁判所要他跪在地下簽字悔過，他站起來說：「簽字有什麼用，地球仍然在轉動！」從此教會將他軟禁在羅馬，後又允許他回到佛羅倫薩附近的別墅中，但不能自由活動。*1643*年，伽利略寫成了最後一部巨著《關於兩門新科學的討論和數學證明》。*1642*年 *1*月 *8*日，這位偉大的科學家病逝於他的阿爾切特里別墅中。

與伽利略同時，德國天文學家約翰·克卜勒（*Johann Kepler, 1571–1630*年），以其優異的研究成果，進一步豐富了哥白尼的學說。他誕生在德國符登堡公國境內一個小貴族家庭，*4*歲時因患天花雙手致殘。克卜勒天資敏捷，但因父親放蕩而家道沒落，無錢人學。他全靠符登堡公爵提供的獎學金，一直讀到大學畢業。此後，克卜勒到中學擔任了一個時期的數學教師。*1600*年，他離開中學前往布拉格郊外天文台充當丹麥天文學家第谷·布拉赫的助手。第谷（*1546–1601*年）是歐洲第一個研究行星運動的專家，積累了大量有價值的天文資料，*1599*年定居於捷克。*1601*年，第谷去世後，克卜勒繼承他的遺志研究行星運動。*1609–1619*年，他先後出版了《新天文學》和《宇宙諧和論》等重要著作，創立了行星運行的三大定律，被稱爲「克卜勒定律」：㈠行星運行的軌道是橢圓形的，太陽位於橢圓形的一個焦點上；㈡行星運行的速度是不一致的，近太陽者運行快，遠太陽者運行慢，但從任何一點開始，向徑（太陽中心到行星中心的連線）在相等的時間所掃過的面積相等；㈢行星繞太陽公轉運動的周期的平方與它們橢圓軌道的半長軸的立方成正比。這三大定律奠定了經典天文學的基礎，並爲牛頓發現「萬有引力定律」舖平了道路。

在窺測宇宙秘密的同時，醫學家們不顧教會的禁令，開始探索人體內部構造的奧妙。*1543*年，尼德蘭外科醫生維薩留斯發表了《人體結構論》一書，初步弄清了人的骨、脈、腦、內臟等方面的構造情況，指出了蓋倫醫學中200多處錯誤，特別是否定了他關於血液從右心室通過室壁流入左心室的錯誤結論。但血液到底是怎樣從靜脈流入動脈的，維薩留斯自己也弄不明白。1553年，西班牙醫生塞爾維持出版了《基督教的復興》，提出了血液從右心室通過肺流入左心室的肺心小循環學説，爲研究全身血液循環指明了方向。他因此遭到教會的迫害，便逃往日內瓦避難，卻又被新教領袖加爾文逮捕，用慢火燒死。1628年，英國著名醫學家威廉·哈維（1578–1657年）經過多年苦心研究，出版了《心血運動論》，提出了血液循環的偉大理論。他指出心臟的收縮和擴張是血液循環的根本原因，而不是蓋倫説的所謂「靈氣」推動的結果。由於心臟的壓力，右心室排出的血液，經過肺動脈、肺和肺靜脈進入左心室，再由左心室流入主動脈，再送到肢體各部，然後由體靜脈回到右心室，全身循環完成。這一偉大發現使生理學成爲科學，哈維被尊爲「生理學之父」和近代醫學的創始人。

此外，在物理和數學的研究中，也擺脱了神學的影響，取得了許多新成就。在力學方面，伽利略發現了振擺、落體、拋物三大定律。他的學生托里賽利，測定一個大氣壓相當於76厘米高的水銀柱所產生的壓強，於1643年發明了水銀氣壓計。英國學者波以耳和法國的馬略特，幾乎同時發現了氣體容量和外部壓力成反比的定律，稱爲「波以耳定律」或「馬略特定律」。1545年，意大利數學家卡爾達諾發表了解三次方程的公式，名爲「卡爾達諾公式」；後來，他的學生又解了四次方程，他們解決了當時數學上最大的難題，

*1614*年，英國數學家涅倍爾製成了世界上第一個對數表。*1637*年，法國數學家和哲學家笛卡兒出版《幾何學》，創立了解析幾何。這些發現和發明，爲近代物理學和數學奠定了基礎。

自然科學的最新成果和反對經院哲學鬥爭的需要，引起了近代唯物主義哲學的產生。

法蘭西斯．培根（*Francis Bacon, 1561－1626*年）是英國近代唯物主義的鼻祖。他出生在倫敦一個新貴族家庭，自幼受過良好的教育。劍橋大學畢業後，他開始進入政界，先後擔任過議員、大法官、掌璽大臣和上議院院長等要職。*1261*年，他退出政界，從事文學和哲學研究，培根在他的《學術之進展》、《新工具》等著作中，系統闡明了其哲學思想。他認爲世界是物質的，並且有自己運動的規律。物質的最小單位是「分子」，它具有密度、溫度、體積、重量和運動等性質，而運動則是其第一特性。萬事萬物的差別是由於物質內部分子結構不同而形成的，這種內在結構就叫「形式」，如光的形式、熱的形式等構成不同的物質。因此世界是可知的，並能發現和利用其規律爲人類謀福利。他有句名言：「知識就是力量。」而人們要獲得知識就必須從感性認識出發，取得經驗，再通過例證和實驗加以檢定，最後進行歸納，逐步上升爲普遍真理。這種從世界本身去解釋和說明世界的思想方法，是近代唯物主義哲學的基本特點。培根開創了西方哲學研究的新紀元。但他又提出知識既來源於感覺經驗，又得之於神啟的所謂「兩重真理說」，是一個不徹底的唯物主義者。

勒奈．笛卡兒（*Rene Descartes, 1596－1650*年）是法國

著名的哲學家和數學家，解析幾何的創始人。他出身貴族家庭，青年時期以雇佣軍的身份周遊了西歐許多國家和文化名城，最後定居於荷蘭。*1649*年，笛卡兒又遷居斯德哥爾摩，第二年即離開人世。他在其主要哲學著作《方法論》、《哲學原理》和《形而上學的沈思》中，提出了他的二元論哲學思想。他一方面承認自然界和物質是第一性的，不是從精神和意識中衍生的；另一方面又認爲精神和意識也是第一性的，不是從物質中衍生的。物質與精神是兩個完全獨立的實體，互不依賴，但它們都是由上帝這個最高實體衍生的，結果笛卡兒仍然滑進了唯心主義的泥坑。在方法論上，他是一個唯心的唯理論者。他反對培根的歸納法，主張演繹法。笛卡兒認爲在認識過程中起決定作用的是理性，而不是感覺和經驗。他也有一句名言：「我思故我在」，這就是他認識論的根本原則。但以理性原則爲依據進行推論的演繹法，無法說明眞理的來源，最後他只好歸結爲「天賦觀念」。

別涅狄克特·斯賓諾沙（*Benedictus Spinoza, 1632–1677*年）是荷蘭資產階級民主派的哲學家，著有《神學政治論》和《倫理學》等名著。他既反對培根的「兩重真理說」，也不贊成笛卡兒的二元論，主張宇宙只有一個《實體》，即自然界。它是統一的和無限的，並有其自身內在發展的原因，沒有任何超自然的力量去推動它運動。《自因論》是斯賓諾沙對近代唯物主義哲學思想的重大發展，它從根本上否定了亞里斯多德的《第一推動論》的謬論。自然界自身運動的結果，產生了各種各樣的具體事物，他把這些具體物質叫做「樣式」。實體和樣式之間是一種整體與局部、原因與結果、本質與現象、無限與有限的關係。人也是一種「樣式」，必須服從實體的必然性，即資產階級的統治，才能獲得自由。斯賓諾沙的思想，包含著豐富的唯物主義和辯證法因素，爲近代唯物主義的發展作出了巨大貢獻。但他的自由觀是消極被動的，而且在認識論上也主張理性起決定作用，並和其他哲學家一樣，把運動看成是機械運動，因此斯賓諾沙的哲學思想，仍然具有很大的局限性。

文藝復興時期的西歐，是一個懷疑、探索、挑戰、創新的時代。文學家、藝術家、思想家和科學家在社會意識形態的各個領域內，大膽向教會權威挑戰，提出了一系列嶄新的理論觀點，使西方文化呈現出百花齊放、百家爭鳴的繁榮局面。西歐人文主義者在歷史上最傑出的貢獻，就是找到了一條從「中世紀」向「近代」過渡的最好途徑，加速了封建社會的解體和資本主義時代的到來。西方近代文明的產生和形成，是與他們的赫赫功績分不開的。

正當西方世界發生翻天覆地的變化時，東方的巨龍還酣睡未醒，正在做夜郎自大的美夢，甚至於用一道厚厚的圍牆把自己封閉起來，以維護古老文化的傳統。然而當西方近代文化叩開國門之後，東方的巨龍不但不能騰飛了，反而經常處於挨打的地位。商品經濟戰勝自然經濟，工業文明打敗農耕文化，這是歷史發展的必然結果。

第3章
宗教改革運動與近代文明社會的誕生

宗教改革是推動西歐近代文明發展的特殊形式

宗教改革運動與後期文藝復興運動是同步進行的。這兩大運動互相配合，協同作戰，高潮迭起，向封建舊制度和舊文化發動猛烈的進攻，一浪高一浪地把西方近代文明推向前進。

文藝復興和宗教改革既有聯繫又有區別，前者主要是文化革新，後者則是早期資產階級在宗教外衣掩蓋下發動的一場反對封建制度和羅馬神權統治的政治運動，但它們都是在人文主義思想指導下進行的。宗教改革的目的是要把天主教改造成爲資產階級需要的新教，以實現宗教領導權的轉變；同時，在宗教改革運動中，各國資產階級自覺或不自覺地觸動了封建制度的某些方面，在個別地區或城市甚至推翻了封建統治，建立了資產階級國家。因此，恩格斯把西歐的宗教改革運動，稱爲「第一號資產階級革命」。[20]

宗教改革運動是推動西歐近代文明發展的一種特殊形式。在基督教世界，羅馬教廷不僅是最大的封建剝削者和統治者，而且也是意識形態的獨裁者。宗教改革的偉大意義就在於它在宗教領域內開闢了一條新戰線，從理論上和實踐上否定了羅馬教皇的神權統治；爲建立民族宗教和民族文化作出了特殊的貢獻。文藝復興運動著重於文化建設，它雖然對基督教神學尤其是禁慾主義作了無情的批判和揭露，但絲毫沒有觸動教義這一核心問題，因而不可能從根本上使西歐各國人民擺脫羅馬教皇的神權統治和思想奴役。宗教改革運動首先是從改革教義開始的，解決了文藝復興運動中所不可能解決的問題。在西歐資本主義普遍發展和民族國家初步形成的歷史條件下，舊的神學體系已經不能滿足新的生產方式和生活方式的需要，必須創立新的宗教學說。15世紀以來，羅馬教會越來越腐敗，從教皇到各級神職人員貪得無厭，揮霍無度，阻礙了各國資本主義的發展。爲了資本原始積累，資產階級迫切要求沒收羅馬教會的財產和土地，建立適合於資本主義發展的「廉價教會」。宗教改革運動最突出的特點，就是把破壞舊制度與舊文化和建立新制度與新文化密切結合在一起。爲了建設民族教會和民族文化，有覺悟的舊教徒紛紛脫離羅馬教會，參加新教隊伍。於是在西方世界便形成了舊教和新教兩大陣營，舊教維持舊制度和舊文化，新教擁護新制度和新文化。所以在歐洲，宗教改革運動是資產階級反封建鬥爭的一個特殊階段，也是建立統一民族國家和民族文化的一種特殊的鬥爭形式。如果說文藝復興爲資產階級創立了新文化的話，那麼宗教改革運動則是資產階級建設新社會的第一次嘗試。近代基督教的產生，也就是近代文明社會的來臨。

宗教改革運動是從胡司宗教改革開始的，而尼德蘭革命則是宗教改革運動的頂峰，也是第一號資產階級革命的結束。英國的清教運動，又爲第二號資產階級革命做準備。

胡司宗教改革和捷克民族解放運動

捷克本是東歐國家，但從*1086*年起，便淪爲神聖羅馬帝國的附庸，失去了獨立。捷克的土地和礦產資源極爲豐富，引起德國教、俗封建主和城市貴族的羨慕。從*12*世紀開始，德國人大規模向捷克移民。到了*14*世紀，德國的貴族和僧侶逐步控制了捷克的經濟、政治和宗教大權，激起城鄉人民的強烈不滿。到*15*世紀初，終於爆發了以胡司爲代表的宗教改革運動。

約翰·胡司（*John Hus, 1369-1415*年）生於捷克南部古西尼茨村的一個貧苦農民家庭，青年時期一邊工作一邊在布拉格大學讀書。*1400*年，他被提升爲神父；*1402*年又被委派爲布拉格大學校長。胡司極端痛恨德國僧侶和貴族的專橫跋扈與敲榨勒索行爲，提出要從根本上改革教會制度。他認爲教會佔有大量土地是一切罪惡的根源，要求把教產收歸國有。他說：「把狗羣中的骨頭奪掉，狗羣就不會打架了，把教會的財產沒收，教堂裏就沒有神父了。」他還主張廢除煩瑣的宗教儀式，反對僧侶特權，強調教會應服從國家，世俗信徒也應與僧侶一樣「享有兩種聖體」，用捷克民族語言作禱告。胡司這些宗教改革觀點，受到布拉格市民的熱烈歡迎。

*1412*年，教皇約翰二十三世派特使前往布拉格推銷贖罪符，引起市民的憤怒。同年*6*月，布拉格平民、學生、幫工等走上街頭，舉行反對羅馬教皇的示威遊行。在遊行羣眾中有一位歌女扮演教皇，免費散發贖罪符，所到之處人民無不

拍手稱快。這種遊行不僅使羅馬教皇威信掃地，而且把德國僧侶也搞得抬不起頭來。這次遊行是由胡司的親密戰友哲羅姆組織的，但布拉格當局查不出示威的負責人，便逮捕了三個化裝遊行的青年幫工處死，還開除了胡司的教籍。胡司不得不離開布拉格，逃往捷克南部農村發動農民進行反封建鬥爭。*1414*年*11*月，德皇西吉斯孟和教皇約翰二十三世決定在德國康士坦斯召開宗教會議，討論波希米亞（捷克）教案。胡司被命令出席受審，由西吉斯孟保證其人身安全，但他到達康士坦斯不久，就被教皇逮捕。*1415*年*7*月*6*日，胡司在康士坦斯廣場被處以火刑。

胡司遇難，導致胡司戰爭的爆發。*1419*年*7*月*22*日，捷克南部塔波爾山區農民在教士瓦茨拉夫·科蘭領導下首先發動了起義，因其根據地在塔波爾城，故名「塔波爾派」。他們主張推翻封建制度，建立人民政權，反對羅馬教皇和教會。他們當中的極左派則要求成立人民公社制度，否定基督教，以求千年太平。在塔波爾派起義後的第八天，即*7*月*30*日，布拉格市民和中小貴族在教士哲里夫斯基的發動下，也舉行了武裝暴動。他們佔領了市政廳，趕走了市長和主教，並燒毀了許多官邸和修道院，控制了首都的局勢。因爲他們主張世俗信徒在舉行聖餐時，也可以用聖杯領酒，故稱爲「聖杯派」。*1420*年*7*月，聖杯派發表了「布拉格四條款」，要求捷克民族獨立，沒收教會土地，成立胡司派教會，禁止外國人在捷克擔任官職等。胡司黨人在城鄉發動的武裝起義，在捷克歷史上稱爲「胡司戰爭」。它既是一次大規模的農民戰爭，又是一場聲勢浩大的民族解放運動。

從*1420–1431*年，德皇和教皇先後組織了五次十字軍，討伐胡司黨人。捷克人民在民族英雄約翰·杰式和卡普羅可普的領導下，粉碎了敵人五次圍剿。之後，塔波爾派革命軍立即轉入反攻，把戰爭推向德國境内，打到波羅的海沿岸。正當塔波爾派節節勝利之時，起義陣營内部的裂痕越來越大。聖杯派與塔波爾派在綱領上早有分歧，他們只是暫時與農民軍聯合共同對付民族敵人。後來，在戰爭過程中，聖杯派的綱領已得到部分滿足，便想與羅馬教廷講和，以結束戰爭。*1433*年在巴塞爾宗教會議上，德皇與羅馬教皇向聖杯派做了較大的讓步，同意已經沒收的教產不再退還，胡司派傳教自由，世俗信徒也可享用「兩種聖體」等。聖杯派與教皇達成協議，便掉轉槍頭對準塔波爾派農民起義軍。*1434*年*5*月，聖杯派和塔波爾派大戰於里旁，結果塔波爾派革命軍幾乎全部覆滅，胡司戰爭基本結束。這次戰爭作爲農民起義是完全失敗了，但作爲民族解放運動則取得了一定的勝利。此後，捷克在一個較長時期内獲得了政治獨立和宗教信仰自由，民族宗教和民族文化開始發展起來。此外，胡司的思想和主張，對西歐各國的宗教改革運動也發生了很大的影響。

馬丁·路德的宗教改革和路德新教的建立

*16*世紀初，以馬丁·路德爲代表的德國宗教改革運動，是西歐歷史上一次大規模的反對羅馬教皇神權統治的政治鬥爭，標誌著第一號資產階級革命的真正開始。

中世紀以來，德國名義上號稱神聖羅馬帝國，但實際上是一個四分五裂的國家。全國有七大選侯，還有十幾個大諸侯，二百多個小諸侯和上千個獨立的騎士領地。皇帝都是從二等諸侯中選舉出來的，沒有實權。德國的分裂和皇權的軟弱，正是羅馬教廷掠奪和壓榨的最好時機。教皇立奧十世（*1513–1521*年在位）每年透過教會從德國搜刮的財富多達*30*萬古爾登金幣，比德國皇室的年收入還要多。羅馬教廷的壓榨和剝削，激起了德國各階層人民的憤慨。到*15*世紀末，德意志民族和羅馬教廷的矛盾，已經成爲一切矛盾的焦點。在德國，反對羅馬教廷的鬥爭和爭取國家統一的鬥爭密切相關，它激發了民族意識，使革命較早成熟，爆發了資產階級反對封建制度的第一次大決戰，即馬丁·路德的宗教改革和*1525*年的偉大農民戰爭。

馬丁·路德（*Martin Luther, 1483–1546*年）生於德國薩克森州埃斯勒本城的一個市民家庭，祖輩原是務農，後來他父親漢斯靠租用領主的三座小煉鐵爐，變成了小礦業主。路德從*7*歲開始在教會學校念書，受過嚴格的宗教教育。*1501*年，他進入著名的愛爾福特大學學習，又接受了人文主義教育。大學畢業後，他決心加入愛爾福特修道院，虔誠研究神學。*1507*年，路德被提升爲神父。*1508–1509*年，他在維登堡大學擔任講師。*1511*年春，他被教會派往神聖的京城朝聖，親眼看到了羅馬教廷的黑暗和腐敗。*1512*年，路德獲神學博士學位，並被任命爲維登堡修道院副院長。*1515*年，他又榮升圖林吉亞地區十一座修道院的區監督，兼任維登堡大學神學教授。此後，他刻苦鑽研《聖經》原文，尋找革新教義的理論根據。經過多年的研究，路德終於發現了「信仰得救」的新教學說。

馬丁·路德認爲，宗教乃是一種個人與上帝之間的內心活動，每個人都可以通過自己內在的神秘啓示與上帝直接「神交」，不需要教會作媒介，人的靈魂便可得救。這就是「信仰得救」的新教義，也有人把它叫做「因信稱義」。這一學說的核心是強調宗教個人主義，使教徒從外在的教會奴役下解放出來，把宗教變爲個人的內在信仰。從這一基本理論出發，他提出了三大宗教改革觀點：㈠信仰重於善行，靈魂得救主要靠信仰，而不靠善行；㈡信仰來源於《聖經》；㈢建立「廉價教會」。路德新學說的偉大意義，首先是否認了教會拯救靈魂的舊教義，促進了封建神權體系的崩潰。其次，爲各國資產階級擺脫羅馬教皇統治，沒收教會財產，建立民族教會提供了理論依據，近代基督教由此產生。最後，它把廣大教徒從羅馬教會的壓迫、剝削和思想奴役下解放出來，爲資本主義自由發展掃清了道路。馬丁·路德一舉而成爲劃時代的歷史人物，他開闢了第一號資產階級革命的新時代。

1517年10月，教皇立奥十世派特使鐵玆爾到德國推銷贖罪符。這位特使一到德國便吹噓說：「只要你的錢幣敲響了錢筒，罪人的靈魂立即應聲從煉獄飛上天堂。」這位出賣天堂小販的欺騙行徑，不料引發了一場轟轟烈烈的宗教改革運動。10月31日，路德在維登堡教堂門口貼出了《關於贖罪符效能的辯論》95條論綱。這個文件是很溫和的，只是要求就贖罪符的功效進行公開辯論。但在特定的社會矛盾和民族環境中，《95條論綱》像火藥庫的火星一樣，引起了燎原大火，全國各階層人民都怒吼起來了。它原是用拉丁文寫的，但很快就被譯成德文，爭相傳抄，不脛而走，不到兩個星期便傳遍了全國。1518年8月，立奥十世命令路德前往羅馬受審，遭到拒絕。1519年夏，教皇又責令他去萊比錫參加神學家艾克主持的辯論會，企圖迫使路德放棄自己的觀點。在辯論會上，路德不僅全盤否定了贖罪符的功效，而且根本不承認教皇的權力，並公開宣布自己是胡司的繼承者。雙方矛盾激化，教皇欲加害路德，迫使他同羅馬教廷最後決裂。

1520年2月，路德公開號召德國人民用武力推翻教皇在德國的統治，宗教改革運動進入一個新的發展階段。立奧十世感到形勢嚴重，於6月15日下詔開除路德的教籍，燒毀其全部著作。路德在各階層人民的支持下，毫不退讓，於八、九、十三個月連續發表了《致德意志貴族書》、《教會的巴比倫之囚》和《論基督徒的自由》等重要文章，提出了宗教改革的綱領，號召德意志貴族聯合起來，推翻羅馬教皇的統治，建立民族教會，解放德國。在他的號召下整個德意志民族都行動起來了，特別是北方貴族乘機大肆沒收羅馬教會的土地和財產，建立路德派新教會，男女修道士紛紛還俗結婚，路德本人帶頭與修女博拉結爲夫妻。德國北方的天主教會已經癱瘓，新型教會普遍建立起來，但都被封建諸侯和貴族所控制。同年12月，路德還在維登堡大學院内，當眾焚毀了6月15日的教皇詔書，更加大快人心。

正當馬丁·路德與羅馬教皇殊死博鬥之時，1520年10月，新當選的神聖羅馬帝國皇帝查理五世即位。他爲了取得教皇支持德國與法國進行意大利戰爭，對宗教改革採取鎮壓政策。1521年1至5月，查理五世在窩姆斯召開帝國會議，詔令路德前去受審。在宗教改革中受益的北方諸侯堅決支持路德，薩克森一百多名貴族武裝護送他去窩姆斯參加會議。

在帝國會議上，路德拒不認罪，還大聲鄭重聲明說：「我堅持己見，決不後悔！」會後，查理五世下令逮捕路德，但薩克森選侯腓特烈將他接進自己的瓦特堡中。從此，路德穿上了騎士服裝，化名爲容克·約爾格，躲在城堡內翻譯《聖經》，再也聽不到他那改革的聲音了。

馬丁·路德在隱居瓦特堡的兩年中，德國的革命形勢已發生了深刻的變化。人民宗教改革家閔采爾批判了路德的思想，提出了「理性即信仰」的新觀點。他認爲信仰不是什麼神秘的啓示，而是人的理性即思想。任何人通過自己的思想都可以有信仰，都能上升天堂。他說的天堂並不在彼岸世界，而是在地上建立人間天堂，即「千年王國」。閔采爾的宗教改革思想，從根本上否定了基督教神學的一切主要論點，並把宗教改革與社會改革結合起來，推翻教皇和諸侯在德國的統治，以實現國家的統一。爲了達到目的，他一方面組織秘密的「基督教同盟」，培養革命的骨幹力量，另一方面又散發小册子或通過佈道，宣傳社會革命的學說。在閔采爾的組織和宣傳下，1524年夏到1525年夏爆發了偉大的農民戰爭。與諸侯結成同盟的路德，瘋狂反對農民起義。1525年4月5日，他發表了臭名遠揚的《反對殺人越貨的農民暴徒》一文，狂叫什麼：「無論誰，只要能做到，不管是暗地或公開，都應該像打死瘋狗一樣，把他們打碎、扼殺、刺死！」至此，以路德爲代表的資產階級溫和派，不僅把市民的宗教改革運動出賣給諸侯，而且也背叛了廣大農民羣眾的利益，導致農民起義的被鎮壓。德國第一號資產階級革命以失敗而告終。

德國宗教改革運動取得的唯一成果，是路德新教的建立。北部地區的舊教已被破壞，新教會紛紛建立起來。爲了適應改革的需要，路德進行了一系列新教建設工作。宗教改革運動的初期，他倡導的「信仰得救」學說，爲創立路德新教奠定了理論基礎。1521年，他從窩姆斯歸來後，更專心從事於新教建設。在幽居瓦特堡期間，他首先把《聖經》從希伯來文和希臘文譯成德文，後來通行的德文《新約書》（1522年）和《舊約書》（1534年），都成於他之手。德文版《聖經》的出版，一方面能使廣大人民了解基督教的原始教義，另一方面又統一了德國的語言文學。對於路德的的這一功績，恩格斯在《自然辯證法》導言中說：「路德不但掃清了教會這個奧吉亞斯的牛圈，而且也掃清了德國語言這個奧吉亞斯的牛圈，創造了現代德國的散文。」㉑1529年，路德出版《教理問答》一書，能使教徒迅速掌握基督教教義的要點。1530年，他的秘書梅蘭赫頓以路德的思想和主張爲基礎，寫成了《奧格斯堡信條》一書，系統闡明了路德的新教學說。書中明確規定，路德教的首腦是諸侯，教會神職人員一律由諸侯任命。他們不承認羅馬教皇的領導，也不再向教廷繳納年貢和朝聖，廢除教堂的豪華設備，簡化宗教儀式，允許僧侶結婚，取消神職人員留長髮穿袈裟的制度，把神父改爲牧師。1538年，路德又發表了《施馬爾卡登信條》，列舉新、舊教的區別共21條，被認爲是路德教的正式宣言。這樣，路德新教便在德國建立起來了。

路德宗教改革的結果，北方出現了新教諸侯集團，南方則成立了舊教諸侯集團，德國更加分裂了。兩大諸侯集團爲了爭奪地盤，經常發生戰爭，最後雙方於1555年簽訂了「奧格斯堡和約」，規定「教隨國定」的原則，承認諸侯在自己的國內有決定其臣民宗教信仰的權力。這個和約簽訂後，封建諸侯之間的內戰暫時告一段落，同時也說明路德新教最後確立起來。這個新教派符合資產階級和民族國家的利益，因此很快傳入了西歐和北歐許多國家。從此，羅馬教皇稱霸西歐的局面一去不復返了，基督教世界已出現了羅馬天主教、希臘正教和新教三大派別。

加爾文教和日內瓦共和國的形成

馬丁·路德的宗教改革，在西歐引起連鎖反應，瑞士、英國、法國和尼德蘭都相繼爆發了宗教改革運動。其中以瑞士的加爾文教最激進，它比路德教更適合資產階級的需要。加爾文教在日內瓦不但取得了宗教改革的勝利，創立加爾文教派，而且建立了第一個新教掌權的資產階級共和國。恩格斯在評價加爾文的宗教改革時說：「當路德的宗教改革在德國已經蛻化並把德國引向滅亡的時候，加爾文的宗教改革却成了日內瓦、荷蘭和蘇格蘭共和黨人的旗幟、使荷蘭擺脫了西班牙和德意志帝國的統治，並爲英國發生的資產階級革命的第二幕提供了意識形態的外衣。」㉒

約翰·加爾文（*Jean Calvin, 1509－1564*年）生於法國的盧旺榮，其父爲主教秘書，又是當地貴族的法律顧問，頗有名望。*1523*年，盧旺榮發生鼠疫，加爾文隨貴族子弟前往巴黎大學讀書。*1528*年畢業後，他又去奧爾良大學攻讀法律。*1531*年父親死後，他再入巴黎大學研究神學。*1533*年，加爾文因宣傳路德新教思想，遭到政府和基督教會的迫害。*1534*年*10*月，他逃到巴塞爾城，寫成了《基督教信仰典範》，系統闡明了他的宗教改革思想。*1536*年*7*月，日內瓦市民邀請他前去領導宗教改革運動，從此他定居該城，直到去世爲止。

*16*世紀初，瑞士名義上仍屬於神聖羅馬帝國，但實際上是一個鬆散的聯邦。它包括*13*個州，分爲*6*個森林州，*7*個城市州。聯邦無常設的中央政府，一切大事由聯邦會議決定。各州有很大的獨立性，內政自主，甚至可以與外國訂約。政治上的自由，促進了經濟的發展。同時，瑞士又處在南歐與北歐的中間地帶，從意大利通往德、法的商道經過這裏；在商道沿線形成了許多工商業發達的城市，如巴塞爾、蘇黎世、日內瓦、伯爾尼等。尤其是日內瓦的經濟更爲發達，*15*世紀末已經產生了大規模的資本主義手工工廠和商業信貸業務。資產階級民主派的勢力比較強大，與封建貴族的矛盾十分尖銳。日內瓦長期處在羅馬教會和哈布斯堡王朝的附庸薩伏依公爵的統治下，防礙了資產階級的自由發展。*1519*年，日內瓦市民與新教州的弗賴堡和伯爾尼結成同盟，共同反對封建貴族和教會的統治。經過長期反覆鬥爭，到了*1535*年，他們終於打敗了薩伏依公爵的軍隊，日內瓦成爲伯爾尼保護下的獨立城市。爲了肅清羅馬教會的影響，日內瓦市民和市議會決定開展一場聲勢浩大的宗教改革運動。

加爾文到達日內瓦之後，進行了一系列的宗教改革活動。他與路德一樣主張「信仰得救」，否認羅馬教皇的統治。但加爾文認爲路德這一學說還不能反映時代的要求，因此他又提出了「先定論」作爲信仰的核心。「先定論」原是教父奧古斯丁的理論，但在資本主義發展的條件下，經過加爾文的解釋和發揮，便成了資產階級最激進的宗教學說。他認爲在社會生活中，一些人的成功與永生，另一些人的失敗與滅亡，都是上帝預先決定的，故稱爲「先定論」。上帝從創世以來，就把人們分爲「選民」與「棄民」，前者注定要得救，後者注定要滅亡。個人在現實生活中的成功與失敗，只能服從上帝的安排，非人力所能抗拒。加爾文把資產階級發財致富和勞動人民貧窮破產説成是上帝的先定，掩蓋了資本主義的剝削關係。如果把上帝這個外衣剝去，他的思想只不過是資本主義自由競爭規律在意識形態上的反映。恩格斯説：「加爾文的信條適合當時資產階級中最勇敢的人的要求。他的先定學説，就是下面這一事實在宗教上的反映：在商業競爭的世界中，成功或失敗不取決於個人的活動或才智，而取決於不受他支配的情況。起決定作用的不是個人的意志或行動，而是未知的至高的經濟力量的擺布。」[23]由於當時人們不了解這種經濟關係的秘密，便借助上帝來説明。加爾文教解決了路德教所沒有解決的問題。

在組織上，加爾文教會既不屬於教皇，也不從屬於諸侯或國王，而是由民主選舉的長老來領導。長老一般出身於工商業的富裕市民，管理一切教務，故加爾文教又稱做「長老宗」。加爾文教還簡化了宗教組織和儀式，不許做彌撒，甚至跳舞、穿漂亮衣服、演戲等活動也被禁止。這些改革措施明顯反映了資本原始積累的要求，因而引起了少數城市貴族的反對。1538年4月，他被迫逃離日內瓦，回到法國的斯特拉斯堡避難。1540年，民主派重掌政權，又把加爾文請了回來。此後，他在日內瓦工作了23年，幫助民主派建設新教和鞏固政權。1541年11月，日內瓦市政府根據加爾文的建議，成立了由長老、市議員和政府官員共同組成政教合一的神權共和國。這個政權雖然局限於日內瓦一城，又有濃厚的宗教色彩，並鎮壓農民、平民異端派和科學家，但它是第一號資產階級革命勝利的產物，對西歐各國歷史的發展具有深遠意義。

加爾文教的教義、組織形式和它創立的政權體制，突出體現了宗教改革的資產階級性質，因而成爲早期資產階級革命的一面旗幟。在資本主義較爲發展的國家中，大都信奉加爾文教，路德教派退居次要地位。尼德蘭和英國資產階級革命，也是在加爾文教的旗幟下取得勝利的。至今在英國、美國和瑞士等國，還有加爾文教徒約*4,000*多萬人。

宗教改革運動的深入發展和廣泛傳播，使天主教會在西歐廣大地區喪失了統治權。爲了打擊新教和奪回地盤，羅馬教廷發動了反宗教改革運動。*1545–1563*年，教皇在特棱特召開了三次宗教會議，宣布所有新教爲異端，並重申基督教的教義和宗教儀式都是正確的，教皇是教會的最高首腦等等。同時，又嚴格出版檢查制度，經常開列「禁書目錄」，加強宗教裁判所的活動，動員一切工具，鎮壓異端教派。

在反宗教改革運動中，耶穌會是教皇最好的幫手。它是西班牙貴族羅耀拉（*1491–1556*年）於*1534*年創立的，*1540*年由教皇保羅三世正式批准，目的是「復興」基督教會，重樹教皇的絕對權威。耶穌會是一個軍事性的宗教團體，實行軍事編制，有嚴密的紀律，其成員必須絕對服從自己的首領，即「將軍」。爲了達到鎮壓新教徒的目的，它允許其成員不擇手段，包括暗殺、放毒、欺騙、賄賂、違背誓言等等，不管犯了什麼罪，都可得到教皇的赦免。耶穌會分子不穿僧衣、不住修道院，專與俗人交往。他們以辦學校、醫院爲名，深入社會上層、甚至鑽入宮廷官府，結交顯貴名門，擔任高級官吏，搜集情報，掌握新教的活動方式，便於見機行事。他們的氣焰十分囂張，有不少新教國王也常被暗殺。因此，到*17*世紀時，西歐許多國家都下令禁止耶穌會活動，或被取締。明末清初，耶穌會曾派利瑪竇、南懷仁、湯若望等人來華傳教，同時也把西方的天文、數學、地理等科學知識介紹給中國的知識界，並將中國文化帶回西歐，爲中、西文化交流作出了一定的貢獻。

適應王權和資本主義發展需要的英國宗教改革

英國資本主義不僅發展迅速，而且深入農村。養羊事業的急劇發展，是*16*世紀英國經濟的顯著特點。然而羅馬教會在英國仍佔有三分之一的土地，嚴重防礙了新貴族和資產階級的利益。同時，羅馬教廷每年向英國徵收大量的貢賦，又加深了國王與教皇的矛盾。英國的資產階級和新貴族迫切要求並全力支持國王亨利八世的宗教改革，以便在宗教外衣掩蓋下奪取羅馬教會的土地和財富，發展資本主義。

英國的宗教改革與西歐其他國家不同，是自上而下推行的。它的直接導因是教皇克雷門七世遲遲不批准亨利八世的離婚案件。亨利八世原來因政治上的需要，與寡嫂神聖羅馬帝國皇帝查理五世的姨母凱瑟琳結了婚。直到*1527*年，年過*40*歲的王后只生了一個女兒瑪利，而無男嗣，因此，亨利八世要求離婚，另娶宮女安娜·波琳爲王后。教皇不敢得罪查理五世，不批准英王的離婚請求。亨利八世以此爲借口，於*1533*年宣布與羅馬教廷決裂，下令禁止英國各地教會向教皇納貢。1534年，國會通過了「至尊法案」，宣布亨利八世是英國教會的最高首腦，擁有任免教職和決定教義的大權；宗教法庭改爲國王法庭，由國王審判教案；不經國王同意，教會無權召開宗教會議，更不許任意修改和制訂教規；現行教會法與國家法律相抵觸的條文一律廢除，但舊教的基本教義、教階制度和宗教儀式仍沿用不變。改革後的英國宗教稱爲「國教」，或「安立甘教」。它與路德教、加爾文教合稱爲西歐三大新教。英國的國教與新、舊教都有一些不同之處：國王是教會的最高首腦，教會成爲國家機構的一部分，按國家行政區域劃分教區，用英語做禮拜；在教義上，它把舊教的教會拯救靈魂之說與新教的信仰得救之說綜合在一起，成爲新、舊教兼而有之的英國式的新教派。國教形成之後，英王的權力被看作是神聖不可侵犯的，任何人不得反對，否則以叛國罪處死。大法官莫爾就是因爲拒絕承認國王爲教會的最高首腦，被亨利八世判處絞刑的。

英國教會與羅馬教皇完全斷絕關係後，王室、貴族和資產階級開始大規模剝奪羅馬教會的財產。亨利八世時期，英國約有800座修道院，擁有大量的土地。1536年，亨利八世下令封閉了土地收入每年在200英磅以下的修道院400所，其全部財產收歸國有。1539年，國會通過法案，又封閉其餘所有修道院，沒收其一切財產。國王把沒收得來的土地，或賞賜給寵臣，或廉價出售給資產階級和新貴族。這些土地所有者按照資本主義方式經營牧場或農場，擴大了農村資本主義陣地。英國的宗教改革不但鞏固了王權，而且改變了土地所有制的性質。

1547年，亨利八世駕崩，年僅10歲的太子愛德華六世

（第三王后西摩所生）繼位，繼續推行宗教改革政策。1553年，16歲的愛德華六世又死，凱瑟琳的女兒瑪利即位（1553–1558年），改變了亨利八世的政策。她企圖依靠舊貴族和西班牙帝國的支持，恢復天主教在英國的統治。爲此，她與西班牙國王腓力二世結婚，並勾結羅馬教廷，共同干預英國事務。1554年，瑪利操縱國會，通過了恢復羅馬教會的法令。凡過去推行宗教改革的上層神職人員和僧侶全部被她處死，因此被稱爲「血腥的瑪利」。女王還捲入了西班牙的對法戰爭，結果使英國失掉了在法國唯一保留的海港加來。瑪利的內外政策，引起資產階級和新貴族的激烈反對，不久，她氣憤而死，由波琳的女兒伊麗莎白一世（1558–1603年）繼位。1559年，伊麗莎白在國會的支持下，又重新恢復了宗教改革政策。

伊麗莎白執政後，親自審查英國國教的教義，制訂了《三十九信條》，以《聖經》爲信仰的唯一準則，否認教皇的最高統治權。1571年英國國會正式公布《三十九信條》，英國國教的教義從此確定下來，一直沿用至今。但國教保留了很多舊教殘餘，不適合資產階級發展的需要。到了16世紀下半期，「不信從國教者」的人數越來越多，他們在加爾文教的影響下，主張純潔教會，清除國教中的舊教殘餘，擺脫王權的控制，建立由資產階級領導的廉價教會，因此被稱爲「清教徒」。1640年，英國資產階級以清教爲旗幟，發動了反對封建制度的革命。

法國的胡格諾教徒與胡格諾戰爭

16世紀的法國，不具備宗教改革的條件，沒有形成真正的宗教改革運動和新教派。早在14世紀，法國就已經建立了等級君主制國家，國王不但控制了教會，而且還迫使羅馬教廷遷移到阿維農，聽命於法王。到15世紀中葉，法國明確宣布「高盧派教會」在法國享有特權，不受教廷的控制。1516年，法蘭西斯一世與教皇立奧十世簽訂「波隆亞條約」，規定法國教會的神職人員由國王任命，教會的大部分收入歸國家所有。這個條約實際上承認了法王是教會的最高首腦，標誌法國民族教會的建立。另一方面，法國資本原始積累的主要形式是國債制度和包稅制度，資產階級向國家購買公債，依靠高利貸取得高額利潤，同時還通過各種方式賄賂法官、財政官和稅吏，並包收賦稅，直接向羣眾敲榨勒索，獲得了巨額資金。因此在法國，國王和資產階級與羅馬教會的矛盾不大，他們對宗教改革漠不關心。

其實，法國宗教改革思想的萌芽，比德國還要早。1512年，法國著名人文主義者戴塔普爾在其發表的《保羅書簡》拉丁文新譯本的注釋中，便提出了「信仰得救」的觀點，因得不到支持而未能形成宗教改革運動。1516年，他的學生布利松涅出任巴黎東北的莫城主教後，聯絡一批改良派人物，成立「莫城小組」，企圖改良舊教，但響應者甚少，最後也只好草草收場。著名宗教改革家加爾文的《基督教信仰典範》於1536年正式出版時，他曾以此書獻給法蘭西斯一世，但同樣得不到重視。法國的加爾文跑到日內瓦去領導宗教改革運動，這決不是歷史的誤會。這一切，足以說明16世紀初法國沒有出現宗教改革運動的社會環境，星星之火引不起燎原之勢。

16世紀法國社會的主要矛盾是什麼呢？是封建統治階級內部爭權奪利的鬥爭。意大利戰爭失敗後，㉔華洛亞王朝的統治已搖搖欲墜。法國南北兩大貴族集團爲了各自家族的利益，企圖趁機以武力奪取華洛亞王朝的王冠。於是雙方利用西歐宗教改革的形勢，打著宗教旗號，發動了一場殘酷的宗教戰爭。因此，法國的新教運動既不同於德國，也不同於英國，而是表現爲新、舊教貴族之間的武裝衝突。

從16世紀20到40年代，路德教和加爾文教先後傳入法國。南方各地的手工業者和雇工，紛紛改信加爾文教，一部分大貴族和資產階級爲了對抗王權和奪取教產，也附和加爾文教。到1560年，法國已擁有30萬加爾文教徒，其中包括許多上層社會的代表人物。加爾文教徒在法國稱爲「胡格諾派」，㉕改信加爾文教的大貴族被稱爲「胡格諾貴族」。

新教的廣泛傳播，引起了法國政治形態的變化。南方的胡格諾貴族以新教勢力爲核心，以波旁家族的安東、康迪親王、那瓦爾的亨利以及海軍將領科里尼爲領導，並得到資產階級和中小貴族的支持，形成了胡格諾貴族集團。北方的大封建主則以天主教爲主體，以軍隊統帥弗朗索瓦，介斯公爵和掌握內政大權的樞機主教查理·介斯爲代表，並得到國王、太后、教會和大資產階級的支持，成立了天主教貴族集團。兩大貴族集團的利害衝突是真，宗教矛盾是假，只要能得到真正的利益，宗教信仰是隨時都可以改變的。

1559年，法王亨利二世去世後，法蘭西斯二世在位一年便死了，由年僅15歲的查理九世繼承王位。幼主臨朝，正是兩大貴族集團搶奪王冠的良機。1560年，以安東爲首的胡格諾貴族，密謀要挾國王，解除介斯兄弟的軍政要職，因事洩未遂。介斯家族對波旁家族的挑釁，決不肯輕易放過，隨時準備尋機報復。1562年3月，介斯公爵路過香檳地區的瓦西鎮，忽然聽到胡格諾教徒在谷倉內做禮拜唱讚美詩的聲音。他立即命令隨從武裝人員衝入，當機殺死23人，傷100餘人。其他一些城市也發生類似事件。瓦西鎮事件，標誌胡格諾戰爭的開始。

歷時三十二年的胡格諾戰爭（1562–1594年），共發生十大戰役，雙方參加的人數雖不多，但鬥爭方式極端殘酷，或明殺，或暗害，不擇手段。在戰爭過程中，胡格諾貴族在法國的西南部於1573年建立了聯邦共和國，北方貴族也於1576年結成了「天主教同盟」。1589年，國王亨利三世被天主教同盟收買的僧侶克勒曼暗殺，華洛亞王朝終結。新教領袖那瓦爾的亨利繼承法國王位，稱亨利四世（1589–1610年），建立波旁王朝。1593年，他不顧胡格諾貴族的反對，宣布改信天主教。1594年3月，亨利四世成爲法蘭西公認的國王，胡格諾戰爭到此結束。爲了平息胡格諾貴族的不滿，亨利四世於1598年4月頒布了「南特敕令」，規定天主教爲法國的國教，恢復舊教彌撒，已沒收的土地歸還教會；胡格諾教徒有信教和舉行宗教會議的自由，並有擔任國家官職的權利。他還同意胡格諾貴族保留100多個城堡，作爲國王履行南特敕令的擔保。這個敕令承認了新教信仰自由，是西歐第一個宗教寬容的重要文獻。

以加爾文教為旗幟的尼德蘭革命

以加爾文教爲旗幟的尼德蘭革命，是西歐宗教改革運動的高潮，也是第一號資產階級革命的結束。它不但推翻了西班牙和羅馬教會在尼德蘭的統治，而且在歐洲建立了第一個標準的資本主義國家——荷蘭。

尼德蘭相當於今天的荷蘭、比利時、盧森堡和法國東北部的一部分。它在古代是羅馬帝國的一個行省，中世紀初期成爲法蘭克王國的領土。後來它又分裂爲許多小領地，分別屬於法蘭西和德意志。16世紀初，尼德蘭劃歸西班牙哈布斯堡王朝統治。由於它位於萊茵河和些耳德河下游地區，爲水、陸交通要衝，因此從13世紀開始，工商業便十分發達。新航路開闢後，貿易中心從地中海轉移到大西洋，更加促進了尼德蘭的經濟發展。到16世紀，資本主義生產在工、農業中日益發展起來。安特衞普和阿姆斯特丹是尼德蘭南北兩大經濟中心，工商業都非常繁榮。北方的阿姆斯特丹以航海業和漁業爲主，同時也生產呢絨。1565年，荷蘭商人在波羅的海航行2,150次，其中阿姆斯特丹就佔500次，它每年有一千多艘魚船出海捕撈青魚，年產值達330萬杜卡特金幣，在北方各省中佔第一位。阿姆斯特丹同英國、俄國以及波羅的海沿岸各國有頻繁的貿易往來，與西班牙很少有經濟聯繫。安特衞普在南方經濟發展中佔有突出的地位，每天來往的外商就有五到六千人，港口可停泊大小船隻2,500艘。城內設有外國商行和代辦處一千多家，經營國外各種商業，陳列著東西方各國的名貴產品，成爲南方的經濟重心。

但它主要是同西班牙及其美洲殖民地進行貿易，與西歐其它國家較少來往。

尼德蘭的經濟發展是很不平衡的。北方各省的資本主義發展較快，在許多城市出現大規模的手工工廠，能生產大量呢絨，如來登一城就擁有織機350台，年產呢絨達4.7萬多匹。北方農村的農奴制度也早已消滅，資本主義的牧場和農場逐步代替了封建領地。一些封建貴族大多不經營土地，而是租給農業資本家，收取貨幣地租，成爲開明地主。南方各省的手工業工場發展很慢，毛組織業的原料與市場，主要依靠西班牙或英國。南方的封建關係也很牢固，農村中依然保持著農奴制的剝削方式。南北經濟發展水準的不同，帶來了階級關係的明顯差別。北方的資產階級和開明貴族，以加爾文教爲旗幟，堅決要求推翻西班牙的專制統治，建立獨立國家，發展資本主義。與西班牙有密切聯繫的南方大商業資產階級和封建貴族大都信奉路德教，他們在反對西班牙的鬥爭中表現十分軟弱，最後甚至於投降敵人。

尼德蘭革命是在加爾文教的指導下進行的。從16世紀50年代末期起，尼德蘭盛行加爾文教，尤其是北方各省都建立了加爾文教會。資產階級不但要利用加爾文教去對抗羅馬教會，而且還要按照它的要求來建立新型的國家政權。因此，西班牙封建統治階級對加爾文教徒採取嚴厲的鎮壓政策。1521年窩姆斯帝國會議後，查理五世在布魯塞爾燒死了一大批路德教徒。1550年，他又頒布了嚴懲異端教派的「血腥法令」，規定凡是新教徒或被指控爲新教徒的，「男的殺頭，女的活埋」，包庇異端的人，與其同罪。1556年，查理五世退位，其弟斐迪南繼任神聖羅馬帝國皇帝，其子腓力二世（1556-1598年）統治西班牙和尼德蘭。腓力二世繼位後，更加變本加厲地鎮壓尼德蘭的加爾文教徒。1559年，他任命其姊帕爾馬公爵瑪格麗特爲尼德蘭的總督，由紅衣主教格蘭維爾輔佐，利用宗教裁判所，殘酷鎮壓革命者和對西班牙不滿的人。從1521到1566年，被殺害和被驅逐的尼德蘭新教徒達5-10萬人。尼德蘭人民與西班牙封建統治階級的矛盾不可調和，革命形勢已經成熟。

1565年11月，以奧蘭治·威廉親王、厄格蒙特伯爵和荷恩大將爲代表的愛國貴族，在布雷達成立了「貴族同盟」。1566年4月，他們身穿破舊衣服，腰繫討飯袋，向總督瑪格麗特上書請願，要求停止迫害新教徒，立即召開三級會議，撤出西班牙駐尼德蘭的軍隊，免除格蘭維爾的職務等等，但均遭拒絕。西班牙貴族嘲笑他們是乞丐，因此貴族同盟便自稱爲「乞丐黨」。

貴族同盟請願失敗後，廣大人民羣眾開始舉行起義。1566年8月11日，佛蘭德爾一些城市平民手持斧頭、棍棒、錘子等武器，衝進教堂和修道院，砸毀聖像和十字架，推倒屋內的裝飾，因此被稱爲「聖像破壞運動」。接著，在安特衛普、阿姆斯特丹等大城市和西蘭、荷蘭等省，也都爆發了類似的革命行動。不到兩個月，這個聲勢浩大的聖像破壞運動席捲了尼德蘭十七個省中的十二個省，共搗毀教堂5,500餘所。起義羣眾還打開監獄，釋放被囚禁的加爾文教徒，強迫當局限制羅馬教會的活動，停止迫害新教徒，給加爾文教徒以信教自由。與此同時，農民也開始了反封建鬥爭，鎮壓官吏和貴族，焚毀田契，建立武裝，奪取政權。因此，人民羣眾的「聖像破壞運動」，實際上是尼德蘭資產階級革命的開始。

1566年8月23日，瑪格麗特發表文告，宣布停止迫害新教徒，允許加爾文教徒在指定的地點傳教，赦免貴族同盟的成員。第二年春，女總督又聲明1566年8月23日的宣言無效。接著西班牙國王腓力二世於1567年8月派阿爾發公爵率領1.8萬人的軍隊開赴尼德蘭，鎮壓人民羣眾的革命運動。阿爾發一到尼德蘭便成立「除暴委員會」，專門對付起義者。他在全尼德蘭樹立起絞刑架，共處死了1.8萬多人，連厄格蒙特伯爵和荷恩大將也被處決。威廉親王逃回德國，企圖依靠德、法新教軍隊打回尼德蘭，奪取政權。

正當尼德蘭革命處於低潮的時候，城市平民、農民和一部分資產階級分子，堅持以加爾文教爲旗幟，繼續戰鬥。他們在南方密林中組織了「森林乞丐」游擊隊，在北方海上建立「海洋乞丐」游擊隊，出其不意地襲擊西班牙的小股軍隊，懲罰惡霸地主和叛徒。1572年4月1日，一支由24艘船組成的海上游擊隊，一舉攻佔了西蘭省的布里爾城，成爲北方起義的信號。布里爾大捷後，北方許多城市推翻了西班牙人的統治，建立了民主政權。到1572年夏，西蘭和荷蘭兩省解放。8月威廉親王也率兵攻入尼德蘭。10月21日，他被推選爲北方總督。到了1573年底，北方七省先後擺脫了西班牙的專制統治，事實上成爲一個獨立的國家。1581年7月26日，威廉親王在海牙會議上正式宣布廢黜腓力二世，北方成立「荷蘭聯省共和國」，他就任第一屆執政官。南方十省由於大商業資產階級的軟弱和貴族的叛變，仍歸西班牙統治。

尼德蘭革命在北方的勝利，爲西歐建立了世界上第一個資產階級共和國，也爲荷蘭資本主義的發展開闢了廣闊的道路。這次革命是以加爾文教爲旗幟，在資產階級和貴族的共同領導下，依靠平民和農民的力量，通過民族解放戰爭取得勝利的。第一號資產階級革命的勝利結束和荷蘭共和國的建立，標誌著近代文明社會的曙光已經到來。英國資產階級革命勝利後，西方文明又進入了更高更新的發展階段。

由於西方早期資產階級出色地完成了文化革命和宗教改革這兩大特定的歷史使命，爲近代工業文明的騰飛奠定了牢固的基礎，所以西方文化至今仍領先於世界。

•註　　釋•

❶阿利安教派是基督教的異端，因亞歷山大城主教阿利安創立而得名。它只承認耶穌具有人性，否認其神性，並反對教會擁有土地和財富，故在日耳曼人中階級分化不明顯的東哥德、西哥德和勃艮第人中廣泛流傳。

❷基督教產生後不久，便逐漸分化爲以希臘語地區爲中心的東派和拉丁語地區的西派。教皇國形成後，東西兩派的鬥爭愈演愈烈，到1054年終於正式分裂。以羅馬教皇爲首的西部教會自稱「羅馬公教，」或「加特力教」，即天主教、同自稱「正教」的東部教會相對立。

❸矮子丕平原爲法蘭克王國的宮相，751年發動政變，篡奪了墨洛溫王朝的王位，由前任教皇卜尼法斯批准爲合法國王，建立加洛林王朝。753年，倫巴德人入侵羅馬，繼任教皇斯提凡二世，又册封丕平爲羅馬的保護人。丕平死後，其子查理建立查理帝國，又叫加洛林帝國。

❹恩格斯：《德國農民戰爭》。《馬克思恩格斯全集》第七卷，第400頁。

❺耶穌是基督教所信奉的救世主，稱爲基督。據《新約》記載，他是上帝（或稱天主）的兒子，爲救贖人類，降生於猶太伯利恆，召十二門徒，傳教於猶太各地。後爲猶太教祭司所仇恨，被捕送交羅馬帝國駐猶太總督彼拉多，釘死在十字架上，死後復活升天。

❻湯普遜：《中世紀社會經濟史》下册，商務印書館1963年版，第

401 頁。

❼恩格斯：《德國農民戰爭》。《馬克思恩格斯全集》第七卷，第 401 頁。

❽保羅派是因他們根據聖徒保羅的書信傳教而得名；鮑格米勒派的含義不詳。

❾公元 97 年，西域都護班超派甘英出使大秦（羅馬帝國），甘英行至波斯灣，爲海所阻，乃還。

❿但丁想像的地獄如一大漏斗，上寬下窄，自上而下共九層，第五層以上爲「上層地獄」，第六層以下爲「下層地獄」。

⓫高康大，意爲「大肚皮」。

⓬德廉美修道院是一個虛構的地方，有肥沃的草原，盛產牛奶。它的希臘文原意是「願望」，可能是爲了符合「各行其是」而設置的理想世界。

⓭龐大固埃是「天下乾渴」之意。

⓮ 1066 年法國諾曼弟公爵威廉征服英國後，法語成爲英國的官方語言。喬叟以後，以倫敦方言爲基礎發展起來的英語逐漸取代了法語。

⓯作者原計劃寫 120 個故事，但只完成了 24 個。

⓰西方有少數學者歷來認爲莎士比亞的文化和知識水準都有限，不可能寫出那麼多豐富多彩的戲劇來。

⓱吉伯爾提（1378 ～ 1455 年）是意大利早期文藝復興著名雕刻家，其代表作爲佛羅倫薩教堂兩扇青銅門浮雕，表現《聖經．舊約》十個神話故事。

⓲「羅馬文藝復興」一般認爲從 1447 年教皇尼古拉五世登位開始，到 1527 年羅馬被德皇查理五世攻陷爲止。

⓳拉斐爾早死的原因歷來有兩種看法，一是認爲他平時工作勞累過

度，在重感冒中病亡，二是認爲他因縱慾過度造成的。

⑳恩格斯：《關於德國農民戰爭的手稿》。《馬克思恩格斯全集》第二十一卷，第*459*頁。

㉑恩格斯：《自然辯證法．導言》。《馬克思恩格斯選集》第三卷，人民出版社*1972*年版，第*446*頁。

㉒恩格斯：《路德維希．費爾巴哈和德國古典哲學的終結》。《馬克思恩格斯選集》第四卷，人民出版社*1972*年版，第*252*頁。

㉓恩格斯：《社會主義從空想到科學的發展》英文版導言。《馬克思恩格斯選集》第三卷，人民出版社*1972*年版，第*391*頁。

㉔法國爲了同西班牙、德國爭奪對意大利的統治權，於*1494*年發動了長達*65*年的意大利戰爭，*1559*年以法國失敗而告終。

㉕「胡格諾」一詞，源於德文的*Eidgenossen*，意爲日內瓦宗教改革的擁護者。

繁榮篇

／王揚　何蘭　涂光久

第1章 資產階級文化的確立

*17*和*18*世紀的思想、政治革命

*17*和*18*世紀是西方文化發展中的一塊重大界碑。在約二百年的時間裏，歐美許多國家在政治、經濟、思想、文學和藝術等方面都不同程度地受到革命的衝擊或影響。伴隨著這二百年的吶喊、拼殺、戰爭和動盪，西方文化終於掙脫了倫敦塔和火刑柱的羈絆，走出了中世紀，跨入了資本主義社會的大門，在一個全新的天地裏滋潤、發展和繁榮起來。

*17*和*18*世紀回盪在歐美兩大洲上空的政治和思想革命的風暴，最先是從英倫三島刮起的。

*15*世紀末起，英國的資本主義關係有了長足的發展。新航路的開闢刺激了英國加速成爲海上強國，活躍在世界各地的專賣公司和商人給英國帶來了巨額貿易利潤。農村中圈地運動的猛烈展開，促進了英國城鄉資本主義廣泛、深入的發展。英國社會階級關係發生重大變化，出現了一批採用資本主義經營方式管理自己的產業，把利潤視爲同名譽和地位一樣重要的資產階級化的貴族——新貴族。

面對英國社會政治、經濟和階級結構的變化，斯圖亞特王朝的代表們堅持專制統治，試圖維持搖搖欲墜的封建制度。*1603*年繼位的詹姆斯一世（*James I and VI, 1603−1625*

年在位）視自己是上帝派到世間的最高權威，有無限的權力；他聲稱：「國王創造法律，而非法律創造國王，國王應居於法律和議會之上，不受世俗法律限制。」詹姆斯一世把英國國教視爲封建專制統治的精神支柱，宣稱：「沒有主教就沒有國王，」取消主教就是災難，平等是秩序的敵人。他的兒子，*1625*年繼位的查理一世（*Charles I, 1625–1649*年在位）更加專橫。他動輒解散議會，實行「無議會統治」。他恢復了星室法庭作爲專門審判政治犯的機構，恢復了教會中的最高法庭，極力迫害新教徒。

封建君主的種種倒行逆施激起英國資產階級、新貴族和廣大人民羣眾的強烈不滿。從*1640*年起，資產階級和新貴族領導人民羣眾以具有民主和獨立思想的「清教」爲旗幟，以議會爲陣地，向封建王權發起一次次攻擊，終於在*1688*年的「光榮革命」以後，確立了資產階級和新貴族在英國的穩定統治。

*17*世紀中葉的英國資產階級革命給予封建的君權神授理論以致命打擊，它宣告了君主專制統治在英國的終結，從此以後，任何英國君主都不能像舊時代的統治者那樣向立法機構恣意挑戰，議會取得了對國王的最終勝利。*1689*年，英國議會通過一系列法案，保衛人民的權利，保護議會的權利不受王權侵犯。這些法案宣布了信仰自由、陪審團審訊制、議會的言論自由、人民的請願權利、限制國王的經費和權利。*1701*年，英國議會又通過了王位繼承法，強調了議會有權決定誰任國王。在這些法案之上，英國建立了世界上第一個資產階級立憲君主制政體，爲其他國家的政治變革提供了一個光輝的楷模。

當英國的資產階級和新貴族領導人民向專制王權發起挑戰時，歐洲大陸上的專制主義統治發展到極盛時期。在法國，路易十四（*Louis XIV, 1661–1715*年在位）驕傲地聲稱：「朕即國家」，把君權擴大到無以復加的程度。路易十四用太陽作爲他的官方紋章圖形，表達了猶如繁星從太陽取得光輝和力量一樣，法國從他的身上汲取了光輝和力量的信念。在德國，霍亨索倫家族的腓特烈·威廉大選侯（*Frederick William, 1640–1688*年在位）把專制和強兵奉爲立國之本，到腓特烈二世（*Frederick Ⅱ, 1740–1786*年在位）統治時期，普魯士成爲一個典型的軍事專制主義強國。在俄國，彼得一世（*Peter I the Great, 1682–1725*年在位，極力扶植非名門出身的官僚，逐步剝奪大貴族的權力，建立起以中央集權爲核心的統一的國家行政制度。

但是，專制主義統治並不能挽救行將就木的封建制度。*17*和*18*世紀，資本主義在歐洲各國的封建社會內已經有了不同程度的發展，這從根本上動搖了封建社會的根基。而封建君主的專橫跋扈、宮廷生活的豪華鋪張、貴族僧侶的驕奢淫逸，只能使封建統治階級同人民羣眾的矛盾進一步激化。*17*和*18*世紀，歐洲各國的農民運動和城市平民運動風起雲湧，不斷地動搖著封建專制的統治基礎。資本主義經濟的日益發展，激勵著資產階級爲奪取政權躍躍欲試。「山雨欲來風滿樓」。在這充滿矛盾、動盪、衝突的時代，先進的思想家們敏銳地觸摸到了時代前進的脈膊，察覺到了舊制度衰亡的徵候，呼吸到了行將到來的新社會的氣息。他們在哲學、政治學、經濟學、史學、文學和藝術領域中，指斥傳統，倡導懷疑，鼓吹理性，宣傳科學，描繪藍圖，呼喚新生，鼓舞了資產階級和人民羣眾同封建統治集團鬥爭的勇氣，爲轟轟烈烈的資產階級政治革命作了廣泛而又深刻的思想輿論準備。這場強大的思想革命以18世紀的啓蒙運動爲高潮。

啓蒙運動是自文藝復興以來西方文化發展中的又一次偉大的思想和文化解放運動，它對人們的思想和行爲的深刻影響，是以往的運動所不能企及的。啓蒙運動中所出現的各種學說及其所代表的階層不盡一樣，但是啓蒙學者都把理性看作是通向智慧的唯一嚮導。他們認爲一切知識來源於感覺，而我們的感官印象只是真理的原料，必須在理性的坩堝中加以提煉，才能解釋世界，或者爲改善人們的生活指出方向。因此，一切都必須在理性的法庭面前爲自己的存在作辯護或者放棄或者放棄存在。受牛頓的機械觀點影響，啓蒙學者一般都把宇宙看成是一架機器，受著普遍的、人們不能淩駕其上的規律支配。他們認爲自然秩序是絕對統一的，不受任何奇蹟或其他形式的神的干擾所左右。啓蒙學者都極端仇視愚昧、迷信和暴政。他們認爲沒有什麼原罪，人們天生並不是墮落的，是詭計多端的教士和殘暴的專制君主迫使人們採取卑鄙和殘酷的行動。如果人們能夠自由地遵循理性和本能的指導，無限完美的人性和因此產生的無限完美的社會就很容易實現了。啓蒙學者們向人們展示了一個按照理性的準則生活，充滿希望的「理性王國」——即「資產階級的理想化的王國」❶在這個「理性王國」裏，人們將摒棄一切不自然和陳舊的習俗的奴役。宗教、政府和經濟制度將採取最簡單和最自然的形式，以減少發生暴政和貪婪的可能性。

*18*世紀啓蒙思想家的先驅是*17*世紀英國資產階級政治思想家，其主要代表人物有霍布斯、彌爾頓和洛克。

托馬斯·霍布斯（*Thomas Hobbes, 1588–1679*年）在*1651*年出版的《利維坦》一書中，提出了國家起源的契約學說。霍布斯認爲，國家出現以前，人類處於「自然狀態」，「自然賦予全體人類以一切物品」，一切物品爲共有。但是，人們爲了爭奪財富而互相掠奪和廝殺，「人對人像狼一樣。」爲了擺脫這種戰爭狀態，建立和平，人們便互相締結契約，建立了國家。人們在成立國家的同時，同意放棄一切自然權利並且把它轉交給國家。霍布斯的這種觀點否認了君權神授理論，具有重要的反封建意義。但是，霍布斯同時又主張國家通過契約掌握了至高無上的權力後，它便可以干涉個人自由。這樣，霍布斯實際上承認了君主專制制度是最好的政治形式。他既反對革命，又主張在保存君主政體的前提下實行某些改革。霍布斯的這些思想代表了英國新貴族和資產階級上層分子的要求。

共和主義者彌爾頓（*John Milton, 1608–1674*年）極端仇視君主制度，提出了人民主權論。彌爾頓認爲，國王及其大臣的權力來自人民，是受人民的委託；人民與國王訂立契約時，爲自己保留了最高權力。如果國王剝奪人民這種最高權力，就等於破壞人民的「自然的天賦權利」人民有權審判、廢黜，甚至處死國王。但是，彌爾頓在攻擊貴族不能是主權的體現者時，又認爲「粗野的普通人民」也具有極壞的本性，也無資格管理國家大事，只有「有理智的、有教養的和有才幹的人」，即資產階級、新貴族，才能執掌政權。

*1688*年革命後影響最大的思想家是約翰·洛克（*John Locke, 1632–1704*年）。洛克在哲學上是二元論者，他的政治思想集中闡述於他的《論政府》（*1689*年）一書中。洛克發

揮了國家起源的契約學說，他認爲，「自然狀態」是人們最幸福的時代，人與人之間的關係是平等和自由的，並且已經有了私有財產，這種自由平等權和私有財產權就是「自然權利」後來，人們爲了有效地享用和捍衛這些「自然權利」，互相締結契約建立了國家，但並沒有因此放棄他們的「自然權利」。因此，國家的產生是爲了保衛人們的「自然權利」，尤其是私有財產權。洛克認爲資產階級立憲君主制，是最好的國家政權形式，因爲它「依照多數人的意志」行動。洛克改進了英國革命中平等派提出的「分權」論。洛克認爲有三種權力：立法權、行政權和聯邦權（即處理戰爭與和平問題及同別國的關係問題）。立法權是國家的最高權力，屬於議會。議會應當定期開會，通過法律，但不能干預法律的執行。行政權屬於國王，國王指導法律的執行，任命大臣、法官和其他公職人員。國王的活動服從於法律，但他對議會有一定「特權」（否決權、解散議會權等），使議會不致奪取全部權力和破壞「公民的自然權利」。國王還有聯邦權。洛克又指出，如果政府破壞了「人的自然權利」，那麼社會契約就被認爲已廢止，人民又回到自然狀態，因而有權建立新政府。特別是，如果國王不經議會而自行立法，任意改變選舉制度，或使國家從屬於另一個君主，他將喪失自己的權力。這時，人民可以「向上天呼籲」，拿起武器。但洛克又認爲這種情況極爲罕見，只是由於長期地、一貫地濫用權力才會出現這種情況。他用社會契約論爲*1688*年的革命作辯護。

英國資產階級思想家的政治學說：自然狀態和自然權利論、社會契約論、人民主權論、分權論等，在*18*世紀的啓蒙學者那裏得到了進一步的闡述，並且廣泛傳播開來。

*18*世紀啓蒙運動的最高表現是在法國。伏爾泰、孟德斯鳩、盧梭、狄德羅、霍爾巴赫、愛爾維修、梅利葉、摩萊里和馬布利等先進思想家，猶如燦爛的羣星，以他們天才的智慧、犀利的思想，給法國和其他國家的人民帶來光明和希望，激勵著他們爲創造一個美好的理性社會而奮鬥。

伏爾泰（*Voltaire 〈François Marie Arouet〉*，*1694－1778*年）被視爲*18*世紀啓蒙運動的精神領袖。他的著作涉及哲學、歷史、文學和自然科學，主要有《論各民族的風俗與精神》、《哲學辭典》、《路易十四時代》等。伏爾泰對教會和暴政統治深惡痛絕。他稱天主教爲「惡棍」，教皇爲「兩足禽獸」，抨擊暴君「在號角聲中大規模地進行屠殺」的罪行。伏爾泰以個人自由捍衛者著稱，他認爲對言論和意見自由的任何限制都是野蠻的事。他在給一個反對者的信中寫道：「我不同意你說的每一個字，但是我願誓死保衛你說話的權利。」伏爾泰也強調「自由只存在於依靠法律進行統治的地方」主張改革法律，使罪與刑相稱，反對殘酷刑罰。伏爾泰倡導「開明專制」思想，認爲「開明」君主可以通過改革消滅封建制度，取消僧侶特權，統一法律，過渡到君主立憲制度。伏爾泰對人民羣眾懷有恐懼心理，他聲稱：「當黎民被容許議論（國事）的時候，一切都將毀滅。」伏爾泰代表了法國大資產階級的利益。但他以犀利的筆鋒，辛辣和幽默的語言，指斥法國舊制度的一切弊端，並向愚昧和無知宣戰，確有振聾發聵之功。

法國老一輩啓蒙思想家的另一位傑出代表是孟德斯鳩（*Charles Louis de Secondet Montesquiev, 1689－1755*年）。

孟德斯鳩在花費了*27*年心血寫成的巨著《法的精神》中，集中闡述了自己的政治思想。孟德斯鳩認爲，任何國家的法律都不可避免地受到地理條件、經濟狀況、宗教信仰，特別是政治制度等因素的制約。孟德斯鳩以英國政治爲典範，擁護立憲君主制。他譴責暴政破壞了法國社會、違反了人性。爲了防止暴君政體出現，孟德斯鳩倡議實行立法、行政、司法三權分立，互相監督、制約。他說：「當立法權和行政權集中於同一個人之手，或集中於同一官吏機構之手時，那就沒有自由。」「如果司法權不同立法權和行政權分離，同樣是沒有自由的。」孟德斯鳩的三權分立學說以權利的「制約與平衡」爲核心，鋒芒直指國王專制制度，對於反封建和近代資產階級國家機構的形成產生了很大的影響。

在法國啓蒙思想家中，盧梭（*Jean Jacques Roussillon, 1712–1778*年）對*18*世紀的法國社會作了更加嚴厲的批判，其主要著作有《社會契約論》、《論人類不平等的起源和原因》、《愛彌兒》等。盧梭認爲，私有財產是人類社會不幸的主要根源，它把人變成貧與富，使社會出現不平等，一切風俗道德的敗壞也隨之而來。國家又用法律把這種不平等固定下來。但是盧梭不主張廢除私有制，只是主張均衡貧富，實現小私有制。盧梭倡導「社會契約」、「人民主權」、和建立民主共和國學說。他認爲，一個理想的國家應該是公民以契約形式結成的國家，公民人人享受自由平等。盧梭強調，人民的意志是國家最高權力的源泉，代表人民的立法機構是最高權力關係，它有權監督統治者。如果統治者違反了人民的意志，侵犯了人民的主權，人民有權推翻統治者。盧梭的思想代表了法國中小資產階級反對封建專制統治，建立資產階級民主共和國和參加政權的要求。在法國革命中，雅各賓的各項政策、主張，不同程度地體現了盧梭的思想。

*18*世紀的啓蒙思想家用理性去批判宗教迷信，批判腐朽的專制制度，批判一切不合理的社會現象，衝破了一切禁錮人們思想的羅網，引導人們獨立思考，掌握自己的命運；啓蒙思想家大力傳播科學知識，強調人的尊嚴，莊嚴宣布天賦人權神聖不可侵犯，向人們展示了一幅資產階級理想王國的美好圖景，激勵人們不要再默默忍受專制君主的暴政，以自己的革命行動去爭取「理性王國」的實現。

啓蒙思想家首先在遙遠的大西洋彼岸，看到了自己的學說結出的豐碩果實。

從 *17*世紀初到 *18*世紀中期，英國在北美東起大西洋沿岸，西到阿巴拉契亞山地區，先後建立了十三個殖民地。來自世界其他地區的移民在長期的經濟活動、社會交往和通婚中，形成了一個美利堅民族。七年戰爭以後，英國宗主國加強了對於北美殖民地的控制和掠奪，激起殖民地人民的強烈不滿。 *1775*年 *4*月 *19*日，麻薩諸塞州的民兵在波士頓附近的萊克星頓打響了反對英國殖民統治的第一槍，拉開了北美獨立戰爭的帷幕。

歐洲啓蒙思想家所倡導的自由、民主、平等思想，成爲美國人民爭取獨立和自由的思想武器。 *1776*年 *7*月 *4*日，大陸會議通過了由傑出的資產階級民主派托馬斯·傑弗遜（*Tomas Jefferson, 1743—1826*年）起草的《獨立宣言》，莊嚴地提出了資產階級革命原則：「我們認爲這些真理是不言自明的：人人生而平等，他們都由『造物主』賦予了某些不可轉讓的權利，其中包括生命權、自由權和追求幸福的權利。爲了保障這些權利，人民建立了政府，而政府的正當權力是得到被統治者的同意的。一旦任何形式的政府損害了這些目的，人民有權改變它、廢除它，並建立新政府，而新政府必須建立在最能促進人民的安全和幸福的目的上，它的權力組織形式也應以此爲依據。」

啓蒙思想也被美國革命的領袖們作爲架構新生的美利堅合眾國中央政府的指導原則。*1787*年美國憲法按孟德斯鳩分權和「制約、平衡」的精神，把國家職權分爲：聯邦立法權——屬於由參議院和眾議院組成的國會；聯邦行政權——屬於總統；聯邦司法權——屬於最高法院。三權分立，而又互相制約。總統可以通過否決國會通過的法案，限制國會；總統還可以通過任命最高法院法官的決定權，對法官起制約作用。但是總統簽訂和約、任命高級官吏必須得到參議院的同意，參議院甚至有彈劾及審判總統的權力；參議院在任命最高法院法官方面也有決定權。最高法院則可以通過宣布「違憲」來限制國會和總統的權力。這種權力的分立與制約可以防止出現專制獨裁，保障資產階級民主機制的正常運行。美國*1787*年憲法作爲世界近代史上第一部成文憲法，爲世界各國憲法制訂人提供了一個重要藍本。

啓蒙運動更爲*19*世紀末法國資產階級革命提供了廣泛的思想準備，使得這次革命無論在深度上還是在廣度上，都超過了以前的革命。列寧指出：「這次革命給本階級，給它所服務的那個階級，給資產階級做了很多事情，以至整個*19*世紀，即給予全人類以文明和文化的世紀，都是在法國革命的標誌下度過的。」❷

*1789*年*7*月*14*日，以資產階級爲首的第三等級長期蘊

藏著對封建統治集團堅持頑固立場，拒絕社會改革的憤怒情緒爆發出來了。這一天，巴黎人民攻佔了象徵專制統治的堡壘——巴士底獄，開始了第三等級同專制王權的總決權。8 月 27 日，國民議會通過了《人權宣言》，把資產階級自由、民主、平等和法制原則寫在法國革命的旗幟上。宣言宣稱：「在權利方面，人們生來而且始終是自由平等的。」「任何政治結合的目的都在於保存人的自然的和不可動搖的權利。這些權利就是自由、財產、安全和反抗壓迫。」一切公民「都能平等地按其能能力擔任一切官職，公共職位和職務，除德行或才能的差別外，不得有其他差別。」「自由傳達思想和意見是人類最寶貴的權利之一；因此各個公民都有言論、著述和出版的自由。」「法律是公共意志的體現。全國公民都有權親身或經過其代表去參加法律的制定。法律對於所有的人，無論是施行保護或處罰都是一樣的。在法律面前，所有的公民都是平等的。」儘管人權宣言沒有提到勞動者有權分享勞動成果，也沒有提到由國家來保護那些無力謀生的人們，表明了其作者對廣大羣眾的經濟福利並不特別關心。但是，《人權宣言》直接針對革命前封建專制制度和等級制度下的公開的不平等和公開的人壓迫人的現象，提出了自由、民主、平等、法治的資產階級原則，符合了資產階級和廣大勞動羣眾的要求，受到人民的熱烈擁護，推動人民積極參加到革命運動中，發揮了積極的歷史作用。

正是在人權宣言所宣布的革命原則鼓舞下，法國人民同仇敵愾，一再戰勝反革命王黨分子的叛亂和外國武裝力量的大規模干涉，不僅保住了法國革命的基本成果，而且把法國革命原則帶到國外，促進了歐洲許多國家的資產階級革命和改革的發生，大大動搖了歐洲大陸上的封建專制君主統治，加速了這些國家由封建社會向資本主義社會轉變的過程。法國資產階級革命的勝利，也打擊了殖民者在拉丁美洲的統治，爲*19*世紀初拉丁美洲人民取得獨立戰爭的勝利創造了條件。

總之，*17*和*18*世紀的思想革命從根本上清算了中世紀愚昧、迷信和偏執對人們思想的禁錮，啓迪了人們的理智，成爲近代文化全面繁榮永不枯竭的源泉。*17*和*18*世紀的政治革命摧毀了封建專制和教會統治，爲崇尚科學、民主和自由的資本主義大廈清掃了場地，奠定了基礎，爲近代文化全面繁榮提供了可靠的制度保證。

工業革命的巨大作用

正當歐美兩大陸的革命和戰爭在有聲有色地進行時，英倫三島上也在進行著一場雖然並不那麼驚天動地，但其影響決不亞於大陸上的政治革命的經濟變革運動，即近代工業化。這場運動我們習慣稱之爲近代工業革命，它延續了約一個多世紀，它不僅從根本上改變了西方社會的經濟結構，而且也在西方社會的政治和文化發展中打下了深深的烙印，爲近代西方文化的全面繁榮提供了雄厚的物質基礎。

近代工業化的出現是長期的社會演變、技術改進和生產發展的一個必然結果。

在*16*世紀的商業革命中，產生了一個富裕的資產階級，他們不斷地爲自己多餘的財富尋找合適的投資新機會。殖民帝國的建立和歐洲人口的顯著成長，擴大了工業品市場的需求。16世紀起許多專制國家普遍信奉的重商主義促進了製造業的發展。16世紀起，人們已經發明了擺鐘、溫度計、氣泵和手紡車，且冶煉技術亦得到改良。大約在1580年，人們已設計出一架可以同時把幾股紗線織在一起的織布機。手工工廠使分工臻於細密，每道具體生產工序簡單化，爲積累技藝，改進某一環節的構件和技術創造了條件。而具有諷刺意味的是，人類破壞生態環境的行爲，竟然也成爲加快工業革新步伐的原因之一。爲了取得煉鐵所需的木炭，木材資源在許多國家幾乎被破壞殆盡。約在1709年亞伯拉罕·達比（*Abraham Darby, 1678–1717*年）發明了焦炭煉鐵法。對焦炭的需求刺激了大規模開採煤礦。排除煤礦中積水的難題，又促使人們去尋找一種方便的能源帶動抽水機，結果爲蒸汽機的問世而進行了幾代人的努力。17和18世紀棉織品的普及使原始的手搖紡紗機的改造成了突出問題，使得在早期的工業化中，紡織業率先開始了技術上的革命。

近代工業革命首先起源於英國也不是偶然的。17世紀中葉的資產階級革命以後，英國確立了君主立憲政治。雖然18世紀的英國政治遠不是民主的，但至少比大陸上的國家享有的自由更多些。英國的貴族不再是一個純粹世襲的特權階級，任何致富者均可望升遷到社會上層。自由放任學說已被人們普遍接受。在國家的權力只應該是爲了保護人們天生的自由權力和他們享受財產的權力的觀念影響下，議會取消了許多限制工商業自由競爭的舊法律。圈地運動由於得到議會的批准而合法化，它造成了一支龐大的產業後備軍，擴大了國內的工業品市場，促進了農業技術改革和生產的發展，爲工業和城市人口準備了必需的糧食、副食品和原料。英國還爲流亡者提供庇護所。*1685*年法國路易十四廢除「南特敕令」以後，*4*萬多胡格諾教徒逃到英國定居，給英國帶來了一批資金、技術和人才。七年戰爭以後，法國已無法在殖民地的爭奪上和海上同英國抗衡，英國取得海洋霸主地位。最後，中世紀那種嚴重妨礙競爭意識的行會制度在英國從來沒有牢固地紮下根，尤其是在綿紡織業，這使得綿紡織業成爲技術改進的突破口。

近代工業化進程分爲兩個階級，從*18*世紀*60*年代到*19*世紀中葉爲第一階級，*19*世紀後的*30*年到*20*世紀初爲第二次工業革命時期。

第一次工業革命在英國以棉紡織業的廣泛技術革命爲起點，而以蒸汽機的應用爲其特徵。

棉紡織業是一個新興工業，技術基礎薄弱，設備簡陋，而國內外市場對棉織品的需求在不斷擴大，這些都刺激了這一行業中的技術改良。*1733*年工匠凱伊（*John Kay, 1704–1764*年）發明「飛梭」，提高了織布效率，使原來就落後於織布業的紡紗業矛盾更突出。*60*年代起，棉紗織業出現了一系列工具機的發明。*1764*年織工哈格里夫斯發明「珍妮機」；*1768*年理髮師阿克萊特（*Richard Arkwright, 1732–1792*年）利用木匠海斯的發明製成了水力織布機；*1779*年克倫普頓（*Samuel Crompton, 1753–1827*年）綜合珍妮機和水力紡車的優點，發明了「騾機」；*1785*年牧師卡特賴特（*Edmund Cartwright, 1743–1823*年）發明水力織布機。紡織業的一系列發明推動了淨棉、梳棉、漂白和染整等工序的改革，各部門普遍採用機器生產取代手工操作。

工作機的普遍應用使動力問題突出起來。傳統的水力驅動常常受到季節、地區的限制，無法滿足普遍的對動力的需求。因此，發明一種不受地理條件和氣候條件限制，而且有豐富來源的動力機，成爲工業發展迫在眉睫的任務。*17*世紀起，人們就已開始設計和試驗蒸汽機。*1690*年，法國人巴本（*Denis Papin, 1647–1712*年）受到萊布尼茨的啓發設計了一種活塞式蒸汽機；*1698*年，英國的塞維利（*Thomas Savery, 1650–1715*年）製造了一種被稱爲「礦山之友」的無活塞蒸汽機；*1705*年，英國鐵匠紐科門（*Thomas Newcomen, 1663–1729*年）製成第一架較爲實用的蒸汽機。但是，直到由瓦特（*James Walt, 1736–1817*年）解決了蒸汽機的熱能和機械運動以後，蒸汽機才成爲普遍應用於工業和交通運輸業的「萬能動力機。」更重要的是，蒸汽機的完善加速了工業化的進程，人類進入了「蒸汽機時代。」

工業革命促進了交通運輸的革命。*18*世紀末就有人試圖用蒸汽機推動船隻。*1807*年美國人富爾頓（*Robert Fulton, 1765–1815*年）製造的蒸汽輪船試航成功，汽船成了內河運輸的便利工具。*1819*年起人們嘗試著用汽船作海洋運輸工具。直到*1840*年，一個蘇格蘭人在英國的利物浦和美國的波士頓之間開辦了定期輪船航班。*1850*年左右，螺旋槳代替了明輪，鐵甲船殼開始取代木船。

*1814*年，英國一個礦工的兒子喬治·史蒂芬遜（*George Stephenson, 1781–1848*年）製成蒸汽機車。*1825*年，史蒂芬遜在從達林頓到斯托克頓的鐵路上，駕駛著自己設計的蒸汽機車，拖動了*34*節小車箱。從*19*世紀*30*年代起，歐美國家掀起興建鐵路熱潮，到*1870*年，全世界鐵路長度已超過*20*萬公里。

鐵路的發展直接推動了通訊方法的改進。*1820*年法國物理學家安培（*André Marie Ampère, 1775-1836*年）發現可以用電磁通過電線在兩點之間傳達信息。*1833*年，兩位德國人在*1,000*碼長度內建立了有線電訊聯繫。*1844*年，美國人莫爾斯（*Samuel Finley Breese Morse, 1791-1872*年）在華盛頓和巴爾的摩之間架起第一條商業用的電報線、電報系統開了一個頭。*1851*年，英法兩國通過穿越英吉利海峽的海底電纜溝通了電訊聯絡。*1866*年，大西洋底電纜敷設成功，溝通了歐美。

*19*世紀中葉以後，工業革命進入一個新的階段，電力的應用和內燃機的發明取代了傳統的蒸汽機，開始在經濟上和人們的生活中起著越來越大的影響。

早在*1831*年英國科學家法拉第（*Michacl Faraday, 1791-1867*年）已提出了直流發電機的原理，但直到*1870*年，比利時人格拉才發明了第一架發電機，*1873*年他又發明電動機。此後，把電能用於工業機械化的過程迅速發展。*1882*年，奧斯卡·馮·米勒（*Oscar von Müller, 1855-1934*年）架設了一條從米斯巴赫到慕尼黑的二千伏特電線（*57*公里），提出了遠距離輸電問題。*1882*年愛迪生（*Thomas Alva Edison, 1847-1931*年）在美國建造了第一座直流發電廠，點燃了*1,500*隻（*15*瓦的）白熾燈。以後交流發電機、交流變壓器等相繼發明，爲實現工業動力電氣化開闢了道路。電力也被應用於改善人們的生活。*1879*年愛迪生發明電燈。*1882*年他又試驗了電車，*1893*年他又發明電影放映機。隨著電力應用範圍的日益廣泛，電力工業成爲一門很有前途的新興工業。

內燃機在*1876*年就已有尼古拉·奧托（*Nicolaus August Otto, 1832-1891*年）的發明，但直到*90*年代德國工程師狄塞爾（*Rudolf Diesel, 1858-1913*年）加以改進後才得以廣泛應用，並促進了汽車、飛機的發明，推動了石油開採業的發展。*80*年代發明汽車。*20*世紀初出現飛機。全世界石油開採量由*1870*年的*80*萬噸增加到*1,900*年的*2,000*萬噸。

第二次工業革命階段的技術革命造成了電力工業、汽車製造業、飛機製造業、石油開採和加工業、化學工業、光學工業等一批新興工業部門的發展，而且也推動了傳統工業部門，如冶金、造船、機器製造業的技術革命和發展。通訊手段進一步改善。*1876*年，美國人貝爾（*Alexander Graham Bell, 1847-1922*年）發明電話；*1895*年，俄國人波波夫（*Aleksander Stepanovich Popov, 1859-1906*年）發明無線電；*1896*年，意大利人馬可尼（*Guglielmo Marconi, 1874-1937*年）取得了無線「傳電脈衝方法」專利。這些發明使人們開始進入無線電時代。

近代工業革命極大地提高了社會生產力，徹底改變了以手工操作爲基礎的小生產經濟模式，將近代資本主義社會奠基於牢固而又高速發展的大工業之上，爲資本主義社會的發展提供了強大的推動力。但是，工業革命不單單是一場生產、技術和經濟革命，它同時也是一場廣泛影響到社會各個領域的社會革命。因此，近代工業革命所造成的廣泛的經濟和社會變革，構成了近代西方文化全面繁榮的物質基礎。

工業革命使有限的土地面積能夠供養更多的人口，刺激了歐洲人口在*19*世紀的驚人增長。從*1800-1914*年，歐洲人口由*1.9*億發展到*4.6*億；同期美國人口從*500*萬增加到約*1*

億人。與人口成長緊密相連的是，越來越多的人湧向城市，西方社會不斷城市化。在德國，*1840*年人口有*10*萬左右的城市只有兩個，到*1910*年則達*48*個。英國*1901*年的人口統計表明，從事農業的人口只佔工業企業雇佣的人口的*20%*左右。美國在*1915*年有*40%*左右的人居住在工業地區。城市化一方面使人們擺脫了農村裏的孤立、單調和平凡的勞動與生活，擺脫了愚昧和原始的社會習俗。但是，另一方面大多數人變成了資本的工具和犧牲品。他們生活在骯髒破爛的貧民窟中，時時受到生產過剩而導致的失業威脅。城市中的這種光明與黑暗，繁榮與貧窮，進步與沮喪，同時為浪漫主義作家和現實主義作家提供了源源不斷的素材和靈感。

工業革命以工廠制度取代了傳統的作坊和手工工廠，結果產生了兩個新的階級：工業資產階級和無產階級。

工業資產階級是工業革命的驕子，財富和數量使它成為社會中的領導因素。無產階級從工業革命所創造的財富中僅僅得到微薄的一份。共同的困苦和不幸在無產階級中間灌輸了一定程度的團結思想，使他們對自己的命運表示了一致的關注，這在西方文化發展中出現了引人注目的變化，即無產階級文化的誕生。

此外，工業資產階級和無產階級的出現，使得西方社會的政治力量結構發生變化，推動了西方社會民主改革的發展，使資產階級民主制度趨於成熟。

英國在*18*世紀時已確立了內閣制，使得資產階級議會制進一步完善。但*18*世紀的英國政治仍然主要被貴族所壟斷，原因之一是選舉制度不完善。高額財產資格限制甚至把中小資產階級都排除在選舉權之外。「腐朽選區」的繼續實行，使許多像伯明罕、里子、曼徹斯特這樣的新興工業城市都沒有選舉議會代表的可能。*19*世紀起，在工業資產階級和無產階級的壓力下，經過*1832*年、*1867*年和*1884*年的改革，先後使工業資產階級、市鎮產業工人和農業工人獲得選舉權，從根本上改變了地主貴族的壟斷地位。*1905*年重新復興的自由黨執政以後，又在社會和經濟民主改革方面邁出了一大步。*1906*年通過工傷事故賠償法。*1908*年通過老年養老金法。*1909*年的商務部法，授權特別委員會對條件既差、工資又低的工廠工人的最低工資作出規定。*1909*年又通過貧民區建設法。*1909*年大衛·勞埃·喬治（*David Lloyd George, 1863–1945*年）提出了增加所得稅和對富人徵收附加累進所得稅計劃，用以提高國庫收入，支付老年養老金和各種形式的社會保險，把巨富的財產往下拉平一點。這項計劃在*1910*年*1*月自由黨取得選舉勝利後，被作爲法律通過。*1911*年自由黨內閣又通過了國家保險法，採用一種由政府和工人聯合付款的保險制度，使所有工資收入者生病時有保障。

在法國，*1830*年*7*月革命推翻了復辟王朝統治，把路易·菲力普（*Louis Philippe I, 1830–1848*年在位）推上了王位。雖然路易·菲力普聲稱他的統治是得到人民同意的，但是他所代表的只是鐵路大王、大船主、大商人和大金融家的利益。到*1848*年革命前，法國只有*20*萬人有選舉權。路易·菲力普和他的大臣們的腐敗統治導致*1848*年*2*月巴黎革命爆發，七月王朝被推翻，第二共和國成立並最終通過一部憲法。*1848*年憲法宣布了成年男子普選權，有一個由選民直接選舉的總統和一院制議會。但是，隨著路易·波拿巴

（*Louis-Napoleon Bonaparte, Napoleon Ⅲ, 1808－1873*年）的上台，*1848*年革命的民主成果消失了。普法戰爭的失敗敲響了法蘭西第二帝國的喪鐘。*1871*年*3*月*18*日，巴黎的無產階級建立了自己的政權，率先進行了無產階級民主實驗。在鎮壓巴黎無產階級以後，資產階級國民大會通過了*1875*年憲法，規定了成年男子普選權，兩院制國會和一個有很大權力的總統。*1875*年憲法奠定了一直維持到*1940*年*7*月*10*日的第三共和國的基本形式。*90*年代起，法國政府也實行了一些保證經濟民主權力的立法。*1892*年的一條法律限制雇佣婦女和兒童並且規定了*10*小時工作制；*1905*年縮短爲*9*小時工作制。其他的法律如保證工人和他們的家庭享受免費醫療；保護工會活動；強迫雇主給予受傷的工人賠款。*1910*年通過老年養老金法。

在德國，*19*世紀*30*年代起的工業革命加速了民族統一的進程，*1871*年*1*月*18*日，普魯士國王威廉一世（*William I, 1797－1888*年）在凡爾賽鏡廳稱帝，德意志帝國成立。新帝國的政治制度承認了普魯士的統治地位，表現出濃厚的保守性。但是，這個帝國並不是完全的獨裁統治，因爲由人民投票選舉的帝國議會常常迫使皇帝和宰相作出讓步。統一促進了德國經濟的發展和社會主義力量的成長，以至於俾斯麥（*Otto von Bismarck, 1815－1898*年）也把國家權力同社會主義的某些方法結合起來，在西方大國中首先開始執行了廣泛的社會立法計劃。*1881*年頒布《工人傷殘老病社會保險綱領》，*1883*年的疾病保險法，*1884*年的意外事件保險法，*1889*年的老年和殘廢保險法。此外還規定了嚴格的工廠檢查制度：限制雇佣婦女和兒童，規定最高勞動時數，建立公共職業介紹所等。德國的社會立法後來爲許多西方國家所效法。

美國1787年憲法起草人強調了權力的制約和平衡，但對於民眾統治不感興趣，以至憲法中沒有包括在《獨立宣言》中已宣布的人民民主權利。1791年作爲憲法修正案的《權利法案》明確規定了人民享有信教、言論、出版、集會和請願自由等基本權利，但仍然默許了對有色人種的歧視和奴役。19世紀上半葉美國經濟的發展，使奴隸制經濟落後性日益突出。1861–1865年的內戰，消滅了奴隸制，搬掉了美國民主政治發展道路上的一個重大障礙。林肯政府的《宅地法》用民主方法滿足了人民的土地要求。憲法第13條修正案在法律上廢除了奴隸制。接著的兩個修正案使以前的奴隸有了公民權，但仍然要留待以後才能給黑人以選舉權。1883年政府通過《文官制度條例》調整兩黨政治對政府行政部門的影響。1890年通過的反托拉斯法，試圖緩和人們對大公司肆無忌憚行爲的不滿。20世紀初，人民進步黨提出了包括創制權、複決權、罷免權、秘密投票、直接預選、直接選舉少數主要官員和比例代表制等在內的廣泛的政治改革要求，但直到第一次世界大戰結束以後，才開始取得成果。

19世紀受到工業革命推動的政治、社會和經濟民主改革，使資產階級民主政治趨於完善和成熟，爲西方文化全面繁榮創造了穩定、民主的良好環境。

工業革命使科學的意義和作用更爲突出，對於近代自然科學尤其是19世紀自然科學的全面發展，起著巨大的推動作用。在工廠手工業時代，技術和工藝的進步更多地依賴於工匠的嫻熟技巧。在機器大工業時代，技術進步如果得不到科學的指導就會遇到難以克服的障礙。因此，一方面科學要自覺地以技術上的要求作爲自己研究的課題，走在生產的前面，加速科學的物化；另一方面，生產的發展，技術上的進步更直接推動科學研究的深入和科學理論的發展。布萊克（*Joseph Black, 1728-1799*年）的熱學理論對於瓦特改進蒸汽機有巨大的指導意義；提高熱機效率也是*19*世紀熱力學研究的中心課題。無機化學、有機化學和分析化學的發展，同化學工業的發展和要求密切相連。電磁理論的研究成果對電氣技術的發展起了巨大的先行指導作用。同樣，電氣技術的廣泛應用也向電學提供了許多研究課題，如電子和放射性現象的發現等。因此，工業革命在促進自然科學的發展，使科學性成爲近代社會的基本特徵方面，扮演了一個極其重要的角色。

工業革命也促進了教育的普及和發展。爲了適應工業的進步，科學的發展和資產階級民主政治的深化，西方國家的政府把興辦教育，開發智力，培養各方面人才作爲基本的國策。許多國家撥出大量經費用以發展教育。*1900*年，英法德三國的教育經費分別佔各國國民生產總值的*0.9%*、*1.3%*和*1.9%*；德國*1913*年的教育經費佔國家財政支出的*16.8%*，佔國民生產總值的*2.4%*。美國從*19*世紀*60*年代起大力發展教育事業，林肯（*Abraham Lincoln, 1809-1865*年）總統制訂《摩雷爾法》，劃出大量國有土地作爲創辦大學的用地和經費。美國在*19*世紀末*20*世紀初每年平均爲每個人口所支付的教育經費爲舉世最高。各國普遍實行了初級義務教育制，發展中等專業和技術教育，重視大學教育和科學研究，普遍提高了國民文化素質。法國的文盲率從*1865*年的*34%*下降到*1896*年的*6.8%*；德國的文盲率從*1865*年的*5.52%*下降到*1896*年的*0.33%*。多層次和多樣化的教育，不僅培養出能適應近代經濟發展需要的勞動者、科學家、商人和管理人員，更重要的是它普遍提高了人民的文化水準，爲西方近代文化的全面繁榮奠定了豐厚的文化基礎。

總之，工業化以其強大的動力，促進了西方社會資產階級民主政治的進一步完善和成熟，近代經濟的高速發展，自然科學的勝利進軍，教育的普及和提高，人們生活方式的日新月異，最終給近代文化的全面繁榮，奠定了牢固的物質基礎。

近代文化的新特徵

近代西方文化繼承了古代和中世紀文化發展的香火，從過去的文化源流中汲取了無盡的創作才思和靈感，在近代西方文化發展中打下了深刻的古典烙印。但是，新的經濟模式，新的政治氣候，新的生活方式，甚至新的地理環境，都使近代西方文化在自己的發展進程中，不斷鑄就出有別於古代和中世紀文化傳統的特徵，反映出西方文化真正進入一個全新的發展時期。

近代西方文化的一個基本特徵是它的世俗性。中世紀文化的一個突出特點是，文化爲教會和神學服務。文藝復興，宗教改革，動搖了教會對文化的統治地位；而*16*世紀以來科學的革命，啓蒙學者的攻擊和批判，資產階級革命和改革的打擊，從根本上推翻了教會對文化的控制和束縛。近代文化清除了上帝的奇蹟和福音的迷霧，從天堂降臨人間；諦聽俗人的喜樂，反映塵世的哀怨，謳歌自然的壯美，感嘆人生的艱辛。文化走出教堂大門，紮根於世俗社會的土壤裏，汲取充足的養分，也是近代西方文化全面繁榮的原因之一。

近代西方文化的第二個基本特徵是它的科學性。在中世紀，科學只是教會和神學的「僕婢」。在近代社會裏，科學理論、科學研究方法，甚至科學研究手段不僅對社會的生產發展、技術進步發揮著重要的先行指導作用，而且對於人們的思維方式和生活方式也產生了重要的影響。從*17*世紀和*18*世紀的機械論，到*19*世紀的實證論、社會進化論，都可以看到科學思維已成爲近代文化發展的重要特徵。也正因爲科學的思維方法和科學的精神滲透到哲學、經濟學、社會學、史學、文學和藝術領域，才使得近代西方文化全面繁榮有了精確、可靠的保證。

近代西方文化的第三個基本特徵是它的民主性或大眾性。中世紀時，文化蜷伏在教會的教堂裏，君主的宮殿裏，或貴族的沙龍裏，具有很強的宮廷性、貴族性以及奴性。隨著科學的勝利進軍，民主思想的廣泛傳播，資產階級革命的勝利和改革的深入，大眾文化水準的提高，以及文化傳播媒體的多樣化，文化已不再是少數人享受的專利，而具有廣泛的全民性。科學家、思想家、文學家和藝術家，從宮廷、教會或貴族的御用文人、「樂僕」、「畫僕」，變成自謀食祿的經濟人。雖然許多人飽受飢寒之苦，但畢竟獲得了獨立的人格。他們已不再把讚美君主的德行，描繪貴婦的嬌態等作爲唯一的主題，而是把眼光更多地投向芸芸眾生的普通人世界，鞭撻昏君的暴行，揭露上流社會的虛僞，歌頌資產階級的奮鬥，反映下層人民的困苦和希望，使文化同普通人的生活貼近，並使更多的人沐浴文化的熏陶。

近代西方文化的第四個基本特徵是它的多樣性和易變性。近代資本主義政治和經濟的廣泛深入和發展，使人們迅速擺脫中世紀的鄉村古樸和單調的生活，走進一個全新的資本主義社會。展現在人們眼前的已經不再是簡單的耕牛、石磨和年復一年、日復一日的傳統生產、生活方式。近代社會給予人們的是，高速運轉的齒輪，轉瞬即得的電訊，日新月異的經濟和生活，走馬燈式的政權更迭，充滿變化和運動。各種經濟、社會和政治力量的較量、融合，滙聚成一幅紛繁複雜的畫面，同時也造成近代西方文化流派紛呈，競相爭妍的全面繁榮景象。從亞當·斯密到李斯特、馬克思，從古典主義到現實主義，從巴洛克風格到印象派，已全然不見那種廢黜百家，獨尊一說的局面，近代西方文化在多樣、變動中發展、繁榮和提高。

近代西方文化在約三百年的時間裏，把從希臘、羅馬和文藝復興以來的西方人文文化發展到高峰，它摒棄了迷信、奇蹟和宗教說教的因素，使近代根植於此岸世界；它從君主的宮廷和貴族的宅第中走出來，走進普通人的書架、居室；它爲資產階級的勝利唱頌讚歌，也呼喚無產階級覺醒奮起。近代西方文化容忍百家，崇尚競爭，爲現代西方文化更爲多樣化的發展打下了基礎。

第2章
科學的全面發展

自然科學的勝利進軍

*1543*年哥白尼的《天體運行論》的付印出版，揭開了科學女神對自己長期處於「神學僕婢」地位發起進攻的帷幕。在這真理與謊言、理性與迷信、思想與火刑柱的漫長較量中，一代又一代的科學家以執著的追求、天才的智慧、求實的精神和頑強的毅力，刻苦研究、忘我工作、熱情宣傳，爲人類擺脫愚昧和迷信的束縛，認識自然和駕馭自然作出了巨大貢獻。近代社會在科學曙光的照耀下誕生，也在科學的繁榮發展中獲得強有力的推動。崇尚科學成爲近代文化發展的一大特徵。

近代自然科學是在*17*和*18*世紀的一系列革命性發現的基礎上發展起來的。而*17*和*18*世紀在歐洲許多國家相繼成立的各種新型科研機構，無疑對於近代自然科學的長足發展起了重要的加速作用。

在中世紀，科學研究活動主要是在寺院中由個人獨自進行的。隨著生產的發展，對於科學技術的需求增多，對於科學研究方式和活動範圍也提出了新的要求。科學研究活動開始擴大到寺院高牆之外，科學家們也開始步出自己孤獨的實驗室和書齋，在與同行的切磋和思想砥礪中捕捉靈感的火花。於是，一種新型的科學研究機構——完全世俗化的國家或私立科學院——誕生了。

在英國，早在*17*世紀中葉，一些大學教授和市民科學家自發組織起來，定期集會，討論物理學、解剖學、幾何學、天文學、航海術、力學以及自然實驗等。人們把這種集會稱之爲「無形學院」。當時參加這種科研活動的著名科學家有物理學家波以耳、虎克等人。*1662*年，英王查理二世（*Charles Ⅱ, 1660－1685*年在位）批准了科學家們呈遞的成立國立學術團體的申請，皇家學會誕生。該會於第二年開始發行學會機關雜誌《理學報告》。法國的科學研究機構也是在大學教授和市民科學家的定期集會基礎上建立起來的。*1654*年，巴黎科學家定期在國務會議參事蒙特摩的私宅中集會，被稱之爲「蒙特摩學會」。*1663*年，該學會由於活動經費不足，轉向路易十四的財政大臣柯爾伯（*Jean-Baptiste Colbert, 1619－1683*年）求助，得到柯爾伯重視，於*1666*年成立國立巴黎科學院，當時約有*20*名院士，全由國王發薪。進入*18*世紀，受啓蒙學者的影響，建立科學院成爲一種時尚。普魯士選候腓特烈一世（*Frederick I, 1657－1713*年）於*1700*建立的柏林科學院和俄國於*1724*年建立的彼得堡科學院，都受到哲學家、數學家萊布尼茲（*Gottfried Wilhelm Leinitz, 1646－1716*年）的影響。*1739*年，瑞典成立了斯德哥爾摩科學院。在這個時期也成立了歐洲各國最早的一批國家天文台，如成立於*1672*年的巴黎天文台，成立於*1675*年的英國格林威治天文台。這些科學院和天文台的建立不僅爲科學家合作研究提供了場所，而且也以其穩定的資金來源和先進的科學研究設備給科學家們提供了良好的科學研究條件。

*17*和*18*世紀自然科學研究所取得的成就，以物理學領域裏的重大突破最爲引人注目。尤其是英國科學家牛頓（*Issac Newton, 1642－1727*年）於*1687*年發表的《自然哲學的數學原理》一書，完成了自哥白尼以來近代自然科學的奠立過程。

從*16*世紀起，科學研究主要是解決以氣泵、水泵、水力學、炮術和航海術爲中心的技術問題，自然科學的基礎理論研究比較薄弱。牛頓在伽利略、克卜勒等人研究成果的基礎上，系統地、精確地表述了經典力學理論體系。

牛頓力學體系的核心理論，是著名的物體運動三定律和「萬有引力」定律。牛頓指出：㈠除非受到外力的影響，每一物體始終維持其靜止或等速直線運動狀態；㈡加速度與力成正比；㈢作用力與反作用力總是大小相等，方向相反。牛頓把對地球上物體運動的研究同對天體星球運行的研究結合起來，從蘋果落地中得到啓示，正確地指出了「萬有引力」定律：宇宙間物質的每一粒子都和其他的每一粒子互相吸引。它們之間互相吸引的力量和它們之間距離的平方成反比，和它們質量的乘積成正比。

牛頓的力學體系通過質量、空間、時間、力四個獨立的科學概念，揭示了宏觀物體低速機械運動的客觀規律，是科學史上的首次綜合，標誌著人類科學時代的開始。牛頓的經典力學體系在理論物理學領域裏長期佔據統治地位。牛頓的機械運動觀念對於哲學界機械論的產生有著決定性影響。此外，牛頓在數學和光學方面的研究中也作出了重要貢獻。牛頓同德國哲學家萊布尼茲同爲微積分學的奠基人。牛頓的光微粒說在*18*世紀也是一種有影響的光學理論。

*17*世紀中葉以後天文學、力學、彈道學和光學等的顯著進步，要求數學必須突破原有的常量數學的局限，以解決更精確地描述運動，尤其是變速運動的全過程。牛頓在創立他的力學體系時找到了微分方程的形式，微分和積分成爲他用來表達自己的物體運動定律的數學手段。與牛頓同時，萊布尼茲也在獨立研究微積分中完成了這一數學革命。萊布尼茲通過對曲線的切線和面積問題的研究，創造了用來表示變速中無限小的一瞬間的速度值的微分系數，逆轉的計算，即微分的總和，或者說從變率去計算變量本身的方法，即積分。萊布尼茲創立的微積分學基本體系，爲現代純數學和應用數學奠定了基礎。他所開創的微積分學概念和符號，如「函數」、「坐標」等，一直沿用至今。

*16*和*17*世紀實驗科學的成長，推動了光學的進步。在*17*和*18*世紀的光學研究領域中，光的波動說和微粒說是解釋光的性質的兩種主要學說。光的波動說是由荷蘭人惠更斯（*Christiaan Huygens, 1629−1695*年）提出的。惠更斯設想傳光流體是靜止的，光是由這種介質傳播出來的縱波。微粒說的代表人是牛頓。牛頓在*1704*年出版的《光學》一書中提出，光是從光源向各個方向陣發式簇射出來的微粒流，運動的微粒激起周圍的以太振動，可以加強或阻礙光的微粒運動。儘管微粒說無法解釋光在不同介質中的速度差異，但由於牛頓的威望，微粒說在*18*世紀佔了上風。進入*19*世紀，光學領域的一系列研究成果有利於波動說的發展。英國物理學家托·楊（*Thomas Yaung, 1773−1829*年）於*1801*年證明了光的干涉現象，解釋了牛頓環和薄膜上出現彩色花紋的現

象；法國科學家馬呂斯（*Étienne-Louis Malus, 1775－1812*年）於*1808*年發現了光的偏振現象；托·楊於*1817*年提出光是横波的觀點；法國科學家菲涅爾（*Augustin-Jean Fresnel, 1788－1827*年）於*1818*年以嚴格的數學運算證明波動說對衍射現象的解釋；最後人們又測出了光速。所有這一切發現使波動説最終戰勝了微粒説。

*17*和*18*世紀，人們對電和磁現象的研究取得了可喜的進步。*1600*年，英國女王伊麗莎白一世（*Elizabeth I, 1533－1603*年）的御醫威廉·吉爾伯特（*William Gilbert, 1540－1603*年）發表了《論磁學》一書，論述了磁石現象，並且創造了「電」這個英語詞彙，激發了人們研究磁學、電學的興趣。*18*世紀初，英國科學家斯蒂芬·格雷（*Stephen Gray*，約*1666－1736*年）發現了電的感應現象，認識到電是一種能夠流動的東西，並且揭示了某些物質的導體、非導體性。*18*世紀中期，法國的杜費（*1698－1739*年）制定了同性電相斥，異性電相吸定律。*1746*年「萊頓瓶」的產生滿足了人們貯藏電能的願望。萊頓瓶作爲唯一的電容器使用了半個世紀。北美的本杰明·富蘭克林（*Benjamin Franklin, 1706－1790*年）利用萊頓瓶進行放電研究，他在*1752*年通過風箏把閃電導入萊頓瓶，證明了閃電和實驗室裏的電火花是同一回事。*18*世紀末*19*世紀初，意大利科學家亞歷山德羅·伏特（*Alessandro Giuseppe Antonio Annastasio Volta, 1745－1827*年）用化學方法製成了第一隻乾電池，以後很長一段時間裏，電池取代萊頓瓶成爲唯一的電源。

化學長期以來一直被人們看作僅是一種煉金術，*17*和*18*世紀的科學家們爲建立科學的化學進行了不倦的探索。

*1661*年，愛爾蘭科學家羅波特·波以耳（*Robert Boyle, 1627－1691*年）出版了《懷疑的化學家》一著，主張不應把化學看作是一種製造貴重金屬或有用的藥物的經驗技藝，而應看成一門科學。波以耳抨擊了當時流行的認爲萬物皆由土、火、水、氣四大元素組成的假想，提出了自己的化學元素觀念，即化學元素是用化學方法不能再分解更簡單的物質的物質。波以耳證明了空氣不是一種基本元素，而是幾種氣體的混合物。波以耳發現了氣體體積與壓力成反比的關係，即「波以耳定律」。波以耳的研究成果有力地推動了化學向純科學方向的發展。

波以耳以後的一百年裏，化學的進展不大。部分原因是流行的燃素說阻礙了人們對熱、火、空氣等物質和燃燒現象的正確認識。燃素說認爲：所有的可燃物都含有一種燃素，它使燃燒成爲可能並且在燃燒中消失。直到*18*世紀中葉以後，隨著人們逐漸發現了氫、氧、二氧化碳、一氧化碳、氯、氨、氮等氣體後，才有可能開始真正認識空氣等物質和燃燒現象。給予燃素說致命打擊的，是被稱爲「化學界的牛頓」的安東尼·拉瓦錫（*Antonie-Laurent Lavoisier, 1743－1794*年）。拉瓦錫在*1777*年發表的《概述燃燒》報告中明確提出了氧燃說，指出燃燒是一種氧化現象。他還給氧定了名字。拉瓦錫最大的貢獻是發現了物質不滅定律：「雖然物質在一連串的化學作用中會改變它的狀態，但是它的數量不變；物質在化學反應結束時的數量和開始時相等。」從拉瓦錫起，化學開始成爲一門真正的科學。

*17*和*18*世紀在研究太陽系的起源和演化中，康德——拉普拉斯的星雲說具有重要意義。

*1755*年，德國著名哲學家、自然科學家伊曼努爾·康德（*Immanuel Kant, 1724－1804*年）出版了《宇宙發展史概論》一著，提出了太陽系起源於原始星雲的假說。康德從古代原子論和牛頓的引力理論出發，認爲不均勻地散布在空間中的大小粒子，組成太陽系的原始星雲。微粒相互間的引力使星雲內部的運動形成渦動，進而發展爲整個星雲的整體旋轉。在引力最強的地方逐漸凝聚成中心天體，即太陽，而在距中心體不同距離處凝聚起來的就是太陽系中的行星。衞星的起源同理於太陽系的行星。康德用演化的觀點解釋宇宙天體的形成，不僅克服了牛頓的理論中存在的上帝給予第一推動的保守成分，而且突破了*18*世紀盛行的機械自然觀，爲辯證法思想發展提供了理論基礎。恩格斯指出：在康德那裏「關於第一次推動的問題被取消了」。「自然界不是存在著，而是生成著並消逝著」。❸

康德的學說並沒有立即引起科學界的重視。直到法國科學家拉普拉斯（*Pierre-Simon Laplace, 1749－1827*年）於*1796*年獨立地提出了與康德學說基本相同，但比康德更合理的星雲說，才使人們開始重視星雲假說。拉普拉斯認爲，太陽系起源於一個巨大的、緩慢轉動著的灼熱原始星雲，冷却使星雲不斷收縮和轉動，而且速度加快，在引力和離心力的作用下，從星雲中分離出一部分物質，形成圍繞星雲轉動的氣環。氣環的不斷運動形成行星，而不斷收縮的星雲的中心部分凝聚成太陽。拉普拉斯也是一個無神論者，當拿破崙問他，神在他的宇宙體系中處以何種地位時，拉普拉斯回答説我沒有感覺到需要這種假定。

顯微鏡的發明促進了生物學在*17*世紀中葉以後的發

展。意大利科學家馬賽羅·馬爾比基（*Marcello Malpighi, 1628–1694* 年）奠定了顯微解剖學，他利用顯微鏡研究了動植物的器官構造和功能。英國科學家羅伯特·胡克（*Robert Hooke, 1635–1703* 年）第一個看到並描繪了植物的細胞結構。荷蘭科學家安·列文胡克（*Antonie van Leeuwenhoek, 1632–1723* 年）發現了原生動物和細菌，首先描述了人的精子。荷蘭醫生楊·斯瓦梅爾達（*Jan Swammerdam, 1637–1680* 年）詳細描述了某些昆蟲的生命史，並且把青蛙的生長同人的胚胎發展進行了比較，推動了胚胎學發展。

17 世紀末葉以後的一百多年裏，生物學家們集中力量對已經掌握的知識加以描述和分類。瑞典科學家卡爾·馮·林奈（*Linnaeus, 1707–1778* 年）在《自然系統》和《植物哲學》等著作中，把一切自然事物分成三界：礦物界、動物界和植物界。每一界下面又分爲綱、屬、種。他發明了使用至今的「雙名命名制」，以每種動植物的第一個名詞表明它的屬，第二個名詞表明它的種，從此改變了過去命名紊亂的狀況。法國科學家喬治·比豐（*Georges-Louis Leclerc Buffon, 1707–1788* 年）在 *44* 卷之巨的《自然史》中，以生動的語言敘述了人和脊椎動物的發展，提出了人和其他高等動物之間有著密切關係，整個有機羣體可能是由一種物種傳下來的進化論思想。

17 世紀生理學和醫學的發展比較緩慢，直到 *1750* 年，醫學院上人體解剖課時還要冒惹惱周圍居民的風險。阻礙醫學發展的一部分原因是迷信和偏見。另外，缺乏訓練有素的醫生也是另一方面的原因。當時許多醫生只不過在一個開業者那裏受過類似學徒那樣的訓練就開始行醫了，以至於人們

普遍認爲醫生治死的病人比治好的病人還多。

然而，顯微鏡等科學儀器的發明畢竟推動了*17*世紀醫學的進步。約在*1670*年，馬爾比基和列文胡克觀察到了血液從連接動脈和靜脈的網狀毛細管中流過，證實了哈維醫生關於血液循環的著名發現。約在同時；倫敦的一位醫師托馬斯．西德納姆（*Thomas Sydenham, 1624－1689*年）提出了一種關於發燒的新理論，認爲發燒是由於自然想把帶病的物體從人體中排出的結果。這種理論今天已被現代醫學所證實。

*18*世紀醫學進步的主要里程碑，是接種疫苗和種痘預防天花的發展。歐洲人是從近東地區學到接種疫苗知識的。*1721*年，波士頓發生天花瘟疫，在清教徒領袖科登和馬瑟的請求下，醫生爲病人接種了疫苗，成爲西方第一次普遍接種疫苗的記錄。到*18*世紀中葉，歐洲和美洲的醫師已普遍採用接種疫苗防治瘟疫的療法了。*1796*年，愛德華．詹納（*Edward Jenner, 1749－1823*年）從動物身上製造疫苗取得成功，使得種痘變得更加可靠，爲消滅傳染病創造了條件。

進入*19*世紀以後，資本主義世界體系最終確立了，資產階級在取得政權以後重視科學在社會進步中的作用，積極鼓勵科學事業的發展。*19*世紀在各國普遍加速進行的工業化，極大地促進了資本主義經濟的發展，並且提出了更多更新的技術要求，這些都促進了*19*世紀科學事業的飛速發展。*19*世紀科學研究中的新成果不僅拓寬了科學研究領域，而且也對*17*、*18*世紀的「經典」理論提出了挑戰，深化了人們對於自然世界的認識。人們可以毫不誇張地說，*19*世紀是技術革命和發明的時代，是科學顯示其強大威力的時代，也是爲新的、更高層次的現代社會奠基的時代。

*19*世紀電學研究中的重要成果，是發現了電與磁可以相互轉換的事實。在這以前，受吉爾伯特的影響，人們一般認爲電和磁是兩種本質上不同的現象。*1820*年，丹麥物理學家奥斯特（*Hans Christian Oersted, 1771−1851*年）偶然發現磁針在通電導線旁發生偏轉現象，引起科學家們的重視。法國物理學家安培（*André Marie Ampére, 1775−1836*年）於*1825*年提出分子環流假說，以此說明通電的螺旋管具有磁石的性質。法拉第則從美國物理學家亨利（*Joseph Henry, 1797−1878*年）關於電磁鐵的實驗中得到啓發，於*1831*年發現磁鐵與金屬線的相對運動是由磁產生電的必要條件。英國科學家麥克斯韋（*James Clerk Maxwell, 1831−1879*年）繼承和發展了法拉第思想，他在*1864*年發表的《電磁場的動力學理論》著作中，用數學語言總結了法拉第的成就與思想，建立了系統的電磁學理論。麥克斯韋預言電磁波的存在，並認爲光就是一種電磁波。*1888*年，德國物理學家赫茲（*Heinrich Rudolf Hertz, 1857−1894*年）證明了電磁波的存在以及電磁波具有反射、折射和干涉等性質，驗證了麥克斯韋的理論。磁電感應現象的揭示，使人類獲得了開發電能的鑰匙，對於*19*世紀後*30*年出現的，以電力技術推廣和應用爲中心的第二次工業革命，起了重要的指導作用。

對於磁電感應，電可以產生化學變化和熱可以產生電的現象的揭示，使科學家們相信，自然界中的運動是統一的。聲、光、電、磁、熱和機械運動都是統一的「力」的不同表現形式，從*19*世紀*40*年代起，科學家們主要致力於定量性研究。*1842*年，德國醫生邁爾（*Julius Robert Meyer, 1814−1878*年）發表《論無機自然界的力》一文，用因果不滅性論證了「力」的永恆性，他並且計算了等價於一定數量的機械能的熱量。英國業餘科學家焦耳（*James Prescott Joule, 1818–1889*年）通過一系列實驗，確定了電熱轉化的焦耳定律和比較精確的熱功當量值。*1847*年，德國物理學家赫爾姆霍茲（*Hermann von Helmholtz, 1821–1894*年）發表《論力的守恆》一文，全面論證了能量守恆原理，明確指出一切形式的能：機械能、熱能、電能、磁能，都可以互相轉化。

*19*世紀末葉起，隨著生產和應用技術的不斷發展，經典力學無法圓滿解釋電子、x射線和放射性的現象等一系列科學新發現，經典力學面臨嚴重挑戰。

*19*世紀中期以後電力技術的廣泛應用，促進了人們對真空放電進行深入研究，並直接導致電子的發現。*1878*年，荷蘭物理學家羅倫茲把麥克斯韋的電磁論和原子論觀點結合起來，提出了物質結構的電子學說。*1881*年，英國物理學家斯通尼（*George Johnstone Stone, 1826–1911*年）把基本單位的電荷命名爲「電子」。*1897*年，英國物理學家湯姆生（*Joseph John Thomson, 1856–1940*年）證明，德國物理學家戈爾茨坦（*1850–1930*年）於*1876*年肯定的「陰極射線」是一些帶電粒子，它的質量比氫原子小。以後確認這些粒子就是電子。電子是人類認識的第一個基本粒子，後來證實，電子存在於所有的物質之中，是原子的組成部分。

與此同時，人們在放射性現象研究中也取得了豐碩的成果。*1895*年，德國物理學家倫琴（*Wilhem Konrad Roentgen, 1845–1923*年）發現一種能透過黑紙、木板或金屬板使底片感光的射線，他稱之爲「x射線」。倫琴的發現很快轟動世界。*1912*年德國物理學家勞厄（*Max von Laue,*

*1879—1960*年）研究了x射線的衍射現象。同年，英國物理學家布拉格父子（字第 William Brague, 1862—1942年；*Laurens Brague ,1890—*）確立了計算x射線波長的新方法。*1896*年，法國科學家貝克勒爾（*Henri Becquerel, 1852—1908*年）進一步發現了鈾的放射性。法國科學家皮埃爾·居里（*Pierre Curie, 1859—1906*年）和他的夫人瑪麗·居里（*Marie Curie, 1867—1934*年）從貝克勒爾的發現中得到啓發，經過多年艱苦研究，發現釷、釙、鐳也都具有放射性。*1903*年居里夫婦與貝克勒爾同獲諾貝爾物理學獎。

電子、x射線和放射性的發現，動搖了*19*世紀關於原子不可再分的觀點，突破了從牛頓到麥克斯韋的經典力學，爲以相對論和量子論爲標誌的現代物理學革命開闢了道路。

*19*世紀是化學的科學化發展的決定性時期。英國科學家道爾頓的原子理論和俄國科學家門捷列夫的化學元素周期律，標誌著科學化學的基本理論和完整體系終於建立起來了；從而爲*19*世紀化學發展奠定了理論基礎。

英國化學家道爾頓（*John Dalton, 1766—1844*年）在實驗基礎上寫出了《化學哲學的新系統》著作；提出了近代物質結構原子論。道爾頓認爲，同一元素的原子其形狀、質量及各種性質皆相同，不同元素的原子則各不相同；每一種元素以其原子的質量爲其最基本的特徵；原子既不能創造，也不能毀滅，且不可再分割，它們在一切化學變化中保持其本性不變；化合物是由以一定數量關係結合的原子組成的。道爾頓的原子論儘管在發現電子以後有修正，但它對於説明化學現象提供了統一的理論，對化學發展具有重大意義，奠定了近代化學理論基礎。

*1869*年，俄國科學家門捷列夫（*Dmitry Ivanovich Mendeléeff, 1834–1907*年）發表化學元素周期律，即「按照原子量的大小排列起來的元素，在性質上呈現明顯的周期性。」門捷列夫按此規律製出了元素周期律表，並預言了六個未知元素的性質。*19*世紀*70–80*年代發現的鎵、鍺、鈧三種元素的性能同他所預言的幾乎完全一致。元素周期律的發現，對以後研究元素、探索新元素、尋找新物質、新材料，提供了一個可以遵循的規律，促進了現代化學和物理學的發展。

*19*世紀上半期生物學上的重大突破是創立了細胞學說。*19*世紀*30*年代，消色差顯微鏡問世，使人們能更清楚地觀察有機細胞。*1832*年，英國植物學家布朗（*Robert Bron, 1773–1858*年）發現細胞內有一個核。*1838*年和*1839*年，德國科學家施萊登（*Jakob Matthis Schleiden, 1804–1881*年）和施旺（*Theodor Schwann, 1810–1882*年）分別論證了植物體和動物體都是由細胞構成的，細胞核對於細胞的形成至關重要。*1855*年德國科學家微耳（*Rudolf Virchow, 1821–1902*年）提出了「細胞生自細胞核」理論，並且將細胞學說應用於病理學研究，指出病變細胞是由正常細胞變化而來，各種病變與細胞的形成和細胞結構的異常有關。細胞學說確定了一切有機體的構造和發育原理的一致性，推動了現代生物學、醫學的發展。

*19*世紀生物學的最偉大成就是科學進化論的確立，其主要奠基者是英國科學家達爾文（*Charles Robert Darwin, 1809–1882*年）。達爾文從小就喜歡搜集動植物標本，在大學期間把大部分時間花在博物學論著上。*1831–1836*年，達爾文以博物學者身份參加「貝格爾」號艦的海上環球探險考

察，以後又受到馬爾薩斯（*Thomas Robert Malthus, 1776－1834*年）《人口論》的影響。在*1859*年發表的《物種起源》一書中，系統地提出了他的自然選擇學說。達爾文指出，具有適應性的個別物種通過無數次的傳種接代，把它們各自承襲下來的變異特性傳給後代；在生存鬥爭中不適應物種的不斷淘汰，最終也將產生出一種新的物種。*1871*年，達爾文又寫了《人類起源及性的選擇》，指出人類起源於某種類似猿的祖先。以後，德國的奧古斯都·魏斯曼（*August Weismann, 1834－1914*年）提出了唯一能夠遺傳給後代的是那些始終存在於母體種質內的性狀的結論。荷蘭的雨果·德佛里斯（*Hugo de Vries, 1848－1935*年）發表著名的突變學說，使得科學進化論進一步充實、完善。科學進化論的產生給生物學奠定了科學的牢固基礎，打擊了宗教迷信和形而上學的自然觀，在生物學界、社會和經濟思想領域都產生了廣泛影響。

*19*世紀醫學在病源微生物研究方面取得重大成就。法國科學家巴斯德（*Louis Pasteur, 1822－1895*年）在*80*年代研究了鷄霍亂、炭疽病、狂犬病，發現病原菌在體外培養會變得無活性，隔一個時期後再注射到動物體內，會產生免疫作用。巴斯德完成了傳染病預防接種法，開創了醫學上的免疫學。與此同時，德國鄉村醫師羅伯特·科赫（*Robert Koch, 1843－1910*年）於*1882*年發現結核桿菌，第二年他在埃及和印度發現了亞洲型霍亂弧菌。病原微生物學說的產生，爲人們採用抗毒素或抗血清療法創造了條件。*1892*年，埃米爾·馮·貝林（*Emil von Behring, 1854－1917*年）製作了白喉抗毒素。*1905*年梅毒病菌被分離出來，奧古斯特·馮·

瓦塞爾孟（*August von Wassermann, 1866–1925* 年）發明了能通過化驗顯示這種病菌在人體內的存在。*1910* 年，保羅·埃爾利希（*Paul Ehrlich, 1854–1915* 年）發明了「*606*」（砷凡納明），對第一、二期梅毒有特效。

近代自然科學的勝利進軍，確定了科學在近代社會發展中的統治地位。科學已被當作唯一有價值的知識源泉，科學理論和科學研究方法（觀察、實驗、歸納、分析、抽象、假說等）在哲學和其他社會科學領域裏受到普遍歡迎，並對這些學科的思維方式產生了廣泛的影響。近代時期除了自然科學取得豐碩成果外，在哲學和社會科學方面也有了令人矚目的發展，以至於人們可以用「知識革命」來概括這一時期自然科學、哲學和其他社會科學的發展和進步。

哲學家的思考與回答

17、*18* 世紀西方哲學的一個顯著特徵是它的機械論宇宙觀。機械論萌芽於文藝復興時期，正式形成於 *17* 和 *18* 世紀。當時，力學領域的一系列革命性發現奠定了力學在自然科學中的領導地位，力學定律成爲解釋一切自然現象的有用理論。這個時期自然科學的基本研究方法，即實驗、分析方法，把自然界劃分爲許多獨立部分，互不關聯地加以研究，也助長了機械論的發展。受當時力學理論和科學研究方法的影響，哲學界也形成了用力學尺度去衡量一切自然現象的過程，把它看成是一種凝固不變的東西的傾向。

在 *17* 世紀，英國哲學家托馬斯·霍布斯（*1588–1679* 年）給予機械論哲學以詳細論述。霍布斯繼承和發展了培根的機械唯物論思想，試圖用物質和運動來解釋包括精神世界和物質世界的整個宇宙。霍布斯認爲物質和運動是絕無僅有的終極實在。它們是萬物、甚至感情和思想的基礎，因而也是一切知識的基礎。因爲一切知識歸根究底都導源於感覺即感官知覺。霍布斯主張，一個人的心靈中是沒有概念的，概念不是原來就有的，它完全地或者部分地依靠感官產生的。霍布斯認爲一切感覺經驗都是物質撞擊或者壓迫感官的運動所產生的；甚至在人體內部，這些壓力也只能是各種運動或者只能產生各種運動，「因爲運動只產生運動，別無他者。」但是，霍布斯把運動看成是機械的，只是物體在空間中進行位置的移動；一切事物，無論有生命的還是無生命的都服從同樣的慣性規律，即表現出保持它們的現狀（無論靜止還是運動）的傾向。這樣，霍布斯不承認萬物之間有著質的差別，甚至人也只不過是服從於機械法則的物體。馬克思恩格斯指出了霍布斯代表了培根以後的唯物主義片面發展傾向，批評霍布斯使「感性失去了它的鮮明的色彩而變成了幾何學家的抽象的感性。物理運動成爲機械運動或數學運動的犧牲品；幾何學被宣布爲主要的科學。」❹

機械論在*18*世紀法國以「百科全書派」爲中心的唯物論哲學中，得到了它的最高和最典型的表現。

法國唯物論最早的代表人物拉・美特利（*Julien Offroy La Mettrie, 1709–1751*年）肯定物質是唯一的實體，是存在和認識的唯一根據，物質和運動不可分。他進而認爲，感覺是認識的源泉，「沒有比感覺更可靠的指導者了」。「只有感覺才能啓發理性去尋求真理。如果我們真想要認識真理的話，我們只有經常回復到感覺。」因此，他宣稱：「沒有感覺即沒有觀念」。拉·美特利從笛卡兒的「動物是機器」更進而指出「人也不過是一架機器。」他認爲，人和動物的區別只不過是人（機器）比動物（機器）「多幾個齒輪」，「多幾條彈簧」而已，兩者「只是位置的不同和力量程度的不同，而決沒有性質上的不同。」他的一部主要著作的書名就是《人是機器》（*1747*年）。

愛爾維修（*Claude-Adrien Helvétius, 1715−1771*年）特別繼承和發展了洛克的感覺論，指出，精神的一切活動在於我們有一種能力來察知自然向我們提供的各種對象，即得到它們的各種感覺和觀念，並對之進行比較。而這種比較就是判斷，「判斷只不過是感覺」，因此，「在人的身上，一切都歸結到感覺。」愛爾維修也肯定自然界存在各種各樣的物體，運動是物質的固有屬性。但他也用機械觀點把運動看成只是數量變化，而不承認質變飛躍。他說：「不間斷性的規律始終被準確地遵守著，而在自然界裏沒有飛躍。」

狄德羅（*Denis Diderot, 1713−1784*年）的唯物論思想基本上也是機械論的，但也可看到一些辯證法因素了。狄德羅「把物體看成存在的、多樣的、具有各種特性和活動的」。他認爲物質的多樣性源於「異質元素」，即認爲物質的分子在性質上是多種多樣的，它們的結合造成各種不同的事物。但狄德羅又肯定了一切物體「都是充滿著活動和力的」。「靜止與運動的真正區別，在於絕對的靜止只是一個抽象的概念，根本不存在於自然中，而運動則是一種與長度、寬度和高度同樣存在的性質」。不過狄德羅仍然把運動理解爲機械運動。

霍爾巴赫（*Paul Henry Holbach, 1723−1789*年）對法國

唯物論作了系統的闡述。霍爾巴赫認爲，自然界的一切現象都是「物質的不同組合和各種運動」。「物質一般地就是以任何一種方式刺激我們感官的東西。」運動是物質自身的「本性」、「能力」，物質「並不需要任何外在的衝擊使它運動」。但霍爾巴赫也認爲運動只是機械性活動。他指出：「運動就是一種努力，憑著這種努力，一個物體改變或傾向於改變位置，就是說，繼續不斷地與空間的各個不同部分相對應，或是相對地改變和其他物體之間的距離。」而「僅僅因爲位置不同，就必然不僅是在形狀上，而且也在本質、在性質、在事物整個的系統上會引出一種或多或少的多樣性來」。由於霍爾巴赫把運動歸結爲機械運動，所以他認爲力學規律支配著一切自然現象，包括人的一切活動。

*17*和*18*世紀的歐洲哲學以近代自然科學爲基礎，反對崇尚教條和權威、貶抑經驗和事實、仇視科學認識的經院哲學，保衞了科學，啓迪了人們的理智，成爲資產階級革命的思想武器。但是，這個時期的哲學，普遍孤立、靜止地看待自然活動和人的活動，在認識論上走到了盡頭。*18*世紀末、*19*世紀初，自然科學明顯地表現出以演化、歷史發展和變異的觀點看待自然和生物的變遷的傾向，動搖了流行的機械論。在德國，從康德、費希特、謝林到黑格爾，創立了完整的古典唯心論哲學體系，使歐洲哲學從機械論時代發展到辯證法時代。

德國古典唯心論始於康德。康德在*1770*年以前對自然科學研究中，以著名的太陽系星雲起源假說，推翻了牛頓關於太陽系自從被上帝第一次推動以後就永恆不變的機械論觀點，把太陽系的形成看成客觀物質的歷史發展過程，在形而上學思維方式的觀念上打開了第一個缺口。*1770*年以後，康德以他的《純粹理性批判》（*1781*年）、《實踐理性批判》（*1788*年）和《判斷力批判》（*1790*年）構築了自己的哲學體系。在政治思想方面，康德在很大程度上秉承啓蒙時代的思想，他相信天賦人權，主張法治和共和，幻想「永久和平」的世界烏托邦，主張建立合乎正義的國際關係。但是，對現實社會的觀察又使康德感到悲觀。他認爲人性本惡，不可能在社會關係和法律制度的改變中得到糾正。他認爲人民的義務是忍受國王權力的濫用，不能用暴力去改變最高統治者的法律規定，國家法律制度的改革只能由當權者通過改良來進行。康德的政治觀念反映了德國資產階級嚮往改革，害怕革命，把希望寄托在「開明君主」身上的矛盾心理。

康德的哲學觀點一般是以調和唯物論與唯心論，調和科學、知識與宗教、信仰爲基礎的。康德承認存在一個客觀的「物自體」世界。但是，他又把客觀世界割裂爲兩部分：一是物質性的領域，即現象世界；另一個是神的世界，即本體世界。這兩個領域的認識方法是不同的。在現象世界，人們靠感覺和理性獲得關於物質世界的知識。但是，在高級的精神領域裏，即神的世界裏，人們只有通過信仰、直覺和深信這些同樣有效的知識媒介，假定上帝的存在，人類意志的自由，人類靈魂的不朽。在這一領域裏，感覺和理性不起作用了，因爲人們不能認識超乎經驗之外的人的認識能力所達不到的「彼岸世界」。康德在現象和本質之間設下一條不可逾越的鴻溝，否定認識「物自體」、認識本質的可能性，表明了他的哲學基本方法的形而上學性。但是，康德的學說中揭示了某些概念、範疇的對立和矛盾，承認人的認識在一定程度內發生矛盾的必然性，包含了一些辯證法因素，對於德國唯心論辯證法的發展，有很大影響。

康德的哲學在費希特和謝林那裏有了進一步發展。費希特（*Joham Gottlieb Fichte, 1762–1814*年）克服了康德的「物自體」和不可知論，主張思維與存在的同一，提出「自我」，產生「非我」，主體產生客體，思維產生存在，精神產生物質，發展了康德的主觀唯心論。費希特的基本哲學思想集中見於他的《知識學基礎》、《知識學導言》、《論學者的使命》、《人的使命》等著作中。謝林（*Friedrich Schelling, 1775–1854*年）的主要著作有《自然哲學體系初稿》、《先驗唯心論的體系》。他否定了費希特的「自我」產生「非我」觀點，把自然界看成無限的主體，絕對的「自我」活動的結果，把費希特的主觀唯心論發展爲客觀唯心論。

德國古典哲學在黑格爾（*George Wilhelm Friedrich Hegel, 1770–1831*年）那裏達到頂峰。黑格爾以自己的《精神現象學》、《邏輯學》、《法哲學》、《哲學全書》、《歷史哲學》（由他的學生在他死後整理出版），創立了哲學史上最龐大的客觀唯心主義體系。這個體系簡單地說，就是從思維、精神出發，由思維轉化爲存在，由精神轉化爲物質，爾後又由存在轉化爲思維，物質轉化爲精神的過程。

黑格爾認爲，在自然界和人類出現之前，存在著一種「絕對精神」，即整個宇宙的精神，它是一切現實事物的源泉；世界上任何現象都不過是它的現象，從它衍生出來的。絕對精神從邏輯階段經自然階段之後「復歸」到精神階段，而以法律、道德、倫理、藝術、宗教、哲學的形式體現在人類歷史中。這樣，黑格爾將事物的關係完全倒置了。

但是，黑格爾的哲學體系中也包含著一個富有革命意義的「合理内核」，即關於運動、發展和變化的觀念。他認爲，「絕對精神」始終處於不斷運動、變化和發展的過程，由低級向高級發展；運動本源是内在矛盾；運動由量變轉爲質變。這樣，黑格爾完整地表述了事物發展的辯證法思想。

黑格爾的政治觀點是保守的，他讚美普魯士國家制度是一切發展的頂點，是「絕對觀念」的體現，得到了普魯士官方的褒獎。但是，黑格爾的辯證法思想也使他的政治觀點具有革命性和爆炸性。他在《法哲學》中指出：「凡是現實的都是合理的，凡是合理的都是現實的。」這一命題也意味著，無論是哪一種制度、社會或政治有機體一旦發展到成熟階段，完成了自己的使命後，就要讓位給別的事物。這一新的處於更高階段的事物的出現和存在也同樣應是合理的。這樣，黑格爾也同時爲人們否定普魯士國家制度，提供了理論依據。

*19*世紀自然科學飛速發展，提高了經驗的地位，使得這一時期的哲學重視探討科學和經驗對於人們知識的作用，強調一切真理演繹來自經驗和對物質世界的觀察。這種經驗哲學傾向，突出表現在功利主義和實證主義哲學中。

功利主義創始人是英國的傑雷米·邊沁（*Jeremy Benthan, 1748−1832*年），他在*1789*年出版的主要哲學著作《道德及立法的原理》中，闡述了他的基本思想。邊沁認爲；衡量每一種信仰或每一種制度的最高準則，是看它們是否符合功利或有用的標準。邊沁認爲這種功利或有用標準，就是要爲社會最大多數人的最大幸福作出貢獻。凡不符合這種標準的學説或實踐；不管其歷史多麼悠久，都應予以排斥。邊沁

的功利主義對於 *18* 世紀晚期發展起來的工業資產階級爭取改革腐敗的選舉制度，擴大工業資產階級在英國政治領域中的權力和地位的鬥爭；無疑是一種鼓勵。

邊沁的功利主義在約翰·斯圖亞特·穆勒（*John Stuart Mill, 1806–1873* 年）那裏有了進一步的發展。穆勒的主要作品是《邏輯》、《政治經濟學原理》等。穆勒認爲，知識決不是天生的，也不是來自神秘的直覺；一切知識來源於經驗，一切所謂不證自明的真理，甚至是數學原理，都是根據觀察事實所演繹的推理。事物是統一的，遵循著因果律發展著。這樣，在穆勒那裏經驗成了一切知識的基礎。

實證主義哲學的創始人是法國的孔德（*Auqust Comte, 1798–1857* 年），孔德認爲，科學只是對於經驗事實或經驗現象的描寫和紀錄，只有經驗事實或經驗現象才是「確實的」或者說「實證的」。孔德將一切討論感覺經驗之外的理論稱爲「不確實的」東西，「形而上學」。他認爲，科學只問「是如何」，而不問「爲什麼」。也就是說只解釋經驗現象，而不探求事物的本質，因爲本質超乎感覺經驗或現象之外，人們無法認識。

孔德的這種實證主義觀點在英國的斯賓塞（*Herbert Spencer, 1820–1903* 年）那裏發展成公開的不可知論和相對論。斯賓塞認爲：「理性只能認識相對的東西」。事物的本質，絕對的東西，是不能被認識的，那是宗教信仰活動的領域。斯賓塞這樣偷偷地給復活宗教信仰打開了一道大門。

19 世紀自然科學的全面發展也使人們對於以往的科學理論認識，發生了許多根本變革，這又使許多思想家對從 *18* 世紀以來的樂觀主義失去了信心，陷入了對非理性、神

秘主義和信仰主義的崇拜之中。這種特徵在德國的叔本華、尼采的唯意志論和法國的柏格森的生命哲學中表現尤爲突出。

叔本華（*Arthur Schopenhauer, 1788–1860*年）哲學出現於*19*世紀上半期，廣泛傳播於*19*世紀下半期。叔本華認爲，一切事物的本質和基礎是意志，它們只不過是意志的表現，甚至思想也是意志的衍生物。宇宙間的一切事物，究根溯源，都不過是意志的物化。在這種神秘的、盲目的意志論中，自然和人類社會失去了其獨立存在的價值，整個世界也變得無法認識了。

*19*世紀下半期出現的尼采哲學也許是最有爭議的一種哲學。尼采（*Friedrich Wilhelm Nietzsche, 1844–1900*年）繼承和發展了叔本華的神秘主義的唯意志論，集中強調他的「權力意志」論。尼采認爲，權力慾和統治意志是決定一切的力量，「各種有機功能，都可以歸結到一種根本意志、權力意志，……權力意志分化爲追求食物的意志，追求財產的意志，追求工具的意志，追求奴僕（聽命者）和主子的意志。……堅強的意志指揮軟弱的意志。除了意志到意志以外，根本沒有別的因果聯繫。」

尼采也吸收了達爾文的進化論，主張自然選擇同樣也要毫無保留地應用於人類，他認爲、不適應生存環境者的不斷淘汰，最終會產生「超人」這種「超人」是「在人的善惡概念的彼岸的」，是不能用平常人的善惡概念去衡量的。尼采認爲，這種「超人」不僅在體格上是巨人，而且首先在勇敢精神和堅強性格方面也是出類拔萃的，「一個人是可以使千萬年的歷史生色的——也就是說，一個充實的、雄厚的、偉大的、完全的人、要勝過無數殘缺不全、鷄毛蒜皮的人。」尼采認爲，在生存鬥爭中應該滅亡的，是那些意志薄弱者、低能兒和膽小鬼，這些人既無力量，也無勇氣來體面地爲自己在世上覓得一席生存之地而奮鬥。從這些觀點出發，尼采稱頌戰爭是存在的本質，是培養權力意志的必要手段；宣傳「超人」種族負有統治其他種族的歷史使命；反對平等原則，咒罵女人是低級動物，女人應該絕對服從男人。

尼采對公認的道德和文化準則的批評，反映了人們對資產階級民主社會的全部虛僞和德意志帝國令人窒息的集權統治的不滿。與此同時，尼采無疑對 *19* 世紀末 *20* 世紀初越演越烈的反理性主義、道德相對主義、虛無主義以及集權主義等趨勢負有責任，他在 *20* 世紀被奉爲法西斯思想的先驅，這不能不說是這位後來精神錯亂的思想家的悲劇性遭遇；他的思想與他的敵人同一幅面孔。

尼采的唯意志論被法國的柏格森（*Henri Bergson, 1859–1941* 年）進一步發展，形成了具有更爲濃厚的神秘主義色彩的生命哲學。柏格森把生命看成是一個不斷實現著「生命衝動」的洪流；整個世界產生於生命「創造的進化過程」；同樣，戰爭也是「生命的衝動」在社會生活中的必然表現，是「自然的」、「合理的」。

柏格森的哲學具有反理性。他認爲，人的理性不能認識「生命的衝動」，即不能認識世界的本質；理性、思想只能在機械科學範圍內起作用。對「生命的衝動」只能靠「直覺」把握，而「直覺」，是一種排斥分析，不可言傳的內心體驗。可見，柏格森的「生命創造進化論」、「直覺主義」反映了在 *19* 世紀末隨著電子、 x 射線、放射性現象的發現以後，傳統的物質構造理論和經典力學理論受到挑戰，人們的盲目和神秘主義傾向。人們無法解釋新的科學成就，只得逃到非理性、神秘的彼岸世界，尋找某種精神寄托。

經濟學成為一門科學

從古代起人們就已對經濟生活進行了考察和分析，並提出了許多有益的見解，馬克思稱古希臘人有關經濟問題的見解「歷史成爲現代科學的理論出發點」。❺但是，當時限於生產發展水準仍然很低，人們關於經濟現象的許多見解，仍是作爲純粹經驗考察的。只是到了近代，隨著商品經濟的日益發達，人們的生產和生活領域不斷擴大，人們對於經濟現象的認識不斷深化，經濟學逐漸由經驗性理論發展成一門能夠深入探究經濟表象，以及更深層的經濟本質或規律的科學。

產生於*17*世紀中葉，完成於*19*世紀上半葉的資產階級古典經濟學，爲近代經濟學發展成爲一門科學奠定了基礎。

*17*世紀中葉至*19*世紀上半期是資本主義社會產生和發展的時期。古典經濟學家反映了這個時期資產階級的利益，反對封建貴族的特權和過時的重商主義以及商業資本所維護的各種壟斷，提出了「自由放任」口號，反對國家干預經濟生活，力圖證明「自然的」、「永恆的」規律支配著經濟活動，國家的干預將破壞這些客觀規律，並給社會帶來不幸和災難。古典經濟學家也第一次把理論研究從流通領域轉到生產領域，對資本主義生產關係作了初步的分析，奠定了勞動價值論的基礎，研究了剩餘價值的各種形式，並對社會資本

的再生產和流通作了初步分析和探討。

古典經濟學在英國得到最大的發展。*17*世紀起，英國的資本主義關係迅速發展起來，尤其是*17*世紀中葉的資產階級革命的成功和*18*世紀*60*年代起展開的工業革命，更造成了資本主義生產的廣泛和迅速發展，並爲經濟學家研究經濟現象，探尋社會經濟生活的內部聯繫，提供了有利條件。

英國古典經濟學的創始人是威廉·配第（*William Petty, 1623–1687*年），其主要經濟著作有《賦稅論》（*1662*年）、《政治算術》、《貨幣略論》等。配第生活於重商主義解體和古典經濟學產生時期，其著作中還有濃厚的重商主義見解。他重視商業，認爲商業比製造業有更多的收益。他尤其重視對外貿易，主張國家應在某些情況下干預經濟生活。但是，配第對整個經濟現象所作的科學分析，和他所完成的理論，表明他已超出了重商主義。配第雖然還不能構成一個完整的體系，但是他最先提出勞動價值論的一些最根本的觀點，指出商品的價值決定於勞動的量，剩餘價值的來源不在流通過程，而在生產過程內部，配第並以他的勞動價值論爲基礎說明其他問題。配第認爲，工資的高低決定於生產工人生活資料所必要的勞動時間，因此工資是維持工人生活必須的生活資料的價值。配第雖然還不能理解創造商品勞動的二重性，把抽象勞動和具體勞動混爲一談，也沒有把價值和交換價值、使用價值、價格、財富等概念區別開來；但他畢竟爲英國資產階級古典經濟學奠定下了基礎。

英國古典經濟學在亞當·斯密（*Adam Smith, 1723–1790*年）的著作中趨於成熟。亞當·斯密的經濟思想可以溯源到威廉·配第、法國重農派，以及他讀大學時的導師哈其生的關於個人自由、私人企業、分工和交換思想的影響。*1776*年，亞當·斯密出版了《國富論》一書，把他自己當時所有的經濟知識和前輩的經濟理論綜合發展爲一個完整的經濟學說體系。

亞當·斯密進一步奠定了勞動價值論的基礎。他指出，勞動是一切財富的源泉，提高勞動生產率是增加國民財富的重要條件，分工能提高勞動生產率。亞當·斯密正確地指出，商品的價值源於生產商品時所耗費的勞動。但他有時又認爲商品價值由它所能購得的勞動量，即工資決定的。這就最終使他混淆了利潤和剩餘價值，認爲利潤是勞動過程中資本家投入資本創造的，再生產的維持費中已包括了工人的工資，利潤應當歸資本家，這就掩蓋了資本家對勞動者的剝削。

亞當·斯密生活的時代正是英國工業革命已經開始的時期，他代表新興的工業資產階級利益，反對重商主義政策，要求政府取消保護關稅、專賣特權和行會制度，實行自由放任政策，不干涉工商業活動，以有利於自由貿易、自由競爭。他並且也認爲，政府不應干涉勞資關係，因爲社會分裂爲剝削者和被剝削者是永恆不變的，資本主義制度是合乎自然秩序的永恆的經濟制度。

英國古典經濟學在大衛·李嘉圖（*David Ricardo, 1772–1823*年）著作中最終完成。李嘉圖在*1817*年發表《政治經濟學及賦稅之原理》一書，捍衞和發展了亞當·斯密的學說。

李嘉圖對價值決定於勞動時間的原理作了比較透徹的說明和發展。他指出，勞動時間是價值的唯一基礎，商品價值的量由生產商品的勞動量所決定，這是永恆不變的，李嘉圖比亞當·斯密前進了一步。李嘉圖看到了工人所創造的價值大於他以工資形式所得的價值，但他沒有能揭示剩餘價值的來源和本質。

在分配問題上，李嘉圖正確地指出了工資、利潤和地租等都來源於工人的勞動，從而接觸到了資本家與地主同工人的關係是剝削和被剝削的關係。但是，李嘉圖認爲工人和資本家的存在是永恆的自然現象，資本主義生產方式是最有利於生產力發展的生產方式。增加工資會造成利潤減少，影響資本家的積累，從而影響生產力的發展。因此，工人工資決定於工人及其家屬維持勞動所必需的生活資料的價值，不可能無限制地提高。所以，李嘉圖仍沒有科學地說明分配的本質及規律性。

*17*和*18*世紀法國的資本主義經濟不如英國發達。這一時期，法國的封建專制統治由盛而衰，政府靠犧牲農民利益發展工商業的政策，引起農業經濟的極度衰落。因此，法國的經濟學家在批判重商主義政策時，重視農業，形成了有法國特色的資產階級古典經濟學。

法國的古典經濟學始於比埃爾·布阿吉爾貝爾（*Pierre Boisguillebert, 1646－1714*年），其主要著作有《法國詳情》（*1695*或*1697*年）、《穀物論》、《論財富、貨幣和賦稅的性質》、《貨幣缺乏的原因》等。布阿吉爾貝爾從一開始就針對法國經濟混亂的情況，從維護農業立場出發，激烈批判重商主義。他認爲，社會財富是農業中生產出來的農產品，財富來源於農業生產，社會的注意力應該轉向農業。他認爲法國政府執行重商主義政策，犧牲農業發展工商業，是造成經濟混亂的原因。在分析農業生產、農產品價格和生產費用時，布阿吉爾貝爾雖然不是有意識的，但在事實上已把商品的交換價值歸結爲由勞動時間所決定。他認爲，自由競爭可以使勞動依正確比例分配於各產業部門，從而使交換價值歸結爲勞動時間。布阿吉爾貝爾的重農思想和基本上的經濟自由思想，成爲重農學派的先驅。

法國的重農學派是在啓蒙學者的影響下形成的，他們給經濟學提出了認識客觀規律，即「自然秩序」的任務，指出根據自然秩序的準則制定人類實際社會狀態，如組織政府、規定政策等，這時這個社會便處於健康的狀態，人類便能享受到最大的幸福。否則，如果違反了自然秩序，社會便會陷入疾病狀態。

法國重農學派的主要代表是魁奈（*Francois Quesnay, 1694−1774* 年），其最主要的經濟著作是 *1758* 年發表的《經濟表》，以及 *1766* 年發表的《經濟表的分析》。魁奈學說的基礎是「純產品」理論。魁奈認爲，「純產品」是農產品的價值超過爲生產這些農產品而必須耗費的價值的餘額，因此，「純產品」實質上就是剩餘價值。魁奈把農業看做經濟中最主要的生產部門，認爲只有從事於農業的人，才會得到「純產品」，只有他們才是「生產階級」。而都市的工商業者，只是把原料加工和進行商品的等價交換，不創造剩餘生產物，所以不是生產階級。魁奈的「純產品」理論有很大的片面性、不正確性，但是，它首次提出了一個重要原理，即剩餘價值不是流通領域而是生產領域創造出來的。馬克思稱這一原理「爲分析資本主義生產奠定了基礎」。❻魁奈並且在自己的《經濟表》中第一次試圖說明社會總資本的再生產和流通過程，對社會總資本的簡單再生產和流通作了包含有科學見解的最初探索。

法國的古典經濟學在西斯蒙第那裏得到完成。西斯蒙第（*Léonard Sismondi, 1773–1842*年）出生於小商品生產者眾多的瑞士，資本主義制度的勝利使小生產者陷入不斷破產和貧困的悲慘境遇，西斯蒙第站在小生產者的立場上，反映了這一歷史時期法國和瑞士小生產者的經濟地位和要求，從而使他的學說帶有明顯的小生產者傾向，他也被稱爲小資產階級經濟浪漫主義創始人。

西斯蒙第的主要著作有《論商業財富》（*1803*年）、《政治經濟學新原理》（*1819*年）、《政治經濟學研究》（*1837*年）等。西斯蒙第對於資本主義制度進行了一定程度的批判。他由最初曾是亞當·斯密的忠實信徒，轉爲這個學說的極端反對者，認爲自由競爭和自由追逐私利是各種社會罪惡的根源。西斯蒙第揭露了資本主義的矛盾，指出了資本主義經濟危機的必然性。但是，他認爲資本主義的內在矛盾根源於人們的思想和國家的政策，以及錯誤的經濟學說和經濟方針。西斯蒙第從他的小生產者立場出發，要求國家積極干預經濟生活，管理經濟生活，以使社會回到理想的中世紀宗法式的農業和行會手工業時代。西斯蒙第的理論中積極的成分和反動的、空思想的成分並存。

西斯蒙第的學說以消費問題爲中心。他認爲消費先於生產，消費既是生產的動力，又是生產的目的。西斯蒙第進而又發現，人的消費直接依存於他們所分配到的收入。他指出資本主義不公平的分配是一切災難和貧困的原因，是各種矛盾形成的根源。分配應該按各人的情況給予物質福利，這樣社會才能順利發展。西斯蒙第從資本主義制度下生產與消費之間的矛盾不可調和出發，進而論證了經濟危機的必然性。他認爲，在現代大規模生產中，生產不是爲了消費，而是爲了生產本身，這就造成生產與消費的脫節，並進而使小生產者破產，收入減少，工人生活狀況惡化，社會消費能力減少。因此，資本主義大生產所決定的一方面生產無限制擴大，另一方面人民大眾的所得和消費能力愈來愈小，成爲資本主義生產方式經濟危機不可避免的原因。西斯蒙第的學說過分強調消費，沒有看到生產與供給，消費與需求的區別，他的生產與消費的矛盾的說明也未能真正揭示資本主義經濟危機的真正原因。但是，西斯蒙第指出了在資本主義社會裏，社會勞動生產率的提高，生產的增加，只不過是增加富人的財富和消費；說明了企業家的利潤來自對工人的掠奪，而工人的工資有下降趨勢；尤其是他不把危機看作是偶然的現象，而把它看作是資本主義的必然伴隨物，集中批判了充滿矛盾的資本主義制度，這些都使西斯蒙第比亞當·斯密和李嘉圖更進一步。

古典經濟學派所倡導的自由放任思想在德國的經濟學家那裏並沒有激起多少熱情。近代初期德國政治上的分裂和專制主義統治，阻礙了德國自由經濟的發展。德國的資本主義經濟是在專制政權保護下發展起來的；而且德國資產階級在自己發展的道路上，從一開始就將面臨英、法等先進國家的競爭威脅，這也使德國資產階級更需要專制政權的扶助和支持。19世紀30–40年代起在德國發展起來的歷史學派，正反映了德國資產階級的經濟要求。這一學派強調並不存在不以人們意志爲轉移的普遍經濟規律，各個時代各個民族國家的經濟有各自特殊的發展道路，不能用普遍規律來說明。歷史學派反對古典經濟學關於利己心是人類經濟活動的根本原動力的觀點，強調經濟活動主觀的、倫理的動機，如名譽心、活動慾、義務感、同情友愛等。歷史學派並且反對以個人為中心的自由放任政策，主張國家應干涉國民經濟生活。

歷史學派的直接先驅者是弗里德里希·李斯特（*Friedrich List, 1789-1846*年），其主要著作是《政治經濟學的國民體系》（*1841*年）。李斯特批評古典經濟學的最大缺點，是忽視經濟發展的民族特點。他認為，經濟學必須以國家為本位，主要任務是制定有利於個別國家的經濟政策。國民經濟發展的一般規律是不存在的，因此，經濟學的任務不在於發現客觀的經濟規律。李斯特把國民經濟的發展分為五個階段：狩獵時期，畜牧時期，農業時期，農工業時期，農工商業時期。他認為當某一個國家的經濟發展到第四階段，它的工業雖有發展但還很幼稚而且沒有完全鞏固時，政府應實行保護關稅政策加以扶植。李斯特還主張政府應該調節和計劃工業的發展，使生產和消費達到平衡。李斯特糾正了古典經濟學忽視研究具體國家的經濟發展特殊性的傾向，而且也提出了一些符合德國資本主義經濟發展的具體政策，這些都促進了經濟學研究的深入，並對以後德國經濟學發展產生了很大影響。但是，李斯特錯誤地否認普遍的經濟規律，而且以國民經濟的某些部門在經濟發展中起主導作用來劃分經濟發展階段，這些都無助於揭示社會經濟發展的真實過程。而且，李斯特公開鼓吹發動侵略戰爭，他提出建立一個德意志關稅同盟，面積包括從萊茵河河口的整個沿海地區到波蘭的邊境，還包括荷蘭和丹麥。他還鼓吹德國有義務在世界事務中領先，去開化野蠻和黑暗的國家。

*19*世紀 *40–60*年代形成了以羅雪爾（*Wilhelm Roscher, 1817–1894*年）爲代表的舊歷史學派。舊歷史學派同李斯特一樣，否定在社會經濟發展中存在著普遍的規律。羅雪爾認爲古典學派的「唯一的錯誤是主張它們有普遍的適用性。一種經濟理想不能適合每個國家人民的不同種類的慾望，正如一件上衣不能適合一切人的身材一樣。」舊歷史學派提倡把歷史方法引進經濟學研究中，描述各個民族經濟發展的歷史過程。羅雪爾寫道：「我的目的，是敘述各國人民在自己的經濟單位中反覆思考什麼，他們想得到什麼，努力尋求什麼，得到了什麼；最後，他們爲什麼孜孜而求，爲什麼恰恰取得了這個成就。只有十分密切地結合法學史、政治經濟學史、政治史和文明史，才有可能作出這種描述」。舊歷史學派試圖將這種「歷史方法」與理論方法對立起來。舊歷史學派還主張以心理和倫理道德等因素來解釋社會經濟現象。

*19*世紀 *70*年代德國資本主義經濟在統一的國度裏獲得了迅速的發展，德國工業總水準已佔據第三位，而且德國的無產階級運動也日趨活躍。針對這種情況，以古斯塔夫·施穆勒（*Gustav Schmoller, 1838–1917*年）、阿道夫·瓦格納（*Adolf Wagner, 1835–1917*年）、路約·布倫坦諾（*Lujo Brentano, 1844–1931*年）、韋納·桑巴特（*Werner Sombart, 1863–1941*年）等爲代表的一批大學教授，宣傳社會改革，形成了新歷史學派。

新歷史學派更加強調經濟學家不應專事探討經濟發展規律，進行理論概括，而應集中力量搜集歷史經驗的資料。施穆勒說：「新歷史學派不同於羅雪爾的地方是，新歷史學派不急於求得普遍的結論，而感到有更大的需要去從歷史綜合的闡述出發，循序漸進，以達於特定的各個時代民族和經濟狀態的專項研究。」新歷史學派也更加強調心理和倫理道德對社會經濟發展所起的決定性作用。施穆勒認爲，使人類在經濟活動中結成集體的因素是「心理的、道德的或者是法律的因素」，國民經濟「受著統一的民族精神和統一的物質因素支配的。」因此必須從心理感覺的體系來考察國民經濟。從這種倫理道德理論出發，新歷史學派主張由資產階級國家實行一些社會改良措施，以緩和勞資矛盾。他們主張必須擴大資產階級國家的職能，以增進社會文明和富庶。新歷史學派的主張有許多在俾斯麥的社會立法政策中得到實現。新歷史學派將舊歷史學派的否認經濟發展客觀規律、宣傳國家的「超階級性」，忽視理論的作用等錯誤，予以強化和發展，損害了經濟學的科學性。但是，新歷史學派的出現也反映了19世紀中葉以後，西方國家民主制度由政治民主向社會和經濟民主發展的趨勢，它克服了在古典經濟學時代，國家在對待社會弊端問題上不負責的態度，要求國家利用政權的行政手段進行合理干預，以保證人民的經濟和社會民主權利，對於19世紀70年代以後各國普遍出現的社會和經濟改革，起了鼓動作用。

史學的獨立化和科學化

歷史學長期以來一直被視爲文學的一個分支。人們閱讀希羅多德的《歷史》和凱撒的《高盧戰記》主要的原因並不是爲了探求人類過往的史蹟，而是把它們作爲希臘文和拉丁文的範本；從作者的典雅文筆中汲取文學精華。而且以往的史學家們也常常沈醉於文章的華美之中，損害了歷史著作的嚴肅性和可靠性。到了近代，由於社會的進步，尤其是自然科學的巨大發展，西方史學遞進發展，才實現了史學的獨立化和科學化。

近代最先給予歷史學有力推動的，是18世紀發展起來的啓蒙史學。18世紀的啓蒙思想家對於歷史學表現出濃厚的興趣，他們中許多人同時也是卓有貢獻的歷史學家。他們撰寫的許多著作以理性的態度對待歷史，用批判的眼光研究歷史，重視闡述歷史上的事件的因果關係。啓蒙學者打破了中世紀編年史只記錄君主活動和政治、軍事大事，宣傳上帝的「啓示」、「奇蹟」而不涉及社會的經濟、文化和普通人的生活的傳統，開始把人類社會生活中的一切方面都納入歷史研究對象，擴大了歷史研究領域，重視經濟和文化因素在歷史發展中的作用，用科學觀點解釋歷史。啓蒙學者開始用哲學的眼光考察歷史的發展，他們把人類社會看成是自然界的一部分，力求引進自然科學方法研究人類社會，從紛繁複雜的社會生活現象中揭示歷史的發展規律。啓蒙學者創立了歷史進步思想，相信人類能夠無止境地完善，強調了歷史發展的規律性，代表了上升時期資產階級的積極心態。

18世紀法國啓蒙史學具有濃烈的戰鬥氣息。啓蒙學者的歷史著作以理性爲武器，批判宗教迷信和暴君統治，鼓吹歷史進步思想，爲資產階級政治革命作了思想啓蒙工作。對18世紀法國史學發展最有影響的學者是孟德斯鳩、伏爾泰。

孟德斯鳩於1734年出版的《羅馬盛衰原因論》，利用羅馬史闡明自己的政治主張。孟德斯鳩指出，古代羅馬的盛衰決定於羅馬國家的政治制度和人民的精神狀態，他由此得出結論，國家強盛與否維繫於政治制度的優劣，要使國家興旺發達就必須對不合理的國家政治制度進行根本改革。

孟德斯鳩重視揭示歷史發展的規律，他認爲：「從廣義來說，規律是由事物本性產生出來的必然聯繫，也就是說，一切存在著的東西都有自己的規律。」他在*1748*年出版的《論法的精神》一書中，用地理因素解釋各國政治制度的法的演變，對於後來資產階級史學中的「地理學派」有開山之影響。

比孟德斯鳩影響更大的是伏爾泰，他的主要著作有《瑞典王查理十二傳》(*1731*年)、《路易十四時代》(*1751*年)、《論各國的立國精神和禮俗》(*1756*年)、《彼得大帝時代的俄國史》(*1759*年)等。

伏爾泰對歷史學發展的貢獻，主要有兩方面：

擴大歷史研究領域　他認爲凡是人類社會生活的一切方面，如政治、經濟、科學、思想、文化、人口和風俗等，都應該納入歷史研究的範圍，伏爾泰開創了廣義的文化史研究。他在《路易十四時代》一書導言中指出：「本書所要敘述的，不僅是路易十四的一生，作者提出一個更加宏偉的目標。作者企圖進行嘗試，不爲後代敘述某個人的行動功業，而向他們描繪有史以來最開明的時代的人們的精神面貌。」這部著作以路易十四時代法國在文化上的成就爲主線，兼及當時的戰爭和外交活動，成功地描繪了這一時期的時代風貌，是研究近代初期法國文化史的權威之作。伏爾泰也是西方第一個真正具有世界眼光的思想家，他在《論各國的立國精神和禮俗》一書中，不僅敘述了歐洲各國的文化概況，也涉及了東方國家的哲學和禮俗，公正地指出東方各國的文化，特別是兩河流域、中國和印度的文化，在時間上遠早於《聖經》中所敘述的希伯萊人文化，而且中國文化本質上是一種「理性」文化，而不是宗教文化。

提出創立旨在闡明歷史發展規律的歷史哲學任務　伏爾泰認爲，歷史學家不能簡單地羅列歷史事實，而要以理性和科學精神衡量過去，寫出有哲學意味的歷史。俄國詩人普希金稱讚說：「伏爾泰第一個走上新的道路並把哲學的明燈帶進了幽暗的歷史檔案庫。」伏爾泰認爲歷史是一個有規律的發展過程，人類歷史的發展和進步也就是人類文化的發展和進步，其動力是人類的精神進步。他的《論各國的立國精神和禮俗》就是要說明「人類是通過哪些階段，從過去的原始野蠻狀態走向現代文明的。」

伏爾泰的史觀是唯心主義的，但是他重視闡述歷史發展規律，主張擴大歷史研究領域並爲此身體力行，對於18世紀啓蒙時期史學和以後的史學發展都產生了重大影響。

18世紀英國的史學具有更多的學術性和趣味性，反映了取得政權以後資產階級的悠閒心態。

18世紀英國出現了一部最爲完備周詳的英國通史，這就是由哲學家、歷史學家休謨（David Hume, 1711–1776年）撰著的《自凱撒入侵直到1688年革命的英國史》（6卷，1754–1762年出版）。休謨在哲學上是一個經驗論者和不可知論者。他的政治觀點接近托利黨。休謨批評了17世紀中葉的資產階級革命，擁護1688年的妥協，認爲這次妥協所確立的英國資產階級立憲君主制是至善至美的制度。休謨的貢獻在於他寫出了一部世俗的現實的歷史著作，而且擴大了歷史研究領域。他的著作不僅記載了政治、戰爭等重大歷史事件，而且也反映了各個歷史時期的文學、藝術和人民生活等內容。

與休謨同時代的歷史學家威廉·羅伯遜（*William Robertson, 1721–1793*年）把研究歷史尊爲一種崇高的事業，在治史態度上比伏爾泰和休謨要謹嚴得多。羅伯遜主張研究歷史要尊重史實，秉筆直書，不虛美，不隱惡。他主張歷史學家敘述歷史必須有文獻根據，他在自己著作的每一章之後必附有注釋和參考書，不僅證明著作本身的信實，而且也有助於他人查考，這種辦法沿用至今。羅伯遜根據他當時所能得到的材料，撰寫了有史以來第一部比較詳細的美洲史著作《美洲史》，描述了美洲地理環境和印第安人的習俗，哥倫布等的探險活動，歐洲殖民者的競爭與統治等。羅伯遜還指出，美洲印第安人來自亞洲東北部，他們的祖先在史前時期越過了現在的白令海峽和阿拉斯加，逐漸散布到美洲各地。

*18*世紀英國最傑出的歷史學家是愛德華·吉本（*Edward Gibbon, 1737–1794*年）他以自己的《羅馬帝國衰亡史》（*6*卷，*1776–1788*年出版）爲英國典籍增添了一顆光輝的瑰寶。吉本的這部著作包括了上下*1,300*多年，記敘了羅馬帝國、波斯、匈奴、日耳曼、阿拉伯人和土耳其帝國的歷史，時間跨度大，敘述範圍廣泛，事件頭緒複雜，但吉本把一切寫得井井有條，堪稱體大思精的通史傑作。吉本重視原始資料的研究，他的著作頁頁有注釋，對歷史事件的判斷大都正確無誤。吉本以辛辣、幽默的語言批判了基督教，指出正是在基督教的影響下，傳統的羅馬英勇精神消失了，基督教的傳播是羅馬帝國衰亡的主要原因。吉本也譴責了暴君的

荒淫腐化，毫無人性行徑。吉本的著作所表現出來的強烈的理性批判精神，受到了當時進步思想界的熱烈歡迎，吉本的這部著作代表了當時資產階級史學的最高水準。

*18*世紀的啓蒙史學是自文藝復興以來史學的重大發展。啓蒙史學公開批判神學史觀和專制主義，鼓吹資產階級自由、平等思想，爲資產階級政治革命大造輿論，史學成爲資產階級思想鬥爭的重要武器，啓蒙史學努力探討歷史事件的因果關係，揭示歷史發展規律，創立了歷史進步思想，啓蒙史學努力開拓史學新天地，使歷史著作具有更廣泛的內容。啓蒙史學的出現標誌著近代資產階級史學的確立。

但是，啓蒙史學也存在著嚴重的缺點。首先，啓蒙學者的歷史著作一般都帶有抽象哲理性質，重視對歷史全局的共性的哲理分析，揭示普遍適用的歷史規律，而忽視對各民族各地區的具體歷史的深入研究。其次，啓蒙學者雖然提出要寫普通人的歷史，但是由於他們把理智、教化、立法者和統治者的自覺活動看成決定歷史的因素，很自然地寄希望於「開明君主」的改革從而不能寫出真正人民羣眾的歷史。再次，啓蒙史學家不懂得用歷史的眼光觀察歷史，喜歡用一種固定的現代標準評價歷史現象。啓蒙學者的歷史進步思想只是對過去的簡單否定，看不到歷史的連續性和繼承性。啓蒙學者籠統否定中世紀的歷史就是典型的例子。啓蒙史學的這些致命弱點，不同程度地影響了本身的科學性。

*18*世紀末至*19*世紀最初*30*年，法國資產階級革命中出現的混亂和暴行、拿破崙的侵略戰爭以及工業革命初期人民的悲慘工作和生活狀況，都在很大程度上擊破了人們對啓蒙思想家所倡導的「世界主義」、「理性精神」、「理性王

國」的夢幻，與「理性主義」相對立的浪漫主義思潮風靡歐洲各國，並對這一時期的文化產生了廣泛影響。在這個大背景的影響下，理性主義史學被浪漫主義史學所取代。

浪漫主義史學在各國、各個歷史學家身上的表現有很大的差異，但仍然表現出某些一般的特徵。

首先，浪漫主義史學用歷史主義否定理性史學的非歷史主義，把歷史看作是漸進發展的有機整體，重視歷史的連續性和繼承性。浪漫主義史學家從不同的立場肯定中世紀的存在價值，肯定基督教的歷史地位，使浪漫主義史學具有濃厚的懷古特徵，並夾有一種神秘主義色彩。其次，浪漫主義史學崇尚「民族精神」、「民族文化」，強調民族史的特性，認爲論述人類歷史的一般模式不能說明世界歷史的多樣性和複雜性，人類歷史只能從各民族的具體歷史中體現出來。這一時期，民族史和國別史受到史學界重視，各國都出現了有組織地搜集、整理和出版本國歷史資料的盛況，並促進了對民族古代語言、文化和制度的研究。再次，浪漫主義史學注重對具體歷史情景作細緻形象的敘述，強調個人情感的流露，使得浪漫主義歷史著作有很大的藝術感染力。

浪漫主義史學思想的先驅是*18*世紀的維科、盧梭、康德和赫德爾。意大利歷史哲學家維科（*Giambattista Vico, 1668–1744*年）在其*1725*年出版的《新科學》一書中，最早系統地提出歷史的連續性和階段性思想。維科把人類歷史分爲神的時代、英雄時代和凡人時代，指出每一個歷史時代都是前一時代的產物，並爲後一時代的到來作了準備。維科指出，每一個時代都有自己獨特的美德和力量、不能用某種抽象標準加以絕對否定。盧梭揭露了近代文明中的不平等，指出不平等的產生在歷史上既是退步又是進步，有一種歷史辯證法思想。康德主張歷史研究的應是導致文明與自由的連續過程，指出歷史的因果性就是遵循一定法則的連續性。赫德爾（*Johan Gottfried von Herder, 1744–1803*年）在《人類歷史哲學要義》（*4*卷，*1784–1791*年出版）中指出，歷史是一個有機整體，循著演進的規律向前發展。歷史學家的任務就是要從浩如烟海的歷史事實中看到其間的聯繫，抽繹出關於人類社會演進的規律。赫德爾並且強調民族特點，認爲民族文化產生於各民族不變的體質特徵和精神特徵，表現出用民族主義代替世界主義的最初意圖。

德國的浪漫主義史學家有米勒和勞麥等。米勒（*Johannes von Müller, 1752–1809*年）的歷史著作主要有《瑞士聯邦史》和《歐洲各族通史》。米勒把中世紀的道德和成就理想化，喚醒他的同胞不要忘記過去的光榮。米勒主張歷史學家要有「靈魂」，即感情主義，以引起讀者共鳴。米勒爲了引人注意，把許多古代傳說和逸聞也寫入自己的著作中。勞麥（*Friedrich Ludwig Georg von Raumer, 1781–1873*年）的主要歷史著作是《霍亨斯陶芬王族及其時代的歷史》（*6*卷）。勞麥帶著強烈的感情和同情心來撰寫歷史，有時甚至充當書中人物。他在一封信中寫道：「在有些時候我曾成了亞歷山大大帝和查理五世、奧蘭治的威廉和某一個霍亨斯陶芬王朝的皇帝……這是一個比較豐富，比較有意義的生活」。他的文章寫得生動、明白、漂亮，可以和法國人的文章媲美。

法國的浪漫主義史學家有提也里和米細勒。提也里（*Auqustin Thierry, 1795–1856*年）出身貧寒，有理想主義者之名，曾任聖西門的秘書。提也里的主要歷史著作有《諾曼人征服英國史》(*1825*年)、《歷史研究的十年》(*1834*年)、《墨洛溫王朝時代的歷史》(*1840*年)、《第三等級的形成和發展史概論》(*1853*年)等。提也里受聖西門的影響，已知道用關於階級和階級鬥爭的理論來解釋歷史，並且把階級關係歸結爲財產關係。他認爲*16*世紀的宗教改革和反宗教改革，是各教派爲了本階級財產利益而進行的鬥爭；*17*世紀中葉的英國資產階級革命，是「珍愛自由和勞動」的平民與「遊手好閒」的貴族之間的鬥爭；而法國革命則是第三等級對僧侶和貴族的鬥爭。當然，提也里還不能認識階級鬥爭的起因，而且他也不贊同無產階級對資產階級的鬥爭。

米細勒(*Jules Michelet, 1798–1874*年)在*19*世紀法國史學中有「法國第一位偉大的人民史學家」之稱。他出身於一個有文化教養的小資產階級家庭，對於下層羣眾抱有同情和熱愛之心。米細勒最主要的史著是《法國通史》(*17*卷，*1833–1867*年出版)。在這部巨著中，米細勒抱著「完全逼真地再現」中世紀法國社會全貌的目的，描繪了中世紀人們的生活實況和精神面貌，說出了千百萬普通農民的痛苦和希望。米細勒主張歷史家要投身於歷史之中，把自己同古人融合在一起，愛其所愛，憎其所憎，他的文筆典雅，用辭考究，有很強的文學色彩，但也影響了其史著的科學性。米細勒還以一個共和黨人的觀點寫了一部充滿革命激情的《法國大革命史》。他「使自己融化在當年的那個革命環境中」，成爲當年革命隊伍中的一員，他要使當年的革命者在他的筆下「得到第二次生命」。因此，他的這部書寫得生動、有力，他所描寫的人物呼之欲出，這部《法國大革命史》得到了廣泛傳播。米細勒在法國史學中開創了重視人民利益的進步傳統。

浪漫主義史學以其重視研究民族史、國別史，注意描寫歷史的具體情節和抒發作者的激情，重視搜集、整理和出版史料，尤其是用歷史主義的眼光看待歷史，推動了歷史學又向前發展了一步。但是，浪漫主義史學中所表現出來的神秘主義史觀，浪漫主義史學輕視歷史規律的闡述，以及浪漫主義史學中在史料批判方面的弱點，都比理性史學退了一步。*19*世紀*40*年代以後，隨著社會經濟的發展，科學的進步，資產階級民主制度的發展，許多史學家對於政治、經濟和文化問題重新發生濃厚興趣，對史實進行冷靜、客觀的研究逐漸代替了浪漫主義的熱情奔放的描述，浪漫主義史學被客觀主義史學所取代。

*19*世紀西方史學的最大成就是客觀主義史學的產生和發展，其奠基人是德國史學家利奧波德·馮·朗克（*Leopold von Ranke, 1795–1886*年）。*1824*年朗克出版了他的第一部著作《*1494–1514*年的拉丁和日耳曼各族史》，奠定了他作爲*19*世紀最有影響的歷史學家的地位。朗克一生著作宏富，除了《拉丁與日耳曼各族史》外，比較重要的還有《十六、十七世紀南歐各族史》（*1827*年）、《塞爾維亞革命史》（*1829*年）、《教皇史》（*1834–1839*年）、《宗教改革時期的德意志史》（*1839–1847*年）、《普魯士史》（*1843*年）、《十六、十七世紀法國史》（*1852–1861*年）、《十六、十七世紀英國史》（*1859–1868*年）、《世界通史》（*1881–1886*年）。他的全集有*54*卷，還不包括最後出版的《世界通史》。

朗克爲人們所注意，主要還不是他那些卷帙浩繁的史著，而是在這些史著中所貫串著的「客觀主義」治史態度和治史方法。其基本思想在他的《拉丁與日耳曼各族史》序言中闡述得很清楚，他寫道：「歷史向來是把爲了將來的利益而評論過去、教導現在作爲它的任務。對於這樣崇高的功用，本書是不敢想望的。它的目的只不過是要陳述實際發生的事情」。「陳述實際發生的事情」成爲朗克終生遵奉的信條。

朗克認爲，歷史著作的任務是用文字把過去的事實再現出來，僅此而已。而要做到這一點，首先必須保持客觀態度。朗克說：「欲使科學能發生影響，必先使其成爲科學而後可……，必先去其致用之念，使科學成爲客觀無私者」。「客觀性也就是無例外地保持不偏不倚的態度」。因此，他主張歷史家不應對歷史進行道德評價，不要判斷是非，不要用現代概念理解古人，歷史著作中不應夾雜作者的政治宗教傾向，個人的好惡及價值觀念，也不要受他那個時代的影響。

爲了真正做到客觀公正，朗克特別強調研究歷史要建築在原始資料基礎之上。他在垂暮之年還堅持「忠於文字記錄的事實，對於我是必不可缺，不能動搖的法則。」他認爲原始資料是同時代人提供的資料，特別是參與歷史事件者，親身目擊者的記載和原始的文獻。他指出：「距事件發生時間最近的人是最好的證人，當事人的信件比史學家的記錄有更大的價值。」朗克尤其重視公私檔案，爲查閱檔案他周遊西歐各國，多方搜尋。大量依靠原始資料使得朗克的歷史著作達到很高的學術水準，並贏得了人們的普遍尊重。

朗克不僅重視原始資料，也重視對史料的批判和考證，形成了一整套史料批判和考證方法。朗克指出對任何史料或史著都要從時間、地點、來源、撰述動機和態度、作者的身世、經歷、政治與宗教觀點、個性、乃至生活習慣等角度，多方加以考證，以確定其真僞和價值。如此才能保證史料的真實、可靠和有力，並使自己的歷史著作達到「批判的、準確的、深入的」或「批判的、無色彩的、嶄新的」要求。西方史料考證中的內部考證方法，到朗克時代達到高度發展的程度。

朗克史學也有許多他無法克服的矛盾。他雖然標榜「客觀、公正」，但是在他的史學著作中也仍然可以看到其保守的政治觀點和神秘宗教觀點的流露。美國著名史學家比爾德認爲，朗克「成功地避免了寫出任何冒犯他那個時代最保守階級的歷史著作。他可以確切地稱爲*19*世紀最有偏見的歷史學家之一。」這個評價是符合朗克實際的。儘管如此，朗克以其客觀主義治史態度和治史方法，爲近代史學奠定了科學的基礎，並對*19*世紀和以後的史學都產生了重大影響，他的客觀主義史學被尊爲西方正統史學。

在近代西方史學科學化的進程中，*19*世紀下半葉風行於西方各國的實證主義史學佔有重要地位。實證主義史學家不滿足於朗克史學把歷史的科學性限於所敘史實的客觀性這一點上，認爲科學的歷史學不能止於客觀描述已經發生過了的史實，還必須對客觀歷史進程中的因果規律進行探索，從而賦予科學歷史學以闡明人類社會歷史發展的規律性的使命。

實證主義史學的奠基人是法國社會學家、哲學家奧古斯特·孔德。孔德雖然沒有寫過嚴格意義上的歷史著作，但是他倡導的實證主義哲學以及他對於人類歷史發展進程的觀點，對*19*世紀下半葉西方史學產生了廣泛的影響。

孔德力圖使社會科學和歷史學從形而上學和神學中擺脫出來，並在對社會歷史的研究中利用自然科學的某些定論以及研究自然科學的方法。孔德認爲，科學的任務在於揭示各種現象之間經常出現的，彼此聯繫的那些規律。他斷言在社會科學和歷史學領域內，「也可以作出像幾何學結論那樣可靠的結論。」孔德把人類歷史看成是集體意識的發展史。他認爲人類歷史經歷三個階段：第一階段是神學或虛構階段，這時人們把一切現象都看成是超自然的神的活動結果。第二階段是形而上學或抽象階段，這時人們用抽象的精神性的東西代替神，以解釋一切現象。第三階段是科學或實證階段，在這個階段人們放棄了先前對宇宙本原的探索，放棄了對現象的內部原因以及對事物本質的認識，而只是去發現表面現象之間的相互關係。孔德把人類歷史歸結爲純粹的思想、認識的發展史，這種觀點顯然是唯心的，反科學的。而且孔德認爲他生活的資本主義時代就是實證階段，而且是「固定的、最後的階段」。這表明了他要求人們把資本主義制度看成萬古長存的，人們不應揭露資本主義制度的罪惡，只能有作單純觀察的意圖。

在法國把孔德的思想廣泛用於解釋歷史的學者是伊波利特·泰恩（*Hippolyte Adolphe Taine, 1828−1893*年）。泰恩認爲：「歷史學算是新近產生的科學，也要和其他科學一般，隨著尋出公例。」泰恩把人類精神作爲研究歷史的指南。他寫道：「要洞悉各種礦層的共同特徵，首先必須一般地研究固體的、規律狀的物體，研究它的棱和角，注意它可能發生的無數變化。同樣，如果要洞悉變化萬端的各種歷史現象的共同性，首先必須從人類精神的兩三種主要特徵中觀察一般的人類精神，這樣，便可發現人類可能現象的那些主要形態。」因此，泰恩給歷史學規定的任務也就是心理學的任務，而且他對於一切心靈的產物都用種族、環境和時間這三個固定不移的標準來判斷。

泰恩的主要歷史著作是多卷本巨著《現代法國的起源》。在這本著作中，他像動物學家處理各種昆蟲的標本一樣，仔細研究了法國大革命前舊制度的結構和各部分的功能；他繼承了法國復辟時期歷史家的階級鬥爭觀點，從財產問題入手，出色地分析了第三等級的經濟利益和政治態度；他對於法國舊制度、大革命，尤其是恐怖時代作了細致的心理剖析。這部著作也反映出他的思想的矛盾性。他同情革命前勞動人民的苦難，但反對人民起來革命。他攻擊人民的革命運動，啓蒙思想家的學説和雅各賓派專政，表明他陷入了保守派歷史家的行列。

*19*世紀英國著名的歷史學家是亨利·巴克爾（*Henry Thomas Buckle, 1821–1862*年）。巴克爾藐視只搜集材料的歷史著作者，提出要證明人類活動的規律性。巴克爾認爲人類活動受著精神規律和自然規律的支配，歷史學必須研究這些規律，而不借助自然科學，歷史學便不能建立。巴克爾接受了*18*世紀法國啓蒙思想家孟德斯鳩和霍爾巴赫學説，認爲人類社會的發展受到地理環境（地形、土壤、氣候和食物的供應情況等）的決定性影響。巴克爾力圖復興伏爾泰開創的撰寫文化史的優秀傳統，強調指出歷史的主體是人類、社會、民族和文化，歷史學家應當記述人類的全部活動、人民的情況和知識的傳播，應當探索支配社會發展、民族命運和

文明進化的規律。因此，巴克爾主張歷史學家不僅要研究宗教、政治、軍事和外交，而且要研究物質生產、經濟關係、典章制度、科學技術、思想意識、文學藝術等。巴克爾計劃撰寫一部多卷本的世界文明史，可惜他英年早逝，只留下了兩卷本的《英國文明史》（*1857*、*1861*年出版）。巴克爾的早逝是英國史學界的一大損失。

實證主義史學強調闡述人類社會歷史發展規律的必要性，重視揭示歷史發展過程中的多種因素，擴大了近代西方史學的研究範圍，把西方資產階級史學推進到了一個新階段。但是，實證主義史學家對於人類歷史發展的理解仍然主要是唯心的。他們把人類歷史發展最終歸結爲思想、意識、心理的發展，這仍然無助於真正科學地闡明人類社會發展的過程。近代歷史學只有在馬克思主義的唯物史觀指導下才完成其科學化的進程。

空想社會主義者的批判和憧憬

空想社會主義作爲一種主張消滅剝削、消滅在經濟上和社會上的不平等現象、消滅人壓迫人現象的理論，有著悠久的歷史。但是，只是在資本主義時代，空想社會主義者才構架起完整的思想體系並產生了廣泛的影響。

空想社會主義者同情資本主義制度下勞動羣眾的貧窮處境。他們探索勞動者貧困的原因，探索消除社會災難和建設新社會的途徑。空想社會主義者批判了資本主義生產的無政府現象，批判了私有制利益與社會利益的對立，批判了被剝削羣眾完全從屬於資本和貨幣的統治的現象，代表了未來的階級，即無產階級的利益。但是，空想社會主義的代表人物沒有能夠找到向未來新社會過渡的正確道路，他們不懂得無產階級的歷史使命，不想通過階級鬥爭，而只是借助於理智和仁愛達到社會主義。因此，他們所做的一切，從宣傳到各種「示範」、「實驗」在資本主義制度下都沒有帶來理想的結果。

空想社會主義最重要的思想家，是*19*世紀法國的聖西門、傅立葉和英國的歐文，他們的思想成爲馬克思主義的直接來源之一。

聖西門（*Henri Saint-Simon, 1760–1824*年）出身於貴族之家，青年時代深受啓蒙思想的薰陶，參加過北美獨立戰爭，在法國革命時期他自願放棄了爵位。聖西門的主要著作有：《日內瓦書信集》（*1802*年）、《組織者》（*1819*年）、《論實業制度》（*1821*年）、《實業家問答》（*1823–1824*年）和《新基督教》（*1825*年）。

聖西門尖銳地批判了資本主義制度，他認爲生產和分配的無政府狀態、競爭、人民羣眾的貧困化是資本主義的主要弊端。聖西門把工人、資本家和商人都歸入一個階級，稱「實業家階級」，而在封建社會中佔統治地位的貴族、僧侶和官吏是「無益的」階級，「不結果實的階級」。這表明聖西門看到了實業家階級同封建主之間的矛盾，但是聖西門對於當時還不明顯的勞資矛盾認識不清，還看不到無產階級的力量。

聖西門承認較完善的社會制度形式將取代不太完善的社會制度形式是不可避免的，合乎規律的。但他同時又認爲歷史階段的更替是由人的知識決定的，對人們進行科學的和道德的教育是社會發展的動力。這種思想反映了啓蒙思想的影響。

聖西門從當時的工廠手工業生產發展水準出發，構想了他稱之爲「實業制度」的理想社會。他認爲在這個新社會裏，人人參加勞動，人人平等，對人的管理應轉變爲對物的管理。聖西門允許在這個新社會中存在私有制，他認爲私有制應加以完善並符合全體人民的利益。他認爲，工業階級自由支配自己的財產將會刺激他們合理地組織生產。聖西門把他的社會改革方案送給有產者和歐洲各國君主，幻想有產者把私有財產交給社會，「開明君主」實行社會改革，以實現他的理想社會，其失敗是必然的。

傅立葉（*Charles Fourier, 1772–1837*年）的主要著作有《關於四種運動和普遍命運的理論》（*1808*年）、《家庭農業協作論》（*1822*年）、《新的工業世界和社會事業》（*1835–1836*年）。

傅立葉認爲資本主義是與「自然秩序」相對立的制度，是非正義的、反人民的和不道德的制度。他認爲資本主義商業中充滿了投機和無恥的欺詐，是資本主義災難的主要根源之一，因此，他主張鏟除「一切商業掠奪」。傅立葉注意到了勞動人民在資本主義制度下所受到的剝削，他指出，勞動人民「在文明制度尚在延續的時候，是富人的奴隸」，揭示了富人和窮人的矛盾。

傅立葉把社會歷史分爲四個發展階段：蒙昧、野蠻、宗法和文明。最後一個階段相當於資本主義社會。傅立葉認爲人類社會的發展是有一定規律性的，是從低級向高級發展的，而生產的發展是社會發展的動力，其中生產工具的改進又尤爲重要。從這種觀點出發，傅立葉認爲資本主義制度必然滅亡，這是無法用改良加以拯救的。他寫道：「我的任務不在於改善文明社會，而在於使它倉惶失措，並使人們產生改善社會機制的願望，向人們表明，文明制度無論是整體還是局部都是荒誕的……。」但是，傅立葉也同樣沒有看到走向未來的正確道路，他指望通過個別慈善資本家的幫助，有可能主張起協作社，通過和平方式過渡到「和諧社會」。

傅立葉的「和諧社會」是以一種工農業相結合的「法朗吉」爲社會基層組織，它不靠強迫，而是在廣泛滿足人們的一切需要基礎上建立起來的。傅立葉認爲，在法朗吉裏農業是基本的勞動，工業只起次要作用。在未來社會中，人們將改變勞動態度，勞動將成爲享樂，成爲自然的生活需要，競賽、自尊心以及很少的物質利益將成爲勞動的刺激因素。這樣，傅立葉在自己的理想社會中消滅了城鄉對立，腦力勞動和體力勞動的差別，實現了男女平等和普及免費教育。但是，傅立葉主張這種法朗吉是由資本家（股東）與勞動者共建的，而直到 *1837* 年傅立葉逝世，也沒有一個富翁出來支持他建立法朗吉。

英國的歐文（*Robert Owen, 1771–1858* 年）出身於貧苦工匠家庭，當過商店學徒，後來成爲紡織廠主。歐文的思想主要見於《人類性格的形成》（*1813–1814* 年）、《關於工業體系影響的意見書》（*1815* 年）、《合理的社會制度的狀態》（*1830* 年）、《新道德世界書》（*1836–1844* 年）。

歐文尖銳地批判了各種形式的私有制是造成社會災難的原因，他寫道：「私有制過去和現在都是無數罪行以及人所經受的災難的原因……它使下層的、中層的和上層的階級受到數不清的損害。」歐文認爲「三位一體的禍害」（私有制、宗教和得到宗教保護的以財產爲基礎的婚姻制度）是資本主義的醜惡現象。歐文指出，在資本主義制度下存在著不斷擴大的生產和市場容量不足之間的矛盾，因此工人的勞動沒有得到應有的報酬。

歐文相信新社會取代資本主義是不可避免的，他認爲通過立法措施和教育就可以建立新社會。歐文認爲，在合理地構成的未來社會中，公有制將代替私有制，共同佔有，共同勞動，各盡所能，按勞分配是這個未來新社會的基本特徵。

歐文也是一個富於實踐精神的空想社會主義者。他曾經在他管理的紡織企業裏進行了一系列試驗：實行*10*小時半工作日；取消罰款制；改善勞動衞生條件；舉辦工人消費合作社和公共食堂；發給工人醫療金和養老補助金；廢止雇佣*10*歲以下的童工；設立工人夜校、子弟學校和幼兒園等。*1824*年，歐文又去美國創辦一個共產主義新村——「新和諧」，以證實他的理想社會。歐文的許多試驗在資本主義制度下是不可能取得成功的，但是歐文的思想對於歐美許多國家的工人運動和社會主義思想發展都有很大影響。

第3章
文學和藝術的繁榮

各種文學流派的興盛

近代文學思潮的產生和發展，是與資本主義政治、經濟和思想、文化的主流緊密相連。*17*世紀的歐洲各國政治、經濟和文化發展極不平衡。但是，一個共同的趨勢是資本主義生產關係在各國都已出現，不同程度地發展起來，並且在各方面都同封建統治秩序發生著矛盾。反映這種社會大背景的是*17*世紀文學傾向中最流行的藝術理想——古典主義。古典主義作家繼承了人文主義文學的某些傳統，懷著保存和恢復古代希臘、羅馬精神的強烈慾望，竭力模仿古典作品的風格，講究華美，注重修飾、崇尚理性，反映了新舊時代交替時期特有的複雜特徵，成爲一種夾雜濃厚貴族氣息的資產階級文藝思潮。

英國資產階級革命中產生的清教徒詩人約翰·彌爾頓，是把古典主義文學風格應用到英國文學中的大師。他的全部著作幾乎都採用古典主義傳統的華麗和莊嚴辭句。他的許多作品主要是圍繞希臘神話題材寫成的。彌爾頓最主要的作品是長詩《失樂園》（*1667*年）。它取材於《聖經》，描寫亞當和夏娃違反上帝的禁令偷吃禁果而被趕出樂園的故事。長詩是把撒旦作爲一個敢於鬥爭的資產階級革命戰士形象來歌頌的。這首詩也表達了彌爾頓堅持的美的本質是道德的思想，揭示了個人的道德責任和知識作爲美德工具的重要性。

法國的古典主義文學興起於*17*世紀三、四十年代，在六、七十年代達到全盛，並代表了*17*世紀歐洲文學發展的最高水準。

*17*世紀是法國封建專制制度盛極而衰的時期。法國資產階級由於發展不足，力量不夠強大，需要在王權保護下求得發展；而專制王權也需要資產階級的財力支持，以增強國家的經濟實力。法國的古典主義文學反映了這方面的願望。當時，古典主義作家主張國家統一，反對地方貴族的封建割據，擁護中央王權，將王權尊爲國家和民族利益的最高體現者。在藝術表現形式上，他們反對自文藝復興時代以來個人主義極端發展的傾向，提出以理性對抗個人主義傾向，要求作品主人翁克制個人情慾，履行公民義務。法國古典主義文學的代表者是高乃依、拉辛、莫里哀。

悲劇作家高乃依（*Pierre Corneille, 1606–1684*年）是法國古典主義文學第一階段的代表。*1636*年，高乃依寫成了法國第一部重要的古典主義悲劇《熙德》。該劇描寫西班牙貴族青年堂·羅狄克同一位伯爵的女兒施曼娜相愛，伯爵出於忌妒打了羅狄克父親一個耳光，父親要兒子替他報仇的故事。在個人情感與家族榮譽發生衝突時，羅狄克痛思良久，終於捨棄愛情，以封建家族榮譽爲重，在一場決鬥中殺死了伯爵，報了父仇，丢了愛情。正在羅狄克痛苦絕望之時，賢明的君主說服了施曼娜以國家義務爲重，戰勝家族榮譽和個人情感，與羅狄克終成眷屬。作品既歌頌了賢明君主明辨是非，以理服人，成人之美的「高尚」品質；同時也讚揚了男女主人翁的堅強意志，克服個人情感，使理性取得勝利。

悲劇作家拉辛（*Jean Racine, 1639–1999*年）在法國封建專制政體開始出現衰敗的年代開始寫作的。他著意反映貴族社會的腐化墮落，國王的暴戾專橫和荒淫無度。他的代表作品是《昂朵馬格》（*1667*年）。該劇描寫國王卑呂斯為了博得敵國女俘昂朵馬格的歡心，背信棄義，遺棄未婚妻愛妙娜。愛妙娜得知卑呂斯要與昂朵馬格舉行婚禮的消息後，唆使患單相思的奧賴斯特殺死了卑呂斯。可是奧賴斯特也沒得到愛妙娜，愛妙娜自刎於卑呂斯的屍體上，絕望的奧賴斯特變成了瘋子。作者通過這些人物的淫亂腐朽、喪失理智、害人害己的悲劇，諷刺了封建制度的衰亡。

莫里哀（*Moliére*，原名讓·巴蒂斯特·波克蘭〈*Jean Baptiste Poquelin*〉，*1622–1673*年）是法國*17*世紀古典主義喜劇大師。流浪藝人的生涯使他廣泛接觸了社會各階層和民間戲劇的藝術精華，為他後來的藝術創作奠定了重要的基礎。

莫里哀是法國喜劇作家中最有創見的人。他不盲目尊崇古代的形式主義。他宣布：「喜劇的任務一般是表現人們的全部缺點，特別是我們這一時代人們的缺點。」他一生所寫的*30*多部劇作，把憂鬱、機智與辛辣的諷刺和嘲笑交織在一起，鞭撻了封建貴族的腐朽，揭露教會勢力的黑暗，嘲弄資產階級羨慕、模仿貴族的種種醜態。莫里哀在《堂·璜》（*1665*年）中通過一個西班牙「惡棍大貴人」好話說盡，壞事做絕，最終仍不免毀滅的故事，預示了道德敗壞、荒淫無恥的封建貴族階級必然滅亡的前途。《慳吝人》通過守財奴阿巴公的吝嗇和他跟子女之間的家庭糾葛，具體、生動、形象地揭露了高利貸者殘酷剝削勞動人民，愛財如命的本質和資本主義社會人與人之間赤裸裸的金錢關係。《僞君子》是一部猛烈抨擊封建宗教僞善的諷刺喜劇。它尖銳而又真實地揭露了教會僧侶和達官貴人們貌似君子，内心卑鄙齷齪的本質。這部作品在描繪人物性格、分析人物心態等藝術手法上也都有所創新，達到了古典主義喜劇藝術的高峰。

德國的古典主義文學思潮在法國的影響下，興起於*18*世紀二、三十年代。戲劇家高特舍特（*Joham Christoph Gottsched*，*1700*–*1766*年）是其代表。他把古典主義文學的模式固定起來，強調文學體裁要有等級之分，文學規律應固定不變；主張戲劇一律分爲五幕，嚴格遵守戲劇描寫的時間、地點和情節的「三一律」。

*18*世紀啟蒙主義文學把古典主義文學中崇尚理性的傳統發展到了高峰，使理性成爲資產階級批判封建專制制度和教會統治的武器。但是，啟蒙文學作家又不同於古典主義文學作家，他們否認古典主義文學以王公貴族爲正面人物的原則，在創作中主要描寫和歌頌資產階級和平民。

英國啟蒙時期文學的主要成就，是現代小說獲得發展。在一定程上可以說丹尼爾·笛福（*Daniel Defoe, 1660*–*1731*年）是這一形式的創始人。笛福的代表作是《魯濱遜漂流記》（*1719*年），反映了資產階級敢於冒險，積極向上的進取心和事業心。魯濱遜出身於中產階級平民，但他不滿足於庸庸碌碌的生活，嚮往通過個人冒險去開闢一個新天地。他獨自一人漂流到杳無人煙的荒島，毫無懼色和悲觀心理。他靠著克服困難的頑強意志和一雙勤勞、靈巧的手謀取食物，建築住所，製造器皿，飼養家畜，耕種土地。魯濱遜又是一個資產者和殖民者。他在救了土人星期五後，又用火槍加宗教迫使星期五甘心當奴隸。笛福的小說結構鬆散，敘事平淡，人物形象刻畫粗糙。斯威夫特（*Jonathan Swift, 1667-1745*年）在長篇小說《格列佛遊記》（*1726*年）中，通過幻想的環境，虛構的情節，誇張的手法，深刻揭露了英國政治、法律的弊端，尖銳抨擊了托利黨和輝格黨之間爭權奪利、爾虞我詐的行徑，甚至指名道姓地諷刺國王的妄自尊大、剛愎自用。亨利·菲爾丁（*Henry Fielding, 1709-1754*年）的《湯姆·瓊斯的歷史》已有比較周密的人們行動的情節，以及對生活和愛情的心理分析，是現代小說的真正開始。

*18*世紀英國啟蒙文學在亞歷山大·蒲伯（*Alexander Pope, 1688-1744*年）的詩歌中也得到了發展。蒲伯用詩闡述啟蒙運動的機械論和自然神的學說。他在《論人》和《論批評》等著作中指出：自然受著不可改變的規律所支配，人們如果要使人類事務也像自然那樣有秩序，他們就必須研究和遵循自然。

*18*世紀初期，法國文學中古典主義仍佔統治地位。從*20*年代起，啟蒙文學在法國成爲主流，構成整個思想運動的重要組成部分。啟蒙運動的主要藝術形式是哲理小說。這些哲理小說往往情節結構不太完整，人物刻畫也往往過於死板，但是作者通過小說的形式，高度的語言藝術和某種適當的人物形象，把深奧的哲理巧妙地表現出來了。孟德斯鳩的《波斯人信札》（*1721*年）是一部書信體小說。作者假托兩個波斯貴族到法國遊歷，從局外人的角度觀察法國社會，發現了法國人的許多荒唐腐敗現象。孟德斯鳩用波斯人的口吻，冷嘲熱諷、嘻笑怒罵了封建統治階級的荒淫無恥，批判了天

主教會殘酷迫害異教徒的罪行。伏爾泰是個多產作家，著有悲劇《俄狄浦斯》（*1718*年）、小說《查第格》（*1748*年）和《老實人》（*1759*年）。《老實人》是他最出色的哲理小說。小說主人翁是一個老實人，他的老師信奉德國哲學家萊布尼茨「一切皆善」的觀點，但老實人夫婦及其老師卻橫遭一系列不測之禍，顛沛流離，死裏逃生，終於悟到真諦：這個世界還不完善，唯有「工作可以使我們免除煩悶、縱慾和飢寒三大害處」，還是「種我們的地要緊」。這部作品展現資產階級不屈不撓的進取精神。狄德羅的《拉摩的侄兒》（*1762*年）是一部對話體小說。著名音樂家拉摩的侄兒是一個「高傲與卑鄙、才智與愚蠢的混合物」。他在同狄德羅的交談中，一面自嘲，一面發表對人生和社會的透徹見解，反映了封建社會中真實的人際關係，揭示了資產階級心理特徵。作者在這裏指出，造成主人翁性格矛盾的根源在於封建制度的毒害和腐蝕。狄德羅的這部小說被恩格斯譽爲——「辯證法的傑作」。狄德羅的另一部小說《修女》（*1760*年），揭露了修道院中修女所遭受到的非人折摩，讚揚了修女蘇珊的革命精神。盧梭的《新愛洛綺絲》是一部書信體小說，寫一對青年的戀愛悲劇。盧梭從資產階級人道主義出發，批判了封建婚姻中門當戶對的偏見，提出了以真實自然的感情爲基礎的婚姻理想。盧梭的《愛彌兒》描寫一個從出生到結婚、進入社會受教育的全過程，闡述了他的教育能使人的本性避免社會偏見和惡習的影響而得到自然的發展，教育應該採用自然教育的思想。盧梭的小說善於以美好的自然風光同醜惡的封建社會現象作對照，呼喚解放思想，感情自由。

法國啟蒙運動時期還有較純藝術性的喜劇作家博馬舍

（*Pierre Augustin Caron de Beaumarchais, 1732–1799*年），他的描寫小人物的喜劇三部曲在*18*世紀引起廣泛的注意。尤其是《費加羅的婚禮》（*1784*年）描寫了小人物費加羅靠著智慧，戰勝了企圖秘密恢復初夜權的伯爵，語言詼諧、幽默，反映了第三等級對勝利充滿信心的樂觀情緒。

*18*世紀上半期德國的啟蒙文學還處於萌芽或漸進階段。從*70*年代起，德國文壇發生了聲勢浩大的狂飆突進運動。在這場德國資產階級文學運動中，作家們大力宣揚資產階級的「理性」原則，批判專制制度和教會統治所造成的社會落後、閉塞狀況，反映了德國資產階級擺脫封建束縛，要求個性解放的強烈願望。但是，德國資產階級先天發展不足，沒有勇氣公開呼喚人民群眾的革命。萊辛、歌德和席勒是這一運動的突擊手。

高特荷德·埃夫拉姆·萊辛（*Gotthold Ephraim Lessing, 1729–1781*年）是德國民族戲劇的奠基人。萊辛反對戲劇創作中的矯揉造作、故弄玄虛的古典主義傾向，主張藝術追求真實。他說：「凡不真實的東西都不是偉大的。」萊辛的戲劇描寫了德國現實生活，刻畫了許多普通人物的形象。萊辛最傑出的反映市民生活的悲劇是《愛米麗雅·迦洛蒂》（*1772*年）。該劇描寫文藝復興時期意大利北部一個公國的統治者爲了霸佔民女愛米麗雅，派人假裝強盜殺死了她的未婚夫。愛米麗雅的父親爲了保護女兒的貞操，親手將她殺死，維護了道德的純潔。劇本充分揭露了*18*世紀德國封建宮廷的罪惡，反映了人民對專制暴君的反抗。

歌德（*Johann Wolfgang Goethe, 1749–1832*年）無疑是日耳曼文學史上最偉大的作家。歌德生於法蘭克福一個富裕家庭，學習過法律、醫學、藝術和自然科學。歌德的第一部重要作品是《少年維持的煩惱》（*1774*年）。這是一部書信體中篇小說，敘述一個純真、熱情的少年維特與嚴酷的社會現實、刻板的封建習俗格格不入，處處遭受打擊和失敗，最後終於飲彈自殺的悲劇。作品採用了當時時髦的感傷風格，突出描寫個人感受，在一代青年中引起強烈共鳴，歐洲社會出現了一陣「維特熱」。也許歌德創作這部作品的初衷是要表示性格軟弱是最大的罪過這一思想，但是，人們從中看到了對人世深刻不滿的象徵和激昂反抗的基調。歌德最宏偉的成就是他的戲劇作品《浮士德》。這部作品的創作延續了*60*年之久。這部作品以德國*16*世紀關於浮士德博士的傳說爲題材，以文藝復興以來德國和歐洲社會爲背景，賦予浮士德以新興資產階級的形象，展現他不滿現實，竭力探索人生意義和社會理想的生活道路。《浮士德》成爲永不靜止的象徵，也是無窮無盡地追求美滿人生的象徵，浮士德宣稱：「我要跳身進事變的車輪：痛苦，歡樂，成功，失敗，我都不問；男兒的事業原本要晝夜不停。」「要每天每日去開拓生活和自由，然後才能夠作自由與生活的享受。」這充分表達了新興資產階級自強不息，不倦追求的思想特徵。《浮士德》與荷馬的史詩、但丁的《神曲》、莎士比亞的《哈姆雷特》並列爲歐洲文學的四大名著。

席勒（*Joham Christoph Friedrich von Schiller, 1759-1805*年）的作品一般把英雄的業績理想化，歌頌爲爭取自由而進行的鬥爭，並且滲透著強烈的個人主義性質。席勒的《強盜》（*1780*年）歌頌了一個敢於向舊社會公開挑戰的青年。作者在《強盜》第二版的扉頁上寫上了「打倒暴虐者！」並引用古希臘名醫的話：「藥不能治者，以鐵治之；鐵不能治者，以火治之。」點明了劇本的反暴政主題思想。《陰謀與愛情》（*1783*年）表達了平民少女反對封建等級觀念，要求自由平等的政治觀念，譴責了德國社會政治制度的缺點。《威廉·退爾》（*1804*年）是一曲民族主義的讚歌，歌頌了人民反抗異族壓迫的起義和捨身成仁的精神。

*18*世紀末法國資產階級革命中所出現的混亂、暴行，革命勝利後所確立的資本主義社會秩序的不穩定，以及首先從英國發源的工業革命初期工人生活的惡化，使社會各階層普遍對啟蒙思想家所倡導的「理性王國」感到失望。*18*世紀末、*19*世紀初，西方社會風行與理性主義對立的浪漫主義思潮，並在西方文化的各個領域表現出來。

浪漫主義反對古典傳統的理性主義和虛飾的形式主義，要求回復純樸和自然主義。浪漫主義作家較少地注意人是理性的動物，更多地強調人的本能和感情，注重表達作者本人的同情、憐憫和其他強烈的情感。因此，在浪漫主義作品中，大膽的幻想、異常的情節、非凡的人物、遼闊的舞台、神話色彩常常成爲它的基本藝術特徵。在浪漫主義作家那裏，自然界不再被認爲是一架冷冰冰的自動機械，而是美麗、崇高、安寧、魅力的具體體現，它向人們提供保護和慰藉，並受到人們的崇拜。浪漫主義作家常常對弱者和受壓迫者抱有巨大的同情，使得卑賤的牧羊人和農民常常成爲作品的主題。浪漫主義者往往苦於資本主義社會所造成的動盪和貧困，幻想回到充滿田園牧歌情調的中世紀宗法社會中，這也使他們的作品帶有一些倒退、回歸和神秘的色彩。

浪漫主義文學在英國根源最爲深長。*18*世紀英國浪漫主義詩人中有《墓園挽歌》的作者托馬斯·格雷（*Thomas Gray, 1716–1771*年），有把奧本農村的純潔古樸歌頌爲「平原上最可愛的村莊」的奧利佛·戈德史密斯（*Oliver Goldsmith, 1730–1774*年）。而其中最有創造性的是蘇格蘭詩人羅伯特·彭斯（*Robert Burns, 1759–1796*年）。彭斯把哀感動人的非凡力量和細微的幽默筆調結合在一起，用純樸方言寫成了熱情誠摯的詩歌，表現對大自然的感情和對那些爲麵包而辛勤勞作的普通人民的深厚敬意。

*19*世紀初英國浪漫主義文學的兩位偉大先驅是威廉·華滋華斯（*William Wordsworth, 1770–1850*年）和撒繆爾·泰勒·柯勒律治（*Samuel Taylor Coleridge, 1772 – 1834*年）。華滋華斯以對自然的神秘崇拜著稱。他不僅崇拜大自然表面的壯美，而且特別把大自然看成是一種宇宙精神的具體體現。他相信感官對自然的崇拜能使人們更深地悟解生活的崇高，使他們能夠聽到「人的寧靜的悲哀的音樂」，進而增進他們對同類的愛和同情。柯勒律治擅長於表達纖細的感情，和對超自然現象的恐懼，他的扣人心弦的描寫使奇異怪誕的世界變得可信。這兩位詩人集中代表了「湖畔派」詩人脫離現實，在神秘世界中尋找寄托的心理特徵。

*19*世紀英國浪漫主義文學中最積極的代表是約翰·濟慈（*Johan Keats, 1795–1821*年）、波西·比希·雪萊（*Percy Bysshe Shelley, 1792–1822*年）和喬治·戈登·拜倫（*George Gordon Byron, 1788–1824*年）。濟慈追求純真的美，他的信條的精粹表現在《希臘瓮頌》的著名詩句中：「美就是真，真就是美——這就是你在世上所知道的一切，你也只需要知道這些。」拜倫出生於一個破落貴族家庭，但他是

一個富有強烈反抗精神、浪漫主義勇氣和對資本主義社會現實中的虛僞與醜惡進行冷嘲熱諷的詩人。他的《「壓制破壞機器法案」制訂者頌》和《盧德分子之歌》，揭露了資本家對工人的剝削，歌頌了工人爭取自由反對強暴的戰鬥精神。他的長詩《恰爾德·哈洛爾德遊記》，把遊記和抒情結合在一起，不僅反映了 *19* 世紀初歐洲一些國家的社會生活，重大歷史事情，而且歌頌了爭取民族解放和獨立自由的鬥爭。他的《唐璜》以一個西班牙貴族青年在歐洲的戀愛、冒險經歷，辛辣地諷刺了歐洲各國的社會弊端。拜倫不僅在詩中抒發他熱愛自由的革命理想，而且也參加到希臘人民爭取獨立的鬥爭中，並爲此獻出了寶貴的生命。雪萊出身於貴族家庭，但也是頑固保守勢力的叛徒。他在 *1811* 年發表《無神論的必然性》，被大學當局以叛教罪開除學籍。以後幾年他成爲哲學上無政府主義者威廉·戈德溫（*William Godwin, 1756−1836* 年）的信徒。雖然雪萊以後修正了一些青年時代的激進主義，但他始終沒有放棄對非正義的憎恨和對於一個歡樂與自由的金色黎明的嚮往。雪萊在《伊斯蘭起義》中把革命看成是人們從貴族和富豪統治下解放出來的必不可少的途徑。他的抒情詩劇《解放了的普羅米修斯》，歌頌了英雄普羅米修斯堅持不屈，最後依靠大自然的力量獲得解放，給人以有力的鼓舞。

法國的浪漫主義文學中神秘的非理性主義傾向的主要闡述者，是佛朗索瓦·德·夏多布里昂（*François René Chateaubriand, 1768−1848* 年）。夏多布里昂在基督教的神秘世界和純樸人民的「神聖的無知」中找到了宇宙中最崇高的美。夏多布里昂代表了旨在把人民從理性的危險中拯救出來，使他們回到信仰時代的天主教復興運動，反映了浪漫主義思潮中反動、倒退的一面。

法國浪漫主義文學中捍衛個人自由，鼓吹社會改革的積極傾向的代表者是維克多·雨果（*Victor Marie Hugo, 1802–1885* 年）和女作家喬治·桑（*George Sand, 1804－1876* 年）。雨果提出了「浪漫主義，歸根結底是文學中的自由主義」的精闢論斷。他的作品浸透著小資產階級人道主義和自由民主精神。他的長篇小說《巴黎聖母院》（*1831* 年）通過美麗的吉卜賽少女愛斯梅哈爾達受到教會和專制制度的迫害、摧殘，最終悲慘死去的故事，深刻揭露了教會和封建專制統治的黑暗、野蠻與殘暴。這部小說情節離奇，充滿巧合和怪誕，人物性格誇張，美與醜、善與惡、光明與黑暗形成強烈的對照，是一部典型的浪漫主義作品。長篇小說《悲慘世界》（*1862* 年）以工人冉阿讓顛沛流離的悲慘生活史爲主線，反映了以妓女芳汀、流浪兒加伏羅希爲代表的下層人民的悲慘命運和處境，深刻揭露了 *19* 世紀各種尖銳的社會問題。女作家喬治·桑原名奧羅爾·迪潘，她的描寫農村生活的小說具有牧歌式的魅力。她是第一批以農民和卑賤的勞動者爲小說主人翁的作者之一。她的小說還特別觸及到婦女的家庭地位和社會地位問題，主張婦女有不受婚姻習俗束縛的愛的權利。她的最有名的作品有長篇小說《賀拉斯》和《康泰羅》等。

德國的浪漫主義文學在狂飆突進運動中萌芽，但長期處於一種消極狀態中，直到海涅（*Heinrich Heine, 1797–1856* 年）的出現，才表現出積極的姿態。海涅早期的詩歌創作匯編在《歌集》裏。這些詩作主要歌唱自然與愛情，表現了溫情和憂鬱的抒情天才以及罕見的音樂魅力，人們稱他爲「築巢在伏爾泰的假髮中的夜鶯」。海涅一生都在爲「人的解放」鬥爭，他是一個機智的諷刺家，也是一個對自滿與反動進行辛辣批評的批評家。海涅的長詩《德國——一個冬天的童話》（*1844*年）對*1848*年革命前，封建統治下的德國的種種醜惡社會現象進行毫不留情的揭露和抨擊，呼喚統一，號召人民爲爭取民主的新德國而戰鬥。他寫的聲援*1844*年西里西亞織工起義的詩《西里西亞織工》，歌頌了工人階級的鬥爭，對於工人的勝利充滿信心。*1848*年革命以後，海涅的詩歌中的徬徨不安情緒有了明顯發展。他的最後一部詩集《羅曼采羅》（*1851*年）一面繼續嘲諷和鞭撻「老德意志」，另一方面也恐懼革命，情調憂鬱，色彩灰暗。

美國的浪漫主義文學在*19*世紀中葉主宰了文壇。哈里葉特·比徹·斯托夫人（*Harriet Elizabeth Beecher Stowe, 1811–1896*年）根據她親身了解到的奴隸生活實況，以極沈痛的筆調寫出名著《黑奴籲天錄》，揭露了黑人奴隸的非人生活和蓄奴制的殘暴。小說對當時蓬勃發展的廢奴運動產生了巨大影響。美國的浪漫主義文學在惠特曼（*Walt Whitmann, 1819–1892*年）的詩歌中達到了高峰。惠特曼的詩歌創作匯編爲《草葉集》，謳歌自然，歌頌和平勞動和美好的人際關係，表達了對人類光輝未來的無限嚮往，反映了美國人民對自由、民主的樂觀情緒。

浪漫主義文學輕視理性和科學分析，不利於人們尋找真正解決社會問題的途徑；而且浪漫主義文學是在與理性主義文學對抗，並且主要是在歐洲君主國家鎮壓了法國革命以後發展起來的，這就不可避免地使浪漫主義文學帶有復古、倒退的色彩，如英國的「湖畔詩人」，法國的夏多布里昂等所表現出來的神秘主義傾向等，這些都是浪漫主義文學的嚴重局限。但是浪漫主義文學歌頌民主和自由，反對形形色色的專制，宣揚普通人的生活，讚美下層人民的純潔心靈，這些都推動了西方文學的進步，並且對19世紀中葉以後的文學發展產生了影響。

19世紀中葉以後資本主義制度確立和鞏固了，資本主義國家的政治民主改革也在深入和擴大。但是這一時期傳統的古典自由主義仍然被許多國家作爲基本的決策指導，阻礙了社會和經濟民主的發展，使得工業革命以後所積聚的社會矛盾更加尖銳、複雜，社會各階層對現實生活的不滿情緒不斷增長。因此，浪漫主義文學對社會的抽象抗議和對未來的空洞理想，不能適應時代的要求了。從19世紀30年代到20世紀初，西方文壇逐漸被現實主義文學所統治。

現實主義文學反對過度感情用事，主張按照科學和哲學揭示的嚴酷事實來描寫生活，集中注意於冷靜評價資產階級統治，揭示資本主義社會的矛盾。現實主義文學注重在典型環境中塑造典型人物的典型性格，通過這些典型人物來展現社會弊端，批判資本主義制度。

現實主義文學首先在法國嶄露頭角。司湯達（*Stendhal, 1783-1842*年）是法國現實主義文學的奠基者之一，他的《紅與黑》（1830年）是歐洲第一部批判現實主義的傑作，司湯達以同情的態度，描寫了復辟時期法國外省一個鋸木場老板的兒子的奮鬥、追求和悲劇，批判了復辟時期天主教會的黑暗腐朽、封建貴族的荒淫無恥，和封建門第與等級觀念壓制平民階層的青年，阻礙了他們個性的自由發展。小說也批評了資產階級唯利是圖、投機取巧、卑鄙庸俗、損人利己的醜惡本質。

法國現實主義文學的傑出大師是巴爾扎克（*Honoré de Balzac, 1799–1850*年）。他的主要作品《人間喜劇》共包括96部長篇、中篇和短篇小說，每一部小說反映一個時代和一個社會側面，既獨立成書，又連綴相貫。巴爾扎克在這部著作中塑造了兩千個典型形象，集中展現了*19*世紀上半期法國封建貴族的沒落衰亡和資產階級的罪惡和發跡的歷史。巴爾扎克的筆調尖刻、坦率，他以暴露隱藏在人們心靈深處的行爲的動機和揭示上流社會體面的外表遮蓋下的腐朽醜惡爲快。恩格斯稱巴爾扎克爲，「他是比過去、現在和未來的一切左拉更要偉大的現實主義大師」。❼

現實主義傳統更爲確切的表述見之於福樓拜（*Gustave Flaubert, 1821–1880*年）的著作。他的最重要的小說《包法利夫人》（*1857*年）是對人類墮落的一次冷酷剖析，也是對浪漫的夢想和日常生活中沈悶的現實之間悲劇性衝突的一次探討。小說主人翁愛瑪爲追求空幻的生活，傲慢放蕩不羈，最後在高利貸壓榨和人們的冷落下自盡，成爲法國社會腐朽社會的犧牲品，福樓拜後期作品中表現出較多的悲觀主義情緒。

埃米爾·左拉（*Émile Zola, 1840–1902*年）的作品多少有些不同於現實主義文學的一般作品。他只對自然界的事實作不帶個人哲理色彩的確切而又科學的描述感興趣，因此他被公認爲自然主義理論的創建者。但是左拉始終對下層群眾抱有深切同情，而且充滿了爭取社會正義的激情。他的作品總題目《盧貢·馬加爾家族》，副題是《第二帝國時代一個家族的自然史和社會史》，包括了*20*多部長篇小說，涉及諸如酗酒、惡習、貧窮和疾病等社會問題，從不同側面反映了第二帝國時期的罪惡現實。

莫泊桑（*Guy de Maupassant, 1850－1893*年）是法國最負盛名的中短篇小說作家。他的《羊脂球》和《項鏈》批判了資產階級道德墮落，嘲諷了中小資產階級卑下的精神世界。他的長篇小說《俊友》（*1885*年）描寫退職下級軍官杜洛阿靠勾引上流社會女子，擠入上流社會的經歷，抨擊了他厚顏無恥的卑劣行徑。面對人慾横流，腐敗墮落的社會現實，莫泊桑找不到解決問題的力量和辦法，消極悲觀，最後上吊自殺。

在英國，最先採用現實主義手法寫作的是薩克雷（*William Makepeace Thackeray, 1811－1863*年）和狄更斯（*Charles Dickens, 1812－1870*年）。

薩克雷的主要作品是《名利場》（*1848*年），敘述兩個女子過著空虛而沒有内容的生活，揭示出資本主義制度是造成生活空虛、道德普遍墮落的根源。薩克雷的作品中也有許多是描寫上流社會貴族的生活，但他的目的是揭發上流社會人們的醜聞，取笑他們的怪癖。

狄更斯是英國小資產階級人道主義作家。他的作品中對於下層人民的痛苦命運抱有強烈同情。他的《大衛．科波菲爾》（*1850*年）是一部自傳性質的小說，描述了在資本主義制度下小資產階級生活的艱辛、痛苦以及他們的精神面貌和生活理想。《艱難時世》（*1854*年）以工人鬥爭爲背景，描寫勞資之間尖銳對立，強烈譴責資產階級對於工人階級的剝削和摧殘。他的《雙城記》（*1859*年）揭露法國封建貴族的殘暴，揭示了法國資產階級革命的正義性和必然性。狄更斯的作品對於他同時代和以後的作家都產生了很大影響。

19 世紀末 *20* 世紀初的英國現實主義文學代表有哈代（*Thomas Hardy, 1840–1928* 年）、高爾斯華綏（*John Galsworthy, 1867–1933* 年）等人。哈代在他的著名小說《還鄉》、《無名的裘德》和《苔絲》中貫穿著一個信念：人類是無情的命運的玩物。但是，我們從他的小說描寫裏仍然可以看出，主人翁的悲慘命運完全是社會造成的。高爾斯華綏的創作集反映了 *19* 世紀後期和 *20* 世紀初英國社會狀況。他的名著《福爾賽世家》典型地刻畫了資產階級唯利是圖的性格。

美國的現實主義文學是在內戰以後獲得發展的。馬克·吐溫（*Mark Twain, 1835–1910* 年）是美國現實主義文學的先鋒，他的《競選州長》（*1807* 年）諷刺了資本主義民主制度的虛僞。《鍍金時代》（*1873* 年）批評了金元獨裁現象。《湯姆·索亞歷險記》，批判了教會教育對兒童心靈的毒害。《哈克貝利·費恩歷險記》（*1886* 年）描寫了美國農村的貧困和衰落，抨擊了嚴重的種族歧視現象。他的《百萬英鎊》（*1900* 年）刻畫了拜金主義者的形象。馬克·吐溫語言辛辣、幽默，使他的作品具有很強的藝術感染力。傑克·倫敦（*Jack London, 1876–1916* 年）在《鐵蹄》中，第一次描繪了美國無產階級爲爭取社會主義而進行的鬥爭。

天才輩出的樂壇

17 世紀以前，長期統治音樂界的是對位結構的合唱曲，主要用於教堂各種儀式中。隨著資本主義的發展，音樂逐漸走出教堂，來到王公貴族的宮廷和宅第中，來到了市民中間。 *17* 世紀隨著意大利歌劇的產生，世俗音樂得到迅速

發展。到*18*世紀上半期，音樂發展到了一個光輝燦爛的時代。代表這一時期輝煌成就的有意大利那波里樂派、法國的拉穆、英國的漢德爾和德國的巴赫等人的作品。

意大利那波里樂派，是指以*17*世紀意大利著名音樂家卡里斯米（*Giacomo Carissimi, 1605–1674*年）的學生*A*·司卡拉蒂（*Aessandro Scarlatti, 1660–1725*年）爲核心的一大批音樂家。那波里樂派在*17*世紀出現的單聲部旋律的基礎上，發揮人的發聲特長，將獨唱藝術發展到新的高峰。司卡拉蒂也給歌劇創造了一種用管弦樂演奏的特別的序曲，人們稱之爲「交響樂」。

拉穆（*Jean Philippe Rameau, 1683–1764*年）根據自己多年從事風琴師的藝術實踐，總結了當時盛行的舞台音樂經驗，於*1722*年撰寫了《和聲學教本》一書，創立了近代和聲學理論。拉穆也創作了許多歌劇音樂。他創造性地把獨唱、合唱、詩詞、歌調、舞蹈和管弦樂融合成一個整體，將戲劇音樂推進一步。

漢德爾（*George Frederick Handel, 1685–1757*年）出生於德國的薩克森，以後在意大利居住了*4*年，完全吸收了意大利音樂的表演技巧和創作方式，然後定居英國，在倫敦居住了幾乎半個世紀。漢德爾最初寫了幾十部意大利歌劇，並在他經營的一個歌劇團演出。但是，他發現意大利歌劇不合廣大英國資產階級的口味。於是他改寫聖劇並獲得成功。他的聖劇以合唱爲中心，氣勢磅礴。漢德爾的聖劇表達了猶太人、巴比倫人、波斯人熱愛自由、艱苦鬥爭的業績，歌頌英國人民對自己的制度、對自己所取得的成就的自豪感。漢德爾的聖劇以《彌賽亞》、《巴爾塔查》最爲成功，激起人們對於受苦難民族的強烈同情。漢德爾的詠嘆調的旋律也非常華美。

巴哈（*Johann Sebastian Bach, 1685–1750*年）也是生於薩克森，但是他的風格同漢德爾毫不相同。巴哈是日耳曼音樂天才的化身。巴哈將他的無窮的想像力與廣闊的智慧和經過嚴格訓練出來的英雄般毅力與孜孜不倦的創作熱誠結合在一起，掌握了當時流行的音樂類型和風格。他一生所寫的*500*多部音樂作品，形式多種多樣，有古鋼琴曲、風琴曲、小提琴曲、大提琴曲、長笛曲以及大量合唱，獨唱樂曲等。作爲一個教堂樂師，巴哈的作品主要是宗教樂曲，如聖樂、受難曲和彌撒曲等。他爲聖約翰和聖馬太福音配的音樂，實現了最偉大的藝術和最純真的樸素性的結合，被認爲是這種類型的音樂不可逾越的高峰。巴哈的音樂中還彌漫著中世紀日耳曼宗教的神秘主義，這使他的作品同*18*世紀的啟蒙運動所創造的世俗氛圍格格不入而不爲世人注意。直到*19*世紀巴哈重新被發現以後，其影響才迅速擴大。現代作曲家中還有人「回到」巴哈那裏去尋找靈感和指導。

*18*世紀中葉，司卡拉蒂創造的意大利交響樂由歌劇院移植到音樂會裏之後，贏得了人們的喜愛，音樂界也出現了創作交響樂的熱潮。與此同時，維也納學派開始在音樂文化方面佔據主導地位，奧地利作曲家格魯克、斯塔米茲、海頓和莫扎特作出了突出貢獻。

格魯克（*Christoph Gluck, 1714–1787*年）在歌劇改革事業上作出了貢獻。他的目的是把衰微中的「嚴肅」歌劇改革成爲和古典文化相似的崇高戲劇。格魯克主張歌劇必須有深刻的內容，音樂要與戲劇劇情統一起來，音樂和戲劇的表現方式要做到自然、純樸，反對矯揉做作。

斯塔米茲（*Johann Stamitz, 1717–1757*年）在他的樂曲中引進了變幻性和流動性。有位英國旅行家聽了他的樂曲之後評論說：「它的『強音』有如雷鳴，它的『漸強』有如瀑布，它的『漸弱』有如向遠處潺潺流去的明澈的小川，它的『輕音』有如春天的私語。」

海頓（*Joseph Haydn, 1732–1809*年）對交響樂的改革主要在於使它有了主題，而主題的發展主要見於交響樂的第一樂章和最後一樂章。海頓從民間音樂創作中汲取了豐富的藝術營養，他的清唱劇《四季》讚美農民的勞動，歌頌大自然的魅力。海頓的一生創作了許多歌劇、彌撒曲、聖樂曲、協奏曲、*80*多首弦樂四重奏和*104*首交響樂，他牢牢奠定了交響樂結構的技術和風格的原則，和莫扎特一起創立了交響樂隊的方式。

莫扎特（*Wolfgang Amadeus Mozart, 1756–1791*年）是西方第一批離開宮廷、貴族的宅邸、教堂或市政府，嘗試在大都市中以藝術爲生的自由經濟音樂家。窘迫的經濟激勵著他創作出眾多音樂作品，但也過早地奪去了他富有天才的創造力的生命。莫扎特被譽爲是*18*世紀萬能音樂家，他創作了*49*部交響曲，各種協奏曲、鋼琴奏鳴曲等，奠定了近代交響樂和鋼琴協奏曲的結構風格和原則。莫扎特在改造意大利喜歌劇方面取得了更爲突出的成就。莫扎特所創作的具有現實風格的歌劇《費加羅的婚禮》、《唐璜》揭露了貴族的腐朽荒淫，具有鮮明的反貴族性。莫扎特對於德國歌劇藝術的建立具有巨大貢獻，他晚年所創作的《魔笛》是一部用德語寫成的歌劇。

*19*世紀的最初*10*年，音樂界也目睹了浪漫主義的興起。浪漫主義作曲家試圖用音樂表達人們的精神境界，喚起聽者的興趣，激起他們的共鳴。儘管人們確實很難把每一位作曲家都歸之於浪漫主義旗幟下，但我們仍然可以在注重主觀抒情方面找到他們的共性。

*19*世紀上半期的音樂天才中，路德維希·封·貝多芬（*Ludwig van Beethoven, 1770－1827*年）無疑是最偉大的。貝多芬出生於一個音樂世家，貧困和嚴酷的父親使他的童年生活很不幸。而*30*歲以前開始的聽力減弱，晚年的完全耳聾，更使這位音樂天才痛苦異常，他被迫放棄了在公眾場合彈奏，而且再也聽不到他自己創作的許多偉大作品。但是所有這些磨難都沒有阻止他的追求和進取。在鐵的意志趨使下，貝多芬一生創作了*9*部交響曲、大量鋼琴協奏曲、弦樂曲等，對西方音樂文化發展產生了很大影響。

貝多芬早年深受啟蒙運動和法國資產階級革命的影響，畢生追求「自由、平等、博愛」的理想，他的許多作品歌頌了當時資產階級反對封建統治，爭取社會民主的革命鬥爭精神，洋溢著熱情樂觀的情緒。在第三交響曲中，他用「力」與「火焰」交融的音響，描寫了英雄的生活、鬥爭、死亡，和人民的憶念，以及人民在爭取到新勝利後的喜悅。他的第五交響曲讚美了與命運的搏鬥，蘊藏著日耳曼民族主義的熱烈精神。他的第六交響曲用清新美妙、輕柔雋永的旋律，譜出大自然的沛然元氣，和人在大自然中的活力、鬥爭和歡樂。貝多芬的第九交響曲寫成於維也納會議以後，「神聖同盟」猖狂活動時期。貝多芬運用多面的、精妙的、高度的音樂藝術技巧，抒發了人民對未來的憧憬，對抗暴鬥爭贏得自由和解放的歡樂。在最後的樂章中，貝多芬以席勒的《歡樂頌》爲歌詞的合唱作結尾，打破交響曲的傳統，在管弦樂中添進人聲，更豐富了管弦樂的絢麗色彩，同時也加強了音調所表達的無窮無盡的意志、力量和歡樂。貝多芬的鋼琴奏鳴曲也塑造了許多鮮明的音樂形象，給人留下了難忘的印象。列寧曾盛讚貝多芬的奏鳴曲：人們能夠創造怎樣的奇蹟啊！

與貝多芬同時代的著名音樂家有韋伯和舒伯特。德國作曲家韋伯（*Carl Maria von Weber, 1786—1826*年）是一個真正的浪漫主義者。他的鋼琴協奏曲和其他器樂曲華麗並略帶輕微的憂鬱情緒。韋伯的歌曲先於舒伯特的歌曲，特點是秀麗樸素；它們有的歡快、幽默，有的雄壯激昂。韋伯也是第一個立志創作德國民族歌劇的作曲家。他的《自由射手》取材於德國民間故事，以激動人心的音樂語言描繪了從解放戰爭中歸來的士兵們，滿懷剛剛贏得勝利的德國愛國主義的自豪，在沙沙作響的森林中，在號角聲中，在獵人的砰砰的槍聲中，在農民們的歡快的舞蹈中，看到了他們奔赴戰場所作的一切。這部歌劇被認爲是德國第一部浪漫主義歌劇。

舒伯特（*Franz Schubert, 1797—1828*年）出生於威尼斯一個教師家庭裏，*18*歲時就完成了他的許多名曲。舒伯特是最偉大的歌曲作家，他取歌德、席勒、海涅等人的詩爲詞，作了*600*多首歌曲，其中以《魔王》、《野玫瑰》等爲主要。舒伯特也創作了許多器樂曲。舒伯特的許多樂曲採擷於民間音樂，描繪了鄉村的優美生活，他的作品表達了一種渴望擺脫束縛和壓抑的心情。

門德爾松（*Felix Mendelssohn, 1809—1847*年）是猶太哲學家摩西·斯·門德爾松的孫子，他的父親是一個富有的銀行家，母親是一位極有文化修養的人，這些都使門德爾松有條件從小就受到良好的文化和音樂教育。門德爾松熟悉歌劇以外的所有音樂形式。他的戲劇音樂《仲夏夜之夢》和標題交響樂《蘇格蘭交響曲》、《意大利交響曲》等，結構工致、旋律流暢。他被認爲是從舒伯特到勃拉姆斯期間最好的室內樂作曲家。門德爾松也是一個進步的社會活動家。*1834*年他在萊比錫創辦了德國第一所音樂學院。

羅伯特·舒曼（*Robert Schuman, 1810–1856*年）作爲一個編輯和作家，曾經敦促開展音樂的學術研究，開展對歷史上音樂成就的評價工作。他還參與了出版曾被忽視的舒伯特歌曲遺稿的工作。舒曼也創作了許多樂曲，如鋼琴曲《蝴蝶》、《狂歡節》、《童年情景》等。他一生寫了*200*多首歌曲，其代表作爲聲樂套曲《詩人之戀》（海涅作詩），細致描繪了人物感情，既有明朗的抒情，也有慷慨悲歌，堪稱傑作。

蕭邦（*Frédéric Chopin, 1810–1849*年）是典型的浪漫主義音樂語言的創造者之一，也是音樂史上最富於獨創性的音樂家之一。在他的成熟的作品中，沒有一首是依賴傳統形式或手法的。蕭邦作品的特點是隨想式的、任意的、注重細節的、迷人和富於特性。蕭邦的作品幾乎全是鋼琴曲，如《葬禮進行曲》，瑪祖卡舞曲、波洛涅滋舞曲、圓舞曲、前奏曲、敘事曲等。蕭邦在自己的作品中傾注了對於祖國的深厚眷戀之情，反映了人民生活的生動情景、波瀾壯闊的歷史、民間傳説等。

*19*世紀下半期，音樂在更廣闊的領域內發展著，浪漫主義、現實主義、新古典主義等思潮都有自己的代表人物，

音樂藝術在更高的水準上獲得發展。

柏遼兹（*Hector Berlioz, 1803–1869*年）是法國標題交響樂的創始人。他的交響樂作品表現出理智與本能的悲劇性衝突。他的《幻想交響曲——一個藝術家生涯中的插曲》（*1830*年），表達了主人翁的強烈激情、熱烈希望和痛苦失望情緒。作品展示了從恬靜的田園景色到陰慘離奇的向刑場行進的各種各樣音樂畫面。

李斯特（*Franz Liszt, 1811–1886*年）是匈牙利人，但從*11*歲起就離開祖國去巴黎學習，他的文化和哲學思想完全是在法國影響下形成的。李斯特是第一個浪漫的現實主義作曲家。他的代表作有《匈牙利狂想曲》、標題組曲《旅行的年代》及《*b*小調奏鳴曲》。李斯特豐富和革新了鋼琴的演奏技術，首創「交響詩」體裁，擴大了鋼琴和管弦樂的表現領域。

理查·瓦格納（*Richard Wagner, 1813–1883*年）是*19*世紀後期具有革新精神的音樂家。他最初對戲劇感興趣，後來轉向音樂，主要是因爲他認爲音樂中存在著富有戲劇性的場面。瓦格納想把所有的藝術綜合成有機的整體。在他的歌劇創作中，他採取了一種把舞蹈動作、歌詞、音樂和舞台效果融爲一體的創作技巧。他改掉了幕與幕之間的任意劃分，把幕合併成場。他自由地廣泛使用和聲，而不採用傳統的旋律形式。瓦格納的晚期作品中表現出讚美殘忍和利己主義的傾向。他的代表作是大型歌劇《尼伯龍根指環》（*1848–1874*年）。

諸家爭奇的畫壇

近代時期，西方繪畫藝術擺脫宗教束縛，根植於世俗社會之中，獲得新的發展成功。一些傑出畫家面對大量湧現出來的新題材，大膽革新繪畫手法，推動了近代西方繪畫藝術的繁榮發展。

*17*世紀是西方油畫技法承先啟後的重要時期，在這一時期出現的佛蘭德斯人魯本斯、西班牙人委拉斯開茲和荷蘭人倫勃朗，以各自獨特的畫風和卓越的貢獻，推動了西方油畫藝術的發展。

魯本斯（*Peter Paul Rubens, 1577–1640*年）幼時隨父母過著顛沛流離的生活。他的父親曾因信奉新教而被放逐，結果客死他鄉。魯本斯曾在意大利專心學習文藝復興時期繪畫大師們的作品，這對於他的畫風的形成有決定性影響。魯本斯的畫風，用筆豪邁，氣勢開闊，色彩十分豐富，發展了威尼斯畫派的技法。他在描繪人物上，善於表現複雜的動態，從中可以感受到米開朗基羅的影響。魯本斯在《命運之神在紡紗》和《維納斯和阿多奈斯》中用華麗和濃艷的色彩處理古典題材，得到當時富裕的市民和貴族的賞識。他畫的裸體婦女，粉紅色和豐盈的肉體，完全和當時強盛的活力相一致。魯本斯在給統治者和貴族畫的肖像畫中，特別注意高雅的服飾的每一華麗的細節和背景的富裕的陳設。魯本斯的畫顯示出典型的巴羅克式風格。他的《瑪麗·美第奇的一生》由*21*幅大型組畫組成，表現出他旺盛的創作精力，嫻熟的技巧和豐富的想像力。在構圖上，常常把人間、天上、幻想、現實、珍禽異獸、飄浮的雲朵、飛動的絲綢、閃亮的金屬交織成複雜的*S*型圖型。他的《掠奪呂西普的女兒》將搶婚畫在動亂中，烈馬、男人、女人交錯在一起，幾乎讓人難以分辨各自的關係，只感到馬頭、馬腳、人手、人足像爆開的花朵四散出去。他的《阿瑪松的戰鬥》、《獵獅》等都表現出強烈的動感，人、畜、刀、劍、火渾然一體，給人驚心動魄之感。魯本斯的繪畫風格對於他同時代的委拉斯開茲、*19*世紀法國浪漫派的席里柯、德拉克羅瓦、印象派的雷諾阿，英國的康斯太勃等，都有不同程度的影響。

委拉斯開茲（*Diego Velázquez, 1599–1660*年）是*17*世紀西歐現實主義畫家之一，他的作品表現了帝王貴族的腐敗、空虛。他在給西班牙國王菲力浦四世畫的許多肖像畫中，以忠實而敏銳的畫筆，刻劃了這個統治者冷漠、矜持的外表和性情憂鬱、優柔寡斷、對生活厭倦的精神面貌。他的《教皇英諾森十世》肖像畫描寫教皇身著紅色僧袍，坐在金光閃閃的靠椅上，狹長的臉上長著稀疏的鬍鬚，兩眼射出銳利的光芒，一雙養尊處優的手靠在扶手上，恰如其分地把教皇凶狠陰險的性格特徵刻劃得淋漓盡致，爲歐洲繪畫中最有力的肖像畫之一。委拉斯開茲對下層群眾抱有深深的同情。悲憤抑鬱的《塞巴斯提安·德·莫拉》、好學深思的《迪埃哥·德·阿賽多》等在肉體和精神上遭受創傷，但仍保持著正直的人的尊嚴。《紡紗女》以熱情洋溢的筆調歌頌了勞動者樸實崇高的美，是歐洲繪畫較早直接表現手工勞動的一件名作。委拉斯開茲在藝術技巧上很善於運用流暢自然而又含蓄適度的筆法，下筆毫無斧鑿之痕。在色彩方面，他的作品有的瑰麗而典雅，有的沈靜中富有生氣，畫面常常閃耀著明徹的銀灰色光輝。這些都對後世許多畫家具有很大的影響。

倫勃朗（*van Rijn Rembrandt, 1606–1669*年）是*17*世紀想要擺脫當時流行的藝術習俗束縛的作家中最傑出的一個。他是萊頓一個富有的磨坊主的兒子，很早就開始學畫，善於用光線的明暗效果突出主題，表達畫面內容。倫勃朗的作品中含有深刻的哲理，但是這些不爲當時的評論界所認識。*1656*年，債主們把他的所有財產一洗而空，甚至把桌布也拿走了，把他趕出了屋子。這些不幸反而促使他更深層地思考人生。任何別的畫家都不能比他更深刻地了解人性的問題和人性的考驗，也不能比他更強烈地洞察人生的秘密。他的肖像畫滲透著一種內省的性質。倫勃朗喜歡描繪富有戲劇性和人情味的題材。他的《基督傳道》把耶穌和聖徒們畫成身穿東方服裝的普通猶太人，甚至是窮苦的勞動者。他的聖母像是以荷蘭農婦爲模特兒。素描畫《流浪之家》刻劃了破產的農民背井離鄉，到處流浪的悲慘情景。《解剖課》對傳統的習俗提出了挑戰。他的《夜巡》諷刺了封建等級制度，但也留下了誰也解不開的謎團。

*17*和*18*世紀還有兩個遠遠背離古典傳統的著名畫家。他們是荷蘭人弗朗茲·哈爾斯（*Franz Hals, 1580–1666*年）和西班牙人戈雅（*Francisco de Goya, 1746–1828*年）。哈爾斯的大多數作品是現實主義的肖像畫。他喜歡描繪酒店醉鬼臉部的傻笑，巡回歌唱家和演奏家天真的熱情和遭受生活重壓的、被遺棄的絕望的人們的困惑和苦難。他的《吉卜賽姑娘》形象地刻畫了一位野味十足、自由不羈、美貌潑辣的吉卜賽少女。他的繪畫風格對於以後的文學、戲劇、電影創作都有很大的影響。

戈雅是公認的當時流行的藝術標準的背叛者，他以敏銳的觀察和卓越的技巧來刻劃人物性格特徵、精神氣質和外貌。他憎惡貴族，蔑視教會，嘲笑上流社會的虛僞。他的《裸體的瑪哈》表現了他蔑視宗教法規，敢於向神權挑戰的反抗精神。《不可救藥》是對當時極端野蠻的宗教裁判的憤怒抗議。他把瑪麗·露伊莎王后畫成一個正在專心致志地梳妝打扮的醜陋老太婆。國王卡洛斯四世在他的筆下成了一副腦滿腸肥，愚蠢可笑的樣子。他對於普遍勞動人民充滿同情。《汲水之女》中那個姿態高傲，體格結實的姑娘，顯示出力量、健康和活力。戈雅對於拿破崙侵略西班牙的行徑進行了猛烈攻擊。他的《起義》和《槍殺》再現了*1808*年*5*月*2*日馬德里人民反抗法軍的驚心動魄場面，熱情歌頌了英勇的西班牙人民，對凶殘的侵略者表示了極大的憤怒。戈雅富有獨創精神的藝術對西方繪畫產生了重大影響。意大利美術史家利奧奈洛·文杜里寫道：「西班牙人戈雅之出現在我們面前，不僅是一個巨人，而且是一個在理想方面和技法方面全部打破了*18*世紀的傳統的畫家和新傳統的創造者……正如古代希臘羅馬的詩歌是從荷馬開始一樣，近代繪畫是從戈雅開始的。」

*18*世紀末爆發的法國資產階級大革命，對於法國古典畫派的發展起了推波助瀾的作用，這個時期法國古典畫派的代表是大衛（*Jacques-Louis David, 1748—1825*年）。大衛也被稱爲革命古典派畫家，以區別*18*世紀具有濃厚貴族氣息的古典派。在西方美術史上，很少有像大衛那樣既在政治行動上，又在創作上同革命如此緊密結合的畫家。

大衛出生於巴黎一商人之家，*1766*年考進美術學院，早先模仿過「洛可可」風格，以後接受了他的老師維恩的新古典主義風格。80年代，大衛接觸了當時的一些資產階級革命家，成爲雅各賓俱樂部成員。1789年法國資產階級革命爆發後，大衛被國民議會任命爲公共教育委員會和美術委員會委員。

大衛對革命抱有熾熱的情感和積極態度。1784–1786年，大衛創作了《荷拉斯兄弟之誓》。這幅畫在沙龍展出後，轟動巴黎。這幅畫粗糙、抽象、缺乏個性，但顯示大衛對古典藝術的精通。由於這幅畫借用歷史題材，號召群眾學習古代英雄的業績投入戰鬥，因此展出後反應強烈，以致有人認爲是大衛的這幅畫啟發了法國大革命。革命爆發後，大衛創作了許多記錄革命，鼓舞人民的作品。他的《處決親子的布魯斯特》（1789年）歌頌了大義滅親的英雄行爲。《網球場宣誓》歌頌了人民推動革命的力量。《勒蒂列比埃》和《馬拉之死》（1793年）是爲了紀念被反革命暗殺的革命家。他在把《馬拉之死》交給國民議會時說：「公民們，人民再次向我提出要求：大衛，拿起你的畫筆爲馬拉報仇，讓敵人看到它時失魂喪魄。我已經聽到人民的聲音。」這番話清楚地表明了大衛的創作動機。拿破崙統治時期，大衛創作了《加冕圖》（1805–1807年）和《授旗式》（1810年）稱頌拿破崙的業績。波旁王朝復辟後，大衛被以弒君罪監禁，出獄後流亡比利時，1825年12月29日死於布魯塞爾。人們在他的墓碑上銘刻了「法國近代畫派的復興者」，以表彰他的藝術業績。大衛的古典派主張藝術回到古代，追求理性，因而失去了感情。斯湯達評論大衛畫派實際上是一門「精密的科學，就跟數學、幾何、三角一樣」。法國浪漫派領袖德拉克羅瓦說大衛的畫只是「雄壯有力的散文」，缺乏詩意。這些評價道出了大衛的缺點。

大約在*19*世紀*20*年代末，法國形成了浪漫畫派。浪漫畫派拋棄了古典畫派的勻稱莊重的形式，完美平衡的構圖，主張通過急速的節奏，強烈的明暗對比，飽滿的色彩畫法，來刻畫現實生活中英勇豪邁而有意義的事件，造成動人心弦的畫面。狄奧多·席里柯（*Théodore Géricault, 1791－1824*年）的《「梅杜薩號」之筏》被認爲是浪漫派繪畫藝術的宣言書。

席里柯出身於一個律師之家，從小隨名師學畫。*1816*年他到意大利觀光和學習，對米開朗基羅的作品感受最深。席里柯對復辟時期古典派的陳舊表現手法很不滿，他從大衛的弟子格羅（*Antoine-Jean Gros, 1771–1835*年）和自己的老師韋爾尼（*Carle Vernet, 1758–1836*年）的創作中得到啟示，採取當代現實生活題材，創作同典範作品一樣深刻和宏偉的作品，尤其要表現米開朗基羅的作品的悲劇氣氛。他抓住了「梅杜薩號軍艦」海難事件，終於創作出一幅風格獨特的作品。席里柯抓住「瞥見天邊船影」的刹那情景，刻意描繪在海上飄浮了*13*天，歷經飢餓的熬煎、毆鬥的殘酷和死亡威脅的人們，在希望與絕望、生與死懸而未決的最緊張時刻所表現出來的急切神態，造成緊張、激動、令人窒息的氣氛，深深地打動人心。在表現手法上，席里柯以奇峰突起的金字塔形構圖和人與船帆、桅這兩股力量的矛盾運動，造成一種緊張感；而色彩的強烈對比以及有力的黑白交錯節奏，增強了起伏動盪的效果，造成一種不穩定感。這幅畫突破了傳統的古典畫派創作手法，開創了浪漫主義畫派，而且也啟發了後來的現實主義派畫家。這幅作品在政治上也產生了很大影響，它揭了波旁復辟王朝的一個「瘡疤」，更使人民看到波旁復辟王朝政治上的腐敗。據說國王路易十八（*Louis XⅧ，1755-1824*年）在參觀*1819*年「沙龍」時，在《「梅杜薩號」之筏》前注目良久，並對站在的旁邊的作者說：「席里柯先生，你剛才搞了一場災禍，不過對你來說，恐怕還不止這一件呢？」

席里柯開創的浪漫畫派，被「浪漫主義獅子」德拉克羅瓦（*Eugéne Delacroix, 1798-1863*年）推進了一大步。他重視色彩的熱烈奔放，指出「色彩是繪畫的主角」。他在*1824*年首次展出的《開奧斯島大屠殺》中，描繪*1821*年希臘人民反抗土耳其侵略者鬥爭以及所遭受到的殘酷鎮壓，表達了作者同情被壓迫民族的反抗鬥爭的心情。*1830*年「七月革命」爆發，德拉克羅瓦創作了有深刻歷史意義的油畫《自由引導人民》。油畫中煙塵滾滾，色彩鮮明熱烈，給人以千軍萬馬之印象。

英國浪漫派代表人物是約瑟夫·透納（*Joseph Turner, 1775-1851*年）。他的巨幅風景畫，充滿了明暗對比和色彩對比，表現出他的狂放不羈的想像力。他的多數畫題或取之於古代神話。如《不和女神在金蘋果樂園裏》。或取材於文學作品，如《阿普列烏斯的女兒尋父》。對於現實題材，他常流露出憂傷之情和神秘主義傾向，如《大洪水後的夜晚和早晨》。

*19*世紀三十、四十年代，法國現實主義風景畫民族畫派形成。這一派從著意描繪歷史，轉向著重描述大自然的美麗風光，因爲他們常常聚會巴巴松村作畫，故稱爲「巴巴松

派」。

進步的現實主義畫家杜米埃（*Honoré Daumier, 1808–1879*年）對法國繪畫藝術，尤其是版畫藝術的發展作出了重要貢獻。杜米埃最初是以一個漫畫家身份步入畫壇的。*30*年代初，他創作了《立法大肚子》、《特蘭斯諾寧大街》、《出版自由》、《向被告進一言》等諷刺漫畫，批判路易·菲力浦王黨統治。在*1836–1848*年間，杜米埃轉向了風俗漫畫，鬥爭矛頭主要是針對當時資產階級的市儈習氣、愚昧和庸俗。這時，他的諷刺染上了一層善意的色彩。這方面的作品有《風言風語》、《惋惜》等。杜米埃一生還畫了大量油畫和水彩畫。他的《洗衣婦》歌唱了勞動者的善良和純潔。《纖夫》、《三等車廂》和《重擔》描繪了法國普通人的苦難生活。他的《起義》、《*1848*年革命》反映了對革命人民的同情。

米勒（*Jean-François, Millet, 1814–1875*年）出生於農民之家，長期從事耕作，熟悉農村，熱愛農民。米勒創作了大量油畫反映農村生活，歌頌法國農民的艱苦勞動和勤勞品德。《牧羊女》中牧羊姑娘矗立在無邊的大地上，構成了水平與垂直的圖型，使畫面顯得單純、恬靜、尊嚴。他的名畫《拾穗者》、《播種》、《扶鋤的人》等，處處表現出對勞動的讚美。

庫貝（*Gustave Courbe, 1819–1877*年）明確地舉起了「現實主義」的旗幟，他宣稱只專注於描繪親眼目睹的現實生活。庫貝強烈地意識到藝術的社會意義。他描繪下層階級，尤其是城市平民的貧困和悲慘情景，並寄予深切的同情。而對於資產階級的惡習和怪癖則樂於用嘲弄的筆調勾勒。他的畫中時常使用劃粗線的手法，有人評論說：「他穩重有力的筆觸使人聯想到工人們的艱巨勞動。」他的主要作品有《篩谷》和《石匠》等。

約翰・康斯特布爾（*John Constable, 1776-1837* 年）是英國最重要的現實主義畫家。他是一個農村磨坊主的兒子，在他看來大自然是他唯一的題材，他從對大自然的認真觀察和研究中揭示了真正詩的靈感。他在最普通、最平凡的自然角落裏發現藝術印象的無窮資源。長滿了帚石楠的海姆斯特德的丘陵、薩利斯伯里附近的濕草地、涉越淺灘拉乾草的牛車、拉著貨船在河中航行的縴馬和環繞著遠方哥特式教堂鐘樓的高樹等，都成了他的名畫的題材。這種鮮明而誠實的現實主義感覺方式，把人和自然現實生命的美和顏色看得高於一切的信念，使康斯特布爾的藝術中一直保持著真率、誠摯和新鮮氣息。

19 世紀 *60* 年代，法國一批出身小資產階級的畫家不滿現狀，反對官方學院派的陳規舊律，要求藝術的革新與創作自由。他們信仰爲藝術而藝術的思想，在繪畫的觀察方法和表現技巧上大膽創新，形成了一個具有獨特繪畫技巧的派別，即印象派。這一畫派不但對法國當時的美術，而且對以後世界各國的美術發展，都產生了巨大和深遠的影響。

過去的繪畫，多在室内完成，缺乏光感，色彩不夠明亮。印象派畫家根據光學原理，認爲一切物體只有在光的照射下，才顯出物象與色彩，畫家的任務就在表現光與色彩。他們強調整體地觀察與表現對象，強調畫家主觀感受。他們特別善於表現物象在一定光線照射下的瞬間情景。他們克服固有的色彩觀念，大膽採用高純度的明亮色彩以及強烈對比的補色，善於區分和應用光源色、環境色，善於描繪特定的色調。爲了表現陽光照耀下的瞬間即逝的自然景色，印象派畫家特別重視面向自然，對景寫生原則，他們的畫大多在室外直接完成。古典主義的畫大多平整光滑，不露筆跡，印象派卻十分講究筆觸，善於用變化無窮的色點和色束來表現光的顫動和物象之間的相互輝映。在外輪廓線處理上，古典主義繪畫往往畫得很清楚，顯得平板；印象派則根據物象在空間的虛實關係，巧妙地隱顯出來，使人感到微妙、真實。有些印象派畫家還善於用裝飾性手法。當然，由於各人的經歷、思想、愛好、性格的差異，印象派畫家採用不同的表現方法，呈現出不同的風貌。有的側重人物畫，有的以畫風景爲主，有的比較注重寫實，有的變形變色，有的忠實於宏觀對象，有的強調主觀表現。

印象派的局限在於他們重感覺而輕理性；重視審美作用而忽視藝術教化作用，往住以習作代創作。他們畫了許多第一流的風景畫，但在人物畫方面，缺少特別精彩、深刻、耐看的作品。儘管有這些局限，印象派在繪畫觀察方法和表現技巧上的大膽創新，擴大了藝術的表現手段，擴大了自然界供人欣賞的範圍，解決了繪畫中的光和色彩問題，豐富了藝術的樣式，使藝術的審美功能得到充分發揮，對於現代諸流派的產生有著緊密甚至直接的關係。

印象派畫派的奠基人是馬奈（*Édouard Manet, 1832－1883*年）。馬奈出身於法官家庭，獻身繪畫是違反他父親意志的。馬奈最初在學院派畫家庫退爾門下學習，*5*年後，因不滿學院派教學而離去，以後到各地美術館臨摹和研究前代大師們的作品。*1862*年，馬奈創作了《草地上的午餐》，他利用大片的平塗顏色來突出畫中的一個個對象，用純藍色、灰色或深黃色調子之間的對比，取得了成功的設色效果。這幅畫的風景表現手法輕柔而概括，人物畫得生動，使得兩者不太協調。但是，這幅畫中展現的新的觀察方法和繪畫技巧，轟動了法國畫壇。*1863*年，馬奈成功地創作了他的傑作《奧林匹亞》，克服了在《草地上的午餐》中表現出來的矛盾。在《奧林匹亞》中，畫家用一種可以在平面上展現整個身體的角度來表現裸體，並用強烈的黑白對比，從亮色到暗色其間沒有中間色調的表現手法，以及用枕頭、褥單、花色圍巾和女黑奴衣服的明亮部分顯示裸體形象上所缺少的一種明暗交替或跳動的結構方式，使整體具有統一的特別輕巧感和光彩。*1864*年，馬奈在《隆桑的賽馬》中使明暗部分的配置不僅造成了平面與深度之間的完美和諧，而且還使形象增加了由光的顫動所造成的運動感。在《吹笛的男孩》（*1866*年）中，深藍色的人物非常有力地顯現在淺灰色的背景上。在若明若暗的背景上，大片深色組成交響色塊，其中各種顏色愈生動，這個形象給予觀眾的印象也就愈活潑、強烈和自然。*1867*年，馬奈舉行個人畫展。他對傳統繪畫的大膽革新創造，不追求細微的色彩變化，儘量減少中間色調，善於運用鮮艷、明亮、概括的色塊，造成強烈對比的和諧，使作品富有感染力。馬奈的革新得到青年畫家們的好評，他成了印象派中的領袖人物。

印象畫派中最傑出的畫家大概是莫內（*Claude Monet, 1840－1926*年）和雷諾瓦（*Pirre-Auguste Renoir, 1841－1919*年）。莫內是繼馬奈之後，把印象派的外光理論從創作上真正徹底完成的大師。他的畫更能代表印象派。印象派的名稱就得自於他的《日出印象》這幅畫。莫內在自己的畫中，著重表現光色和空氣感，形處於次要地位。他的作品不是在描繪岩崖峭壁、樹林、山脈和田野的輪廓，而是隱隱約約地暗示這些輪廓。莫內善於用明亮強烈的色彩，組織一種光幻、華麗的燦爛效果。他的風景畫，色彩非常明亮，豐富而又協調，充滿詩情畫意。莫內十分重視探求各種光色效果，他常常在日出的時候帶上一抱油畫布到野外去，在同一地點對同一景物作上十次的瞬間描繪。人們評議他的一幅傑作說——這幅畫內唯一的主角是光。莫內在 *1866* 年作創作的《聖日耳曼·俄塞羅瓦教堂》是從盧佛爾的一個陽台上畫的。這幅畫的主旨是表現樹葉上的反光。並排的筆觸生動地表現了空氣的振動，並使得綠黃色的光和綠黑色的影產生了生動效果。這幅畫的色彩還不夠透明，但已透露出一點莫奈的色彩理想了。在《花園裏的女人》（*1867* 年）中，莫內已使色彩大放其光彩，並充分顯示其多樣性。婦女衣裙上的花飾，草坪上的鮮花，突出在大片濃綠之中的葉子，從樹葉的空隙之間透露出來的天空，穿透陰影的光線——這一切造成了一幅色彩妍麗的鑲嵌畫效果。莫內在 *1874-1877* 年間的創作表明他的風格日漸成熟並趨於完美，主要作品有《阿爾讓特依的帆船》（約 *1873* 年）、《阿爾讓特依大橋》（*1874* 年）、《河畔》（*1874* 年）、和《阿爾讓特依的遊船》（*1875* 年）。

雷諾瓦的作品豐富多采，他創作的題材不但有風景，也有肖像和現代生活場面，特別以擅長描繪婦女與兒童出名。他的畫筆觸細小、活躍，充滿動感，色彩鮮艷、明亮，別具一格。他善於表現女性美，人物形象優美、生動，富有青春活力。那嬌柔豐滿的肉體，嫵媚的容貌，歡樂明快的氣氛，受到人們普遍的賞識。他在 *1872* 年創作的《新橋》，有著前印象派的明顯特徵。畫面上佔優勢的是藍色，它同隱隱約約的白色、灰色、綠色和黃色調子結合得十分和諧。天空、房子、人物、陰影，所有這一切都是通過藍色來給人看的，這種藍色的渲染變化使物體發出一種沈著的光芒，它和橋面的大片灰黃色構成鮮明對比。他在*1876*年創作的《浴女》提高了印象派色彩的作用。這幅畫畫面優美、洋溢著樂觀氣氛，具有豐富的光和色。玫瑰色的肉體在綠色的背景上像是透明的一樣，潔白的細紗和內衣在淺藍的背景上顯得很晶亮。靠椅的綠色以紫色作陰影，背景的藍色也向紫色過度，黝黑的頭髮閃現出藍色的光芒，在這種連續的變幻中表現出色彩和生活的生命力。在同一年創作的《紅磨坊街的舞會》中，形象與色彩都服從於一個節奏：藍色、綠色、玫瑰色、黃色，這些顏色不斷閃現、消失、再閃現，組成一個變化無常卻又十分現實的，不受輪廓限制的整體，表現了歡樂、健美和青春。

德加（*Edgar Degas, 1834–1917*年）是印象畫派中較爲特異的一位畫家。他出生在一個銀行主家裏，早年傾心於古典繪畫與安格爾的素描，*60*年代逐漸接近印象派，與馬奈關係很密切。德加強調用記憶的方法作畫，反對莫奈等印象派畫家完全對景寫生的方法。他有著敏捷的觀察力和記憶力，精於捕捉一瞬間運動著的形象，並以精確的素描技巧畫出。德加的這種繪畫方法有助於使他捨棄觀察對象中瑣碎的枝節，竭力把形簡化，而抓住最主要的感覺印象。德加最感興趣的是人物畫，題材多取自芭蕾舞劇院、咖啡館和賽馬場。德加特別擅長表現演員急速而又靈巧的動態，以及舞台上的光影效果，用正在顫動的紗裙，表現出閃爍的光感。在他的《舞台上的舞女》（*1878*年）中，俯視的構圖顯出空間深度，給正在翩翩起舞的舞女以回旋餘地。背景用絢麗的色塊烘托著整個舞台的氣氛，在色塊中隱現出其他舞女的身影和身著黑衣服的教師。這些人並不醒目，只是作爲造成一個運動空間，使人感覺在舞女迅速旋轉的舞姿中，閃掠過其他人的身影。德加畫的舞女們，不追求纖麗的美，而是從疾速的動感中，給人以兢兢業業地從事自己事業的平凡、辛勤的藝術事業創造者的形象。他的《賽馬場》、《巴黎歌劇院的樂隊》、《帶手套的女歌手》、《洗衣婦》、《熨衣婦》等，都是忠於職守，過著平凡生活的人們。《熨衣婦》中的一個女工，手拿瓶子，正張口昂頭打呵欠，藉以驅散一部分疲勞，另外一個女工仍默默推著沈重的熨斗工作。畫面除這兩人和簡單的熨衣臺外，沒有繁雜的背景，但是屋中昏暗的光線和雲霧般的蒸氣，使人感到一股悶人的窒息。德加一生孤獨，晚年視力惡化，不得不改行製作小雕塑。德加沒有直接的學生，但他的作品給了表現派藝術以啟示。

印象畫派自*60*年代出現以後，很快風靡西方世界，作爲繪畫主要風格達*20*多年。但是，在*19*世紀*90*年代，一種被稱爲後期印象畫派的新風格開始嶄露頭角，得到人們重視。後期印象畫派批評印象派的畫無定形和缺乏體積感。他們反對印象派畫家專注於對自然的任意和瞬間描繪，也不贊成印象派畫家對創作思想所持的無動於衷的態度。他們認爲，作品表達意義應該成爲藝術的根本目的；形式和方法本身並不是目的，它們只是在有助表述作品的含意這一點上才重要。總之，後期印象派不受光色的局限，注重表現畫家的主觀感受和個性，可以大膽變形變色，客觀對象只是表達主觀的媒介。後期印象派的出現反映了人們對墨守成規的反抗，也代表了人們對機器時代異化現象焦躁不安和迷惑不解的心理。

後期印象畫派的奠基者是保羅·塞尚（*Paul Cézanne, 1839–1906*年）。塞尚的一生是不被人們理解的一生。青年時代他幾次投考國立美術學校，結果都名落孫山，送到沙龍的作品，一次也沒入選。這種不被人們理解的痛苦，終生折磨著他。塞尚是個死後成名的畫家。

但是，塞尚是個不肯隨波逐流的畫家。他在*1874*年參加第一屆印象派展覽的作品《自縊者之屋》中，表現出來的將幾個輪廓稍微重疊構成空間的方法，和畫中房屋沈重的體積感，預示了塞尚同印象派所拚命追求的瞬息即逝的印象明顯不同的個人特徵。*80*年代中期起，塞尚遠避法國南方故鄉，面壁*10*年，專心探索繪畫中新的造型語言；也正是在他孤獨的中年和晚年，形成並成熟了新藝術風格。

塞尚的作品表現出色彩家和結構家的天才結合。他不滿意於印象派只關心外表的短暫的光的效果，而是特別追求物體的結構、體積、質感以及相互關係。他的名言是「用圓柱體、球體、錐體來描繪對象」。他認爲，「所謂描繪，這並不是盲目地模寫對象，而是在許多關係之間，捕捉調和的東西。」他對畫家埃米爾·貝爾納說：「請把一切都放進透視法之中吧，素描和色彩是不能分開的……素描和其立體表現的秘訣，在於使色調既對比又相互關聯。」他的畫堅實、厚重、粗硬、老練、冰冷，具有咄咄逼人的氣勢。他的人物畫往往採用寫意的手法，表達其內在情緒。在作於*1895—1900*年間的一系列《靜物》畫中，塞尚把水果、盤子、瓶子和弄出了褶子的白台布擺在一起，用色彩和「不正確」的透視法，表現出各種「橢圓體和圓筒形的量感和體積」，從這種「歪曲」的視覺形象造成真實、生動和美感。他的《玩紙牌的男人們》（*1890–1892*年）利用均衡的排列，造成超越時間的寂靜的畫面。他的《女人和咖啡壺》（*1895*年前後），借助許多平行、垂直、傾斜的線，用連接、結合、斷絕的手法，求得總體的安定和平衡，並且用色彩的「面」，構築起整個畫面，使造型諸要素保持大體的平衡與諧調。在他晚期的作品中，塞尚追求綜合的、抽象傾向，其精華之作是《浴女們》（*1898–1905*年）。塞尚的繪畫預告了*20*世紀野獸派和表現派的藝術。

塞尚的影響被法國人保羅．高更（*Paul Gauguin, 1848–1903*年）和荷蘭人文森特．凡．高（*Vincent von Gogh, 1853–1890*年）擴大了。高更*30*歲後習畫，受畢沙羅（*Camille Pissarro, 1830–1903*年）的影響，但他更喜愛東方藝術和土人藝術。他厭惡都市生活，終於在*43*歲時遠涉重洋，在南太平洋的塔布提島定居，取了個土著姑娘爲妻。後又移居多米尼加，*1903*年在孤獨中死去。*1910*年，他的作品在英國展出，名聲大振，被稱爲「後期印象派大師」。高更的畫具有很強烈的裝飾風味和東方色彩，他愛用粗獷有力的線條以及強烈的平塗色塊。他的畫洋溢著稚拙的原始美，富有想像力和濃厚的主觀色彩，有一種深刻的內在的感情力量。他在《市場》中，仿照埃及壁畫中雙肩向前、頭部側視的形式表現畫中的少女。《塔希提的年輕姑娘》（*1891*年）表現了準確的明暗對比調子和安穩的色彩和諧。青紫色的衣服（稍被幾塊玫瑰色和白色所間隔），展現在上半部爲橙黃色、下半部爲紅色，散佈著一些綠樹葉的明亮的背景前面。結構上、比例上、體積和光的表現上的某些缺陷，也因表現手法的新鮮和生動，成了一種難能可貴的東西。《遊魂》（*1892*年）帶有一種神秘色彩；一個赤裸的塔希提婦女伏在床上表現出害怕的樣子，黑衣老婦代表遊魂；棕色的肉體，黃色的床單，紫和藍色的背景，夾以白色的花紋，在有力的對比和裝飾中表現出神秘的色彩。高更的畫風啟發了後世一批愛好神秘主義和表現自我意識的象徵主義和現代諸流派畫家，他被稱爲「象徵派的創始人」。

凡·高出生於牧師之家，當過店員、教師和傳教士。他*27*歲時習畫，但開始也不爲世人理解。生活的窘迫、工作的艱辛，再加上生性固執偏激，使他神經失常，住進瘋人院，最後自殺而亡。

凡·高的作品充滿火一樣的熱情，富有強烈的個性。他的筆觸旋轉顫動，那些雲彩，樹木像火舌般緊張地捲起，極生動地表現出他那精神病患者的瘋狂、迷幻的感覺。他的畫線條粗硬，色彩強烈，好像在大聲呼喊。他的名作《向日葵》（*1888*年）用變化豐富的黃色（從檸檬黃到橙黃）與藍色的對比，以及有力的筆觸表現歡快與明亮的感覺，花朵飛動的神態，以及成熟了的葵子飽滿的沈實的質感。在他的《老農》中，陽光炙烤的皮膚呈朱紅色。《郵遞員羅倫》（*1888*年）制服的藍色配上明亮的背景以及保持了一定明暗關係的形體，造成了色調變化和立體的感覺，形象生動、強烈，給人以真實感和莊嚴感。凡·高的畫對野獸派和表現派的繪畫影響很大。

第4章

西方文化發展的高峰
——馬克思主義的誕生

人類文化優秀遺產的集大成者

國際無產階級導師馬克思、恩格斯，都出身在普魯士萊茵省。兩人有著各自的生活和學習經歷，但是，他們都積極參加革命鬥爭實踐，分別進行革命理論研究工作，幾乎同時完成了自己世界觀的根本轉變，走上了共同的革命道路，共同創立了馬克思主義，成爲人類文人優秀遺產的集大成者。

卡爾·馬克思（*Karl Marx, 1818-1883*），*1818*年*5*月*15*日生於普魯士萊茵省特利爾城一個知識分子的家庭。*1841*年大學畢業，獲哲學博士學位，後投身於政治鬥爭。*1842*年任《萊茵報》主編，在此期間他大量接觸政治和社會問題，並撰寫了一系列文章，其中包括《評普魯士最近的書報檢查令》、《關於林木盜竊法的辯論》、《摩塞爾記者的辯護》等，抨擊專制制度，爭取政治自由，爲貧苦農民的切身利益呼籲，這表明馬克思開始從唯心主義向唯物主義的轉變。*1843*年由於《萊茵報》被封閉，馬克思遷居巴黎。*1844*年創辦了《德法年鑒》雜誌，並發表了《論猶太人問題》、《〈黑格爾法哲學批判〉導言》等著作，「表明他是一個革命家，主張『對現存的一切進行無情的批判』，特別是主張進行『武器的批判』；他訴諸群眾，訴諸無產階級」。❽這正是馬克思實現從革命民主主義向共產主義轉變的主要標誌。

弗里德里希·恩格斯（*Friedrich Engels, 1820－1895*年），於*1820*年*11*月*28*日生於萊茵省巴門市的一個工廠主家庭。*1837*年中學還沒有畢業，就爲父親所迫去經商。*1841*年去柏林服兵役期間，參加了青年黑格爾派小組活動，並在一些刊物上發表文章，反對君主政體、等級制度。*1842*年*9*月服役期滿到英國曼徹斯特的一個企業裏工作，經常到工人中去，和英國的憲章運動活動家來往，爲《萊茵報》和其他報刊撰稿。*1844*年*3*月在《德法年鑒》上發表了《政治經濟學批判大綱》和《英國狀況·評托馬斯·卡萊爾的過去和現在》等著作，指出經濟條件和經濟利益對於人類社會發展所起的決定性的作用；只有無產階級才能擔負起消滅資本主義私有制的歷史任務。如同馬克思的轉變一樣，這時恩格斯也獨立地實現了從唯心主義到唯物主義，從革命民主主義到共產主義的轉變。

由於思想上的一致，馬克思和恩格斯之間早有書信往來。*1844*年*8*月，恩格斯到巴黎會見馬克思，從此開始了兩位無產階級革命導師的畢生友誼與合作。*1844*年，馬克思、恩格斯合寫了第一部著作《神聖家族》。*1845–1846*年他們又合寫了第二部著作《德意志意識形態》，系統地闡述了唯物主義歷史觀的基本原理，初步完成了第一個偉大發現。*1847*年，馬克思、恩格斯一起加入了共產主義者同盟，並合寫了科學共產主義的綱領性文件——《共產黨宣言》，它標誌著馬克思主義的正式誕生。

馬克思主義是人類思想文化發展的光輝結晶，它的產生是歷史的必然。當時不但形成了馬克思主義產生的社會經濟基礎和階級基礎，而且歐洲在自然科學方面取得了一系列重大成就，其中最突出的是生物的細胞結構學說、能量守恒和轉化定律及生物進化論的三大發現，爲馬克思主義的創立提供了堅實的自然科學基礎。這一時期，人類在社會科學方面也取得了突出的成就，哲學、文學、歷史學、經濟學、政治學等各門具體學科都極大的豐富和發展了。其中，*19* 世紀三大先進的社會思潮——德國的古典哲學、英國的古典政治經濟學和法、英兩國的空想社會主義學說成爲馬克思主義產生的直接理論來源。

馬克思、恩格斯批判地繼承了哲學史上唯物主義和辯證法的傳統，特別是批判地吸取了德國古典哲學中黑格爾辯證法的「合理內核」——關於發展及其規律的普遍性、必然性的思想，和費爾巴哈（*Ludwig Feuerbach, 1804–1872* 年）唯物主義的「基本內核」——物質不是精神的產物，精神只是物質的最高產物的思想，創立了馬克思主義哲學——辯證唯物主義和歷史唯物主義，特別是歷史唯物主義是馬克思一生中兩個偉大發現之一，是科學思想中的最大成果。

馬克思、恩格斯批判地繼承了資產階級古典政治經濟學，特別是英國古典政治學家亞當．斯密和大衛．李嘉圖的勞動價值論和地租、利潤、利息理論的合理因素，創立了科學的、完整的剩餘價值學說，完成馬克思一生中的第二個偉大發現，它標誌著馬克思主義政治經濟學、科學體系的建成。

馬克思、恩格斯在創立唯物史觀和剩餘價值學說的基礎上，批判地吸取了 *16* 世紀以來的空想社會主義，特別是 *19*

世紀初出現的法國的聖西門、傅立葉和歐文爲主要代表的空想社會主義者的有益的思想材料，從而把社會主義理論從空想變成了科學。科學社會主義的創立，標誌著完整的嚴密的馬克思主義體系的基本形成。

從19世紀50年代到70年代，馬克思以主要精力研究政治經濟學。1859年出版了《政治經濟學批判》，八年之後即1867年《資本論》第一卷在漢堡出版，這部不朽巨著，闡述了馬克思主義經濟理論的主要基石——剩餘價值學說。70年代到80年代，馬克思繼續以主要精力寫作《資本論》第二卷、第三卷。同時，他還密切注意國際共產主義運動的發展。1871年，他發表了《法蘭西內戰》一書，深刻地總結了巴黎公社的歷史經驗。與此同時，恩格斯也發表了一系列文章，如《反杜林論》、《自然辯證法》等，全面闡述了馬克思主義原理。1883年3月14日，馬克思與世長辭。

馬克思逝世後，恩格斯是整個國際工人運動的領袖，指導創建了第二國際，促進了國際工人運動的發展。與此同時，他完成了《資本論》第二、三卷的整理出版工作，還撰寫了許多著作，1884年出版了《家庭私有制和國家的起源》，1886年出版了《路德維希·費爾巴哈和德國古典哲學的終結》，豐富和發展了馬克思主義。恩格斯於1895年8月5日在倫敦逝世。

馬克思、恩格斯的哲學思想

馬克思、恩格斯的哲學是一種嶄新的哲學，它的產生標誌著舊哲學的終結，是哲學上的偉大革命。

哲學階級基礎的變革　馬克思以前的舊哲學，一般來說，都是剝削階級的世界觀，是爲少數剝削階級利益服務的，所以剝削階級思想家總是掩蓋他們哲學的階級性，把他們的哲學說成是超階級的，無黨性的。馬克思的新哲學則公開聲明自己是代表無產階級根本利益的，是無產階級的世界觀，「哲學把無產階級當做自己的物質武器，同樣地，無產階級也把科學當做自己的精神武器。」❾

哲學任務的變革　馬克思以前的舊哲學，一般來說，都不了解社會實踐的革命意義，所以不能在哲學上提出用實踐改造世界的思想。馬克思的新哲學則十分重視人們的社會實踐，把改造世界作爲自己的任務，「哲學家們只是用不同的方式解釋世界，而問題在於改變世界」，❿把正確地說明世界和有效地改造世界結合起來。把哲學變成群眾手裏的尖銳武器，按照無產階級的世界觀去改造世界，這是馬克思新哲學的根本特點，正是這種特點，使它同舊哲學從根本上區別開來，也正是這種特點，充分表明了馬克思新哲學的產生在哲學變革中的偉大意義。

馬克思、恩格斯的新哲學就是辯證唯物主義和歷史唯物主義。

在馬克思以前的一切哲學中，除了古代樸素的唯物主義和辯證法有一定程度的結合外，總的說來，唯物主義和辯證法是相脫離的。舊唯物主義的基本缺陷是缺乏辯證法，同形而上學結合在一起；舊辯證法的根本缺點是脫離唯物主義，同唯心主義結合在一起。馬克思哲學第一次把唯物主義和辯證法結合起來，創立了辯證唯物主義。就是說，馬克思的唯物主義是辯證的唯物主義，它不僅認爲客觀世界是物質的，世界的統一性就在於它的物質性，而且認爲物質是運動的，運動是在時空中有規律的進行的，物質是世界上所發生的一切變化的基礎；馬克思的辯證法是唯物的辯證法，是一個徹底的、完整的關於客觀事物普遍聯繫和發展的學説。唯物辯證法的諸多規律和範疇進一步從各個不同方面揭示了事物聯繫和發展的本質内容。唯物辯證法的基本規律是：對立統一規律、質量互變規律、否定之否定規律，它們是在自然界、人類社會和人類思維領域都起作用的普遍規律。唯物辯證法的基本範疇，除了基本規律已經包括的上述規律等範疇外，還有一系列其它範疇，如現象和本質、形式和内容、原因和結果、偶然性和必然性、可能性和現實性等。唯物辯證法的基本規律和範疇，共同構成了唯物辯證法的科學體系，它既是客觀的規律和範疇，又是思維的規律和範疇；馬克思的唯物辯證法和認識論是一致的。馬克思主義的認識論就是把辯證法應用於認識規律、認識過程、認識方法的理論，主要是關於認識和實踐、感性認識和理性認識、真理和謬誤、絶對真理和相對真理等問題的辯證關係的論述。它不僅堅持了認識論的唯物論，而且堅持了認識論的辯證法，「辯證法也就是（黑格爾和）馬克思主義的認識論」⓫

馬克思以前的社會歷史觀，由於歷史條件和階級地位的局限，從總體上講是唯心主義的。它的根本缺陷在於，從社會意識決定社會存在出發，必然把人們的思想動機看作社會發展的最終原因，而不懂得人們的思想動機背後還存在著更深刻的物質原因，與此相聯繫的，當然也就看不到從事物質資料生產的人民群眾創造歷史的活動，而把傑出人物看作是歷史的創造者。馬克思、恩格斯的歷史唯物主義的創立是哲學和社會歷史學中的革命變革，它第一次科學地解決了歷史觀的基本問題，揭示了人類社會發展的一般規律，爲各門具體社會科學提供了理論基礎。歷史唯物主義的基本觀點是：

歷史唯物主義的前提和方法　馬克思、恩格斯指出：「任何人類歷史的第一個前提無疑是有生命的個人的存在」，⓬沒有現實的人，也就沒有歷史，而現實的個人存在包括他們的生產活動和物質生活。就是說，「這是一些現實的個人，是他們活動和他們的物質生活條件，包括他們得到的現成和由他們自己的活動所創造出來的物質生活條件」。⓭在這些論述中，馬克思、恩格斯提出了歷史唯物主義的前提是現實的人，同時也是他們活動的物質生活條件即生產和生產方式，這是研究社會歷史的根本出發點。根據歷史唯物主義的前提，科學考察歷史的唯一正確的方法，則是從現實的、有生命的個人本身出發，把意識僅僅看作他們的意識。所謂現實的人，是指處在一定歷史條件下進行的、現實的、可以通過經驗觀察到發展過程中的人。他們說：「只要描繪出這個能動的生活過程，歷史就不再像那些本身還是抽象的經驗者所認爲的那樣，是一些僵死事實的搜集，也不再像唯心主義者所認爲的那樣，是想像的主體的想像活動」。⓮

社會存在與社會意識的關係是歷史唯物主義的基石　馬克思、恩格斯深入地考察了人類社會的發展，認爲人類社會的精神生活方面即人們的心理、認識、觀念、學說在人類社會生活中佔有重要地位，他們是社會存在即社會物質生活條件在人們頭腦中的反映。馬克思說：「意識在任何時候都只能是被意識到了的存在，而人們的存在就是他們的實際生活過程。」⓯社會意識的一般特點有兩個方面：一方面是社會

意識絕對的無條件地依賴於社會存在，社會存在決定社會意識；另一方面是社會意識對社會存在具有相對獨立性，即對社會存在的絕對依賴性的基礎上具有自己獨立變化發展的特點。歷史唯心主義誇大了社會意識的作用，就是把社會意識視爲社會變化發展的決定力量，這是錯誤的。但否定社會意識在社會變化發展中的作用，同樣也是錯誤的。恩格斯說：「我們自己創造著我們的歷史，但是第一，我們是在十分確定的前提和條件下進行創造的。其中經濟的前提和條件歸根到底是決定性的。但是政治等等的前提和條件，甚至那些存在於人們頭腦中的傳統，也起著一定的作用，雖然不是決定性的作用」。⓰恩格斯的論述科學地解決了社會存在和社會意識的關係問題，它不僅爲歷史唯物主義奠定了堅實的基礎，而且有深遠的革命意義。

人類社會矛盾運動的基本規律　馬克思、恩格斯從錯綜複雜的社會關係中，揭示出人類社會矛盾運動的普遍規律。他們指出：「人們在自己生活的社會生產中發生一定的、必然的、不以他們的意志爲轉移的關係，即同他們的物質生產力的一定發展階段相適合的生產關係。這些生產關係的總和構成社會的經濟結構，即有法律的和政治的上層建築豎立其上並有一定的社會意識形式與之相適應的現實基礎。……社會的物質生產力發展到一定階段，便同它們一直在其中活動的現存生產關係或財產關係……發生矛盾。於是這些關係便由生產力的發展形式變成生產力的桎梏。那些社會革命的時代就到來了。隨著經濟基礎的變更，全部龐大的上層建築也或慢或快地發生變革。」⓱這一矛盾運動規律的發現，是對一切歷史科學都具有革命意義的發現。在這裏，第一次科學

地論述了生產與生產關係的基本原理，這個原理是：生產力決定一定生產關係能否產生及其發展變化的方向，生產關係反作用於生產力，這種反作用歸根到底取決於生產力發展的客觀要求。生產關係適合生產力狀況的規律是人類社會發展的最基本的客觀規律，它決定和制約著社會歷史發展中的其他規律。他們還闡述了經濟基礎與上層建築辯證發展的規律，這就是經濟基礎決定上層建築的發展方向，經濟基礎的發展變化決定上層建築相應的調整或變革；上層建築對經濟基礎的反作用取決於經濟基礎的性質和要求。上層建築適合經濟基礎狀況的規律是人類社會發展的基本規律，它決定和制約著社會歷史發展的進程，它同生產關係適合生產力狀況規律一起，決定著社會歷史發展中的全部規律。在階級社會裏，生產力和生產關係的矛盾，經濟基礎和上層建築的矛盾，必然表現爲階級矛盾和階級鬥爭。這種階級鬥爭貫串在階級社會的各個領域和全部歷史進程中，代表生產力發展要求的進步階級反對代表舊生產關係的反動階級的階級鬥爭，是階級社會發展的直接動力，這種動力的作用，首先表現在同一社會形態的量變過程中，更突出地表現在階級社會各個社會形態更替的質變過程中，階級鬥爭是階級社會的普遍規律。

歷史唯物主義與共產主義　馬克思、恩格斯自稱是「實踐的唯物主義者，即共產主義者」，並且提出他們的全部任務在於「使現存世界革命化，實際地反對和改變事物的現狀」。⑱而被「我們所稱爲共產主義的是那種消滅現存狀況的現實的運動」。⑲就是說，共產主義不僅是一種社會制度，而且首先是人類實踐活動的一種現實的運動，它是一種

從現實的前提出發而形成的現實運動，沒有任何空想的成分。這種現實運動，既要求有堅實的科學理論指導，又要求有全部社會歷史發展進程所造成的一定條件，歷史唯物主義最深刻地揭示了共產主義運動的前提，同時對共產主義做了理論上的論證，他們特別強調，實現共產主義必須使生產力有很高的發展，具備實行全面變革的物質因素，否則那就會導致貧窮的普遍化。「而在極端貧困的情況下，就必須重新開始爭取必需品的鬥爭，也就是說，全部陳腐的東西又要死灰復燃」。[20]在這種情況下，「正如共產主義的歷史所證明的，儘管這種變革的思想已經表述過千百次，但這一點對於實際發展沒有任何意義」。[21]

馬克思、恩格斯的哲學思想即辯證誰物主義和歷史唯物主義，是馬克思、恩格斯全部學說的理論基礎。它貫串和體現在馬克思、恩格斯全部理論和實踐活動中。

馬克思、恩格斯的政治經濟學思想

馬克思、恩格斯運用辯證唯物主義和歷史唯物主義的世界觀和方法論，對資本主義經濟進行了全面的、長期的考察，研究了資本主義生產方式的矛盾和運動，創立了馬克思主義政治經濟學，實現了政治經濟學的革命變革。

實現了政治經濟學研究對象和方法的科學變革 資產階級政治經濟學把財富的生產和分配，作爲自己的研究對象，這實際上是研究物或物與物之間的關係。馬克思和恩格斯則指明政治經濟學的研究對象不是物，而是人與人之間的社會生產關係。他們說：「經濟學所研究的不是物，而是人與人之間的關係，歸根到底是階級與階級之間的關係；可是這些關係總是同物結合著，並且作爲物出現」，㉒把生產關係作爲政治經濟學的研究對象是對政治經濟學的科學變革的重大貢獻，但它不是孤立的研究生產關係，而是要在生產力與生產關係的相互作用中研究生產關係，同時要聯繫上層建築來研究生產關係，從而揭示生產關係的內部矛盾和運動規律。馬克思、恩格斯研究政治經濟學的方法是唯物辯證法，「用唯物辯證法從根本上來改造全部政治經濟學」是馬克思「做了最重要、最新穎的貢獻的地方」之一；㉓因爲「分析經濟形式，既不能用顯微鏡，也不能用化學試劑。二者都必須用抽象力來代替。」㉔就是說，在對資本主義經濟制度進行解剖時，必須運用抽象思維才能建立起反映社會生產關係發展的範疇系統，用科學的極其嚴密的邏輯結構闡明或者再現客觀經濟過程的真實關係。正因爲如此，馬克思才徹底揭示了資本主義的產生、發展以及必然滅亡的客觀規律。

實現了政治經濟學的內容的科學變革　與以往的一切政治經濟學不同，馬克思、恩格斯的政治經濟學是科學的勞動價值理論爲基礎的；它創立了科學的剩餘價值學說，科學的資本積累學說，科學的社會總資本再生產理論；它科學地闡明了資本主義經濟危機的根源和後果。所有這些，說明馬克思、恩格斯政治經濟學的創立是政治經濟學領域中的偉大革命，從而使政治經濟學變成了真正的科學。馬克思、恩格斯政治經濟學的基本觀點是：

科學的勞動價值論的創立　勞動價值論是馬克思整個經濟理論體系的基礎和出發點，馬克思在批判地繼承資產階級古典政治經濟學的基礎上，徹底改造了古典政治經濟學的勞動價值學說，創造了真正科學的勞動價值論。馬克思分析資本主義經濟，是從分析商品和商品二重性開始的。在他看來，商品是資本主義經濟的細胞，其中包含著資本主義社會一切矛盾的萌芽，而這些矛盾又是商品的二重性即使用價值和價值內在矛盾發展的結果。使用價值是物的自然屬性，價值是社會屬性，是人與人之間的生產關係，二者是對立統一的。而資產階級古典經濟學家也曾看到了商品的二重性，但不懂得二者之間的關係，更沒有把這種兩重性同資本主義經濟中的矛盾聯繫起來，因此把問題簡單化爲商品價值量是如何決定的問題；馬克思從分析商品的二重性導引出包含在商品中的勞動二重性。資產階級古典政治經濟學籠統地承認勞動創造價值，但他們從未研究過形成價值的勞動的特點。馬克思則指出，商品中所包含的勞動，一方面，是個人的、具體的勞動，它生產使用價值，體現著人與自然的關係，是人類社會生存的條件；另一方面，是社會的、抽象的勞動，在商品生產的條件下，它形成價值，體現著人和人之間相互交換勞動的社會關係。勞動二重性的理論是馬克思對政治經濟學的重要貢獻之一。由於這一發現，才徹底揭示了商品經濟的內在矛盾，從而把勞動價值建立在科學的基礎上，因而它是馬克思勞動價值論的核心；馬克思還提出了價值形式的理論。資產階級古典政治經濟學雖然承認價值的實體是勞動，但它沒有區別價值和交換價值，沒有研究過價值形式問題。馬克思則進一步指出，價值作爲商品生產者所特有的社會關係是不能自我表現的，它必須並且只能在商品同商品的交換中表現出來。他認爲，在一個統一的商品價值形式中，存在著兩種形式，即相對價值形式和等價形式，在交換中，他們處於對立位置。在此基礎上，馬克思全面研究了價值形式的發展過程和貨幣的產生本質，進而揭示了商品（貨幣）拜物教的根源在於人與人之間的關係表現爲物與物之間的關係，在於勞動的社會性表現爲物的「社會自然屬性」，這是馬克思對勞動價值論的最深刻的概括和總結；馬克思還從商品的歷史發展過程的研究中，解決了價值規律及其實現形式問題，他指出，商品價格雖然以價值爲基礎，但由於受供求關係的影響，價格和價值背離的現象又是經常發生的。價值規律正是通過價格圍繞價值上下波動的形式來實現的。在資本主義商品生產條件下，利潤轉化爲平均利潤，商品價值轉化爲生產價格，價值規律就通過價格圍繞生產價格波動的形式而發生作用。從而在價值規律基礎上解決了資產階級古典政治經濟學所不能解決的價值規律同等量資本獲得等量利潤的矛盾。

剩餘價值學說的創立　馬克思的剩餘價值理論和勞動價值論一樣，也是在批判、繼承古典政治經濟學有關理論的基礎上創立起來的。它包括剩餘價值的起源和本質的學說，剩餘價值生產的學說，剩餘價值的實現和分配的學說。古典經濟學家，把作爲商品的勞動力與勞動相混同，因而看不到資本家的剝削。馬克思糾正了他們的錯誤，正確地指出了勞動和勞動力的區別。他指出，在資本主義生產過程，變成商品的是勞動力而不勞動。工人出賣的不是勞動而是勞動力，勞動力作爲商品，也和其他商品一樣，具有價值和使用價值。勞動力使用價值的特點，是在使用它的過程中，不但創造出勞動力本身的價值，而且能爲資本家創造出一個剩餘價值來。勞動力在流通中和資本家等價交換，正是資本家在生產中無償佔有剩餘價值的基礎。同時，馬克思還依據資本的各個組成部分在提供剩餘價值中不同作用的分析，確立了不變資本和可變資本的科學範疇。他指出，只有轉化爲勞動力的可變資本，才能帶來剩餘價值，只有剩餘價值與可變資本的比率，才真正反映資本家對工人的剝削程度，從而準確地揭示了剩餘價值的起源和本質。在上述基礎上，馬克思進一步論述了剩餘價值的生產過程。他指出，資本主義生產過程是勞動過程和價值增值過程的統一，一方面是生產使用價值的勞動過程，另一方面，又是價值的形成和增值過程。雇佣工人的勞動，作爲具體勞動，生產出使用價值，同時轉移生產資料原有價值；作爲抽象勞動形成新價值。在資本主義生產過程中，只要資本家把雇佣工人的勞動時間延長到補償勞動力價值所需要的時間以上，就能生產剩餘價值。價值的形成過程，便轉化爲價值的增值過程。剩餘價值就是由雇佣工人所創造而被資本家無償佔有的超過勞動力價值以上的那部分價值。因此，資本主義生產過程的二重性，不過是勞動過程同資本主義的特殊生產關係相結合的結果。馬克思在闡明了剩餘價值生產過程之後，進一步論證了剩餘價值生產的兩種方法，即絕對剩餘價值的生產和相對剩餘價值的生產，強調指出：「絕對剩餘價值的生產構成資本主義體系的一般基礎，並且是相對剩餘價值生產的起點。」[25]資本家爲了取得更多的剩餘價值，總是儘量延長剩餘勞動時間，增加勞動強度，這種通過延長勞動日或增加勞動強度來生產剩餘價值的方法，叫做絕對剩餘價值的生產，在勞動日時間不變的情況下，資本家爲了滿足剩餘價值的貪慾只有依靠縮短必要勞動時間，相對延長剩餘價值勞動時間的辦法來生產剩餘價值，就叫做相對剩餘價值的生產。不管採取什麼方法「生產剩餘價值或賺錢」，是資本主義「生產方式的絕對規律」。[26]馬克思還論述了有關剩餘價值的實現和分配的理論。他首先考察了剩餘價值怎樣轉化爲利潤和剩餘價值率，然後又研究了利潤又如何轉化爲平均利潤以及剩餘價值如何分割爲產業利潤、商業利潤、利息和地租，指出他們在本質上都是剩餘價值。這就徹底揭示了整個無產階級受整個資產階級剝削的經濟根源，爲無產階級革命提供了科學根據和思想武器。總之，剩餘價值學說是馬克思整個經濟理論的基礎和核心。它的創立，完成了政治經濟學的偉大使命，徹底揭示了資本和勞動的關係，揭示了資本主義產生、發展、滅亡的規律，使社會主義從空想變成科學，爲無產階級提供了理論武器。

經濟危機理論的提出　馬克思、恩格斯通過對資本主義基本矛盾的分析，闡明了經濟危機的實質、原因、周期性及其後果，進一步揭露了資本主義再生產的對抗性矛盾，論證了資本主義生產關係的歷史局限性和過渡性。隨著資本主義的發展，經濟危機就成爲資本主義社會特有的經濟現象。生產過剩，生產的商品不能實現，找不到需求，這是一切經濟危機的共同特徵。然而這種生產過剩並不是絕對的生產過剩，它只是和人民群眾相對狹小的購買力相比較而顯得過剩。決不是同社會的實際需求相較顯得過剩。所以資本主義經濟危機的實質是生產相對過剩的危機，即相對勞動群眾有支付能力的需求來說，相對於社會購買力來說的商品生產相對過剩的危機。那麼，資本主義社會爲什麼會不斷地出現這種經濟危機呢，其根本原因在於資本主義社會的基本矛盾，即生產的社會化和生產資料的資本主義私人佔有形式間的矛盾。這個矛盾，一方面表現爲個別企業内部生產的有組織性和整個社會生產的無政府狀態之間的矛盾。競爭和生產無政府狀態的發展，必然會使資本主義社會再生產所要求的比例關係受到破壞，導致經濟危機；另一方面還表現爲資本主義生產無限擴大的趨勢和勞動人民有支付能力的需求相對縮小之間的矛盾。當發展到勞動人民的主要需求難以實現，就會先從消費品開始，繼而引起連鎖反應，發生普遍性的生產過剩的經濟危機。資本主義經濟危機決不是每時每刻都存在，而是每隔若干年才爆發一次，是周期性出現的。每一個周期一般包括危機、蕭條、復甦和高漲四個階段，危機是周期的決定性階段，它是上一個周期的終點，又是下一個周期的起點。經濟危機的周期性，仍然是資本主義基本矛盾所決定的。通過危機的破壞，社會生產的比例關係暫時得到平衡，從而使資本主義生產重新得以發展。但是，危機並沒有從根本上解決資本主義的基本矛盾，一次危機過後，經過一定時期，又會由於矛盾再度尖銳而爆發另一次新的危機。這種情況正如恩格斯所說：「市場的擴張趕不上生產的擴張。衝突成爲不可避免的了，而且，因爲它在把資本主義生產方式本身炸毀以前不能使矛盾得到解決，所以它就成爲周期性的了。資本主義生產產生了新的『惡性循環』」。[27]這種周期性的經濟危機必然導致無產階級革命運動的爆發和高漲——「新的革命只有在新的危機之後才有可能。但是新的革命的來臨就像新的危機來臨一樣是不可避免的。」[28]

馬克思、恩格斯的政治經濟學思想，是馬克思、恩格斯學說的主要内容，是批判資本主義舊世界的最強有力的理論武器。

馬克思、恩格斯的社會主義思想

馬克思、恩格斯在唯物史觀和剩餘價值理論基礎上，從資本主義所顯現出來的必然趨勢，預見到社會主義的基本特徵，使社會主義從空想發展爲科學。他們在創立科學社會主義理論時，批判地繼承了 19 世紀初三大空想社會主義者的思想資料。對未來社會的生產資料所有制，空想社會主義者提出了不同的方案，歐文主張消滅私有制，實行財產公有，馬克思、恩格斯給予了肯定，聖西門、傅立葉主張保存私有制，馬克思、恩格斯指出這是由於他們受了資產階級傾向的影響；對未來社會的生產，三大空想社會主義者都要求建立使用機器的大量生產，聖西門還指出必須實行有計劃生產的主張，馬克思、恩格斯肯定了有計劃生產的進步意義，同時指出在保存私有制的條件下，無政府狀態是不可避免的，沒有生產資料公有制爲前提，整個社會的總計劃無從實現；對未來社會的分配，歐文主張按需分配，聖西門、傅立葉主張按才能和貢獻進行分配。馬克思、恩格斯指出，聖西門和傅立葉的主張含有按勞分配的萌芽，同時批判他們保持資本家剝削收入的錯誤。三大空想社會主義者提出的在未來社會中一切人都應當勞動，廢除國家的思想，以及消滅城鄉之間、工農之間、腦體之間的差別的思想都成爲科學社會主義的重要來源。空想社會主義對未來社會的猜測，是社會主義理論起初的不成熟的表現形式，科學社會主義對未來社會的預見，是社會主義理論成熟的科學的表現形式，是在更高水準上的繼續和發展。科學社會主義者不再像空想社會主義者那樣，在頭腦中設計理想的社會和發明其實現的手段，而是從歷史的經濟的發展過程中研究改造現存社會的條件，預見未來社會的基本特徵。馬克思、恩格斯社會主義思想的基本觀點是：

關於所有制的形式和分配原則　首先，建立全社會公有制。馬克思、恩格斯根據生產社會化的必然要求佔有社會化的趨勢，設想生產社會化高度發展的社會主義社會中，生產資料所有制應是單一的全社會公有制。他們在《共產黨宣言》中公開宣布：「共產黨人可以用一句話把自己的理論概括起來：消滅私有制。」[29]消滅私有制，建立公有制，是共產主義社會的根本特徵。只有消滅私有制，建立公有制，無產階級才能獲得解放。因此工人階級在推翻資本主義統治之後，首要的任務就是剝奪剝奪者，變資產階級以及其他剝削階級的生產資料私人佔有爲「社會的公共財產，」建立「一個集體的、以共同佔有生產資料爲基礎的社會」。[30]這樣在公有制的前提下生產者與生產條件就重新統一起來，從而消滅了產生階級、階級剝削和私有制的根源。這種公有制是與社會化大生產相適應的，因而能夠促進社會生產力的發展。其次，實行按勞分配。馬克思、恩格斯認爲剛剛從資本主義社會產生出來的社會主義社會，在經濟、道德和精神方面，還帶有舊社會的痕跡，必須實行按勞動量分配個人消費品的原則，而不可立即實行按需分配。他們在《哥達綱領批判》中指出：社會總產品在扣除了作爲社會生產消費和社會公共消費的基本需要之後，剩餘的部分，以勞動爲尺度，在勞動者之間進行消費品的分配。「每一個生產者，在作了各項扣除之後，從社會方面正好領回他所給予社會的一切。他所給予社會的，就是他個人的勞動量。」㉛這是與社會主義生產力水準和人們覺悟水準相適應的分配方式。只有在共產主義高級階段上，在條件具備之後，才能根據需要分配消費品。

馬克思、恩格斯還論述了實行計劃經濟和消滅商品貨幣的問題。他們認爲，在社會主義公有制代替資本主義私有制之後，「社會生產內部的無政府狀態將爲有計劃的自覺的組織所代替」。㉜社會生產和勞動分配將有計劃有組織地進行，社會生產的發展同社會成員的需要密切結合起來，這就可以避免資本主義私有制所造成的社會生產與社會需要脫節，生產的盲目性和生產過剩的經濟危機，使社會生產力不斷得到發展。在公有制和實行計劃經濟的條件下，生產者的勞動直接具有社會勞動性的性質，個人產品直接變成了社會產品，產品不再轉化爲商品，勞動不再轉化爲價值，貨幣也失去了存在的必要。恩格斯明確指出：「商品生產決不是社會生產的唯一形式」「社會一旦佔有生產資料並且以直接社會化的形式把它們應用於生產，每一個人的勞動……從一開始就成爲直接的社會勞動」。㉝

關於革命，專政、政黨問題　首先是無產階級革命。馬克思、恩格斯認爲，社會主義代替資本主義不會自行發生，必須經過無產階級革命，「社會主義不通過革命是不可能實現的」。㉞無產階級革命是無產階級（通過共產黨）領導勞動人民，推翻資產階級的統治，用無產階級專政代替資產階級專政的革命。無產階級革命同以往的一切革命相比，它是人類歷史上最廣泛、最深刻、最徹底的革命。無產階級革命的「先決條件」是打碎舊的國家機器、但具體採取什麼鬥爭形式，則「必須考慮到各國的制度、風俗和傳統」。㉟馬克思、恩格斯在《共產黨宣言》中曾經指出：共產黨人的目的「只有用暴力推翻全部現存的社會制度才能達到。」[36]在*1848*年歐洲革命時期，他們較多地強調暴力革命的重要性，較少論及其他革命手段。但巴黎公社失敗後，根據資本主義處於相對和平，工人運動處於低潮時期的新情況，主張運用和平的和暴力的兩種方式進行鬥爭。「在必須用武器的時候，則用武器」；「在有可能用和平方式的地方，我們將用和平方式」來反對資產階級政府。[37]無產階級應當充分利用一切鬥爭形式，包括暴力的、和平的、非法的與合法的，爲奪取政權而奮鬥。其次是無產階級專政。馬克思恩格斯在《共產黨宣言》中就提出通過革命鬥爭「使無產階級上升爲統治階級，爭得民主」，這是無產階級專政的最初表述。*1850*年馬克思在總結*1848*年革命經驗時，首次明確使用了「工人階級專政」的概念。[38] *1875*年馬克思在《哥達綱領批判》中第一次明確地把無產階級專政作爲共產主義第一階段，即社會主義時期的國家形式。他說：「在資本主義社會和共產主義社會之間，有一個從前者變爲後者的革命轉變時期。同這個時期相適應的也有一個政治上的過渡時期，這個時期的國家只能是無產階級的革命專政。[39]無產階級專政的任務是鎮壓剝削者的反抗和維護人民當家作主的權利，掌握國家的經濟命脈，極大地提高生產力水準，最終達到消滅一切舊的「社會關係」，主要是「生產關係」，以及由此產生出來的「一切觀念」，「消滅一切階級差別」，[40]實現向共產主義的過渡，這是科學社會主義的基本思想。無產階級專政並不是無產階級所建立的最終的組織，馬克思、恩格斯認爲無產階級專政的國家也將會滅亡，但在未來共產主義社會中某些社會管理職能也將保留下來，再次是無產階級政黨。馬克思、恩格斯認爲，無產階級只有建立起本階級的革命政黨，才能推翻資產階級的統治，實現共產主義的偉大理想。因此，他們歷來非常重視革命政黨的建立和建設。馬克思指出：工人階級「組織成爲政黨是必要的，爲的是要保證社會革命獲得勝利和實現這一革命的最終目標——消滅階級」㊶也就是說，無產階級政黨是實現無產階級歷史使命的根本保證。馬克思、恩格斯還闡述了一系列重要的建黨原則，一是無產階級政黨必須制訂一個正確的理論綱領，才能擔負起自己的社會使命，因爲黨綱「就是在全世界面前樹立起一些可供人們用以判定黨的運動水準的界碑。」㊷二是無產階級政黨只有堅持民主集中制的原則，充分發揚黨內民主才能發揮自己的領導作用；「在這裏任何獨裁都將完結。」㊸

關於共產主義社會發展的兩個階段　馬克思、恩格斯從社會基本矛盾的觀念出發，得出了資本主義必然滅亡，共產主義必然勝利的科學結論。因爲資本主義經濟自身的發展使它的基本矛盾即社會化的生產和資本主義佔有的矛盾日益加劇，這個矛盾是不可能在資本主義內部解決的。根據生產關係一定要適合生產力性質的規律，資本主義私有制必然爲社會主義公有制所代替。馬克思指出：「生產資料的集中和勞動的社會化，達到了同它們的資本主義外殼不能相容的地步。這個外殼就要炸毀了。資本主義私有制的喪鐘就要響了。剝奪者就要被剝奪了。㊹在這種情況下，「資產階級的滅亡和無產階級的勝利是同樣不可避免的。」㊺

馬克思、恩格斯指出，共產主義代替資本主義是不以人們的意志爲轉移的。但是，共產主義本身的發展要經歷幾個不同的階段。首先是過渡時期。在經歷了過渡時期之後，共產主義社會自身的發展要經過兩個階段，即共產主義社會的第一階段和共產主義社會的高級階段。共產主義社會的兩個階段具有共同的基礎，它們都是以共同佔有生產資料爲基礎的社會。但是兩個階段在分配方式上存在著明顯的差別，這表明兩者的成熟程度是不同的，第一階段是經過長期的陣痛，剛剛從資本主義社會產生出來的，它在分配方式上所存在的弊病還是不可避免的，歸根到底是由於生產力發展水準造成的。從第一階段發展到高級階段的過程，既是一個生產力不斷成長的過程，也是一個不斷消除舊社會的痕跡的過程。只有在共產主義社會高級階段，「在迫使人們奴隸般地服從分工的情形已經消失，從而腦力勞動和體力勞動的對立也隨之消失之後；在勞動已經不僅僅是謀生的手段，而且本身成了生活的第一需要之後；在隨著個人的全面發展生產力也成長起來，而集體財富的一切源泉都充分湧流之後——只有在那個時候，才能完全超出資產階級法權的狹隘眼界，社會才能在自己的旗幟上寫上：各盡所能，按需分配！」[46]「按勞分配」與「按需分配」既有聯繫，又有區別，二者不可混淆。從前者轉變爲後者，不僅需要發展生產力，積累社會物質財富，而且需要進行精神文明建設，不斷提高廣大群眾的思想覺悟，真正樹立共產主義思想意識和道德風俗，正如馬克思所說，「把所謂分配看做事物的本質並把重點放在它上面，那也是根本錯誤的。」[47]

共產主義社會個人的全面發展　馬克思、恩格斯預見到在共產主義社會個人將得到全面發展。他們認爲，隨著整個社會的全面改造，社會生產力極大發展，全體成員的需要得到充分滿足，人的自身也將發生變化，得到改造，成爲具有新的思想品質、道德觀念和各方面能力的全面發展的人。恩格斯在《共產主義原理》中，論述了要消除舊的分工，進行生產教育，變換工程等途徑，培養全面發展的人。每個人全面的自由發展爲一切的自由發展創造了條件，整個社會也將得到全面的自由發展。

馬克思、恩格斯的科學社會主義思想，是馬克思、恩格斯學説的核心和歸宿，是無產階級建設社會主義新世界的行動指南。

馬克思、恩格斯的文藝、美學思想

馬克思、恩格斯在創立革命理論時，創立了文藝、美學理論。他們的文藝、美學理論，是他們革命學説的有機組成部分，同他們的整個思想體系有著血肉的聯繫；同時，他們的文藝、美學理論也是在批判繼承的基礎上形成的。

馬克思、恩格斯批判繼承了德國古典文藝美學思想。馬克思、恩格斯一方面繼承了德國古典文藝美學中的辯證思想，即發展觀念、矛盾觀念；一方面又把被德國古典文藝美學顛倒了的藝術與現實的關係重新顛倒過來。馬克思認爲不是觀念產生藝術，精神產生美；對於美和藝術，「既不能從它們本身來理解，也不能從所謂人類精神的一般發展來理解」，[48]正確的解釋只能是從社會經濟和生活等存在條件找出相應的文藝美學觀點，從而實現了對德國古典文藝美學的根本性改造。

馬克思、恩格斯從英國古典經濟學中批判地吸取了許多重要的文藝美學思想。諸如，社會經濟給精神文化的發展以影響的思想；資本主義時代藝術文化生產的某些特徵和藝術家成爲生產勞動者的基本界線的思想；由於社會分工越來越細所造成的勞動者與世界聯繫的片面性及其對人的智慧、才能和審美感的束縛與摧殘的思想等等，都對馬克思、恩格斯的文藝美學思想產生了直接的影響。

馬克思、恩格斯批判繼承了空想社會主義者的文藝美學思想。諸如，藝術與美在社會進步和滿足人們身心需要方面所起重大作用的思想；藝術和美的發展歷史以及資本主義制度對藝術的妨礙的思想；人民、勞動者是創造藝術和美的偉大力量的思想；未來社會主義社會的藝術發展及其美好前景的思想等等，都對馬克思文藝美學思想的形成產生了巨大影響。

馬克思、恩格斯的文藝、美學思想，同他們創立的共產主義學說緊密聯繫在一起，具有鮮明的革命性和實踐性。在他們撰寫的《*1844*年經濟學哲學手稿》、《神聖家族》、《關於費爾巴哈的提綱》、《德意志意識形態》、《共產黨宣言》、《〈政治經濟學批判〉導言》、《資本論》等著作和《馬克思致費．拉薩爾》（*1859, 4, 19*）、《恩格斯致裴．拉薩爾》（*1859, 5, 18*）、《恩格斯致格奧爾格．維爾特》（*1883*年*5*月底）、《恩格斯致敏．考茨基》（*1885, 11, 26*）、《恩格斯致瑪．哈克奈斯》（*1884*年*4*月初）等大量書信中，以辯證唯物主義的世界觀、方法論觀察人類社會中的文學藝術，形成了科學的文藝美學思想體系。

文藝是文學和藝術的統稱，二者有著密切關聯。文學是用語言塑造形象以反映社會生活，表達作者思想感情的藝術，又稱語言藝術。包括詩歌、散文、小說、戲劇等。藝術是通過塑造形象具體地反映社會生活、表現作者思想感情的一種社會意識形態，通常分爲表演藝術如音樂、舞蹈；造型藝術如繪畫、雕塑；語言藝術如文學；綜合藝術如戲劇、電影等等。馬克思、恩格斯關於文學藝術的基本觀點主要有以下幾個方面：

關於文學藝術的起源　馬克思、恩格斯深刻地論述了藝術與勞動的關係和人的審美意識的社會發展的問題，爲藝術起源的勞動說奠定了理論基礎。

馬克思、恩格斯在論述藝術與勞動之間的內在聯繫時，明確指出：原始藝術生成於人類的勞動生活；勞動創造了原始藝術勞動的主體——人。他們特別強調，勞動發展帶來的分工是藝術生產的先決條件，馬克思說：「分工只是從物質勞動和精神勞動分離的時候起才開始成爲真實的分工……從這時候起，意識才能擺脫世界而去構造『純粹的』理論、神學、哲學、道德等等。」[49]恩格斯把這種分工所造成的時代稱爲文明時代，並認爲這種文明時代「是真正的工業和藝術產生的時期」。[50]因爲只有這種文明時代，生產才能提供微量的剩餘，使得人類能夠把一部分體力和精力專門用於從事精神活動，並使這些精神產品日臻完美。正是在人類精神生產和物質生產相分離的過程中，嚴格意義上的文學藝術才逐漸產生了。與此同時，人的「五官感覺形成」，人類的審美意識也逐漸形成和發展起來。

關於文學藝術的發展　馬克思、恩格斯在論述文學藝術的發展時，堅持了文藝發展的一元觀，即肯定經濟基礎對文學藝術的決定作用；又強調文學藝術的相對獨立性，他們科學地闡明了文藝發展的一般規律和特殊規律的關係，具體包括：精神生產同物質生產的分離，形成獨立的意識形態，真正的藝術開始出現；經濟基礎和文學藝術等上層建築的關係是軸線和曲線的關係，藝術的「一定」繁榮時期決不同社會的「一般」發展成比例，同物質基礎的「一般」發展成比例；上層建築其他部門尤其是哲學、宗教、政治的演變對文學藝術的發展以巨大影響；階級的生滅、分工的演變與文學藝術發展的內在聯繫；文藝創作與批評欣賞互相促進；繼承與革新是文藝發展中的兩個基本環節，是文藝發展的內在矛盾的反映，一代又一代的文藝活動由它們連接起來，形成了持續不斷而又嬗變更新的文學歷史；世界市場的開拓，使各民族的精神產品成了公共財產，民族文學成了世界文學；資本主義生產同藝術詩歌等某些精神生產部門相敵對等等。馬克思、恩格斯的這些論述形成一個相當完整的文藝發展學說。

關於現實主義的創作方法 馬克思、恩格斯根據文學藝術本身的發展規律，科學地總結了歐洲歷史上現實主義作家的創作經驗，闡明了現實主義文藝創作的基本特徵，爲無產階級創作方法的建立奠定了理論基礎。1859年恩格斯在批評拉薩爾的歷史劇《濟金根》時，指出劇中主要人物濟金根被描繪得太抽象，並首次提出了現實主義的命題：「我們不應該爲了觀念的東西而忘掉現實主義的東西」。[51] 1888年，他在給英國女作家哈克奈斯的信中，批評他的小說「還不是充分的現實主義的」，接著給現實主義下了一個經典定義：「現實主義的意思是，除細節的真實外，還要真實地再實現典型環境中的典型人物。」[52]這裏所說的典型人物，本意是指革命鬥爭的革命工人，要求文藝作品真實地再現革命鬥爭中的工人階級英雄形象，用恩格斯的話說，就是工人階級的反抗鬥爭「應當在現實主義領域內佔有自己的地位」。[53]這是恩格斯所表述的現實主義的核心，實際上就是無產階級的革命現實主義。正像列寧所指出的，「馬克思主義現實主義就是要強調先進階級的任務，就是要在現存制度中推翻這種制度的因素」。[54]這個推翻資本主義現存制度的先進階級，無疑是指工人階級，工人階級既是爲當前的目的和利益而鬥爭，又在當前的運動中同時代表運動的未來。文藝作品要將這種同時具有雙重意義的工人階級的大力士真實地再現出來，離不開科學理想的指導，所以恩格斯提出來的現實主義要求，在實質上包含著對勝利的明天的美好嚮往。因此，恩格斯的現實主義定義中包含了革命現實主義和革命浪漫主義相結合在文藝理論上的始源。

現實主義創作方法，要求作家按照生活的本來面目，通過對生活現象的典型化的描寫，來揭示社會生活的本質。它的首要特徵是藝術描寫的客觀性、具體性和歷史性，作家應該遵循生活本身的發展規律，真實地反映生活。恩格斯稱讚巴爾扎克是「現實主義大師」，他的文學作品《人間喜劇》，「提供了一部法國『社會』特別是巴黎『上流社會』的卓越的現實主義歷史」。[55]現實主義的另一特徵是要求作家在如實地反映生活的同時，還要對生活進行提煉和概括，對於小說和戲劇一類的文學作品來講，主要是要塑造出典型環境中的典型人物，這種典型人物，一方面應該是「一定的階級和傾向的代表，因而也是他們時代的一定思想的代表」。[56]即必須充分地表現出人物的階級本質，而且具有鮮明的時代特點；

另一方面，又必須同時具有明確的個性，作出「卓越的個性刻畫」，57不要讓個性消溶到原則裏，從而把人物性格抽象化。在藝術表現方法上，恩格斯強調細節描寫的真實，同時認為「太逼真」也是「缺陷」。58馬克思、恩格斯反覆強調現實主義，並沒有因此否定想像和幻想的重要性。他們認為，「想像，這一作用於人類發展如此之大的功能，開始於此時（指原始社會——引者注）產生神話、傳奇和傳說等未記載的文學，而業已給予人類以強有力的影響。」59後來的想像和幻想也與文學藝術相關，「一切時代，人民創造神話的幻想力都表現在發明『偉人』上面」，60一個民族的想像力愈大，他們用體現革命的人物來對抗體現專制的人物的願望就愈強烈。61想像是在頭腦裏改造記憶中的表象從而創造新形象的過程，藝術想像的突出特點就是新形象的創造。從某種意義上說，作者正是通過想像和幻想，通過虛構、誇張和變形才塑造出了高於實際生活的典型形象。

關於思想性和藝術的統一　馬克思、恩格斯根據人類的社會實踐和藝術實踐，認為藝術具有三種社會功用：認識、教育和審美。與此相應，藝術具有三種品格或素質，即真實性、思想性和藝術性。恩格斯說：「較大的思想深度和意識到的歷史內容，同莎士比亞劇作的情節的生動性和豐富性的完美的融合」，「這種融合是戲劇的未來」。62所謂「意識到的歷史內容」，是指作品所反映的客觀對象，即現實性；所謂「較大的思想深度」是指反映主觀上的思想、觀點、認識，即思想性；所謂「莎士比亞劇作的情節的生動性和豐富性」是指作品的藝術性；而「戲劇的未來」，是指整個無產階級文學藝術的未來。馬克思、恩格斯要求作家正確處理真實性、思想性和藝術性三者的關係，使三者達到完美統一。

文學藝術必須具有高度的思想性，否則，文藝作品就等於只有軀殼而無靈魂。所謂思想性，對無產階級文藝家來說，便是要表現本階級的思想，也就是馬克思所說的「最現代的思想」。[63]它要求文學藝術爲無產階級的革命鬥爭服務，用無產階級的思想來教育群眾和反對資產階級思想及其他各種剝削階級思想。這也同時反映了文學藝術的發展規律；無階級性——有階級性——無階級性。他和人類社會的發展規律：無階級——有階級——無階級或者說公有制——私有制——公有制相適應。馬克思、恩格斯揭示，原始藝術是人類在勞動中，在人與人的相互作用中，隨著手、腦的發達，同意識和語言一起產生的；第一個私有制即奴隸制帶來了第一次社會分工，腦力勞動和體力勞動開始分離，一部分人專門從事文學藝術活動，使文學藝術脫離原始狀態，進入「真正的工業和藝術產生的時期」；[64]奴隸社會——封建社會—資本主義社會，以一個否定另一個的方式聯繫著，社會制度的每一次變革都帶來文學藝術的高度繁榮。歐洲資產階級反對封建主義的三次大搏鬥，每次大搏鬥的前、中、後，都有文學藝術的高漲相伴隨。第一次以但丁爲標誌的文藝復興、帶動了文學藝術的大繁榮，德國宗教改革的理論家馬丁·路德創造了現代德國散文，創作了作爲宗教改革的《馬賽曲》的讚美詩的詞和曲；第二次，英國革命前的十七世紀初葉，是以莎士比亞爲代表的英國文學的極盛時期；第三次包括文學藝術在內的啟蒙運動，爲法國大革命進行了充分的思想準備，並在這一革命高潮中誕生了《馬賽曲》。但是，隨著階級社會的發展，私有制及其社會分工從促進文藝發展轉化爲「阻礙科學和藝術發展」，65只有到了共產主義社會，生產資料的公有制否定了私有制，合理的社會分工代替了不合理的社會分工，體力勞動與腦力勞動重新結合，每個人都獲得全面發展，社會對於一切成員都提供了從事文學藝術活動的條件，文學藝術才可能出現普遍的持久的繁榮。

藝術性，是指文學藝術必須有著不同於其他意識形態的特點，這便是用藝術形象，主要是人物形象，去打動人的情感，去影響人的精神狀態、如藝術作品不具有高度的藝術性，也就失去了它本身固有的特徵，而不成其爲藝術。要使文藝作品具有高度的藝術性，首先要作家注意使人物的思想動機更多地通過情節本身的進程自然而然地展現出來，少發那些論證性的議論。恩格斯認爲，「作者的見解愈隱蔽，對藝術作品來說就愈好」。66要使文藝作品具有高度的藝術性，還要塑造好典型的人物形象。恩格斯說：「每個人都是典型，但同時又是一定的單個人，正如老黑格爾所說的，是一個『這個』」。67這是一般和個別的辯證關係在典型化上的運用。典型化的過程就是從個別到一般，再從一般到個別的過程。典型既要概括出人物的共性，又要保持鮮明的個性。既要反對將個性「消融到原則裏」，又要反對「惡劣的個性化」。68典型來自於原型，又高於原型。這樣，藝術美就會比生活美更高、更集中、更強烈。

關於人物個性的刻畫。恩格斯指出，這「不僅表現在他做什麼，而且表現在他怎樣做」。69就是說，讓人物在行動中顯露和發展他的性格，讓人物的動機在行動中生動地、積極地、自然而然地表現出來。這樣，人物也就會活龍活現，躍然紙上。細節的描寫會把人物刻畫得維妙維肖，人物的性格刻畫好了，藝術形象也就塑造出來了。

總之，思想性和藝術性密不可分。藝術性以思想性爲靈魂，思想性以藝術性爲依托，雙方相依爲命，失去了對方，自己這一方也就不能存在。所以，馬克思、恩格斯要求將思想性和藝術性統一起來，做到「完美的融合」。

馬克思、恩格斯對文藝、美學的論述固然涉及人類社會發展的全局，重點仍在資本主義時期。他們在分析資本主義社會基本矛盾的過程中，終於爲文藝的理論和歷史得出了一個極其重要的結論：「資本主義生產就同某些精神生產部門如藝術和詩歌相敵對。」[70]就是說，在資本主義制度下，藝術生產是爲了資本家賺錢，增值剩餘價值；資本家把「把醫生、律師、教士、詩人和學者變成了它出錢招雇的雇佣勞動者。」[71]這樣，資產階級雖然創造了許多優秀的文學藝術，但是隨著資本主義的發展，它從促進文學藝術發展轉化爲阻礙文學藝術發展。只有經過無產階級革命，推翻資本主義制度，並經過無產階級專政，逐步消滅三大差別，實現共產主義，完成無產階級的歷史使命，才能爲人類藝術的無限發展和繁榮造成種種有利的條件，使藝術由必然的王國進入自由的王國。正是從文藝的發展和無產階級的歷史使命緊密相連的觀點出發，馬克思、恩格斯特別強調無產階級文學藝術要爲無產階級的革命鬥爭服務，並在鬥爭中使它獲得發展。

美學和文藝既有聯繫又有區別，它是研究人對現實的審美關係的一門科學，其研究的主要對象是藝術，因爲它是研究藝術中的哲學問題，因此有人又把美學叫做藝術哲學。馬克思、恩格斯關於美學的基本觀點，除了文藝中所述意識形態的一般規律之外，還有以下幾個方面：

人的本質力量的對象化　自然的人化。馬克思、恩格斯認爲，人的勞動創造對象就是勞動的對象化，即人化的自然界，一切經過人創造的對象，都滲透著人類勞動的性質，都體現著主體的本質。馬克思說：「隨著對象性的現象在社會對人說來到處成爲人的本質力量的現實，成爲人的現實，因而成爲人自己的本質力量的現實，一切對象對他說來也就成爲他自身的對象化，成爲確證和實現他的個性的對象，成爲他的對象，而這就是說，對象成了他自身。」[72]這就是說，人在與自然（包括社會）的關係中，通過主體的活動，把自己的本質力量體現在客體當中，使客體成爲人的本質力量的一個確證，成爲人的創造物和人的現實性，這個過程，對主體來說，稱作「對象化」，對客體而言，則叫「物化」、「自然的人化」。馬克思、恩格斯認爲，「人的對象化」或「自然的人化」，是有人類以來就存在著的一種社會生產現象，也是人脫離動物界後在與自然關係方面的一個基本標誌。馬克思在講了人類生產的全面性和動物生產的片面性之後，接著說：「動物只是按照它所屬的那個種的尺度和需要來建造，而人卻懂得按照任何一個種的尺度來進行生產，並且懂得怎樣處處都把內在的尺度運用到對象上去；因此，人也按照美的規律來建造。」[73]就是說，動物只會按照它所屬的物種尺度和需要，本能地進行生產，例如蜜蜂營巢、蜘蛛織網，海狸築堤，它不能把自己的本性在它的生產中對象化；而人的生產則不同，它能自覺的有意識的在自己的勞動中反映出人的各種本質。人不但會按每一種物種的標準去生產，還能按自己「內在的標準」和「美的規律」去改造自然界。自從存在「人的對象化」和「自然的人化」開始，人就開始創造了美，審美意識也就出現了。在這之前，美和美感都談不上。因爲：其一，美和美感存在於具有「人的對象化」和「自然的人化」的勞動生產過程當中、及勞動產品當中。馬克思說：「我們的生產同樣是反映我們本質的鏡子」。[74]在沒有人的生產和人類出現以前，是不存在美的觀念的，有了人類和人類的生產活動之後，人們才把自己對環境的改造通過物化勞動體現出來，從而確證自己的思維、感情、能力和「證明自己是人類存在物」。這樣，人「在他所創造的世界中直觀自身」，[75]並形成一種特有的觀照和享受的感情。這時，美才出現，美就存在於「人的對象化」之中，如果說「人的對象化」和「自然的人化」本身是美的所在，那麼，這個事實本身就說明人的美感也是在人的生產勞動中，由於「人的對象化」和「自然的人化」而產生出來的。美感只能是一種社會人的本性，是在有了生產勞動之後才出現的帶社會性的人類感受特徵。其二，人與現實審美關係的水準是隨著「人的對象化」、「自然的人化」的程度變化而變化，發展而發展的。恩格斯說：「人的思維的最本質和最切近的基礎，正是人所引起的自然界的變化，而不單獨是自然界本身；人的智力是按照人如何學會改變自然界而發展的。[76]這說明人的思維能力、審美能力是隨著人們生產實踐活動的發展不斷提高的，只有借助於「人的對象化」水準的提高，人的審美能力才能隨之提高。

異化勞動和美的創造　馬克思、恩格斯認爲，不僅在「一般勞動」下「人的對象化」創造著美，就是在「異化勞動」下，人類仍然在創造著美，仍然在豐富著自己的審美意識，發展著自己的美感。這是人類美和美感發展的歷史辯證法。

異化勞動是人類「一般勞動」的一種形態，不過它是被私有制度給「異己化」、「敵對化」了。馬克思說：「異化勞動使人自己的身體，以及在他之外的自然界，他的精神本質，他的人的本質同人相異化」[77]其具體含義有四：一是勞動產品對勞動者的異化。勞動產品不屬於勞動者而屬於勞動者以外的另一個人；二是勞動本身的異化。勞動者的勞動對他自己是痛苦，對富人則是享受；三是人類生活或族類存在的異化。即把「人的類的本質……變成了與人異類的本質」、「從而也就把類從人那裏異化出去」使人類不成其爲人類，勞動者從人成爲非人；四是人和人的異化，即勞動者和資本家的對立。馬克思說：「勞動爲富人生產了奇蹟般的東西，但是爲工人生產了赤貧。勞動創造了宮殿，但是給工人創造了貧民窟。勞動創造了美，但是使工人變成畸形。勞動用機器代替了手工勞動，但是使一部分工人回到野蠻的勞動，並使另一部分工人變成機器。勞動生產了智慧，但是給工人生產了愚鈍和痴呆。」[78]馬克思在分析了異化勞動之後得出結論說，私有制是異化勞動的結果，要解放勞動，消滅勞動的異化就要消滅私有制。那麼，異化勞動和美的創造是什麼關係呢？異化勞動能不能創造美，實踐是最有力的回答。中國的萬里長城、埃及的金字塔、巴黎的鐵塔、紐約的自由女神像以及許許多多在私有制社會中的各種建築物和產品，都是異化勞動生產的美。除了實踐證明外，理論上的根據是：其一，異化勞動仍然可以使人的本質力量對象化。對象化指的是勞動者通過自己的實踐活動，對自然物進行加工改造將人的本質力量體現在勞動產品上，對象化是任何社會形態都存在的，因而在私有制下，人的本質力量的對象化是以異化形式出現的。馬克思說：「因爲全部人的活動迄今都是勞動，也就是工業，就是自身異化的活動」「人的對象化的本質力量以感情的、異己的、有用的對象的形式，以異化的形式呈現在我們面前。」[79]所以說，異化勞動仍然可以使人的本質力量對象化，可以創造美。其二，在異化勞動的條件下，勞動者仍然可以按著美的規律生產產品。異化勞動對於勞動者既有摧殘勞動者的肉體和精神妨礙美的一面，又有創造和發展美的一面。因爲異化勞動仍然是改造自然的活動，是人的本質力量的對象化，所以能按照美的規律來生產。馬克思曾說，「在中世紀條件下，每個勞動者都必須熟悉全部工序，凡是他的工具能夠做的一切他都應當會做；……每一個想當師傅的人都必須全盤掌握本行手藝。正因爲如此，所以中世紀的手工業者對於本行專業和熟練技巧還有一定的興趣，這種興趣可以達到某種有限的藝術感。」[80]

美的本質和規律　美的本質是什麼？如果簡要地概括馬克思的觀點，那就可以說，美的本質是勞動。是勞動使人的本質轉化成美的本質；是勞動，使不美的東西變成美的東西；是勞動，使初具美的因素的東西，變成充分美的東西。正是在這個意義上，馬克思曾經表示過「勞動創造了美」，[81]也正是在這個意義上，我們可以說，馬克思認爲的美的本質，就是自由地對待產品的勞動。就是「自然美」的本質，也要從人的勞動本質上去考察，譬如金和銀，自然界本身賦予它以純粹結晶的形式，但在「處女狀態」下，還反射不出什麼光芒色澤，還談不上外表美不美的問題。只有經過加工、勞動，按照他們固有的規律進行製作，它們的潛在的美的屬性才表現出來，而這種美又只是對社會的人才存在的。所以馬克思說：「這些物，即金和銀，一從地底下出來，就是一切人類勞動的直接化身。」[82]馬克思用勞動的觀點說明了美的本質，同樣，勞動觀點也是馬克思認識美感特徵的出發點。美感雖然同生理、心理等自然機能相聯繫，但作爲一種觀念形態的情感，它本質上是社會性的，是只有人類才具有的。美感是通過勞動形成的全面佔有自己本質的一個特徵。美的規律是什麼？在馬克思看來，美的規律本質上也就是人從事生產活動、生命活動和勞動本身的規律。也就是說，它是人如何擺脫肉體的需要，真正進行人的生產的規律；也是人能動地、創造性地「再生產整個自然界」的規律；是人按照各種物種尺度，並用主體內在尺度衡量對象的規律。

生產實踐是馬克思、恩格斯美學實踐觀點的基石，它使美學發展到一個新的階段。馬克思、恩格斯的美學思想是無產階級美學的實踐綱領和戰鬥旗幟。

馬克思、恩格斯的文藝美學思想，是無產階級文藝美學創作和研究的指南，在它的指導下，無產階級文藝美學在實踐中不斷發展，許許多多的無產階級文學家、藝術家、美學家，爲人類最先進的文藝、美學樹立了一座又一座的豐碑。

•註　　釋•

❶《馬克思恩格斯選集》第三卷，人民出版社 1972 年版，第 57 頁。

❷《列寧全集》第二十九卷，人民出版社 1956 版，第 334 頁。

❸《馬克思恩格斯全集》第二十卷，第 366～367 頁。

❹《馬克思恩格斯全集》第二卷，第 163～164 頁。

❺《馬克思恩格斯全集》第二十卷，第 250 頁。

❻《馬克思恩格斯全集》第二十六卷，第一冊，第 19 頁。

❼《馬克思恩格斯選集》第四卷，人民出版社 1972 年版，第 462 頁。

❽《列寧全集》第二十一卷，人民出版社 1959 年版，第 29 頁。

❾《馬克思恩格斯選集》第一卷，人民出版社 1972 年版，第 15 頁。

❿《馬克思恩格斯選集》第一卷，人民出版社 1972 年版，第 19 頁。

⓫《列寧選集》第二卷，1972 年第二版，第 714 頁。

⓬《馬克思恩格斯全集》第三卷，第 23 頁。

⓭《馬克思恩格斯全集》第三卷，第 23 頁。

⓮《馬克思恩格斯全集》第三卷，第 30 頁。

⓯《馬克思恩格斯選集》第一卷，人民出版社 1972 年版，第 30 頁。

⓰《馬克思恩格斯選集》第四卷，人民出版社 1972 年版，第 477～478 頁。

⓱《馬克思恩格斯選集》第二卷，人民出版社 1972 年版，第 82～83 頁。

⓲《馬克思恩格斯全集》第三卷，第 378 頁。

⓳《馬克思恩格斯全集》第三卷，第40頁。

⓴《馬克思恩格斯全集》第三卷，第39頁。

㉑《馬克思恩格斯全集》第三卷，第44頁。

㉒《馬克思恩格斯全集》第十三卷，第533頁。

㉓《列寧全集》第十九卷，人民出版社1959年版，第558頁。

㉔《資本論》第一卷，人民出版社1975年版，第8頁。

㉕《馬克思恩格斯全集》第二十三卷，第557頁。

㉖《馬克思恩格斯全集》第二十三卷，第679頁。

㉗《馬克思恩格斯選集》第三卷，人民出版社1972年版，第315頁。

㉘《馬克思恩格斯全集》第七卷，第514頁。

㉙《馬克思恩格斯選集》第一卷，人民出版社1972年版，第265頁。

㉚《馬克思恩格斯選集》第三卷，人民出版社1972年版，第8、10頁。

㉛《馬克思恩格斯選集》第三卷，人民出版社1972年版，第10～11頁和323頁。

㉜《馬克思恩格斯選集》第三卷，人民出版社1972年版，第10～11和323頁。

㉝《馬克思恩格斯選集》第三卷，人民出版社1972年版，第347～348頁。

㉞《馬克思恩格斯全集》第一卷，第488～489頁。

㉟《馬克思恩格斯全集》第十八卷，第179頁。

㊱《馬克思恩格斯選集》第一卷，人民出版社1972年版，第285頁。

㊲《馬克思恩格斯全集》第十七卷，第700頁。

㊳《馬克思恩格斯選集》第一卷，人民出版社 1972 年版，第 417 頁。

㊴《馬克思恩格斯選集》第三卷，人民出版社 1972 年版，第 21 頁。

㊵《馬克思恩格斯選集》第一卷，人民出版社 1972 年版，第 479～480 頁。

㊶《馬克思恩格斯全集》第十八卷，第 165 頁。

㊷《馬克思恩格斯選集》第三卷，人民出版社 1972 年版，第 4 頁。

㊸《馬克思恩格斯全集》第三十二卷，第 559 頁。

㊹《馬克思恩格斯選集》第二卷，人民出版社 1972 年版，第 267 頁。

㊺《馬克思恩格斯選集》第一卷，人民出版社 1972 年版，第 263 頁。

㊻《馬克思恩格斯選集》第三卷，人民出版社 1972 年版，第 12 頁。

㊼《馬克思恩格斯選集》第三卷，人民出版社 1972 年版，第 13 頁。

㊽《馬克思恩格斯選集》第二卷，人民出版社 1972 年版，第 82 頁。

㊾《馬克思恩格斯選集》第一卷，人民出版社 1972 年版，第 36 頁。

㊿《馬克思恩格斯選集》第四卷，人民出版社 1972 年版，第 23 頁。

51《馬克思恩格斯選集》第四卷，人民出版社 1972 年版，第 345 頁。

52《馬克思恩格斯選集》第四卷，人民出版社 1972 年版，第 462 頁。

53《馬克思恩格斯選集》第四卷，人民出版社 1972 年版，第 462 頁。

54《列寧全集》第九卷，人民出版社 1959 年版，第 135 頁。

55《馬克思恩格斯選集》第四卷，人民出版社 1972 年版，第 462 頁。

(56)《馬克思恩格斯選集》第四卷，人民出版社 1972 年版，第 343～344 頁。

(57)《馬克思恩格斯選集》第四卷，人民出版社 1972 年版，第 344 頁。

(58)《馬克思恩格斯全集》第三十八卷，第 76 頁。

(59)馬克思：《摩爾根〈古代社會〉一書摘要》，人民出版社 1965 年第一版，第 55 頁。

(60)《馬克思恩格斯全集》第十四卷，第 753 頁。

(61)《馬克思恩格斯全集》第十卷，第 405 頁。

(62)《馬克思恩格斯選集》第四卷，人民出版社 1972 年版，第 343 頁。

(63)《馬克思恩格斯選集》第四卷，人民出版社 1972 年版，第 340 頁。

(64)《馬克思恩格斯選集》第四卷，人民出版社 1972 年版，第 23 頁。

(65)《馬克思恩格斯選集》第二卷，人民出版社 1972 年版，第 479 頁。

(66)《馬克思恩格斯選集》第四卷，人民出版社 1972 年版，第 462 頁。

(67)《馬克思恩格斯選集》第四卷，人民出版社 1972 年版，第 453 頁。

(68)《馬克思恩格斯選集》第四卷，人民出版社 1972 年版，第 454 和 344 頁。

(69)《馬克思恩格斯選集》第四卷，人民出版社 1972 年版，第 344 頁。

(70)《馬克思恩格斯全集》第二十六卷，第一冊，第 296 頁。

(71)《馬克思恩格斯選集》第一卷，人民出版社 1972 年版，第 253

頁。

⑫《馬克思恩格斯全集》第四十二卷，第125頁。

⑬《馬克思恩格斯全集》第四十二卷，第97頁。

⑭《馬克思恩格斯全集》第四十二卷，第37頁。

⑮《馬克思恩格斯全集》第四十二卷，第97頁。

⑯《馬克思恩格斯選集》第三卷，人民出版社1972年版，第551頁。

⑰《馬克思恩格斯全集》第四十二卷，第97頁。

⑱《馬克思恩格斯全集》第四十二卷，第93頁。

⑲《馬克思恩格斯全集》第四十二卷，第127頁。

⑳《馬克思恩格斯選集》第一卷，人民出版社1972年版，第58頁。

㉑《馬克思恩格斯全集》第四十二卷，第93頁。

㉒《馬克思恩格斯全集》第二十三卷，第111頁。

新潮篇

／揭書安

第1章

西方新潮文化的環境與方向

進入20世紀後，經歷了搖籃時期、復興時期、繁榮時期 的西方文化，翻捲起了新的浪潮。這股新潮泛之於新的文化環境，朝著特有的文化方向不斷向前發展。

在不同的時代，由各種因素相互作用所建構的文化環境，對此時期文化的發展有著至關重要的影響。儘管這個文化環境極爲豐富複雜，並處於動態過程之中，但在一個特定的歷史時期，總有一些對文化發展顯得特別突出的歷史條件。20世紀前半葉的西方，經受著變革和動盪的劇烈衝擊。此階段深刻影響西方文化發展的最主要的因素莫過於19世紀末、20世紀初席捲西方的科技革命、產業革命，以及僅間隔20年爆發的兩次世界大戰。這些成爲有別於古代、近代的現代西方文化新環境中的重要條件。

源於上世紀與本世紀交接之際的頗具深度和廣度的科學革命，首先從理論上打破了長期統治科學領域的傳統觀念。相對論、量子力學的建樹，給科學工作者提供了從事科學研究的新的指導思想，並給思想界帶來了新的生機，大大拓寬了人們的視野。哲學領域科學主義思潮的新發展諸如邏輯實證主義的一系列觀點的形成和演進，正有賴於新的科學理論。科學理論的新突破以及物理學、數學、化學、生物學、醫學等領域的新成果的大量出現，爲西方人展示了認識世界的新的角度和方法，從而改變著人們的思維方式。

科學園地的累累碩果促進了技術領域變革的突飛猛進。這種變革首先是由於電力時代的開始，根本改變了原有的技術結構，更新了工業生產的程序、方法，大大提高了工業生產的效率；同時，改變了農業和其他部門的面貌，加速了它們的發展。進入*20*世紀以後，西方主要資本主義國家的國民生產的面貌，儘管程度不盡相同，但都發生了巨大變化，完成了繼第一次工業革命後的又一次歷史性大飛躍，創造了上個世紀所不能想像的社會財富。以此爲前提，社會的公共事業、通訊體系、交通網絡、住房條件、家務勞動手段、娛樂設施和方式等均大規模地更新。人們的生活方式變了，變化了的生活方式又成爲人們形成新的思維方式的強大動力。

西方社會以高速度走向了現代化。現代化的生產、現代化的生活、現代化的社會，給西方文化在新世紀的發展創造了新的舞台。

然而，科技的進步、生產水準的提高不光給西方社會帶來了福音，而且隨之滋生了一系列的社會問題。生產力的高度發展，推動資本主義由自由競爭進入壟斷階段。壟斷基地上的競爭則更爲激烈。無情的競爭把一批又一批的人抛向痛苦的深淵乃至死亡的谷底。在現代化的進程中，人們的生活節奏日益加快。十八、十九世紀那種寧靜、浪漫的生活情趣，不以人們意志爲轉移地被取代。新的生活格局使不少人感到自由受到限制，個性不能發展。生產合理化運動的開展，使人的異化現象更爲突出，工人成爲機器的奴隸。卓別林的傑作，名爲《摩登時代》的電影生動地再現了這一現象。特別是*1929–1933*年資本主義世界特大經濟危機黑幕的降下，使破產、失業、凶殺蜂至迭起。與這一切相伴隨的是，人性的扭曲、人情的淡漠、人際關係的變形；不少人感到精神空虛、自我失落。這就不能不使眾多的西方人重新考慮，在新的科技和生產水準條件下，人的自身價值是什麼；人們不能不開始考慮科技的進步同人的自由生存、發展和自我實現的矛盾這一新問題。面對壟斷資本主義，面對物質財富的豐富與精神需求的貧乏之間的強烈反差，西方人產生了新的危機感。

迄今爲止的人類歷史上發生的堪稱世界大戰的戰爭僅兩次，這兩次世界大戰之所以發生在 20 世紀上半葉，是同資本主義發展到壟斷階段密切相關的。兩場世界大戰極大地震盪了資本主義最發達的西方。兩次大戰期間，西歐都是主要戰場。採用了現代化武器的規模巨大的兩場大戰，不僅使西歐、美國傷亡數以百萬計的生命，而且使西方豐富的文化遺產遭到了空前的浩劫。戰爭給予人們的是無盡的苦難和悲傷。如果說在拿破崙戰爭時期人們還有那麼一股狂熱，進入 20 世紀後，經過了第一次世界大戰，這種狂熱由慘痛的現實和深刻的反思已消失殆盡。第一次世界大戰後，歐洲彌漫著強烈的和平主義情緒，對第一次世界大戰的痛苦回憶，強化了人們反對新戰爭爆發的情感。即使在沒有燃上戰火的美國，第一次世界大戰後，孤立主義更爲盛行。自上至下，人們普遍認爲參加第一次世界大戰是一個錯誤，反對介入美洲以外特別是歐洲的事務。但是，西方人的情緒和要求終不能阻止第二次世界大戰的爆發。德、日、意法西斯挑起的第二次世界大戰以更大的規模、更現代化的戰爭手段展開。西歐人民在第一次世界大戰留下的傷痕還在隱隱作痛的當兒，再遭慘絕人寰的法西斯的蹂躪；日軍偷襲珍珠港的炸彈又把美國一下子拖入第二次世界大戰的火海。歷時共10年的兩次世界大戰，在西方人的身心打上了深深的烙印，爲20世紀前半葉西方文化的發展開闢了獨有的新天地。不少思想家、文學家、藝術家在自己的思想體系和作品中反映了這個主題。強烈的反戰內容成爲20世紀前半葉西方文化的一個特色。在這之中體現得十分深刻的是，兩次世界大戰的實踐，給西方人提出了20世紀的新的戰爭與和平的問題；提出了在戰火頻仍的現實中，人的價值到底是什麼的尖銳問題。殘酷的戰爭又引發了西方人的危機感。

資本主義進入壟斷階段、世界規模的戰爭導致的西方人的危機感，構成了現化西方文化環境的一個突出的特徵，即價值危機的背景。在危機的重壓之下，西方人必須作出新的選擇。翻開西方現代文化的卷册，到處可見危機與選擇的交融。20世紀「危機與選擇」造就的基本心態，是現代西方文化發展的心理基礎。

文化的發展不僅受到社會條件的制約，還有著自身發展的規律。現代西方文化紮根於繁榮的近代西方文化的沃土之上，西方文化的豐富遺產成爲現代西方文化環境結構中的重要支柱。無論是科學領域，還是思想界、文學界、藝術界或繼承了近代文化傳統，並賦予新時代的內容；或以近代文化爲參照系統進行反傳統的試驗。這兩方面都顯示了鮮明的特點。

總之，進入20世紀後，西方社會生活的現實，特別是科技革命、產業革命和兩次世界大戰，以及近代西方文化發展的水準，爲現代西方文化的發展建構了一個新的環境。在這個環境中，西方文化掀起了自己的新浪潮。

現代西方文化的新潮奔向何方？文化是受價值觀念引導的體系，文化所滿足的往往是價值標準的需要。在新的社會條件下，人們的生括方式和思維方式的變化，成爲西方進入20世紀後決定人們的價值取向的重要條件之一。壟斷資本主義的弊端、兩次世界大戰的經歷是影響西方人決定價值取向的又一關鍵因素。而這兩者交叉在一點上，則是如何實現人的自身價值。西方文化自古是以人爲核心議題展開的。儘管有中世紀黑暗歲月的曲折，但經過近代進入現代，總的看來，重視人表現人是西方文化演進的主旨，人的權利成爲西方文化最鮮明的印章。相對於古代的人本主義、文藝復興時期的人文主義、近代的人道主義，現代人道主義突出了人的自身，強調人生的意義和存在的重要性；強調個人的尊嚴、人格的完整及充分的自我發展；強調尊重自己也尊重他人的感情。因此，自我實現成爲現代西方人意識行爲的目的，人作爲西方文化載體的主體性在現代得到進一步體現。在現代人道主義的主導下，西方文化在新的環境中獲得新的發展，這股新潮奔騰出多色的浪花，展現出新的特點。

科學科技的高速發展成為現代西方文化演進的主幹　進入20世紀以後，西方飛速前進的科技顯示了以往任何時代所不能比擬的巨大威力。這股神奇的力量強勁地推動了西方人步入現代化的里程，深刻地影響和帶動了其他文化領域的變革。英國哲學家羅素在1923年講道：「說到最後，使我們的時代和過去的時代有所不同的，就是科學。」科學技術的發展水準標誌著人類對自然獨立的程度。現代西方科技充分顯示了認識自然的新的高度，以及自由、獨立於自然的新的水準。

本世紀起，西方文化發展的多元化趨勢日益發展 如果說，在近代，西方人文科學各領域往往形成某種流派在一個時期內的主導地位，在現代這種勢頭已開始減退。在現代科技、現代社會生活的基地上，人們認識問題的能力不斷深化，觀察問題的角度不斷增加，表現自我的方式日益多樣，不願受別人主宰而保持自己獨特主張的傾向日益加強。因此，現代西方精神文化領域呈現出多流派、多類型、多分支、多層次、多角度、多特點的局面。隨著社會生活節奏的加快，社會變遷的神速，不少流派過眼即逝，新的流派不斷產生，令人目不暇接。儘管我們可以大體按一定的標準歸歸類，但卻無法窮盡多元的全貌。多元化的趨勢愈益強化。

西方文化是開放型的文化 而立足於西方人不斷加強的個體多元化自由選擇意識基礎之上的現代西方文化的開放則日益廣闊。與古代、近代相比較，這是一種全方位的、空前規模的開放。由於現代西方人更加開放的心態，由於交通、通訊手段的現代化，地球變得越來越小，文化交流愈加方便和頻繁，西方各國文化之間的相互滲透更爲廣泛和深刻。某一流派一旦出現，往往很快突破國界，形成影響整個西方的潮流。文化國際性的趨勢進一步發展。

現代西方文化的現代人道主義指引的文化；是一種古代、近代所不曾有的多元文化；是一種古代、近代所不能比的全方位開放的國際性文化；是一種突破古代、近代文化布局的以科技發展爲主幹的文化。這些就是現代西方文化潮流的嶄新之處；就是現代西方文化潮流的特有方向。

第2章
四十五年的科技狂飆

相對論、量子力學——
自然科學理論的劃時代突破

迄至19世紀後期，自然科學理論經歷了三次堪稱革命的巨大變化。第一次是17世紀由伽利略開始，而由牛頓完成的力學革命；第二次是18世紀由拉瓦錫的著名實驗引起的化學革命；第三次是以1859年達爾文發表的《物種起源》爲開端的生物學革命。基於這些成果，許多科學家感到大自然的結構和格局已被揭示出來，未來的工作只是在這個框架上進行深入和細緻的研究。絕大多數物理學家認爲，留給後代的工作乃是使測量數據的小數點後面增加幾位有效數字而已。然而，就在19世紀最後幾年中，這種形勢發生了變化。相繼發現的x射線、放射現象和電子，猛烈衝擊著牛頓力學的物質、質量、能量、運動等基本概念，古典物理學中的質量守恒、能量守恒、運動定律等基本定律面臨嚴峻的考驗。由此引發了自然科學理論的第四次革命，拉開了20世紀物理學革命的序幕。在二十世紀物理學革命的暴風驟雨中，相對論和量子力學的嶄新理論猶如震天撼地的驚雷，宣告了自然科學進入了嶄新的時代。

相對論是與愛因斯坦的名字緊緊連在一起的。艾伯特·

愛因斯坦（*Albert Einstein, 1879–1955*年）出生於德國的一個猶太人家庭。在孩提時期，他並未顯出有超人的智力，在學生時代也未得到老師的特別讚賞。可是他從小養成了良好的自學習慣，而且善於獨立思考，具有強烈的批判精神。*1900*年*8*月，愛因斯坦畢業於蘇黎世大學。在大學學習物理的四年中，他將大部分時間花在實驗室中，並自學了許多物理學家的著作。*1902*至*1909*年，愛因斯坦在伯爾尼瑞士專利局工作。這項工作使他有機會接觸到許多新的發明和發現。在專利局的九年，成爲他一生最富於創造性的時期。這期間，他創立了狹義相對論，在此基礎上，以後又創立了廣義相對論。愛因斯坦不僅創立了相對論體系，而且在分子運動論、量子學説等方面亦取得了輝煌的成就。愛因斯坦曾獲*1921*年度的諾貝爾物理學獎。愛因斯坦還始終關心世界和平事業，並積極從事爭取世界和平的活動。作爲*20*世紀最偉大的科學家，愛因斯坦一生最卓越的貢獻是相對論。相對論成爲*20*世紀物理學革命的傑出內容，具有劃時代的意義。

*1905*年，愛因斯坦發表了題爲《論動體的電動力學》的論文，這標誌著狹義相對論的創立。根據狹義相對論，物質運動與時間、空間不是各自孤立地存在著，而是有機地聯繫在一起。物體的運動速度增加，質量也增加，空間和時間隨著物體運動而變化，運動著的物體在運動方向上長度縮短，時間變慢。這就是説，空間和時間是和一切事物一起消失的。依狹義相對論原理，愛因斯坦推導出了著名的質能關係式：$E = mc^2$，即物體的能量(E)相當於其質量(m)與光速(c)的平方的乘積，從而揭示了原子內部所蘊藏的巨大能量的秘密。狹義相對論創立以後，不斷受到實踐的檢驗和證實，已

成爲現代物理學的基礎理論之一，並得到廣泛應用。

在許多物理學還無法接受狹義相對論的時候，愛因斯坦於1907年提出了廣義相對論的基本原理，以後又不斷豐富和充實這一理論，終於在1915年10月完成了創建廣義相對論的工作，並於1916年3月完成了總結性論文《廣義相對論基礎》。廣義相對論是關於引力的理論。它在狹義相對論的基礎上，進一步論證了時空結構同物質分布的關係，指出了物質間所存在的萬有引力是由於物質的存在和分布使時間和空間的性質不均勻而引起的。時空的幾何性質不是按歐幾里得幾何學分布的，而是按非歐幾里得幾何學分布的。廣義相對論創立後，愛因斯坦又爲廣義相對論的應用進行了辛勤的探索。1917年，他發表了重要論文《根據廣義相對論對宇宙學所作的考查》，這對現代宇宙學具有開創性的意義。

愛因斯坦的相對論深入地探知了物質世界的奧秘。它不僅揭示了空間的可變性和時間的可變性，而且說明了單獨的空間改變或單獨的時間改變是不可能的，空間和時間的變化必然聯繫在一起。不僅如此，時空的變化和時空的結構又與物質的運動和狀態密可不分。這種新的時空觀、運動觀、物質觀是對傳統物理學的牛頓的絕對時空觀的重大突破，是自然科學理論的偉大建樹，對自然科學的發展和哲學的前進產生了不可估量的影響。

20世紀物理學革命的另一突出內容是量子論的產生及由此而發展的量子力學的建立。量子論的創始人是德國物理學家普朗克（*Max Planck, 1858–1947*年）。1900年末，普朗克在德國物理學會上宣讀了題爲《關於正常光譜能量分布定律的理論》的論文，這標誌著量子論的誕生。在量子論誕生之前，經典物理學認爲黑色物體輻射的能量，在不同的波長中是平均分布的。但普朗克卻發現能量是不連續的、分散的，而且是微粒性的，它是以單位即「量子」的形式釋放的。普朗克的量子論徹底改變了物理學家對能量的認識。*1905*年，愛因斯坦發展了普朗克的能量量子化的概念，提出了光量子假說。在此基礎上，科學家們繼續探索，開創了一門研究微觀世界運動規律的統一理論——量子力學。

奧地利物理學家薛定諤（*Erwin Schrödinger*）是量子力學的奠基人之一。1926年，他發表了*6*篇論文，建立了描述微觀粒子運動的波動力學和波動方程。同年，德國物理學家玻恩（*Max Born*）對波函數作了統計解釋，他認爲微觀粒子在原則上不同於宏觀物體的地方就在它沒有固定的軌道，我們不可能確定地預言一個粒子某一時刻一定在什麼地方，而只能描述一個粒子在某一時刻到達某處的可能性的大小即機率，或描述一群粒子的機率分布。德國物理學家海森堡（*Werner Karl Heisenberg*）在*1925*年沿著另一個途徑爲量子力學的創立奠定了基礎。他建立了與薛定諤的波動力學在本質上一致的矩陣力學——量子力學的另一種數學表達式。接著，*1928*年，英國物理學家狄拉克（*Paul Dirac*）提出了符合狹義相對論要求的電子的量子論，開創了相對論波動性力學的研究。

經過薛定諤、玻恩、海森堡、狄拉克等物理學家的不懈努力，量子力學在本世紀*30*年代初已形成完整的體系。量子物理學是反映自然界一切領域普遍適用的理論，它促使人們從根本上改變了只承認連續性和機械力學決定論的經典物理學的固有觀念，揭示了連續與間斷統一的自然觀。在量子物理學的指引下，通向物質運動的不同層次的研究道路開闢了，並爲現代電子技術、半導體技術和激光技術等奠定了理論基礎。

相對論和量子力學，構成了現代物理學的基礎理論，把人們的視野由宏觀低速的領域帶到了微觀高速的領域。以相對論和量子力學爲核心內容的20世紀的物理學革命，不僅爲物理學自身的研究開創了新的局面，形成了以反映夸克——基本粒子——原子核和原子——分子——凝固態（固體和流體）——地球和其他天體——星系和整個宇宙爲內容的完整的物理學體系，而且爲20世紀的整個自然科學的研究和哲學的發展顯示了從未有過的廣闊的前景。

深入發展的現代化學和生物學

物理學革命帶動了現代自然科學中不同學科的深入發展。這些學科在不同層次上進行了新的探究，結出了累累碩果。在這之中，較爲突出的是化學和生物學。

進入20世紀後，化學的面貌發生了重大變化，成爲一個分支繁多的大家族。現代化學的內容更加豐富、理論更爲深刻。

現代化學同其他自然科學學科的結合日益廣泛，形成了一系列新的分支。物理學中的革命也是化學發展中的重大變革。對原子及其結構知識的不斷成長，在很大程度上打破了物理學和化學之間的界限。20世紀的化學與物理學互相滲透，深入到核化學、結構化學、形成了高分子合成化學。

到1925年，由於量子力學的誕生和其他新原理的提出，元素周期律獲得了新的更科學的解釋。這就是，核外電子按一定殼層分布，最裏面的電子殼層只能容納兩個電子，然後依一定規律分布，電子層越多，最外層電子離核越遠，核對它的吸引力越小，所以它容易失去電子；外層電子越少越是容易失去電子，最外層電子越多，則越容易奪得電子，達到八個電子時爲飽合狀態；外層電子數相同的元素的化學性質相近，外層電子增多，元素的金屬性隨之減弱。元素周期律的新解釋是研究原子結構的首要成果。而原子結構理論的建立又爲進一步了解原子之間結合的方式提供了理論前提。*1927*年，德國的海特勒和美籍德國人倫敦，發現兩個氫原子之所以能結合成一個穩定的氫分子，是由於分子中電子運動的範圍主要集中在兩個原子核之間，形成一個「電子橋」，把兩個氫原子核拉到一起穩定下來。或者說，「電子雲」的分布集中在原子核之間形成了化學鍵。這一結論是在量子力學的指導下得出的。量子力學大大地促進了分子的微觀結構的研究，由此便誕生了量子化學這一新的學科。量子化學成爲化學的基礎理論之一。以後，人們又把量子力學的原理推廣應用到多原子分子的研究。到*30*年代初已建立了兩種化學鍵理論，一種稱之爲價鍵理論，另一種稱爲分子軌道理論。在此基礎上微觀客體的自然規律不斷被揭示。

*1920*年，德國化學家施道丁格（*Hermann Staudinger*）把環狀化合物同長鏈高分子化合物區分開來，證明諸如天然橡膠、纖維素等不是多元環狀的小分子的物理締合，而是具有鏈狀結構且分子量很高的大分子。*1930*年，施道丁格和瑞典化學家斯維德貝格（*The⟨odor⟩ Svedberg*）等測定了高分子的分子量，美國化學家卡羅澤斯（*Wallace Carothers*）

合成了分子量高達兩萬左右的高分子纖維絲，從而證實了高分子長鏈結構理論。*30*年代，化學家們建立了高分子結晶的結構模型，提出了高分子長鏈的統計理論和分子運動理論。高分子合成化學的建立，是現代化學向其大尺度領域發展的重要內容。人類已不僅能從天然產物中提取有機物質，還能以石油等爲原料製造出各種有機化合物，並能利用簡單的有機分子人工製成多種高分子化合物。*30*年代，美國研製成質量較好，而且成本較低的合成橡膠。*1935*年，美國研製出尼龍絲。*1940*年，英國人發明了滌綸。三、四十年代，各種塑料在西方國家投入生產。合成橡膠、合成纖維、塑料是高分子化合物的主要代表，這三大合成材料越來越廣泛地應用於工業及人們的日常生活之中。現代化工的發展，是以現代化學的新成果爲基礎的。

*19*世紀生物學研究的深度達到了細胞水平，但這還不能充分揭示生命現象的本質。要查明生物進化、遺傳和變異的內部機制，就必須進行更爲深入的研究。*19*世紀末、*20*世紀初，由於化學與生物學的互相滲透，誕生了以研究生物體內分子變化爲內容的生物化學。而且，物理學的新理論和實驗方法對生物學產生了重要影響，這些爲生物學的進步奠定了良好的基礎。

早在*19*世紀*60*年代，奧地利生物學家孟德爾（*Gregor Mendel*）從碗豆雜交試驗中發現了生物具有遺傳因子，並總結出了遺傳定律。本世紀*20*年代前後，美國生物學家摩爾根（*Themas Morgan*）通過了對果蠅的研究進而解決了遺傳因子與染色體的關係問題，得出了遺傳因子位於染色體上的結論。摩爾根的染色體——基因理論是對遺傳學的卓越貢獻。可是基因究竟是什麼？它是怎樣傳遞傳信息的？有待進一步探究。生物學的研究提出了深入到分子水平，揭示生命現象本質的新課題。經過大量的研究工作，科學家們逐漸認識到，儘管生物細胞的大小、形狀、功能各異，但其成分大致類似。從元素來說則都是由碳、氫、氧、氮和無機物組成的，正是這些元素組成了生物大分子。而生物大分子包括蛋白質、核酸（去氧核糖核酸 *DNA* 和核糖核酸 *RNA*）、脂肪和糖。這是人們在研究生命現象時從細胞水平向分子水平發展的開始。以後，科學家們又揭示了基因與酶的關係，發現了 *DNA* 是攜帶遺傳信息的載體，並發現了 *DNA* 雙螺旋結構。這三方面的重大研究成果不僅進一步揭開了生命的秘密，而且促成了一門新學科——分子生物學的誕生。分子生物學發端於本世紀三、四十年代，第二次世界大戰後正式採用了「分子生物學」這個名稱。*50* 年代分子生物學成爲一門獨立的學科。分子生物學的誕生是 *20* 世紀自然科學的偉大成就之一，它改變著人們對生物學的一些基本概念，推動著人們對生命的本質、生命的起源等問題的深入探索。

技術領域的巨大變革

隨著第二次技術革命的浪潮，電力以其經濟、方便、強有力等無可爭論的優點，開始了 *20* 世紀動力的新時代——電力時代；*19* 世紀蒸汽時代隨之宣告結束。電力，這一威力神奇的新動力廣泛而深刻地改變著人們的生產和生活方式，這首先表現在西方國家。

二、三十年代，電力驅動在西方國家絕大多數工業生產部門的動力中佔主導地位。到 *1929* 年，美國工廠的動力設備的 *70%* 實現了電氣化。與此同時，實現農村電氣化也成爲這些國家的重要目標。電氣化是實現生產機械化、自動化的主要條件；電氣化帶來了生產效率的大幅度提高。隨著對電力需求的增加，電力工業在整個生產體系中佔的地位日益重要。第一次世界大戰後，火力發電站佔主導地位，其發電量約佔總發電量的 *80%*，水力發電正逐步發展。*1936* 年，在美國科羅拉多河上開始建造當時世界上最大的山脈發電站，壩高 *222* 米。隨著電力的發展，製造渦輪機、水輪機、發電機、電動機、變壓器、電纜、電工儀表的生產迅速專門化，形成了一批新的工業企業。電力技術的革新又使歐美各國的發電量大大增加。*20* 年代以來，輸電網的建立，使電力的使用日趨合理。發電量和電站功率的大小，已是一國工業發展水準的一個重要衡量標準。電力成爲發展社會生產的決定因素之一。

電力作爲 *20* 世紀的新動力，不僅在工業生產中發揮了巨大作用，而且給人們的生活帶來了上個世紀所不能想像的益處。由於有了電，電車、地鐵在西方應運而生，使城市的交通大爲改觀；電吸塵器、電洗衣機、電冰箱、電扇首先在西方使用，大大減輕了家務勞動的強度，方便了人們的生活。電還照亮了城市的夜空，並逐漸照亮了間間農舍。不僅如此，電話網伸向了偏僻的居民點，農村和城市的聯繫日益密切。電影在西方誕生後，人們有了新的娛樂形式。電還徹底改變了人們的通訊和宣傳方式。*1901* 年，橫越大西洋的無線電通訊獲得成功。*1920* 年，美國匹茲堡 *KDKA* 電台開始無線電廣播，*1922* 年，英國廣播公司成立，法國、德國和意大利也相繼開始廣播。*20*年代，無線電廣播在西方國家已經普及。20年代以後，光電顯像管發明，開始了黑白電視和彩色電視的試驗。*1935*年柏林建立了電視台。無線電通訊、廣播、電視的運用，體現了*20*世紀信息化的特點，世界上任何地方發生的事件，瞬息之間即可傳向四面八方。神奇的電同現代化緊緊相連。

電力的發展使許多固定式的工作機器有了新的動力，但電力不能適用移動式機器的工作條件。移動式工作機器主要靠內燃機驅動。*19*世紀末，可用低級燃油能自動點火的內燃機研製成功。由於內燃機體積小、效率高，進入*20*世紀很快得到廣泛應用。這便使西方技術領域的面貌大爲改觀。首先採用內燃機作動力的是拖拉機。拖拉機取代了農村長期使用的馬、牛等畜力，大大提高了農業勞動生產率；拖拉機可以牽引犁和各種農具，從而加快了農業機械化進程。自*1890*年至*1930*年，美國使用農業機械的價值增加了六倍多。隨著西方國家農業機械化程度的提高，其農業人口逐漸減少，人口的產業結構也隨之發生了深刻的變化。

因爲有了內燃機作動力，汽車、飛機成爲普遍的交通工具。*19*世紀末發明的汽車，由於內燃機的日漸完善，性能不斷提高。進入*20*世紀，汽車開始成批生產。第一次世界大戰期間，汽車首先用於軍事。經過戰爭的刺激，汽車工業發展更爲迅速，汽車製造業已成爲現代工業的一個重要部門。與此相適應，城鄉公路網興建並逐漸擴展。從*30*年代起，美國、德國先後修建起高速公路。三四十年代，汽車已成爲西方國家不可缺少的交通工具，發揮著越來越大的作用。

內燃機技術的改進，使航空事業興起。1903年，美國萊特兄弟駕駛內燃機發動的飛機第一次飛上天空，人類從此插上了翅膀。飛機試飛成功後，也是首先應用於軍事，第一次世界大戰期間開始有了軍用飛機。在此之後，民用航空事業在西方國家得到迅速發展。1918年，美國紐約和華盛頓之間的航線通航。1919年，德國柏林和魏瑪之間建立了定期航班。1920年，荷蘭開闢了阿姆斯特丹和倫敦之間的國際航線。隨後，幾乎每年都開闢聯接歐洲各國首都的新航線。到第二次世界大戰前，歐洲同美國之間的航線也建立起來了。在廣泛的應用之中，飛機不斷得到改進，使其速度越來越快，機械性能越來越好。飛機、汽車給人們的交通帶來了前所未有的便利，充分體現了快速、自由的特點，從而大大加強了國家與國家、人與人之間的聯繫，地球變得小多了。

隨著科學的飛速發展，科學與技術的關係日益密切。科學對技術原理的確立、技術設計和技術研製起著越來越重要的作用。進入本世紀，技術科學化的趨勢日益明顯。這種趨勢不僅體現在新興的工業領域中，而且在傳統的工業部門也展示了出來。冶金技術突破了19世紀形成的高爐、平爐、轉爐的生產技術系統，電爐煉鋼和吹氧煉鋼的新技術迅速推廣，這就大大提高了鋼產量。對金屬及合金的深入研究，使機械製造業所需要的金屬中增加了鎂合金、鎢合金、鎳合金、釩合金、鈷合金和鋁合金。這就使機械加工效率大爲提高。在輕金屬研製方面很突出的鋁合金的研製和應用。1906年，德國人維爾姆發明了製成鋁合金的方法，使鋁產量大幅度上升。世界鋁產量從1899年到1943年增加了20倍。

鋁合金的研製成功及大量生產爲飛機製造業提供了充足的原料。在高分子化學研究領域有了突破性進展後，本世紀20年代，高分子化學工業發展起來，爲傳統化學工業增添了新的分支。30年代，人工合成了人造纖維、塑料等，從而引起了材料技術上的根本變革。除此，還人工合成了維生素、青霉素、磺胺等藥物，爲醫學提供了新的更有威力的治療手段。高分子化學工業日益蓬勃發展。

在科學不斷改造著傳統工業部門的生產技術的同時，科學又使傳統的工藝流程發生了深刻的變化。20年代，「生產合理化」運動在西方主要國家普遍開展。所謂生產合理化，即是在生產中儘可能地採用各種新式的機器設備，利用自動傳送裝置，進行流水作業，實行標準化大生產。在這之中，最突出的是美國亨利·福特所創造的「福特制」在美國被廣爲推廣，並爲西歐國家所效仿。生產合理化運動大大提高了勞動生產率，成爲1924–1929年資本主義經濟繁榮時期工業生產迅速高漲的原因之一。

在技術不斷科學化的同時，技術的發展又爲科學實驗提供了新的儀器和手段，科學日益技術化。20世紀上半葉，應用十分廣泛的陰級射線示波器、高倍電子顯微鏡的發明爲科學實驗提供了新的良好的條件。而粒子加速器的發明則把人們的視野帶到了原子內部。

本世紀初，科學家們研究原子核是用α粒子作「炮彈」去轟擊氮原子核。30年代初，科學家們所知道的比原子小的粒子僅有四個，即電子、質子、中子和光子，它們被稱爲「基本粒子」。然而，原子核的結構和基本粒子的家族實際要複雜得多。自30年代起，科學家們又開始了向粒子世界進軍的新階段。由於天然放射性元素產生的 α 粒子數量少、能量低，而把原子核聚結在一起的力量非常大，打破原子核需要極強的工具。因此，需要製成一種機器，利用一連串電力衝擊，加速質子的運行，使它的速度加快以打破原子核。*1930–1932* 年間，英國的勞倫斯、范德格拉夫、考克拉夫特、沃爾頓等人發明了能獲得高速質子的回旋加速器、靜電加速器和高壓倍加器，爲核物理研究提供了強有力的工具。*1932* 年，科學家們利用粒子加速器把鋰原子核擊裂爲二。*1934–1939* 年間，意大利物理學家費米（*Enrico Fexmi*）和德國物理學家哈恩（*Otto Hahn*）又運用粒子加速器用中子去轟擊多種元素，發現了多種放射性同位素，而且擊裂了鈾原子核，鈾核裂變實現。在這之後，哈恩又與奧地利女科學家梅特娜（*Lise Meitner*）對用中子轟擊鈾實現核裂變的問題進行了深入的研究。 *1939* 年，梅特娜公布了她與哈恩和其他學者的實驗結果。指出，鈾核裂變後的總質量小於裂變前的質量，減少的質量轉變爲很大的能量，每一裂變的原子放出的能量大約爲兩億電子伏特。同年，法國的約里奧等發現鈾在裂變時又會釋放出 *2–3* 個中子，提出了鏈式反應的理論。以前認爲，爲了實現核裂變，需要人們不斷提供中子炮彈；鏈式反應理論則證明，核裂變過程自身又會放射出中子，而這些中子又會引起新的核裂變反應，連鎖反應可以源源不斷。核裂變與連鎖反應的發現表明了原子能利用的現實可能性。

第二次世界大戰對科技發展的強烈刺激

戰爭關係到一個國家的生死存亡。一旦爆發大規模戰爭，不管進行戰爭的雙方有何種社會目的，都極需科技爲戰爭服務，並會不計經濟成本地向某些直接應用於軍事的科技研究投以大量的人力、物力、財力。軍事技術則可以轉化爲民用技術。戰爭的特殊環境刺激著科技的發展，這在第一次世界大戰中就有明顯的表現，而在第二次世界大戰這一規模空前的現代化戰爭中表現更爲突出。第二次世界大戰期間，軍事科技得到全面發展，這對戰爭的進程產生了重要影響。諸如戰爭初期德國轟炸機航程達 2,000 公里，戰爭後期，美國的 B_{20} 型轟炸機的航程超過了 7,000 公里，被稱之爲超級空中堡壘。B_{29} 型轟炸機將原子彈投向廣島、長崎，加速了日本法西斯的滅亡。在不列顛之戰中，英國皇家空軍首先採取了先進的電子技術——雷達，預測了德軍的空襲，給戈林的空軍以沈重的打擊。尤其是，在第二次世界大戰期間，爲了軍事目的，原子能技術（原子彈）、空間技術（火箭）、電子技術（電子計算機），得到突破性進展，不僅對戰爭產生了重要影響，更爲重要的是，揭開了戰後第三次技術革命的序幕。

核裂變和鏈式反應發現時，正值第二次世界大戰的前夜。科學家們警覺到，核裂變若用於武器，製成原子彈，將會產生空前的、災難性的殺傷力。1939 年夏，移居美國的匈牙利物理學家西拉德（*Leo Szilard*）等人得知，德國科學家開始討論利用原子能問題，以及禁止德國佔領的捷克斯洛伐克出口鈾礦，擔心希特勒德國首先製造出原子武器，認爲只有搶在德國前面製成原子彈才能避免原子災難。研製原子武器需要大量的財力、物力、人力，在反法西斯國家中唯有美國最具備條件。西拉德向移居美國的愛因斯坦講明鈾核裂變產生鏈式反應可能引起的嚴重問題，愛因斯坦表示願意幫助西拉德，並在給羅斯福總統的信上簽了名。這封信由西拉德交給總統私人顧問薩克斯轉呈羅斯福（*Franklin Delano Roosevelt*）。經過科學家們的詳細解釋，羅斯福終於理解了原子彈的奧妙及研製原子彈的意義，決定開始進行研製工作。*1941*年底，美國政府大量撥款和組織人力、物力著手此項工作。羅斯福與英國首相丘吉爾（*Sir Winston Churchill*）達成協議，成立了美國、英國和加拿大共同研製原子能委員會。將英國、加拿大所有的研究原子能的科學家都集中到美國的新墨西哥州，成立了專門的工程區——曼哈頓工程區。*1942*年*8*月，由羅斯福總統主持制定了研製原子彈的「曼哈頓計劃」。爲了使此項計劃順利進行，美國政府調集了全國*15*萬科技人員，其中有許多著名的物理學家、諾貝爾獎金獲得者，動用了全國三分之一的電力，前後投資約*22*億美元。*1942*年底，在芝加哥由費米領導建立了人類歷史上第一座原子反應堆。在物理學家奧本海默（*John Robert Oppenheimer*）的領導下，第一批共三枚原子彈製造出來了。*1945*年*7*月*16*日，原子彈在新墨西哥州的阿拉莫高德沙漠區試爆成功，*1945*年*8*月*6*日，具有二萬噸*TNT*爆炸力的原子彈投在日本廣島，三天後，又一枚原子彈投在長崎。奧本海默被冠以「原子彈之父」。

從確立鏈式反應原理到製成原子彈要解決大量的科學

上、技術上、生產上的問題。由於戰爭的強烈刺激，這個過程在短短的6年內便完成了。隨著原子彈的試製成功，人類開始進入了核時代。

飛機給人類插上了翅膀，但是，一般飛機必須借助於空氣同燃料油的混合燃燒才能產生動力，這就因高空缺氧而無法跨越大氣層。因此，到宇宙空間的飛行必須突破無空氣的限制。中國人雖發明了能做到這一點的最早的火箭，但直到20世紀以後，由於現代科學一系列的理論和實驗研究，以及液體燃料的發明，才使火箭原理得以應用。俄國的齊奧科夫斯基（*Konstantin Eduardovich Tsiolkovsky*）提出了著名的火箭速度公式，建議用液體推進器代替固體推進器，從理論上論證了太空飛行的可能性。美國的戈達德（*Robert Hutchings Goddard*）則把理論研究同實驗研究結合起來，於1926年製造了用液氧和汽油做推進劑的第一枚液體火箭。1930–1935年間，他發射了多枚火箭，高度達2,500米左右。但是，戈達德的工作並沒有得到美國政府的重視和支持。希特勒在德國上台後，出於發動戰爭的需要，大力支持火箭的研製工作。科學家布勞恩等人與軍方合作，使研製工作進展很快。1934年成功地實驗了兩枚液體火箭。1937年，德國政府投資3億馬克，在波羅的海沿岸的庇納門德建立了火箭研究中心。1942年，德國試驗發射了總重量爲十三噸的V–2火箭導彈正式用於對英作戰。V–2火箭，最大時速達5,500公里。1944年，V–2火箭導彈的研製成功並實際使用，標誌現代火箭技術已登上現代科技舞台，成爲現代空間技術的雛型，爲空間技術的發展開拓了道路。

V–2火箭導彈的使用受到了美蘇等國的重視。德國戰敗，布勞恩等火箭研究中心的研究人員爲美國所俘虜和控制，蘇聯得到了一批沒有來得及發射的 *V-2* 火箭導彈的實物作樣品，這就爲美蘇戰後在空間技術方面的發展和競爭奠定了基礎。

電子計算機是人類在 *20* 世紀裏創造出來的最值得驕傲的工具。 *1936* 年，英國數學家圖林（*Alan Mathison Turing*）已從理論上證明了通用自動計算機誕生的可能性。第二次世大戰期間，由於軍事上的迫切需要，加速了電子計算機的出世。

戰爭期間，美國賓夕法尼亞大學的莫爾電工學院向阿伯丁彈道研究實驗室共同負責爲陸軍提供彈道表。這是一項繁重而緊迫的任務，必須使用大約兩千個計算表進行計算，每張表要計算幾百條彈道。用當時的機械計算機計算每一條彈道需要 *20* 小時，兩百多名計算人員計算一張火力表要兩三個月的時間。爲了適應戰爭形勢， *1942* 年 *8* 月，莫爾電工學院的物理學家莫希萊提出了製造電子計算機的方案，並得到軍方贊同。借助於第二次世界大戰期間無線電、雷達和脈衝技術的成果，經過兩年多的努力，電子計算機終於在 *1945* 年底研製成功，並於 *1947* 年運到阿伯丁彈道實驗室使用。這台電子計算機共用了 *1,800* 多個電子管， *7* 萬隻電阻， *1* 萬餘隻電容，長 *30* 米、重 *30* 多噸、佔地 *170* 平方米，耗電 *150* 千瓦，造價約 *48* 萬美元。該機採用十進位制，主要是進行加減法運算，運算速度爲每秒五千次，比人工計算提高了一千多倍。這是世界上第一台電子計算機，也是第一代電子計算機。從此，人類邁入了電子計算機時代。

一個國家的科技發展水準如何，是同這個國家是否具有一支優秀的科技隊伍緊密聯繫著的。第二次世界大戰以前的德國擁有這個優勢。德國有重視基礎科學的傳統，其基礎科學的成就在 1930年以前一直領先。20世紀的前 10年，德國的諾貝爾獎獲得者超過了美、英、法等國居於第一位。當時的德國堪稱世界科技的中心。但希特勒上台後，法西斯德國從政治上、人種上殘酷迫害知識分子，大批科學家沒有了人身自由，沒有了進行科技工作的起碼條件，他們的創造才能被完全地扼殺了，他們被迫流亡國外。據統計，德、奧兩國有兩千多名科學家移居世界各地。爲了發動戰爭，德國片面強調發展能迅速產生軍事效益的技術，忽視科學研究，從而導致基礎科學水準的逐漸下降。30年代，德國的諾貝爾獎金獲得者與美國相等，與英國接近；40年代，則比美、英要少得多。即使在軍事技術方面，德國原有的科學潛力也未能發揮出來。德國在第二次世界大戰中不僅具有製造火箭的能力，而且還擁有製造原子彈的知識準備和人力，但由於希特勒的反動政策，原子彈終未能在德國首先製造出來。德國科技中心的地位被希特勒毀掉了。

美國在第一次世界大戰後加快了發展科技的步伐。從第一次世界大戰前到 1930年，美國科技人員從近萬人增加到了 3.4萬人；工業實驗室從 365個增至 1,650個。到第二次世界大戰爆發前，美國的科技水準就已經趕上歐洲先進國家。戰爭前夕和戰爭期間，美國又大規模投資發展科技。特別是，美國十分重視科技隊伍的建設，用良好的工作和生活條件吸引大批外國科學家到美國。從德國、意大利、奧地利等法西斯國家流亡的科學家大部分去了美國，其中包括很多著名的科學家，如愛因斯坦、費米、西拉德等。美國的科技力量更爲雄厚了。同時，美國政府千方百計激勵科學工作者充分發展個人的創造才能，這又大大促進了科技的發展。第二次世界大戰行將結束時，美國又加緊搶奪德國的科技力量。從西線進入德國本土的美軍組織了一個由技術軍官組成的突擊隊，任務是冒著炮火把德國製造火箭的科學家及家屬安全送往美國。最後，美軍將以布勞恩爲首的*127*名火箭專家連同技術資料、秘密圖紙、機械設備，共裝載了*16*艘船運往美國。戰後美國航天事業的發展有了雄厚的技術前提。後來，美國的登月火箭就是這批科學家研製成功的，其中起作用最大的是被譽爲「現代航天之父」的布勞恩（*Wernher von Braun*）。

經過第二次世界大戰，美國的科技能量之大在當時是任何國家所不能比擬的。原子彈誕生在美國標誌著世界科技中心由德國轉移到了美國。

*20*世紀的前*45*年，是西方科技飛速發展的時期。這四十五年的理論上的突破，各學科的深入發展和相互的綜合、滲透，以及一系列尖端技術、新興工業部門的出現，把科技帶入了全新的時代。在古代，科技還沒有獨立、系統的發展。在中世紀，科學成爲反宗教的重要精神力量，並開始獲得獨立的發展，但還沒有在社會生活中產生重要影響。在近代，科技趨於成熟，走向繁榮，且顯示出對生產技術和社會經濟的推動作用。到了現代，科學技術已全面影響著社會生活，科技的社會功能前所未有地突出出來，成爲整個西方文化演進的主幹。科技在狂飆中產生了強烈的衝擊波。

第3章
哲學社會科學思想主流

現代西方哲學之潮的突出代表——邏輯實證主義、存在主義

哲學，作爲研究自然界、人類社會以及人類思維本質與一般規律的科學，具有明顯的時代精神。席捲西方世界的科技革命、產業革命浪潮；兩次世界大戰的強烈刺激、西方社會價值觀念的新的取向等，都深刻影響了現代西方哲學的發展。20世紀以來興起的西方哲學的各個流派是現代西方社會現實和自然科學問題的抽象反映。翻開一本現代本西方哲學史，映入眼簾的是眾多的「學派」和林立的「主義」，但大體可以歸納爲兩大思潮，其一是科學主義思潮，其二是人本主義思潮。

科學主義又稱爲科學哲學，是以自然科學爲研究主題，以科學認識論和科學方法論爲研究內容，以排斥本體論爲特徵的一種哲學傾向。科學主義作爲一種哲學思潮或哲學運動，是在近代自然科學相對成熟的條件下，於19世紀20年代末至30年代初，在由法國哲學家孔德創立的實證主義的基礎上發展起來的。物理學革命中相對論和量子力學的創立，具有了新的世界觀的意義。現代科技的蓬勃發展，促使哲學家們思考新的問題。西方哲學家對現代自然科學規律的

研究、總結構成了現代西方哲學中的科學主義思潮，其中有不少流派，諸如馬赫主義、邏輯實證主義、批判理性主義、歷史主義、結構主義等等。

人本主義重視以認識主體爲主體的本體論的研究，即以人爲本體，認爲人應該是哲學的出發點和歸宿，著重研究人的本質、自由、價值，以及與人相關的社會問題。人本主義哲學思潮，是於19世紀上半期由德國的叔本華和丹麥的克爾凱郭爾（*Sören Kierkegaard*）等人開創的。他們最早舉起反理性主義的旗幟，提出探索人和世界的真正的內在本性、維護人的價值和使命等口號。進入20世紀後，在新的社會生活的氛圍中，西方哲學家們對人的價值的再認識形成了現代西方哲學的人本主義思潮，包括生命哲學、實用主義、現象學、存在主義等等流派。

「西方馬克思主義」是現代西方哲學中的一股思潮，它致力於實現馬克思主義與非馬克思主義的「融合」和「結合」。在這之中，有的派別主張從科學主義角度「補充」和「改造」馬克思主義；有的派別則主張從人本主義角度「補充」和「改造」馬克思主義。因此，這一思潮實際上可以歸於科學主義和人本主義兩大思潮。科學主義和人本主義兩大思潮構成了西方現代哲學的主潮流。在這主潮流中，要以兩次世界大戰之間出現的邏輯實證主義和存在主義流傳最爲廣泛，影響最爲深刻。

邏輯實證主義是現代西方科學主義哲學思潮中最重要的學派之一。人們又稱此學派爲「新實證主義」和「第三實證主義」，是孔德創立的實證主義和19世紀末20世紀初的馬赫主義的繼續和發展。

本世紀 *20* 年代，數學領域的數理邏輯已經發展到數學劃歸爲一個形式化的公理系統；相對論和量子力學的提出又迫使人們重新思考一系列的科學概念，思考理論和經驗論據之間的關係。而曾一度在科學主義思潮中佔主導地位的馬赫主義卻不能解釋自然科學發展中的新問題，在理論上日趨軟弱。因此，科學主義思潮急待一種新理論適應自然科學發展的新局面。邏輯實證主義成爲科學主義思潮新時期的產兒。

提到邏輯實證主義就必然聯想到「維也納小組」和英國的著名哲學家羅素（*Bertrand Russell, 1872−1970* 年）。自 *1922* 年起，維也維大學中一些信奉馬赫主義的哲學家、科學家，以及一些研究生經常在咖啡館中聚會，討論哲學問題，研究如何以清晰的邏輯理論促成科學與哲學的協調統一和科學哲學方法問題。*1925* 年，德國哲學家施利克（*Moritz Schlick, 1882−1936* 年）和卡爾納普（*Rudolf Carnap, 1891−1970* 年）正式籌建了「維也納小組」。「維也納小組」的成立宣告了邏輯實證主義的產生。英國哲學家羅素和奧地利哲學家維特根施坦（*Ludwing Wittgenstein, 1889−1951* 年）在維也納學派形成以前就提出了邏輯原子主義，爲邏輯實證主義的主要理論奠定了基礎，成爲邏輯實證主義事實上的理論創始人。

邏輯原子主義堅持實證主義原則，認爲認識只能局限在經驗領域中，至於經驗之外是否有物質，物質與意識的關係是什麼，這是人所不知道的。羅素認爲，哲學順理成章的任務就是對科學中的陳述進行邏輯分析，檢查它們在整理經驗時是否符合邏輯法則。他說，哲學的本質是邏輯。維特根施坦認爲，全部哲學是語言批判，即對語言進行分析。因爲知識只能局限在經驗範圍内，語言又是用以表述經驗事實的，因此，語言表述也必須局限在經驗範圍内。否則，語言表述沒有意義。而且，語言表述要別人聽得懂，還必須符合邏輯句法規則。傳統哲學提出的一些問題，超出經驗之外，無法用經驗證實，因而沒有意義。羅素和維特根施坦都認爲，經驗世界是由原子事實組成的。所謂原子事實，就是不能再進一步分割的經驗事實。原子事實用語言表達出來，即語言中的原子命題；原子命題用「假使」、「或者」、「除非」等連接詞連接起來，就形成分子命題。用原子命題和分子命題按邏輯規則進行推理，就構成了整個語言表達系統。原子命題表述原子事實，分子命題表述複合事實，整個語言系統則表述整個經驗世界。真理就是語言與經驗事實相符合。檢驗原子命題真假的辦法，是讓此命題與原子事實相比較，看符合與否；確定分子命題的真假則根據構造分子命題的邏輯法則。羅素與維特根施坦認爲，邏輯法則本身具有必然性，它們不是來自經驗，而是超驗的。

維也納學派吸收了邏輯原子主義關於哲學的任務是對語言進行分析，原子命題的真假必須由經驗事實來證明等原則，並加以詳細發揮。相比較而言，維也納學派採取了更加經驗主義的立場，不同意邏輯法則是先天的，提出邏輯法則是一些約定。維也納學派在整個邏輯實證主義的演進過程中影響最大。

經過邏輯原子主義的理論奠基，特別是通過維也納學派的發展，邏輯實證主義的主要特徵爲：採取「語言學」的形式，拒斥形而上學，突出以邏輯分析爲中心的方法論。其基本内容是主張雙重真理，即經驗真理和邏輯真理。認爲，一些科學都是經驗科學。每年經驗科學都是用邏輯加工整理，從觀察和實施中所獲得的經驗事實而形成的命題體系。邏輯實證主義認爲，形而上學的命題是毫無意義的，真正有意義的命題是句法句子的命題和對象句子的命題。命題的意義在於它的檢驗方法。假如一個命題能用一定的方法檢驗其真假，則有意義，否則仍無意義。爲此，邏輯實證主義者提出了證實原則和容忍原則。邏輯實證主義把哲學的任務規定爲對語言進行邏輯分析，其真理觀、意義觀都貫串這一思想，這一思想在邏輯實證主義思潮中始終佔據主導地位。對此，卡爾納普等人還提出了關於語言的兩種職能和兩種說話方式的觀點。邏輯實證主義認爲，既然科學是表述經驗世界的或然性假說，而經驗世界又是統一的，那麼科學也應當是統一的。然而，由於各門學科都有自己的專門術語，就使得相互隔離。爲了實現科學的統一，就必須實現科學語言的統一，而且主張以物理學語言爲基礎，實現科學的統一。但是，使用物理學語言最困難的科學是心理學，因爲人的心理活動，是無法用方、圓、大、小等等物理概念表述的。爲了解決此問題，卡爾納普採用了以軀體的外部行爲代替內部心理活動的方法。他舉例說，「在十點鐘時，*A*先生發怒了」，這個心理學命題的物理語言是：「在十點鐘時，*A*先生的身體起了變化，呼吸率增加，脈搏率增加，某些肌肉緊張，並產生了某些強暴的行爲，等等」。

綜上所談，這些觀點、思想，既不同於一般的實證主義，又有別於一般的邏輯學派，故而被稱爲「邏輯實證主義」。從實質上看，邏輯實證主義屬於主觀唯心主義經驗論的範疇。

本世紀20年代是邏輯實證主義的形成階段，三、四十年代則是邏輯實證主義發展的鼎盛時期。1930年，維也納學派創辦了《認識》雜誌，擴大了其在西方哲學界、科學界和知識分子中的傳播，得到了不少著名科學家的支持，影響日益擴大。邏輯實證主義者還進行了各種有組織的活動，到1938年，他們先後在布拉格、哥尼斯堡、巴黎、哥本哈根、英國劍橋等地召開過七次國際會議。希特勒在德國建立了法西斯專政後，不少維也納小組成員遭到法西斯迫害。1938年，德國吞併了奧地利，形勢更嚴峻，維也納小組被迫於當年解散。維也納小組的大部分成員，以及歐洲各國的很多邏輯實證主義者都先後移居到美國。美國成爲邏輯實證主義者新的基地。在那裏，他們進一步加強了活動能量和擴大了活動範圍，使邏輯實證主義逐漸形成一種國際性的哲學思潮。第二次世界大戰前後的20年間，邏輯實證主義是西方哲學發展最成熟、聲勢最浩大的一個學派。50年代以後，邏輯實證主義的地位逐漸被批判理性主義和歷史主義所取代。

邏輯實證主義作爲三、四十年代西方最時髦的哲學流派，曾對自然科學領域產生過重大影響。以著名的物理學家海森堡等人爲代表的哥本哈根學派在解釋量子物理學成果時，採取了與邏輯實證主義大體相同的哲學立場，而且，邏輯實證主義推動了數理邏輯的深入發展。隨著現代科學的飛速、深入的進展，各學科互相滲透，不斷接近，趨於綜合，介於各學科之間的邊緣學科不斷興起。而對現代科學發展的一體化傾向，邏輯實證主義提出的科學統一的問題是具有啟迪作用的。

現代西方哲學人本主義思潮的典型代表是存在主義。西方曾一度出現「存在主義狂熱」，形成一股存在主義國際思潮。這種狂熱，這股思潮席捲了廣泛地區，波及了很多領域。存在主義產生於特定的歷史時期，是有著深刻的社會前提和文化背景的。

尼采的哲學、胡塞爾（*Edmund Husserl*）的現象學均可以說是存在主義的先驅。而存在主義的思想淵源，嚴格地說是*19*世紀的丹麥哲學家克爾凱郭爾的思想。他最早用「存在」這個概念專門指「人」，並由此引伸出一種強調人的自由、選擇、主觀性，以及各種情緒狀態的生活哲學。但是，由於*19*世紀中葉，在西方哲學領域裏佔統治地位的仍是理性主義。因此，儘管克爾凱郭爾表述了存在主義的存在觀，卻終未能形成存在主義哲學流派。

本世紀*20*年代的德國是孕育存在主義哲學流派的溫床。經過*1914–1918*年的第一次世界大戰，德國慘遭失敗。戰爭的創傷、凡爾賽和約的宰割、戰敗國的恥辱深深攪動了德國社會。緊接著，*1920–1921*年戰後西方的第一次經濟危機又降臨德國，馬克急劇貶值，經濟瀕於崩潰。隨之而來的是充斥著失業、搶劫、飢餓、凶殺的社會劇烈動盪。這一陣又一陣的惡浪使德國人感到極度的苦悶和徬徨，特別是中產階級以下的社會階層深感前途無望。而這一切又促使精於思辨的德國知識分子對傳統理性產生懷疑，對人的喪失的境況及自救之路進行深刻的反思。在這個基地上，德國哲學家海德格爾（*Martin Heidegger*）和雅斯貝爾斯（*Karl Jaspers*）把克爾凱郭爾的理論進一步形而上學化、本體化，從而創立了存在主義哲學。*1927*年，海德格爾主要哲學著作《存在與時間》的出版，標誌著存在主義哲學派別的形成。

存在主義哲學誕生於德國，而其蓬勃發展卻在法國，尤其是在第二次世界大戰期間及戰後。*1940*年四、五、六月間，希特勒的戰車瘋狂地在西歐閃擊，法國這一號稱歐洲大陸的第一陸軍強國同德軍僅交戰六個星期就投降了。昔日西方文化的中心慘遭德寇的踐踏。在法西斯專政達五年的統治之下，法國人飽嘗了階下囚的的恐怖和屈辱，悲觀、失望的情緒廣爲蔓延。人的價值、人生的意義何在？成爲社會各階層普遍關心和思考的問題。尤其是一些知識分子失去了對傳統理念的信仰，失去了對科學和理智的興趣，充滿了危機感，而轉向非理性的內心體驗。他們呼籲要擺脫工具性的境況，要恢復人性的自由和主體的創造性。*30*年代以後，法國哲學家馬塞爾（*Gabriel Marcel*）、梅洛龐蒂（*Maurice Merleau-Ponty*）、薩特已開始從德國引入存在哲學，而存在哲學只是在這時的法國獲得了最適宜的土壤。存在主義哲學和當時法國的社會情緒很快融合了起來，並在第二次世界大戰期間形成了西方文化史上的「存在主義運動」。

帝國主義國家爲了爭霸權釀成的兩次世界大戰給西方社會帶來了極爲深刻的影響。西方人面對殘酷戰爭給予的物質上和精神上的雙重毀滅，痛感人的價值的喪失。這是存在主義產生和發展的重要原因。此時期其他文化領域的變化又進一步促成了存在主義的出世和成長。

科技的新篇章改變了人們長久的習慣，人們感到從前可以依恃而絕對的東西不存在了，以前賴以生存的自然並非完美和諧的實體。生產的標準化，使人感到個性磨平了，人變得如同機械。科技的進步極大地促進了社會的進步，給人類帶來了很大益處，但巨大的災難，如原子彈爆炸、環境污染亦同軌發生。新的形勢迫使現代文學藝術扭轉了古典浪漫主義的勢頭而直面殘酷的現實和慘淡的人生。於是，在藝術家的筆下，「美藝術」步向「醜藝術」，蒙娜麗莎長出了可憎的小鬍子；在文學家的筆下，一幕幕人的「變形記」和盤托出。這一切都集中於對「人」的存在的再思考，對人生價值的再審視。在這種情況下，處於文化大系統最高層次的哲學，不能停留在黑格爾那種絕對精神吞沒人的個性的圓點上，而轉向從文藝復興時期就開啟和推動的對活生生的人進行探討和研究這一既古老又現實的命題。兩次世界大戰期間的西方文化園地培育了存在主義。

存在主義是第一次世界大戰以後至第二次世界大戰期間，西方哲學家嚴肅地尋求深陷困境的人的解救之路的結果，是從人的自身尋找異化的原因，提出克服異化的方法，是現實的危機感與重新選擇的產物。這些哲學家試圖以與傳統的人道主義不盡相同的現代人道主義，喚醒忘卻了的存在及失落了的自我。也正因爲存在主義抓住了「現代人」這個主題，所以它能撥動無數人的心弦；所以，「存在主義運動」能衝出法國的國界，在第二次世界大戰後的西方廣泛傳播。存在主義不僅擴展到文學、藝術、社會、道德、教育、宗教等各方面，影響了西方的學生和青年運動，甚至波及工人運動。法國大城市的街頭曾出現存在主義劇院和咖啡館，流行過存在主義時裝、髮式和女帽。70年代，存在主義在人本主義思潮中的主導地位下降，但是，既使在這時及以後，存在主義的影響仍不可忽視，存在主義的許多觀點已成爲西方社會不少人的思想原則和生活信條。

存在主義到底是什麼樣的學說呢？存在主義將人的問題

作爲基本的問題，人被看作是其哲學研究的出發點和主題。存在主義理論主要由存在論、自由觀和人學辯證法三部分組成。

薩特說，「世界就是人，人心的深處就是世界。」存在主義認爲，人的存在才是唯一真實的存在。這種存在是指人的「自我意識」，而不是指個人的肉體的存在，只有從自我出發，才能說明外部世界存在的可能性和現實。薩特有句名言「存在先於本質」。存在主義認爲，人的本質這種似乎很抽象的東西，是人在世界中通過自由選擇創造的，是由人的自我存在決定的。認爲這種自我存在是通過人的煩惱、畏懼和死亡展現的。人們正是通過對煩惱、畏懼和死亡的體驗，才真正認識到，世界上只有自我的存在才是最高的、決定一切的存在。存在主義還認爲，整個世界是荒誕不堪的，沒有任何合理的地方。人來到這個世界上得不到任何幫助，別人都想坑害自己，任何人都不可信任，而處於無家可歸的境地。人之所以痛苦、煩惱是由於他人的存在，要擺脫痛苦就只有等待死亡，學習死亡，只有這樣才會擺脫以他人爲對象的狀態，而真正面對自己，懂得人生的真諦。可見，存在主義是把人的自我存在作爲世界的本原。存在主義的存在觀是存在本體論。

自由理論是存在主義關於人的理論的核心，是存在主義所倡導的人道主義關於人的尊嚴和價值的根本內容，維護和尊重個人的自由是存在主義道德觀的最高標準。存在主義認爲，自由是一種選擇，自由是一種力量，自由的作用是決定自己的命運、本質。薩特說，「自由是選擇的自由，而不是不選擇的自由，事實上不選擇就是選定不選擇的一種選擇。」每個人的本質就是他自由選擇的結果。任何東西，包括你的生理缺陷，你過去的情況，都不能限制你的自由，你總是可以自我選擇的。自由選擇就要付諸行動，自由的意義就在行動，只有行動才反映自由，自由就是這種行動的力量。薩特說，「人，不外是由自己造成的東西。」成爲什麼樣的人，完全是由自己本身造成的，懦夫是由自己造成的，英雄也是由自己造成的。人的價值與尊嚴，就在於人能夠自由地選擇、設計、造就自己。由於一切行爲都是出於個人意志的自由選擇，人就要對自己的行爲和命運承擔責任，既要對自己負責，又要對全人類負責。

存在主義關於社會發展的理論是「人學辯證法」。人學辯證法是關於人們行動的邏輯。其中包括三個階段。其一是「個人實踐的辯證法」。在這個階段，人爲了生存的需要，要從外部取得物質資料，這就必然要同物質資料的「稀有」（即「缺乏」）作鬥爭，人與自然構成被動的統一。其二是「集體實踐的辯證法」。這時人們因獲取生活資料的需要，相聚成鬆散的「群」，集體地進行實踐，然而，這種「集體實踐」已是對「個人實踐」的否定，勞動產品已不是爲勞動者本人所有，而發展成反對自己的力量，從而使人失去了自己的自由與人性，使人異化了。社會上的「群」是彼此成爲潛在的敵人的人們，人與人之間的關係總是被動的。其三是「共同實踐的辯證法」。這時，人已由群發展成爲「集團」。共同的利益和共同的目標把人們緊密地聯繫起來。這個階段不是「個人實踐的辯證法」的簡單重複，但確包含了個人實踐時的「自由」，恢復了人作爲「辯證法的存在」。

存在主義是一個複雜的哲學體系，屬於唯心主義範疇。

存在主義在一定程度上揭示了現代資本主義的發展對人性的壓抑，對人存在價值的否定及對人的主體性的抹煞，但它僅從人的自身去探索，從而回避西方文明症的社會根源。

存在主義哲學流派最著名的代表人物是法國哲學家讓·保爾·薩特。薩特（*Jean-Paul Sartre, 1905–1980*年）*1905*年出生於巴黎，兩歲時父親病逝，隨後母親改嫁而成爲孤兒。三歲時患眼疾，右眼斜視，很快失明。薩特本就相貌不揚，加上眼睛的毛病，顯得更爲醜陋。爲了彌補外貌的不足，薩特決心要在學問上出人頭地。於是，他埋頭書林，主志寫作，要以文字獲得世人的承認。薩特於*1924–1929*年就讀於高等師範學院，此後在巴黎等地教授哲學。他廣泛涉獵了笛卡兒、斯賓諾莎、盧梭、柏格森等人的著作。*1933*年，他發奮考取了公費留學，到德國柏林的法蘭西學院學習胡塞爾的現象學和海德格爾的存在哲學。在學習過程中，他逐漸形成了自己的思想體系。薩特第一篇表述自己的存在主義思想的著作是完成於*1934*年的《自我的超越》。從此，他一邊寫哲學著作，一邊寫文學作品，並以其文學作品解釋和發展他的哲學思想。第二次世界大戰爆發後，薩特應征入伍，*1940*年被俘，釋放後參加了法國抵抗運動，並於*1943*年發表了他的哲學名著《存在與虛無》，還發表了宣揚同一主題的劇本《蒼蠅》。二次世界大戰後，薩特又發表了一系列哲學著作、小說、政論、評論等，成爲舉世聞名的作家。他還與他的終身伴侶西蒙娜·德·波伏娃（*Simone de Beauvoir*）及梅洛龐蒂等人主辦《現代》雜誌，此雜誌是闡發和傳播存在主義哲學的重要基地。同時，薩特積極參加國際政治活動，他曾自稱是共產黨的同路人。*50*年代初，他譴責美國侵略朝鮮，*1960*年簽署過宣言反對法國對阿爾及利亞的殖民戰爭。在*60*年代，他還同羅素共同主持「國際仲裁戰犯法庭」，反對美國侵略越南。*1968*年，他抗議蘇聯侵佔捷克。在許多重大的政治事件面前，薩特是站在進步人類一邊。*1964*年，他以「謝絕一切來自官方的榮譽」爲理由，拒絕瑞典皇家學院決定授予他的諾貝爾獎金。

薩特體弱多病，且僅有一隻眼睛，但他一生勤於筆耕，著述豐贍。他給後人留下了*50*多部著作。在哲學方面有《情緒論綱》、《想像心理學》、《存在與虛無》、《存在主義是一種人道主義》、《辯證理性批判》等等。在文學方面，他寫了大量表現存在主義觀點的作品，諸如《厭惡》、《間隔》、《自由之路》、《可尊敬的妓女》、《骯髒的手》等等。除此，他還寫了眾多的文論、政論，匯集成十卷之多的《境況種種》。即使在他生命的最後階段，不得不放下手中的筆，他乃進行口述，由其助手筆錄。薩特始終頑強地表現著自己的存在。

作爲存在主義的突出代表，薩特的思想有一個發展過程。他的《自我的超越》就提出了他的存在主義的基本思想，《存在與虛無》則系統地闡述了他的存在主義思想體系。其後，他開始接受馬克思主義的影響，形成他的「人道主義」。《存在主義是一種人道主義》（*1946*）和《辯證理性批判》（*1960*）是他這個時期思想的產物。*60*年代後，他的思想又有所發展，除了原來的虛無主義、人道主義之外，又表現出激進的極左傾向。

*1980*年，薩特逝世。下葬時，巴黎十多萬人自動爲他送葬，國際報刊上各類報導、回憶錄紛至沓來，呈現出薩特熱。可見薩特的影響之大。

獨具風格的佛洛伊德學說

西格蒙德·佛洛伊德（*Sigmund Freud, 1856–1939*年）這位猶太血統的奧地利精神病學家，獨闢蹊徑地創立了精神分析學說，並窮其畢生精力傳播和運用精神分析學說。對於精神分析學說，歷來褒貶不一，但對於這一學說在思想界的巨大影響是公衆的。這一理論遠遠超出了心理學的範圍，廣泛而深刻地影響著許多科學部門和社會生活領域，在人類認識自己的歷史上寫下了重要篇章。因此，西方很多學者譽佛洛伊德爲「精神領域的達爾文」和「心靈世界的哥倫布」，並將他同馬克思、愛因斯坦合稱爲改變了現代思想的三個猶太人。

佛洛伊德是如何首創精神分析學說，精神分析學說是怎樣的理論體系呢？

在*19*世紀末*20*世紀初的新舊時代的轉折時期，面對自然科學的突破性進展，傳統的心理學面臨新的危機。傳統的心理學理論沒有揭示心理過程的基礎和實質，僅解及到人的心理表層，認爲人的規定性在意識。人的深層心理有待於新的探索和剖析，歷史對心理學研究提出了新的課題。佛洛伊德的精神分析學說正是解決這個問題的一種方式，因而它的出現符合時代的需要。

佛洛伊德一生有*79*年生活在維也納。這個時期正值維也納文化發展的全盛時期。佛洛伊德從小就受到維也納文化的薰陶，這爲其以後創立精神分析學說提供了豐富的精神營養。童年時期，佛洛伊德深得母親的寵愛。以後他回憶說：

「作爲母親的掌上明珠，那個孩子從小就養成一種征服者的氣質，相信自己會成功，結果真的成功了。」佛洛伊德的父親是經營羊毛生意的商人，他爲人誠實、單純，樂於助人。父親的個性對佛洛伊德性格的形成產生了重要影響，尤其是佛洛伊德承襲了其父單純的特點，他最討厭那些使問題變得複雜的因素，而這種性格又逐漸發展成一種思維方式。出生於猶太人家庭的佛洛伊德對他的猶太裔血統極爲重視，特別是猶太人長期遭受歧視和侮辱的境況，在幼小的佛洛伊德心田裏打上了深深的印跡，並凝聚成了一種巨大的精神動力，激勵他在逆境中發奮向上。佛洛伊德的求知慾極強，而且興趣廣泛。他9歲就進入中學學習，成績優異。在嚴格的文化基礎訓練中，佛洛伊德不僅熟悉祖先語言希伯來語，精通希臘文和拉丁文，還熟練地掌握了法語、英語、西班牙和意大利語。他喜愛古典文學和考古學，並廣泛涉獵了自然科學。而自然科學的新的研究成果給了佛洛伊德重要的影響。他受到物理學力和能概念的提示，受到達爾文生物進化論的啟迪。佛洛伊德的生活環境、性格特點、良好的文化基礎和學習自覺性爲其以後的研究工作奠定了堅實的基礎。

1873年，佛洛伊德考入維也納大學醫學系，1881年畢業，獲醫學博士學位。1882年，他與漂亮文雅而又受過良好教育的姑娘瑪莎·柏內斯訂婚。當時佛洛伊德經濟困窘，爲了籌集結婚費用，他離開大學到維也納民眾醫院當醫生。這一出於改善經濟狀況採取的行動竟成爲佛洛伊德人生歷史上的重要轉折點。1884年7月，佛洛伊德被任命爲神經科負責人，並與神經科專家布洛伊爾（*Josef Breuer*）結下了深厚的友誼。這時，佛洛伊德已把成爲一名神經病治療專家作爲終生的奮鬥目標。他意欲使心理學成爲經驗的自然科學。他相信世上的任何事物和現象都存在著嚴格的因果關係，都能通過決定論的觀點得到說明，人的精神現象亦是如此。*1885*年，他獲得獎學金前往巴黎沙比特里爾這個歐洲最著名神經病理學研究中心，成爲神經病學專家沙可的學生。沙可對於歇斯底里症的最新研究給予佛洛伊德極深的印象。與沙可相異的是，佛洛伊德不認爲精神病僅由腦器官的機能障礙引起的，他試圖離開沙可的病理解剖學的出發點，而進行精神病理學研究，準備給精神病提供被忽略的心理學基礎。從巴黎回到維也納後，佛洛伊德於 *1886*年 *9*月與瑪莎結婚，爲了維持家庭生活，他開了一個私人診所，治療精神病。起初，他應用從巴黎學來的「催眠術」，誘導病人說出清醒時不能回憶出的往事和心中埋藏的秘密。「催眠術」還只是一種表面的精神分析方法，還很難發現致病的內心最深處的精神原因或心理原因。佛洛伊德產生了一種新的設想，是否能尋找一種比催眠術更有效的方法，能使病人在清醒時傾訴出內心深處的一切和遺忘已久的事情，以減輕精神病人的痛苦。在實踐中，佛洛伊德創造出了精神分析的獨特治療方法——「自由聯想法」，即不用催眠，而讓患者身心放鬆地坐在軟椅或躺在床上，醫生用語言啟發，誘導，儘量鼓勵病人把陸續湧上心頭的任何想法，無論多麼荒唐可笑，多麼微不足道都毫無保留、不加修飾地講述出來，由醫生對此進行分析、解釋，直至找到發病的根源爲止。在治療病人的過程中，佛洛伊德經常與布洛伊爾討論精神病的原因。通過對一些病例，特別是一些典型病例的分析、研究，佛洛伊德確信，在人的正常意識背後，還存在一種不爲人所知的，處於被壓抑地位的強有力的心理過程。佛洛伊德在這一時期的學習、工作、研究爲精神分析理論的創立作了直接的準備。

*1893*年，佛洛伊德和布洛伊爾期共同發表了學術論文《論歇斯底里現象的精神機制》。這篇論文是精神分析理論萌發的標誌。*1895*年，佛洛伊德和布洛伊爾又合作出版了《歇斯底里研究》一書。在書中，佛洛伊德創立了關於精神分析學説的基本概念，並提出了精神分析理論的一系列問題。這本書通常被認爲是精神分析學説建立的始端。而較集中地反映精神分析理論的是*1900*年出版的佛洛伊德的名著《夢的解釋》（又譯《釋夢》）。

佛洛伊德的精神分析學説是一個較龐大的理論體系，它的形成經過了一個不斷發展和完備的過程。一方面，作爲精神分析理論創始人的佛洛伊德不斷修正、補充和完善這一理論。另一方面，精神分析學派内部的觀點的分歧、爭論，促進了這一學説的豐富和發展。這兩方面，都擴大了這一學説的傳播和影響。

就佛洛伊德自身的思想而言，常被分爲早期理論和晚期理論兩個時期。從*1895-1896*年到*1906-1907*年爲第一時期。在這個階段，佛洛伊德通過對歇斯底里症的分析、研究，提出了無意識和性本能概念，並通過對夢和日常心理活動的分析，論證了無意識和性本能的存在。佛洛伊德認爲，人的精神世界具有三種系統，它們是意識系統、前意識系統和無意識（潛意識）系統。這三者是精神活動的三個層次。意識活動是表層的精神活動，前意識是中間層的精神活動，無意識是最底層的精神活動。

人的意識活動包括感情、意志和思想活動。人的正常的生活活動都是有意識的活動。人們明白自己在幹什麼，知道自己活動的目的。各種意識閃現之後，就消失在前意識系統中。意識是人的心理狀態的最高形式，它管轄、指揮著整個精神家庭，使之動作協調。前意識是過去的觀念、思想等，現在變成了「記憶」中的東西，在某種刺激之下，隨時可以「回憶」出來，重新成爲有意識的東西。例如一個人名曾流經你的意識，以後被儲藏在前意識系統中，當別人問及或需要用時，便可用記憶行爲將此人名從前意識中召喚出來，用完之後，它又退回到前意識系統中去了。因此，凡是可以經記憶回想起來的思維和經驗都屬前意識。前意識是由無意識到意識去的通道。

無意識學說是佛洛伊德精神分析理論的核心內容。他認爲人的精神生活實質上都是無意識的。人的心理現象的有意識部分起源於無意識的東西，是在無意識的基礎上發展並被賦予了某些固定的形式。無意識是人的自然本能的心理活動，它雖不會被意識覺查，卻向意識提供了原動力。處在精神領域最底層的無意識是最原始、最活潑、最不安分的因素，它總是想方設法要衝破前意識的阻攔，而在意識中表現自己。但意識嚴格地控制著無意識，不許其有越軌行動，以保證意識的活動不被無意識破壞，以按理性活動。因此。無意識處於被壓抑的地位。在《夢的解釋》一書中，佛洛伊德舉了大量的夢例，證明夢就是無意識慾望的達成。《夢的解釋》一書的出版，標誌著精神分析學說的形成。

佛洛伊德認爲無意識活動的基礎是性本能。佛洛伊德通過大量的醫療實踐，在 *20* 世紀最初 *10* 年中建立並逐漸完善了性學理論，即「力比多」（*Libido*）理論。「力比多」是指性的本能衝動。佛洛伊德認爲，「力比多」存在於無意識系統，人的意識處處受到「力比多」的支配，因此「力比多」是人的一切活動的內驅力和能量源泉。人類的一切成就——文學、藝術、法律、宗教等都是「力比多」昇華作用的產物。精神分析學說所指的性，按照佛洛伊德的解釋，不僅指生殖慾望和生殖活動，還泛指所有人的快感，指一切與「愛」字有關的那些本能的力，包括自我愛、父母愛、子女愛和一般的人類愛，以及對具體對象和抽象觀念的忠誠。在佛洛伊德看來，「力比多」是人生來就有的。他依據人從出生到十多歲快感區的轉移，把「力比多」對人格的影響劃分爲五個階段。其中，在第三階段即3至5歲階段，他指出男孩都具有「奧狄普斯情結（戀母情結）」。奧狄普斯情結發展是否正常，將決定一個人的心理特性。佛洛伊德認爲，這五個階段如果發展順利，就可以一步步實現性成熟。但是在性發展中常會遇到阻力，使這種發展發生不協調的情況。這樣，就隱藏著發生性變態和歇斯底里症的危險因素。佛洛伊德是把精神病的病因建立在「力比多」受壓抑的基礎上。因爲社會的倫理準則把成年人的這種本能禁錮在無意識之中，這就導致人的精神世界的衝突和矛盾。當矛盾發展到精神不能承受的地步，無意識就以精神病的形式侵入意識。精神病是無意識達到意識並侵擾意識的主要方式。

綜上所述，佛洛伊德提出了精神分析理論的兩個最基本的概念，一個是無意識，另一個是性的本能、衝動。無意識理論不僅在治療精神病方面擁有較高的實用價值，而且擴展到正常人的範疇，開闢了心理學研究的新方向。正因爲如此，無意識學說成了精神分析學家共同堅持的理論觀點，沒有無意識學說，就如同否定了精神分析理論。而在性的問題上，許多精神分析學家則意見迴異。佛洛伊德關於性問題的觀點是有關精神分析理論爭論的焦點。然而，無可否認的是，無意識學說和性的學說是精神分析理論最具特色的內容，是區別於其他心理學理論的重要標誌，是佛洛伊德開創性的貢獻。

在佛洛伊德早期理論的提出和發展過程中，隨著精神分析學說影響的擴大，*1910*年，精神分析學派開始出現。是年召開了紐倫堡大會，精神分析理論被思想界和學術界廣泛接受，進而形成一股新的社會思潮。同時，精神分析學派內部出現了分裂，這種現實迫使佛洛伊德於*1914*年寫了題爲《關於心理分析運動的歷史》，宣告了佛洛伊德精神分析學的早期階段結束和晚期階段的開始。*1914*年，正值第一次世界大戰爆發之際，大規模戰爭的殘酷衝擊，使歐洲思想界出現新的動盪。這影響了佛洛伊德思想的深入發展，而學派內部的激烈爭議又迫使佛洛伊德對自己的理論進行深刻的反思。他進而提出了一些新的觀點，力圖用精神分析的理論來解釋人類歷史和文化發展的基礎和進程，並著眼於對個體存在的心理和生物學的解釋。這就使這一理論具有更爲普遍的意義，從而形成了具有哲學意義的佛洛伊德主義。

佛洛伊德通過對第一次世界大戰的觀察和思想，要從人的本能中發掘戰爭的原因。他把人的本能進一步區分爲兩種。一種是與維持個體生存及綿延種族有關的性本能稱爲「生本能」；另一種是人的破壞、挑釁、侵略、屠殺、自我毀滅等本能，稱爲「死本能」。前者是建設本能，後者則是破壞本能。在佛洛伊德看來，戰爭就是一部分人的死的本能向外表現的結果。在這個時期，佛洛伊德逐漸形成了新的心理結構理論，即人格模式，它的構成因素有三部分，這就是本我（「伊底」）、自我、超我。

所謂「本我」，是由最原始、最野蠻的本能和基本慾望構成的，其活動原則是不顧及任何現實條件而得到直接的快樂。因此，在正常人的心理活動中，它很自然地被壓抑、受控制。「本我」實際上是無意識的別名。

所謂「自我」，是人的有意識的、理性的精神活動。其活動目的也是追求生活的快樂，但它不脫離客觀現實，使人的本能需要服從於現實條件。它處於「本我」與「超我」之間。一則，在現實允許的基礎上，儘量滿足「本我」對快樂和幸福的追求；二則，在「超我」的指導下，對「本我」的無原則追求實行有原則的壓服。

所謂「超我」，是符合社會生活原則和社會道德原則的精神生活，它是人的心理中代表社會力量的一種趨向，表現爲人的良心和理想。根據這些原則，「超我」能引起人的內疚、自責、自我約束甚至自我懲罰。

在佛洛伊德看來，現實的人是本能的人、有理智的人，又是服從社會公德有理想的人，是「本我」、「自我」、「超我」三者共存的人。如果這三方面能協調一致，處於平衡狀庇，那麼人的精神活動是健康的，否則，就是異常的。要使「本我」、「自我」、「超我」協調活動並非易事，關鍵是居間的「自我」。佛洛伊德認爲，精神分析的作用就是建立一個堅強的「自我」，使人有堅強的理性，恰當合理地調節三者。

人格學說在精神分析學中佔有重要地位。佛洛伊德把人格學說看作是由無意識心理學推及到社會學乃至哲學的過渡環節。相對於早期理論，佛洛伊德的晚期理論強調了社會因素，突出了理性在人生活中的主導作用。

早在佛洛伊德和布洛伊爾合作出版了《歇斯底里研究》後，精神分析學派形成之前，二人的友誼開始出現裂痕。這是因爲布洛伊爾不同意佛洛伊德過分強調性的作用。伴隨著佛洛伊德精神分析理論的自身演變，精神分析學派發生了分裂。佛洛伊德最得意的兩個學生榮格（*Carl Gustar Jung*）和阿德勒（*Alfred Adler*），因爲在精神分析理論上的分歧與佛洛伊德分裂，繼而以霍尼（*Karen Horney*）、沙利文（*Howy Sullivan*）、佛洛姆（*Erich Fromm*）爲主要代表同佛洛伊德的觀點發生分歧。他們都沒有完全背離佛洛伊德精神分析學說的基本立場，而是不能苟同佛洛伊德的性優勢理論。他們不同程度，不同角度地把精神分析學理論轉向社會學領域。西方思想界稱精神分析學派分裂後產生的新派別爲新佛洛伊德主義，以區別於佛洛伊德創立的古典佛洛伊德主義。

全面考查，佛洛伊德的精神分析學說不乏錯誤和混亂的成分。作爲哲學意義上的佛洛伊德主義，其所得結論，有很多站不住腳的地方。他自己也聲明其理論是「假說」。但是，佛洛伊德作爲無意識研究的開先河者，在精神病理學和心理學範圍內填補了久被遺忘的空白，其篳路藍縷的開拓之功是不應抹煞的。精神分析學說從新的途徑洞察了內心世界的奧秘，深入到人類更深的心理層次，揭示了長期被忽視的人性的一面，從而進一步了解了人本身。正因爲佛洛伊德精神分析學說關心人，以研究人爲目的，所以這一理論對西方的哲學、醫學、社會學、文學、藝術、宗教、教育、商業、司法、政治都有著巨大影響。精神分析逐步形成了一種運動，溶於整個西方文化。

面對自身學說影響的日益擴大，晚年的佛洛伊德的視野更爲開闊，涉獵了更多的心理學以外的領域。然而，正在其學術上成就卓著之時，佛洛伊德遭至法西斯的迫害。1933年，希特勒在德國上台後，將精神分析的書列爲禁書，並在柏林焚燒佛洛伊德的著作。法西斯德國1938年3月吞併奥地利後，佛洛伊德的財產、護照被蓋世太保沒收，被迫遷居倫敦。在這以後，他的下顎癌嚴重惡化。面臨死期的到來，佛洛伊德用盡最後的精力寫作。1939年9月23日，佛洛伊德逝世。佛洛伊德將其一生奉現給了精神分析事業。

凱因斯主義及其功能

隨著時代的變遷，經濟學說則不斷變化，以適應社會經濟發展的需要。第二次世界大戰前後，凱因斯主義是在西方佔有顯赫地位的經濟學說。

進入20世紀以後，資本主義已由自由競爭進入壟斷階段。在壟斷資本主義發展的過程中，兩次世界大戰之間的20年，即二、三十年代，資本主義世界共經歷了三次經濟危機；1920–1921年一次大戰後的資本主義世界經濟危機；1929–1933年的大危機；1937–1938年二次大戰爆發前的經濟危機。其中1929–1933年的經濟危機是資本主義世界有史以來規模最大、時間最長、危害程度最深的大危機。在這次危機中，整個資本主義世界的工業生產下降了44%，國際貿易額減少了三分之二，大批工廠、銀行倒閉，失業隊伍高達五千萬人。這次危機仍爲生產過剩型的危機，生產能力大大超過了對產品的需求。危機的頻繁發生，特別是*1929—1933*年大危機的嚴重打擊，使西方國家的決策人急於找到解決經濟問題的新方法，而傳統的「自由放任」爲主旨的經濟學説已不能適應新形勢的需要。凱因斯主義正是在這個前提下應運而生的。

約翰·梅納德·凱因斯是（*John Maynard Keynes, 1883—1946*）英國現代最著名的經濟學家，他的經濟思想被稱爲凱因斯主義。

凱因斯出生於英國的一個知識分子家庭，其父是個哲學家和經濟學家，曾擔任過劍橋大學的註册主任；其母異常能幹，作過劍橋市長。凱因斯畢業於劍橋大學，曾向當時被西方經濟學界譽爲「大師」級的劍橋教授馬歇爾（*Alfred Marshall*）學經濟學，以後曾在劍橋大學講授經濟學。*1913—1914*年，凱因斯擔任皇家印度通貨及財政委員會委員。第一次世界大戰爆發後，他進入財政部任職，並以英國財政部首席代表出席*1919*年的巴黎和會，同年出版了題爲《凡爾賽和約的經濟後果》的小册子。*1929—1933*年的大危機爆發後，他擔任英國內閣財政經濟顧問委員會主席。第二次大戰期間，任英格蘭銀行董事。*1942*年，凱因斯被英國皇室授予「勛爵」爵位。*1944*年，他率領英國代表團參加布雷頓森林會議，之後，被選爲國際貨幣基金組織和世界銀行董事。此外，凱因斯長期擔任著名的英國《經濟學雜誌》的主編。*1946*年*4*月*21*日死於心臟病。

凱因斯的經濟思想有一個發展過程。第一次世界大戰結束後，他在*20*年代將主要精力用於研究當時英國的經濟問題，著重探討貨幣理論和貨幣政策，並於*1927*年出版了《貨幣政策論》，*1930*年出版了《貨幣論》兩書。在這兩本書中，凱因斯雖還沒有突破馬歇爾傳統經濟理論的框架，但對*20*年代英國經濟長期蕭條的研究，使他傾向於「國家干預經濟」的方法。*1929–1933*年世界性的經濟大危機的嚴峻形勢促使凱因斯的這種思想傾向迅速發展。他在*1929*年對英國自由黨領袖勞合·喬治（*David 〈earl〉 Lloyd George*）關於利用政府財力興辦公共工程以增加就業的主張表示讚賞；對於美國出於反危機的需要而出現的羅斯福新政高度注視。羅斯福新政成爲凱因斯主義實踐上的準備。*1933*年，凱因斯在其《走向繁榮之路》一書中，強調了財政政策在調節經濟方面的積極作用，對公共工程計劃在緩和失業、恢復經濟方面的重要性有了進一步的認識。《走向繁榮之路》是凱因斯建立自己的獨立經濟學體系過程中的重要一步。然而，時至此時，他的主張還是缺乏系統的理論論證。而*1936*年《就業、利息和貨幣通論》的出版，則是其經濟理論成爲完整體系的標誌。

凱因斯的經濟理論以研究就業問題爲重點，而就業理論的邏輯起點是有效需求原理。所謂「有效需求」，是指一個社會經濟體系的總需求，它是由總消費需求和總投資需求所組成，並且是由「心理上的消費傾向」、「心理上的對資本的未來收益的預期」、以及「心理上靈活偏好」，這「三個基本心理因素」決定的。由於這三種心理因素的影響，社會的消費需求和投資需求不足，導致有效需求往往低於社會總供給水準（即生產水準），引起「非自願失業」。因此，

「非自願失業」的原因就在於社會上的「有效需求」不足，因為總就業量決定於總需求。而傳統的經濟理論以「薩伊定律」為依據，認為供給創造需求，供給必然等於需求，從而否定了一般生產過剩的可能性，也否定了總需求不足的可能性。凱因斯反對「薩伊定律」和由此定律衍生出來的就業理論。*1931*年，英國經濟學家理查德·卡恩，提出了政府舉辦公共工程所引起的乘數作用。凱因斯接受了他的觀點，乘數原理成為凱因斯就業理論的重要組成部分。所謂乘數原理，就是一定的新投資會引起國民所得和就業量為投資若干倍數的成長。為了彌補「有效需求」的不足，就須要增加社會投資以引起消費需求的增加，並藉此擴大就業量。為此，國家就必需干預經濟生活。

國家干預經濟生活是凱因斯經濟理論的核心。自由放任主義和國家干預主義是西方經濟思想演變中的互相對立，彼此消長的兩個重要思潮。自重商主義失去市場後，在西方，特別是在英美等國長期佔據統治地位的是自由放任主義。馬歇爾則是這種傳統思潮在現代的主要代表之一。這些傳統的經濟學家從「均衡價格理論」出發，認為資本主義體系可以自行調整。因此堅決主張自由放任，反對任何國家干預政策。而凱恩斯則認為，資本主義經濟並非一部美妙的機器，而是有其自身矛盾，非完全均衡的經濟體系。社會越富裕，富裕中的貧困越使人煩惱。特別是*1929–1933*年的經濟大危機使凱因斯明確認識到，若不解決危機和失業問題，資本主義經濟就不能走上正常運行的軌道，就難免滅頂之災。而市場上「有效需求」不足是資本主義經濟病症的根源。面對這種情況，繼續採取自由放任主義，依靠私人經濟和市場的自動調整，不能解決問題，必須反傳統的自由放任主義而行之，即由國家干預經濟生活。凱因斯經濟理論的總結及其經濟政策的實施宣告了資本主義經濟思想史上近二百年的自由放任主義的統治地位的結束。

從凱因斯主義出發，凱因斯主張的經濟政策概括起來就是，通過財政政策和貨幣政策，實施國家對經濟生活的調節和干預，保證足夠的有效需求，從而實現經濟的穩定成長。在經濟蕭條時期，實施的財政政策應是降低稅率，擴大財政開支，推行赤字財政，發行公債，其目的是擴大社會總需求。實施的貨幣政策應是增加貨幣供應量，實行通貨膨脹，降低利息率，以刺激投資。在經濟高漲時期，實施的財政政策應是提高稅率、削減財政開支，以壓縮社會總需求。應實施的貨幣政策則是，減少貨幣供應量，提高利率，以抑制投資。在對外政策上，凱因斯主張擴大商品輸出和資本輸出，認爲擴大商品輸出保持貿易順差也意味著投資，擴大資本輸出可以提高投資引誘。

綜觀凱因斯的經濟理論和政策，可見凱因斯研究資本主義經濟的角度與傳統的資產階級經濟學說不同。凱因斯的學說不是研究單個商品，單個生產要素和單個企業與單個消費者的活動，以及價格決定和所得分配問題，而是拋開個量分析，研究整個社會的總需求或總收入與消費投資總和的均衡關係。凱因斯的這種分析方法被稱之爲「總量分析」。《就業、利息和貨幣通論》問世後，總量分析逐漸在西方經濟理論中佔居主要地位。在資本主義經濟學說史上，以總量分析爲研究方法的總體經濟學是自凱因斯開始的，是凱因斯完成了從個體經濟學向總體經濟學的過渡。

凱因斯主義產生於*30*年代，並從那時日益加深了對西方國家經濟政策和經濟生活的影響，特別是第二次世界大戰以後，主要資本主義國家都把凱因斯主義奉爲國策。在這一學說的直接影響下，*1944*年*5*月，英國政府發表《就業政策白皮書》；*1945*年，加拿大和澳大利亞政府相繼發表文告，宣布以充分就業作爲自己的政策目標；*1946*年，美國通過《就業法》。

由於凱因斯否定了薩伊定律，公開承認資本主義經濟中存在著嚴重的失業威脅和普遍的生產過剩的經濟危機的可能性，否認了自由放任主義，主張國家干預主義，並創造了一整套以總量爲對象的總體經濟分析法。因此，他的經濟理論更能適應壟斷資本主義的需要，從而爲資本主義的經濟發展提供了新的調節機能。凱因斯主義在反對生產過剩的經濟危機方面，不失爲一種有效途徑，對戰後五、六十年代資本主義世界經濟繁榮起了直接的指導作用，促進了產生於本世紀初的國家資本主義在新時期的發展。戰後，主要資本主義大國的國家資本主義的發展儘管形式、特點、規模有異，但受凱因斯主義的影響則是無疑的。因此，許多西方人士認爲凱因斯「拯救了資本主義」，稱頌凱因斯的理論創見爲「凱因斯革命」，稱戰後一個時期爲「凱因斯時代」。

然而，凱因斯主義是出於解決資本主義供求矛盾的經濟理論。伴隨著凱因斯主義經濟政策的推行，西方國家在*70*年代出現了不僅生產停滯，而且通貨膨脹加劇的新型危機（一般稱之爲停滯性膨脹）。面對既通貨膨脹又存在危機和失業的形勢，凱因斯理論顯得軟弱無力，凱因斯主義出現危機。儘管如此，凱因斯主義在資本主義經濟史上的地位是必須重視的。五、六十年代，在凱因斯主義的基礎上，西方經濟學說中又形成了後凱因斯主義，或稱新凱因斯主義。

第4章
文學藝術的獨特風采

別有洞天的文學園地——
現實主義文學新姿與紛繁的現代主義文學

文學作爲文化花叢中的奇葩，它紮根於社會生活的沃土，又生動反映了時代的特色。科技革命、產業革命的浪潮、壟斷資本主義發展，兩次世界大戰的爆發等等，構成了20世紀前半葉西方獨具特色的社會圖景。西方的文學家們面對這一切，以他們特有的思維方式和表現手法，重新估價了人的價值、剖析了西方社會。十月革命的勝利；第一次世界大戰後民族解放運動的高漲；蘇聯二、三十年代的社會主義建設，給西方作家以深刻的啟迪，開闊了他們的眼界，使他們感到了新的希望。因此，在30年代，新、老西方作家普遍左轉，故文學史上有「紅色的三十年」之稱。然而這股左傾的文學浪潮持續時間並不長。

現代西方文學的發展還有其特定的文化背景。就思想淵源而言，一方面，上世紀流傳下來的尼采的超人哲學、柏格森的直覺主義仍繼續影響著西方的文學創作；另一方面，在20世紀眾多的哲學流派和社會思潮中，對西方文學隊伍影響最大的是佛洛伊德的精神分析學說和存在主義。同時，西方藝術領域的新變化也對文學風格和手法產生了新的滲透。

展視20世紀上半葉的西方文學，第一次世界大戰爆發前的十幾年，大體上是自19世紀文學向20世紀文學過渡的階段。從第一次世界大戰前後至第二次世界大戰結束，則是西方文學長足發展和異彩紛呈的時期。

在20世紀的基地上發展的現代西方文學，主要存在兩種思潮，即現實主義思潮和現代主義思潮。這兩種思潮既互相對立，又互相影響。一個現實主義作家的作品可能具有現代主義的因素，甚至可以創作出基本上屬於現代主義的作品。反之，一些現代主義作家在經過一系列新的創作方法的嘗試後，可能又回到現實主義的軌道。無論是現實主義文學，還是現代主義文學，都擁有自己龐大的作家群。所有的作家在創作中都刻意求新。他們追求表現新的時代和社會生活，他們在創作方法上尋求新的、不同以往的手段。即使那些遵循傳統的現實主義創作手法的作家也體現了新的風格，而不是上個世紀方法的簡單重複。現代主義作品則更表現了與傳統方法完全不同的手法，以特有的怪誕顯示了新的姿態。這一切，再加之文學派別林立，特別是在現代主義文學中更突出，這就呈現了現代西方文壇不同的思潮、流派並存，相互交叉的錯綜複雜的多元局面，從而形成了不同於古代，近代的別有洞天的文學園地。

20世紀的西方現實主義文學，堅持了「按照生活的本來面貌反映生活」的原則，不同程度地承襲了19世紀後期現實主義和自然主義的傳統，邁出了新的步伐，取得了豐碩的成果。在現實主義作家群中大致有兩類：一類是在創作中較少結合現代主義各種新的技巧；另一類則較多結合了各種新的表現手法。然而，不論哪一類作家都保持著人道主義激情，從不同角度反映了20世紀上半葉的西方資本主義的社會現實。

在較少結合現代各種新的技巧，主要採取傳統現實主義手法的作家中，著名的有英國的高爾斯華綏、威爾斯、毛姆、格林、西利托等；法國的馬丹·杜伽爾、莫里亞克、巴比塞等；德國的亨利希·曼、布萊希特、雷馬克、孚希特萬格、阿諾德·茨韋格等；美國的路易斯、斯坦貝克、菲茨杰拉德、沃爾夫、馬拉默德、密勒等。其中最主要的有英國的蕭伯納、法國的羅曼·羅蘭和美國的德萊德。

蕭伯納（*George Bernard Shaw, 1856−1950*年）是跨世紀的大文豪，諾貝爾文學獎獲得者。作爲一名劇作家，他的作品富於論戰性，他善於運用尖刻的諷刺和辛辣的嘲笑，他的語言機智、靈活、幽默。蕭伯納被公認爲是英國的口語和對白大師，他劇本的臺詞往往是長篇大論，滔滔不絕。他創作的重心是探討嚴肅的社會問題。進入20世紀以後，蕭伯納較重要的作品有《英國佬的另一個島》、《巴巴拉上校》、《傷心之家》、《聖女貞德》、《蘋果車》等。其中《蘋果車》（*1929*年）是蕭伯納晚期創作的優秀作品。劇本的副標題是「政治狂想曲」。劇本把情節放到了*1961*年，通過幻想的情節，指出了英國最終將依附美國的趨勢，同時，揭露了英國議會的虛僞性和軟弱性。這是一部傑出的政治諷刺劇。

如果說蕭伯納劇本的揭露性、論戰性很強，羅曼·羅蘭（*Romain Rolland 1866−1944*年）則把變革現實的希望寄托於英雄人物的力量。在這一思想指導下，他寫了大量的人物傳記，包括《貝多芬傳》、《米開朗基羅傳》、《托爾斯泰傳》、《甘地傳》等。在《貝多芬傳》第一版序言裏，羅蘭說：「我們周圍的空氣是沈悶的。老舊的歐洲麻木在沈重污濁的氣氛中……世界喘不過氣來了。打開窗子吧，讓自由流通的空氣吹進來！讓我們呼吸英雄的氣息吧！」他還說：「我稱爲英雄的，並非以思想或強力稱雄的人，而僅僅指那些靠心靈而偉大的人。」本世紀的頭十餘年，是羅曼·羅蘭一生中最重要的探索和創作高潮時期。在此時期，他除了寫人物傳記，還創作了堪稱他的代表作的長篇小說，膾炙人口的《約翰·克利斯朵夫》（*1904–1912*年）。這部長篇巨著以貝多芬作爲作品主人翁原形，集中塑造了音樂家克利斯朵夫的形象。這部獨具匠心的作品爲他贏得了*1913*年法蘭西學士院文學獎和*1915*年度諾貝爾文學獎。在整個創作生涯中，羅曼·羅蘭還寫了不少劇本。

西奧多·德萊塞（*Theodore Dreiser, 1871–1945*年），是*20*世紀前半葉美國著名的現實主義作家。*1900*年，德萊塞的第一部長篇小說《嘉莉妹妹》問世；*1911*年，他的第二部長篇小說《珍妮姑娘》發表。這兩部被稱爲姐妹篇的作品廣泛而真實地描寫了美國下層人民的生活狀況，揭露了資產者的放蕩和社會貧富的對立。德萊塞還發表了一系列的長、短篇小說、政論文集、戲劇集、詩集等，他的代表作是《美國的悲劇》（*1925*年）。小說發表後曾被紐約進步文學評論界稱爲「美國最偉大的小說」。《美國的悲劇》取材於現實生活中的真人真事。故事敘述了一個出身微寒的青年克萊特墮落成殺人犯的過程，展現了一個「發財夢」犧牲者的人生軌跡。對這本書，作者自己強調說：「這本書整個來講是對社會制度的一個控訴，……小說之所以得到成功，並非因爲『它是悲劇』，而正因爲它是美國的悲劇。」《美國的悲劇》以鮮明的現實主義特徵爲主要成就，並顯示了德萊塞高超的心理描寫技巧。《美國的悲劇》的發表給作者帶來了世界性聲譽。德萊塞以他鋒利的筆針砭美國時弊，開闢了美國現實主義文學中社會悲劇的題材領域、對現代和當代美國文學有著重要影響。辛克萊·劉易士曾這樣評價德萊塞；「他……在美國小說領域內突破了維多利亞時代式的、豪威爾斯式的膽小與高雅的傳統，打開了通向忠實、大膽與生活的激情的天地。要是沒有他這個拓荒者的業績，我很懷疑我們有哪一個人能描繪出生活、美和恐怖。」

結合現代主義手法較多的現實主義作家，主要有英國的康拉德、勞倫斯、戈爾丁；法國的紀德；德國的托馬斯·曼、海塞；美國的福克納、多斯·帕索斯、貝婁·梅勒；意大利的皮蘭德婁、瑞士的迪倫馬特；奧地利的斯蒂芬·茨韋格等。這部分作家不滿足於對現實作傳統式的描摹，而力求結合更多的現代主義表現手法。他們是一面繼承一面創新。

在這派作家中，各具特色，而佔有較突出地位的是美國著名的現代小說家海明威。

歐納斯特·海明威（*Ernest Hemingway, 1899－1961*年），出生於美國伊利諾斯州芝加哥附近的一個小鎮。父親是一位著名醫生，母親是一位具有一定藝術修養和宗教觀念的婦女。第一次世界大戰的後期，海明威在堪薩斯城的《星報》當見習記者。記者的職業特點，以及《星報》社要求記者用明快、生動、富有活力的語匯寫「短句」和「簡短的第一段」等原則，爲海明威創立自己獨特的文體風格奠定了最早的基石。*20*年代初，海明威開始了文學創作。他寫過劇本、散文、詩歌和小說，以小說成就爲最高。

《太陽照樣升起》（1926年），被看作是海明威的名作。作品通過對第一次世界大戰後一群僑居歐洲的美國青年的生活的刻意描寫，反映了戰爭給他們心理上、生理上帶來的巨大創傷，從而導致他們精神上的空虛和迷惘。他們「沒有一個人是清醒的」，「人人都行爲惡劣」，或聚飲、釣魚、看鬥牛，或在三角關係中爭吵、角逐，從而折射了這一代青年的幻滅感。老一輩美國女作家斯泰因曾經對海明威等人說：「你們都是迷惘的一代」。海明威則把這句話作爲這部小說的題辭。海明威和他的《太陽照樣升起》成了「迷惘的一代」的代表。

《太陽照樣升起》具有一定的反戰色彩，而海明威的代表作《永別了，武器》（1929年）（舊譯《戰地春夢》），則是一部從個人幸福的角度出發的反戰作品。作品以第一次世界大戰爲背景，小說男主人翁美國青年亨利在戰場上認識了英國女護士凱瑟琳。作者始終把男女主人翁的戀情的美好場面與戰爭的殘酷場面交織在一起。他們純潔真摯的愛情一步一步地被戰爭毀滅，從而映襯出戰爭的可怕與罪惡。亨利有一段頗具諷刺和揭露意味的獨白：「我一聽到神聖、光榮、犧牲這些空泛的字眼就覺得害臊，因爲我可沒有見到什麼神聖的東西，光榮的事物也沒有什麼光榮，至於犧牲，那就好比芝加哥的屠宰場似的，不同的是把肉拿來埋葬罷了。」這是對第一次世界大戰的強烈譴責。這部作品有較高的藝術性，體現了獨樹一幟的海明威風格——在敘述的技巧上採用短小的句子、電文式的對話，以凝練的文筆勾勒人物；注意從多方面描寫景物，並把人物心情的變化同對景物的描寫有機地結合起來，情景交融。

*1936*年，海明威寫出了他自己最爲滿意的短篇小說《乞力馬紮羅之雪》，在這部小說中，他採用了意識流和象徵手法。第二次世界大戰以後，海明威最重要的作品是*1952*年發表的中篇小說《老人與海》，這部作品在海明威的一生創作中具有舉世公認的重要地位，這是因爲，小說塑造了一個典型的海明威式的英雄形象——老漁夫桑地亞哥，他體現了「可以被消滅，但不能被打敗」的精神。《老人與海》使海明威榮獲*1952*年普利茲獎和*1954*年諾貝爾文學獎。

海明威在創作中勇於探索，刻意追求。他提出了「冰山」論：「冰山在海裏移動很是莊嚴宏偉壯觀，這是因爲它只有八分之一露出水面，八分之七藏在水裏」。海明威認爲，作家寫在紙上的東西好比冰山露出水面的八分之一，而關鍵則是水下的八分之七，作家應通過作品內涵中的深厚思想感情，去打動讀者。由於海明威創造了一種十分簡練、清新的散文文體，而被認爲是一代文體風格的宗師。海明威常用意識流和象徵的手法，在實踐中把現實主義的創作傳統和現代主義的某些創作方法結合了起來。

*20*世紀的西方文學的另一主要思潮是現代主義。現代主義亦稱現代派。現代主義文學是一種多元化的文學，各種文學現象交織在一起，可謂斑駁陸離，五花八門。惟現代主義文學有其最主要的標誌，這就是以非理性的原則反叛舊的文學傳統，提倡進行大膽的思想探索和文學實驗。凡是與傳統的在理性原則和邏輯思維規範指導下的西方文學在思想傾向、創作手法、審美意識、藝術特點等等方面迥然相異的文學流派，不管它們之間在理論主張和創作實驗上存在多大區別，都可以歸於現代主義文學的範疇。現代主義文學發軔於

第一次世界大戰前後，*20*年代確立，並形成第一個高潮。*30*年代，由於反法西斯鬥爭的高漲和左翼文學的發展，現代主義文學曾一度消沈，而第二次世界大戰後，其又再度發展，影響擴大，形成第二個高漲。

現代主義文學是*20*世紀特有的產物。它的出現，是以西方社會進入*20*世紀以後的巨大變遷爲背景，並深受尼采、伯格森、薩特、佛洛伊德學說的影響。面對新世紀的西方社會圖景，現代派作家們對傳統的理想產生了動搖和不信任，一種危機感和悲觀情緒重壓在他們心頭。同時，他們對把傳統的文學創作看作不可爭議的創作必由之路發生了懷疑；對傳統文學探索、剖析人生的能力發生了懷疑。他們有一種向傳統文學發出挑戰的強烈要求。現代主義文學正是這種心理、情緒和要求的現實反映。現代主義的產生是西方文學繼文藝復興、古典主義，啟蒙運動、浪漫主義、現實主義之後興起的又一個浪潮。對現代主義文學在文學史上的地位必須予以足夠的重視。

第二次世界大戰結束前的現代主義文學，雖流派繁多，但不難發現，最主要的有六大流派，即後期象徵主義、表現主義、意識流文學、存在主義文學、未來主義、超現實主義。

後期象徵主義是西方現代派文學中最早出現的一個流派。它繼承了*19*世紀末期的前期象徵主義的餘緒，主張以象徵、暗示、自由聯想等手法表達人的微妙的思想感情和哲理，以探求內心的「最高真實」，反對直抒胸臆。他們的作品講究雕塑美、音樂美和詩的韻律。後期象徵主義首先在法國繁衍，以後傳播到歐美各國，這一流派主要表現在詩的創作上。主要代表人物有法國詩人瓦雷里、英國詩人艾略特、奧地利詩人里爾克和愛爾蘭詩人葉芝。其中艾略特（*Thomas Stearns Eliot*）被公認爲「現代詩派」的領袖，而他的《荒原》（*1922*年）堪稱現代詩歌的奠基之作。《荒原》是一首艱深難懂的長詩，共*5*章，*400*餘行，涉及了近*60*部前人的著作，交錯使用*6*種語言。詩人把眾多的神話、傳說、典故、引徵、隱喻組織在一個完整的象徵結構中，以一種小型史詩般的規模和高度的濃縮，把第一次世界大戰後歐洲混亂、破敗的社會圖景烘托給讀者。由於詩人打破了正常的邏輯思維形式，時空錯位，跳躍迭宕，全詩呈現出一派迷離恍惚、神秘莫測的景像。略引幾行以窺一斑。

在天空出現紫霞的時刻，人們的眼睛和背脊從辦公桌上擡起，這時人像一部機器等待著、像是一輛出租汽車一邊震顫一邊等待，

我，提瑞西阿斯❶，雖然瞎了眼睛，在兩種生活之間震顫，

我這個長者老婦乾癟乳房的老翁，可以看見紫霞升起的時刻，黃昏時分，人們急忙回家，而且讓水手從海上返回自己的家園❷，

……

表現主義是第一次世界大戰前後流行於歐美各國的一個文學流派。表現主義最早產生於繪畫藝術中，而後滲透到文學領域。作爲一個文學流派，首先產生於德國，繼而波及奧地利、瑞典和捷克，最後傳入美國。表現主義文學所奉行的宗旨是「藝術是表現而不是再現」。這一流派主張文學作品

應表現人的主觀感受和複雜多變的精神狀態，反對摹寫客觀世界；主張展示事物的內在的本質、普遍的永恒的真理，反對描寫事物的外表，以及暫時的、偶然的現象。表現主義作家強調表現藝術家的「自我」，提出了與傳統的浪漫主義與現實主義的「描寫法」對立的「表現法」，他們往往採用抽象的象徵手法來表現具有深刻哲理的問題。這些爲現代派文學指出了新的藝術途徑，也在一定程度上改變了人們的審美習慣。表現主義的代表人物主要有奧地利的卡夫卡、美國的奧尼爾。

佛朗茲·卡夫卡（*Franz Kafka, 1883–1924*年），是西方現代派文學的重要奠基人，是表現主義在小說領域的傑出代表。當代詩人兼劇作家奧登說：「就作家與其所處時代的關係而論，當代能與但丁、莎士比亞和歌德相提並論的第一人，就是卡夫卡。」

卡夫卡一生短暫，因患肺結核只活了*41*歲。但他自幼聰穎好學，從大學時代就開始文學創作，他深受易卜生的作品、斯賓諾莎、尼采、達爾文、克爾凱郭爾等人的思想，乃至中國老莊哲學的影響。卡夫卡長篇小說的代表作有《美國》、《審判》、《城堡》等。短篇小說最著名的是《變形記》（*1915*年）。《變形記》的主人翁是名叫格里高爾·薩姆沙的推銷員，他對公司的工作可謂忠於職守；他不辭辛勞，長年奔波，以掙錢養家。一天早晨，他突然從睡夢中驚醒，發現自己變成了一隻大甲蟲，全身長出了許多蟲腳。他十分焦急：怎麼出門去上班呢？他唯一擔心的是公司的職務。爲此，他還想拚命掙扎起來去趕火車上班，還想乞求上門威逼的秘書主任允許他繼續爲公司工作。他的變形使家人十分震驚，開始時只有他妹妹每天給他送東西吃。隨著形體的蛻變，他的飲食起居、言行舉止等日漸喪失人的習慣，產生了「蟲性」，但還保持著人的心理特徵和思維能力。如此這般的格里高爾，是家庭的醜聞和負擔，愈益遭家人的厭惡。父親不惜用「大得驚人的鞋後跟去踩兒子」；妹妹也變了，一連幾天忘記給哥哥餵食，還表示「一定要把他弄走」。格里高爾內心極度痛苦，在孤獨中悄然死去。當女佣人「用掃帚柄把格里高爾的屍體遠遠地撥到一邊去」時，他的母親也默許了。他死了，全家人如釋重負。卡夫卡通過荒誕、形象的變形的藝術手法，通過對格里高爾變形前後心理活動的細膩描寫，深刻表現了資本主義社會中人的異化的主題；表現了人完全變成了掙錢的工具，變成了物，而沒有人生的樂趣；表現了人與人之間變成了沒有愛，只有利害的扭曲的關係；表現了人格的分裂、自我的喪失、生存的痛苦。卡夫卡的作品始終貫串著社會批判的主題，是一種暴露文學。他主張形象的藝術。象徵、荒誕、反論、意識流、痛苦的幽默等成爲卡夫卡小說的明顯的藝術特色。

意識流文學產生於本世紀20年代。佛洛伊德關於意識的理論對意識流文學的誕生有著極爲重要的意義。美國心理學家詹姆斯把意識比作流動的河流和流水；法國哲學家柏格森認爲人的心理狀態如同滾雪球一般，是一個不斷積累、不斷增大的過程。意識流作家根據心理學、哲學的新理論提出了自身的藝術見解。他們認爲文學主要表現人的意識流動，特別是表現潛意識的活動，從而深入開拓了人物的內心世界，反對對客觀現實作忠實的描述，反對作家作出自己的說明和評論。因此意識流小說主要以內心獨白爲主線，並大量採用象徵手法和借用音樂和電影技巧，而且在語言和標點符號方面標新立異。也正因爲他們在作品中把人物的全部意識和盤托出，所以就會出現時空顚倒，清晰與朦朧的意識混雜及大幅度的跳躍等特徵，從而使讀者讀起來感到費解和晦澀。意識流流派的主要代表人物有法國的普魯斯特、愛爾蘭的喬伊斯、英國的沃爾夫。其中，普魯斯特（*Marcel Proust*）被認爲是意識流小說的鼻祖；喬伊斯被看作是意識流小說的大師。普魯斯特的《追憶逝水年華》（*1913–1928* 年），喬伊斯（*James Joyce*）的《尤利西斯》（*1922* 年）等是意識流小說的重要作品。

存在主義文學是在存在主義哲學的基礎上誕生的。存在主義文學的旗幟首先由存在主義哲學大師薩特在 *30* 年代末舉起，其代表人物還有法國作家加謬（*Albert Camus*）。第二次世界大戰以後存在主義文學不僅風靡歐洲，而且擴展到全世界。存在主義文學力圖以文學形式表述存在主義的哲學原理，是文學形式的哲學。加謬的中篇小說《局外人》（*1942* 年）是存在主義文學的重要作品，它以冷靜、漠然的筆觸描述了主人翁莫爾索是其生活世界的局外人。面對母親的逝世、少女的愛情、自身的安危，他都超然處之，麻木不仁，從而展示了人的孤立無援和世界的荒謬，薩特的《惡心》（*1938* 年）是作者最重要的哲理性小說。小說沒有具體情節，採用日記體的形式，寫了知識分子洛根丁對所處世界的荒謬、醜惡、沒有意義所產生的惡心感。存在主義作家往往通過隱喻、寓意的筆法和哲理性的議論，分析主人翁的精神狀態，他們的作品哲理性多於形象性。

第二次世界大戰爆發前，以上四種現代主義文學流派在文壇上相對更爲活躍，特點更爲鮮明，影響也更大。除此，便是超現實主義和未來主義文學。

超現實主義產生於20年代的法國。其代表人物是布勒東、艾呂雅、阿拉貢。作爲超現實主義的領袖，布勒東曾發表過兩個超現實主義宣言，表明了他們的理論主張和藝術表現特點。這兩個宣言的主要內容是：在哲學思想上，相信人類的想像通過自由使用文字、圖畫以及聯想，挖掘夢幻和潛意識的瞬間感受，可以達到一種超現實；在形式上強調一種旨在把文藝從傳統的理性模式中解放出來的心理自動寫作法。

未來主義最初產生於意大利。1909年2月，意大利詩人馬利涅蒂在法國《費加羅報》上發表了「未來主義宣言」，第二年，又發表了「未來主義文學宣言」。未來主義作爲一種文學思潮，很快由意大利擴展到其他歐洲國家，並由文學範疇擴展到其他藝術領域。未來主義的宗旨是面對向未來、探索未來，創造一種「新的、未來的藝術」，因而「摒棄全部藝術遺產和現存文化」。未來主義者讚頌「速度和力的美」，狂熱崇拜機器文明。他們的作品主要取材於都市生活，著力表現運動著的人和物，諸如戰爭、暴力、恐怖；奔馳的火車；旋轉的舞蹈等。這派作家還主張在形式上應取消語言的規範、消滅形容詞、副詞和標點符號。他們的代表人物還有意大利的帕拉采斯基、法國的阿波利奈。

在表現手法上，現代主義文學不受任何傳統創作框框的局限，敢於運用歪曲、變形、時空錯亂手法，新的語言組織、故意的文法不通、取消標點等，以造成震盪性的強烈效果。在反映角度上，現代主義文學著重表現20世紀以來的西方世界的人與自我、人與人、人與自然、人與社會等各種關係的扭曲、顛倒和異化。現代派作家主張開拓內心世界和無意識領域，重視想像、重視自我表現。現代主義文學雖然存在著這樣那樣的問題和弊病，但必須承認，現代主義文學的產生，是西方文學創作的思想主題、創作方法和審美觀念上的一次劇烈的變革。這種變革反映了現代西方社會中人的經歷和處境，以及他們的審美意向和思想感受。這種變革成爲20世紀新的文學現象，產生著重大的影響。

20世紀的藝術明珠——電影

20世紀最具時代特色的藝術是電影。19世紀末、20世紀初的強勁的科技浪潮爲電影藝術的出世提供了堅實的物質基礎。不可能想像，在沒有電的18世紀會有電影；不可能想像，沒有科學技術的高度發達，會有集中攝影學、電磁學、光學、聲學、化學、機械學等知識的電影拍攝技術。電影的誕生比以往的任何藝術形式都更緊密地同現代科技相連。

電影是綜合性的藝術，它綜合了文學、戲劇、音樂、舞蹈、美術、攝影等藝術的一些元素，使自身擁有其他藝術形式所不能比擬的豐富的藝術表現力。電影又是最具逼真性的藝術，影片投射到銀幕上的活動形象最接近現實，從而給觀眾十分親切的真切感。電影還是最富於動作性、場面性的視覺性很強的藝術。尤其是，電影具有獨特的蒙太奇表現手段。所謂蒙太奇，從藝術上解釋就是選擇；從技術上解釋就是剪輯。蒙太奇使電影更具特殊效果。電影以前無古人的姿態閃爍著藝術明珠的光彩，顯示了強大的魅力。正如列寧所說：「在所有的藝術中，電影對於我們是最重要的。」

在科技發展和前人研究的基礎上，*1895* 年，愛迪生和路易·盧米埃爾（*Louis Jean Lumiére*）幾乎同時在美國和法國發明了能拍攝和放映活動影片的機器。從此，電影開始登上了歷史舞台。以後的 *10* 年，電影事業的發展極爲迅速，並開始擁有日益增多的觀眾。電影院很快遍及歐美和日本。美國在 *1905* 年初僅有 *10* 家電影院，到 *1909* 年，電影院增加到 *1* 萬家。每天晚上都有眾多的觀眾擁進電影院，觀看銀幕上的藝術。任何表演藝術都遠遠不及電影服務對象的廣闊，它不需要演員在觀眾面前直接表演，放映機和拷貝可以反覆爲觀眾服務，電影又最容易衝出國門走向世界。電影在文化傳播、交流中起著越來越大的作用。電影自誕生後，就以一種全新的藝術形式衝擊著傳統的文化和娛樂領域。

西方電影的發展大體分三個時期：

㈠ ***1895–1927* 年的形成期**　在這個期間，電影技術自發明後經歷了由短片到長片，從單鏡頭到多鏡頭剪接，從而形成視覺語言的歷程。在這個階段，就電影藝術而言，西歐和北美的電影是並重的。美國的劇情電影的勃興和西歐藝術電影的崛起，預示了西方電影藝術未來發展的脈絡。在這個過程中，第一次世界大戰以前，西歐的電影事業略佔優勢，其中法國較爲突出。*1914* 年大戰爆發後，歐洲烽火連天，物質缺乏，歐洲各國的電影事業只好暫停。由此，歐洲電影事業的優勢喪失，而未遭戰火摧殘的美國電影迅速發展，並開始建立自己的霸權。第一次世界大戰結束後的 *10* 年，可以說是美國電影征服世界的興盛時期。美國影片在世界各國佔

上映影片的 *60%* 到 *90%*。派拉蒙、勞烏、福斯、米高梅、環球這些大製片公司支配著影片的生產以及在全世界影片的上映和發行。這些製片公司和華爾街的金融巨頭緊密地結合在一起。美國的電影事業已形成了大規模的工業，在資本上可以與汽車製造、罐頭、鋼鐵、石油、紙煙這些美國最大的工業相比擬。

㈡ *1927–1945* 年的成熟期　在此期間，電影技術有兩個很重要的突破。一是電影獲得了聲音，二是電影獲得了彩色。*1927* 年以前，電影還處在無聲藝術的階段。電報機、電話機、留聲機的產生，無線電廣播的發展，使電影需要聲音的問題能夠得以解決。*1927* 年 *10* 月 *23* 日，阿蘭·克勞斯蘭德攝製的插入了道白、歌唱的《爵士歌王》的第一次上映，標誌著電影進入了有聲時代，標誌著電影藝術進入了成熟期。電影中應用語言，無論從美學上還是商業上看在當時都是必要的。當時製造無線電器材的大電氣公司成了有聲電影機專利權的佔有者。電影在獲得了音響以後，更需要色彩，以突破黑白片的局限，以反映人們生活的五彩繽紛的世界。為此，許多人曾作過在影片上著色的嘗試。*1935* 年，美國彩色影片《浮華世界》問世，揭開了電影史上彩色電影的新的一頁。彩色電影的誕生進一步豐富了電影藝術的表現手段。在西方電影藝術發展的成熟期，好萊塢經歷了它的全盛時代。這個時期的西方電影藝術基本上是好萊塢電影史。而此時西歐電影比較突出的成就是以約翰·格里爾遜（*John Grierson*）及其小組為代表的英國記錄片運動，以及有時被歸在「詩的寫實主義」名下的一群頗具特色的法國導演。

㈢ *1945* 年以後的發展期　戰後的西方電影在技術已達

到完善的地步，而在藝術上進入日益精湛的階段。此時期，好萊塢的黃金時代已經過去，西歐電影在經歷了戰前的不甚興旺的時期後，戰後重新躍居重要地位，成爲西方電影藝術風格的代表。隨著電影事業的蓬勃發展，電影對社會的影響越來越大。

在西方電影上，存在著寫實主義和技術主義兩個傳統。早在西方電影的形成期，法國盧米埃爾拍攝的電影就已具有了自身的特色。他的影片都是描寫現實生活的場景，如街上的情景、工廠放工、火車進站、嬰兒吃奶等。當盧米埃爾拍攝這些現實的場景時，就爲電影藝術確定了寫實主義傳統。而美國的愛迪生拍攝的影片更有他的獨到之處。他的影片往往拍攝的是動物表演、歌舞演出、拳擊比賽等場面。在拍攝過程中，演員被請到攝影機面前表演。於是，愛迪生建立了名爲黑瑪麗婭的攝影棚，這便是以後攝影棚的先驅。在實踐中，愛迪生爲電影藝術創造了一個與寫實主義風格迥異的又一傳統，即技術主義傳統。

寫實主義者主張在生活中去發掘真實，他們提倡走出攝影棚，到現實的場景中去，儘量全面地表現事件各方面的細節。他們反對在劇作上的人工編造和人物性格的類型化，一般不搞完整的電影劇本，而強調在拍攝中隨時發現戲劇性元素。他們反對演員的表演，而重視演員的即興靈感的作用和自然流露的情感。在技巧上，他們雖不一般地排斥蒙太奇，但反對精雕細刻的蒙太奇，反對追求完美流暢的人工剪輯。他們不重視電影的娛樂價值，否定主觀的教育和宣傳意圖。而技術主義者是把娛樂觀眾，進行某種教育和宣傳作爲製片的目的。他們把技術或者說是技巧放在重要地位。他們主張在攝影棚裏採用貌似真實的佈景和演員的刻意表演；主張對劇本的精心編寫；主張充分利用蒙太奇等技巧手段，從而給觀眾製造出完美的生活幻覺，喚起觀眾熱愛、痛恨、贊成、反對、快樂、痛苦等強烈情感。

寫實主義和技術主義這兩種傳統在西方電影發展史上貫串始終，雖各具特色，但隨著電影藝術的進展，兩種風格又相互交叉，出現某種融合，特別在一些優秀作品中更是這樣。在西方電影藝術的形成期，弗拉迪哈和格里菲斯分別成爲這兩種傳統的代表人物。在成熟期，寫實主義雖在法國和英國繼續發展，其中，*30*年代出現的讓·雷諾阿（*Jean Renoir*）的寫實主義電影堪稱西方寫實主義電影的一個里程碑。第二次世界大戰期間，由於政治及使命的驅使，大批導演投入新聞片和紀錄片的製作。但相對於技術主義而言，寫實主義在此階段處於次要地位，而技術主義傳統得到較大發展，而其典型代表則是好萊塢電影。

好萊塢原是洛杉磯郊外的一塊無名荒地。*1887*年，韋爾考克斯夫人爲她丈夫在加利福尼亞州買下了*120*畝家園，將其命名爲好萊塢（意即冬青樹林）。自*1903*年起，爲了追求美妙的外景景觀，美國電影重心開始移向西海岸。在這期間，作爲「美國電影之父」的愛迪生，組成了包括東部九大電影公司一家電影專利公司，控制了電影市場的產銷秩序，這就更吸引了大批製片人西向好萊塢。*1913*年，派拉蒙影片公司在好萊塢建成了第一個名符其實的攝影棚。自*20*年代開始，好萊塢進入了它的全盛時期，成爲技術主義電影的世界性基地，並獲得了世界電影王國首都的稱號。隨著大量的技術主義電影從好萊塢湧出，觀眾從中感覺到了一種「似是而非的真實」，感覺到了一種「夢幻中的現實」，因此好萊塢又獲得了「夢幻工廠」的外號。

在好萊塢成爲電影城的初期，很值得一提的是美國人大衛·格里菲斯（*David Griffith*）的貢獻。*1915*年，他開始在好萊塢拍攝《一個國家的誕生》。這部影片的出世爲以後好萊塢拍攝豪華巨片開了先河。因爲這是一部長達*12*本，由*1,200*個鏡頭組成，經過精心剪輯的，耗資*10*萬美元的片子，並且在技巧上有許多創新，從而使格里菲斯成爲了好萊塢技術主義傳統的真正代表。

好萊塢在其繁榮時期，技術主義的影片有著自身的特點。好萊塢電影，特別是三、四十年代的電影，就其主流而言，是典型戲劇電影。這就是影片要有開端、發展、高潮、結尾等戲劇結構層次，劇情發展是按照嚴格的時空順序；故事要有突出的矛盾、富有懸念，情節起伏動人。在拍攝過程講究畫面的優美、光線的柔和，這樣的影片很容易得到觀眾的認同。再加上好萊塢電影有很強的娛樂性，所以好萊塢電影在國內國外有廣大的觀眾。此時期好萊塢戲劇電影的經典片即使在觀看也仍有較強的吸引力。諸如《魂斷藍橋》等影片。

好萊塢的電影式樣是多樣化的。把電影創作分爲若干類型，按照一定的模式拍片的所謂類型電影是好萊塢全盛時期的一種拍片方法。類型電影主要有西部片、喜劇片、犯罪片等。所謂西部片，是以*19*世紀下半葉，美國人向西部進發，開發西部爲題材的影片。拍攝好萊塢西部片較爲突出的人物是導演約翰·福特（*John Ford*）。他於*1938*年拍攝的《關山飛渡》，被認爲是一部藝術精深的作品。除此，霍克斯的《紅河》、齊納曼的《正午》、史蒂文斯的《原野奇俠》均被認為是水準較高的西部片。好萊塢的喜劇片是通過演員誇張的表演和攝影機的巧妙拍攝而達到獨特的藝術效果的類型片。它的最高成就是在無聲片完全消失以前。好萊塢最卓越的喜劇大師查理·卓別林（*Charles Spencer Chaplin*）。他堅持穿著他的寬鬆褲、特大號鞋、戴破舊圓頂帽、留一撮小鬍子、用企鵝的步子走路，以他特有的流浪漢的形象，以他傑出的才華獲得了巨大的成功。*20*至*40*年代，卓別林在好萊塢拍出了他一生最傑出的作品：《淘金記》、《城市之光》、《摩登時代》、《大獨裁者》。這些影片深刻批判了美國社會的弊端，無情諷刺了希特勒及其統治下的納粹德國，既有深刻的思想性，又有強烈的藝術感染力。好萊塢的犯罪片包括偵探片、強盜片、警匪片等。*30*年代初正值美國遭到經濟大危機沈重的打擊之時，社會動盪，犯罪率急劇增高。社會現實爲犯罪片提供了豐富的素材。所以，好萊塢犯罪片最流行的時期是*30*年代初。《疤臉大盜》、《小凱撒》、《公敵》等影片，反映了美國社會的罪惡現象。對犯罪片藝術上貢獻較大的一位導演是希區考克（*Sir Alfred Hitchcock*）。希區考克被稱爲「懸念大師」，他的作品大多情節曲折離奇，富於懸念，因此扣人心弦。他的《蝴蝶夢》是藝術質量較高的片子。

好萊塢電影史上獨具特色的地方還在於開創了明星制度。明星制度之所以首先產生於好萊塢，主要是由於商業上的需要。因爲影響票房價值的因素既取決於電影技術和藝術的發展，又取決於觀眾趣味的取向。爲了不受這兩方面因素的干擾，好萊塢花很大的氣力爲觀眾製造了成批的明星偶像，以明星的陣容刺激觀眾的胃口，使觀眾根據明星的陣容決定買票與否。而好萊塢這樣做亦符合技術主義傳統的需要，因爲明星制度的美學本質乃是人爲地製造美的典型。明星制度爲電影常保活力與魅力提供了主要能源。明星制度對演員具有很大的吸引力。最初的好萊塢演員並沒有地位，當時的影片不註明演員的姓名，只有演員的代號打在片頭上。而且，不少房主的廣告上清楚地寫著：「狗與演員不得進入。」在卡爾·雷穆一躍成爲影業大亨後，他在好萊塢建成的環球影城中，以其特有的商業遠見，一反過去的慣例，給予演員以人格尊嚴，讓他們以真名或藝名亮相。雷穆樹立的第一個有名有姓的明星是翡冷翠。從此明星制度爲各方所效仿。在眩人眼目的明星制度下，一批批好萊塢著名影星湧現。如葛麗泰·嘉寶；馬克斯兄弟；卡萊·葛倫；凱瑟琳·赫本；道格拉斯·范朋克；瑪麗·璧克馥；格利高里·派克；英格麗·褒曼；費文·麗；瓊·克勞馥；童星秀蘭·鄧波兒等等。當時的好萊塢號稱「旗下明星比天上星星還多」。在眾多的名星中湧現了一批超級巨星。卓別林於*1917*年成爲好萊塢影史上的第一位超級巨星。然而，明星制度存在不少弊病，最重要是的，它剝奪了隸屬演員的個性。

正如好萊塢明星制度的產生主要出於商業的需要一樣，好萊塢首創的製片廠制度也是首先出自商業上的考慮。所謂製片廠制度就是採用傳送帶式的製片方法，強調集體的智慧和細緻的分工，製片廠的負責人決定一切。製片廠制度成爲好萊塢全盛時期唯一的製片方式。製片廠已成爲大規模的工業，成爲大財團的重要投資對象。這樣，製片廠或公司之間的競爭相當激烈。愛迪生的電影專利公司只風光了*10*年就被崛起的群雄所替代。經過一番的淘汰，形成了八大公司並立之勢。之中，十分著名的有米高梅和派拉蒙兩大公司。這兩者風格不同，米高梅實行絕對的集權統治，導演和演員只不過是公司電影產品的「原料」而已，不合需要就立即更換。公司的總裁可以用自己的方法捧紅一名演員，也可以任意扼殺一位藝術家。而派拉蒙公司則鼓勵導演、編劇和演員們發展個人特長。然而，以獨裁手段力捧明星的米高梅壓倒了派拉蒙，成爲三、四十年代首屈一指的大公司，不少藝術家爲此而感到沮喪。

電影史家通常認爲好萊塢影城在第二次世界大戰前後處於黃金時代。在如火如荼的反法西斯鬥爭中，人們渴望看到反映戰爭題材的影片。好萊塢的電影事業配合戰爭風雲創造了空前驚人的高額利潤。當時每周觀眾達到*9*千萬人次，年度票房總收人從戰前的*7.5*億美元，猛漲到*15*億美元。同時，好萊塢的電影工作者顯示了高度的愛國熱情。不少優秀的藝術家投身於反抗法西斯的正義鬥爭，一時被傳爲佳話，提高了好萊塢的聲譽。如瓊·克勞馥、英格麗·褒曼積極鼓動年輕士兵的鬥志；瓊·芳登志願參加紅十字會，連續四年每天晚上都到醫院協助治療傷員。*1942*年*3*月，上千位男演員、導演、編劇和工程技術人員都自願走上了前線。而且，第二次世界大戰的廣闊畫面又成爲極其豐富的電影素材的源泉。以後的《麥克阿瑟》、《巴頓將軍》、《硫黃島血戰記》等等影片都取材於第二次世界大戰。可以說，第二次世界大戰將好萊塢的事業推上了頂峰。不過，好萊塢也自此盛極轉衰了。

在*20*年代美國電影走向繁榮的時候，由好萊塢巨頭米高梅公司經理路易士·梅耶（*Louis Mayer*）倡議，於*1927*

年5月創立了由好萊塢演員、導演、編劇、攝影師及製片人等36位頭面人物組成的以促進電影藝術與技術的進步爲宗旨的一個委員會，取名爲「電影藝術與科學學院」。著名影星道格拉斯·范朋克（*Douglas Fairbanks*）擔任第一任院長。後來，梅耶又建議將授獎的方式集中於電影攝製方面的成就。學院理事會的理事們也對「表彰顯著成績者」發生了興趣。於是設立了「學院獎」，聞名於世的奧斯卡金像獎就這樣誕生了。奧斯卡獎分爲成就獎和特別獎兩大類。每一類獎包括若干項獎，每一項獎又分出若干分項獎。諸如最佳影片、最佳劇本、最佳男主角、最佳女主角、最佳外國語影片、榮譽獎、科技成果獎等等，可謂爲數繁多。奧斯卡獎的評選工作一電影直較爲細致、慎重，而且講求專業技術方面的較高標準。因此，奧斯卡獎一直被認爲是較嚴肅的電影獎。美國三、四十年代獲獎的影片的內容一般比較健康、藝術感染力較強。比如《壯志千秋》、《百老匯的旋律》、《歌舞大王齊格飛》、《浮生若夢》、《西線無戰事》、《左拉傳》等。1939年與1940年，兩部根據暢銷小說改編的名片《亂世佳人》和《蝴蝶夢》先後獲獎，這標誌著好萊塢的電影業達到了一個新的水準。在第二次世界大戰期間，好萊塢拍攝的，並獲得奧斯卡獎的《米尼佛夫人》、《北非諜影》等影片對鼓舞軍民抗擊法西斯的鬥志起過一定作用，曾受到羅斯福總統的讚賞和美國老百姓的歡迎。奧斯卡金像獎目前已成爲西方電影界聲譽最高、規模最大的電影獎，堪稱西方電影的桂冠。

好萊塢電影在其自20年代至第二次世界大戰結束的繁榮時期，由於競爭力很強，不僅在美國國內而且在國際上有著廣闊的市場。此時期的好萊塢電影在藝術上、技術上都有自己的特色，成爲技術主義電影的典型，對西方電影的發展產生了重要影響，在電影史上佔有重要地位，但必須看到的是，由於好萊塢電影的商業性很強，製片廠更注重商業利潤，因而在電影藝術理論上缺乏深入研究而顯得薄弱。也正因爲過分注重票房價值，好萊塢在此時期也拍不了少不健康的暴力、色情片。

現代美術的情姿

美術——藝術寶庫中的瑰寶，以它色彩絢麗的獨特姿態伴隨著人類歷史的前進進入了20世紀。20世紀的西方美術既繼承了近代西方美術的部分傳統，又開創了新的天地。在20世紀基地上掀起的現代主義思潮不僅席捲了文學領域，也深深震撼了美術園地。如同文學領域現代主義流派繁多一樣，西方的現代畫派亦是層出不窮，一派多元景像。表現於現代畫派的一個共同特點是，在創作宗旨上主張強調自我，抒發個人情感；在技巧上則表現爲否定視覺的真實性，採用紊亂的線和點、位置錯亂的空間結構，違反真實的色彩配置等等。這就向傳統的目的在於再現現實生活場景、創作者的內心狀態不在作品內容上有所反映的寫實主義，向傳統的透視方法提出了新的挑戰，從而開闢了美術發展的新途徑。

嚴格地說，20世紀發展起來的此起彼伏的現代畫派源於19世紀末的印象派，特別是強調主觀並運用誇張手法的後期印象派。在諸多的現代畫派中，立體派及其主要代表畢卡索是絕不能忽視的。1907年，在法國藝術界出現了一個新的派別——立體派，又稱「立方主義」藝術。後期印象派的重要代表，被尊爲「現代繪畫之父」的塞尚曾在給他的朋友的一封信中説道：「你必須在自然中看到圓柱體、球體和圓錐體」。這話啟迪了畫家勃拉克（*Georges Braque*）和畢卡索，而非洲人特有的雕刻藝術又給了他們形象的啟發。於是，他們在創作中開始把自然形體還原爲它們的基本幾何形式，這樣，立體派誕生於西方美術園地。在創作實踐中，立體派提出了一個認識物象的新的方法，即把對象的上、下、左、右等各方面的印象拼合在一個平面上。立體派在其發展過程中，曾有前期「分析的立體派」（*1909–1911* 年）和後期「綜合的立體派」（*1912–1914* 年）之分。前者的作品看起來好像黏貼的剪紙；後者的作品則像疊置起來的碎玻璃。立體派畫家的創作是以個人主觀爲中心。以個人「腦子裏的理解」來替代客觀世界本身。立體派用以控制、指導觀眾的原則，用立體派的創始人勃拉克的話説，就是「與其把事情説得更清楚些，我寧可把它弄得含糊些」。*1911* 年曾有一個青年問立體派大師畢卡索，按照立體派的原則去畫人的腳應該畫成圓的還是方的。畢卡索的回答是「自然界裏根本就沒有腳！」畢卡索和勃拉克注意經驗，只要他們感到理論是一種束縛，就毫不猶豫地把它撇在一邊。

立體畫派最傑出的代表是畢卡索。帕布洛 · 路伊茲 · 畢卡索（*Poblo Picasso, 1881–1973* 年），出生於西班牙的馬拉卡。畢卡索 *7* 歲就開始在作爲繪畫教師的父親指導下正規地學習繪畫，*14* 歲時，以優異成績畢業於巴塞隆納美術學校。*16* 歲時，他又順利地考進了聖費迪南多皇家美術學院學習。由於不習慣正規的訓練，很快他就不到學院上學，而開始了自己的創作。*1904* 年 *4* 月，畢卡索離開西班牙，到巴黎定居。在西方藝術之都的巴黎，畢卡索走上了自身的新的創作之路。從 *1904–1906* 年，畢卡索的作品都表現了現實主義的特徵和古典主義的手法。以後，他柔和了印象派、後期印象派、野獸派以及黑人雕刻的水法，創作了自己新風格的作品《亞威農的少女》(*1907*年)。亞威農是西班牙的一條街道名稱，有不少妓院。這幅畫描繪的是妓院裏的場面。畫面上畫有五個裸女，她們棱角分明的形象好像是「用斧子砍出來的」，透視法和明暗對比法爲平面所代替，這些平面表示一種空間感和實在感。這幅畫體現了立體派的一個原則，即同時從幾個不同的視點描繪對象。《亞威農的少女》被稱爲第一幅立體主義的作品，畢卡索成爲立體派的創始人。

畢卡索曾說過：「自然和美術是兩回事。通過美術，我們表現那些與自然不同的概念。」藝術創作的目的「不僅僅是爲再現現實而再現現實，一個更爲無比重要的目的是要表現現實的各種可能性和複雜性。」畢卡索對繪畫中的形式技法問題十分重視，他善於吸收各類繪畫的不同風格，並在吸收中不斷融合、創新。畢卡索先後屬於立體派、新古典派、超現實派和表現派，甚至同時集各派風格於一身。而在他的各種變異風格中，又始終保持著他獨特的粗獷、剛勁的個性，並且在各種手法的使用中，都能達到內部的統一與和諧。 *1936* 年，西班牙內戰爆發後，畢卡索積極投入了反法西斯的鬥爭之中，他把賣畫收入的 *40* 萬法郎贈給人民陣線用於賑濟窮人。同時，他創作了腐蝕銅板畫《佛朗哥的幻夢與謊言》，猛烈抨擊了佛朗哥政權。 *1937* 年 *4* 月，西班牙城市格爾尼卡遭到法西斯德國支持下的佛朗哥派遣的轟炸機的狂轟亂炸， *2,800* 多名無辜的百姓慘遭殺害。當時，在巴黎的畢卡索聽到這個消息極爲憤怒，用不到兩個月的時間，爲巴黎世界博覽會西班牙館畫了寬達26英尺的著名的巨幅壁畫《格爾尼卡》。全畫由黑、白、灰三色畫成，畫中的所有形象都是用變了形的重疊起來的立體主義手法畫成的。畢卡索表示，這幅畫表現的是暴行對人的摧殘。儘管人們對這幅畫的理解不盡相同，但是人們都知曉畫中的婦女、孩子、戰士的屍體、著火的房子和被矛穿刺的馬等都是對法西斯罪惡行徑的深沈控訴。畢卡索對這幅畫十分重視。40年代，他同意將此畫借給紐約現代藝術博物館。他指出，決不同佛朗哥合作，西班牙重獲民主和自由，這幅畫才可以回到自己的祖國。佛朗哥死後，1981年9月，《格爾尼卡》隆重運回了西班牙。1944年，巴黎解放後，畢卡索加入了法國共產黨。1949年，應在巴黎舉行的保衛世界和平大會的要求，他選畫了一隻鴿子的石板畫送給大會，這就是聞名於世的《和平鴿》。1958年，他還爲聯合國教科文大廈製作了大型壁畫。

1973年4月8日，畢卡索逝世，終年92歲。他用彩筆辛勤耕耘的一生留下了豐富的、寶貴的文化財產，他創作的作品總數高達8萬左右。畢卡索在西方現代美術史上佔有突出的地位。

「野獸派」是早於立體派出現的現代畫派。1905年，在巴黎秋季沙龍中展出了馬蒂斯、佛拉芒克、馬爾開、杜飛等藝術家的作品。法國評論家沃塞列說他們「是一群野獸」。由此，這派畫家獲得了「野獸派」的名稱。野獸派各人的風格不盡相同，只是他們都強調創作中的個人的主觀精神的表現，強調用大色塊和豪放的線條，形成誇張與自由的形式，達到單純、率意的效果。他們反對印象派在色彩上的寫實和客觀態度。野獸派中最著名的人物是馬蒂斯（*Henri Matisse*）。馬蒂斯的畫往往以取得形式上的視覺快感爲目的。他喜歡畫人物，他筆下的人物，大多是按照形式的需要加以誇張和變形的。他的線條粗細不拘，給人以毫不費力或漫不經心的感覺；他的色彩即使用極強烈的生色也能造出輕快而調和的畫面。馬蒂斯頗具應用色彩的傑出才能。

大體同立體派同時產生的現代畫派還有未來派。如前所述，未來派首先是一個文學流派，由意大利詩人馬利涅蒂（*Filippo Tomaso Marinetti*）於*1909*年倡導後，*1911–1915*年未來主義畫派流行於意大利。這一畫派的主要人物有波菊尼、巴拉、卡拉、羅素洛等。未來派主張在運動中表現對象，在畫面上展現運動感。如巴拉的《前進的姑娘》，把走路的姑娘畫成一連串疊印的影子，以表示這個人在運動。未來派的許多畫家後來都傾向於抽象派了。

第一次世界大戰前，德國出現了表現主義運動。*1905*年，德國慕尼黑有幾位畫家組織了「橋社」。這些人是德國表現派的代表。以後又出現了由俄國人康定斯基等人組成的「青騎士派」。第一次世界大戰給表現主義畫家帶來了嚴重的心靈創傷，使他們產生了厭世情緒。他們的作品轉向了對個人內心的表現，他們用以發泄內心的憤慨和苦悶的筆觸是扭曲和粗暴的，他們採用的色彩是帶有強烈刺激性的。表現派畫家的共同出發點是表現自我，但他們的藝術方法各不相同，並且很快發生分化，如康定斯基轉向了抽象藝術。追溯起來，表現主義思潮在*19*世紀末可以找到源頭，其先驅是挪威畫家蒙克（*Edvard Munch*，*1863–1944*年）。蒙克的個人身世是不幸的，又處於兩世紀交替的時期，「世紀末」的情感籠罩著他。他的作品的題材往往是死亡、疾病、精神孤獨和相互隔絕的人物，以及大量的男女之間的問題。他的作品表現了強烈的孤獨感和惶恐心緒。他的名爲《呼號》的名作正是這種情感的集中體現。但蒙克是一位很有藝術才能的畫家，他在油畫、版畫、素描等方面造詣頗深。

在第一次世界大戰期間，在瑞士的蘇黎世又出現了「達達派」。這個奇特的名稱來源於這派畫家隨便從字典上找到的一個兒童語彙。他們的宗旨是「否定一切、否定理性和傳統文化」；他們的方法是用怪誕、抽象、符號式的東西取代傳統藝術。到後期，這一派畫家往往用紙片、電車票、抹布、照片、火柴盒在畫布上組成他們的作品。

以康定斯基（*Wassily Kandinsky*）爲鼻祖的抽象畫派在第一次世界大戰時出現，第二次世界大戰時進一步發展，*50*年代達到高潮。康定斯基認爲，藝術作品的形式本身就是內容，藝術作品任何表現力都起源於形式。如果說立體派和未來派還保留了一些事物的形象的話，那麼抽象派藝術則完全擺脫了形象的束縛，而以純粹的線、色、塊作爲其藝術語言。康定斯基說「一條垂線和一條水平線連接起來，產生一種幾乎是戲劇的聲音。」還說，一個三角形有「它的特殊的精神上的芳香」。康定斯基在創作中強調主觀即興式的衝動，成爲抽象主義中的唯情派（或表現派）。畫家蒙德里安（*Piet Mondrian*）可算抽象主義中的唯理派（或客觀派）。*40*年代以後的最著名的抽象派畫家是波洛克（*Jackson Pollock*）。他創造了一種「表現主義的抽象派。」

現代派美術在第二次世界大戰以後得到了進一步發展，並且被越來越多的人所接受。

進入 *20* 世紀以後，在現代派美術發展的同時，西方的傳統現實主義美術在 *19* 世紀的基礎上仍在繼續前進。有深厚功底的法國現實主義繪畫是這樣，德國更是如此。德國在此時期湧現出一批優秀的現實主義繪畫家，如克林格爾、利伯曼、珂勒惠支等。而女畫家珂勒惠支（*Käthe Kollwitz, 1867–1945* 年）特別應該提及。珂勒惠支是自覺地把自己的藝術奉獻給勞苦大眾的藝術家。她的第一組成名作是反映西里西亞紡織工人起義的版畫《紡織工人》，第二組版畫是《農民戰爭》。 *1919* 年，珂勒惠支被聘爲柏林藝術學院的教授，這以後，她創作了著名的《悼念卡爾·李卜克內西》、《戰爭》。珂勒惠支作爲一位女性、一位母親，她的作品有很大一部分描寫了處於歷史重壓下的婦女和兒童，如《擁抱著兩個孩子的母親》、《母親》、《沉思中的婦女》、《飢餓的兒童》、《寡婦之一》、《寡婦之二》等等。在她創作的眾多的女性形象中都有她自己的影子。她的兩個兒子先後在兩次世界大戰中犧牲。她把自己的命運和勞動者的命運連在一起，用深沉有力的筆觸描寫了爲勞動者奉獻一切的偉大女性；描寫了勞苦大眾的痛苦和死亡、歡樂和希望。希特勒在德國建立了法西斯專政後，珂勒惠支的教授學銜被撤銷，她的作品被禁止展出。在白色恐怖的年代裏，她以她對法西斯的痛恨以及內心的痛苦、徬徨創作了自己的晚期作品。

在珂勒惠支的創作生涯中，她吸取了德國傑出的雕塑家和版畫家克林格爾的技巧，又融合了蒙克等表現派畫家的善於表達激情的藝術風格，而走出了自己的藝術之路。越到後期，她的作品就越顯出潑辣的藝術魅力。珂勒惠支作品的美是一種突破了希臘、羅馬框架、展示了勞苦大眾外部形象和內心世界的美。魯迅先生對珂勒惠支的評價很高：「在女性的藝術家中，震撼了世界現在幾乎無出於凱斯·珂勒惠支之上。」魯迅將她的作品介紹到了中國，30年代和抗日戰爭時期成長起來的中國版畫家，大都受過她的影響。

第5章
當代西方文化發展展望

反法西斯的第二次世界大戰的勝利是世界歷史進程中的一個重要轉折點。隨著 *1945* 年這一輝煌勝利的到來，西方文化史亦揭開了當代的新篇章。現代西方文化史和當代西方文化史雖是西方文化發展的兩個不同的階段，但二者又同時構成了 *20* 世紀西方文化的整體。因此，這二者既有區別又有著不能截然分開的十分密切的聯繫。

第二世界大戰以後西方文化的發展，最引人注目，並且給予西方乃至整個世界以深刻影響的內容，首先是科學技術的新變革。戰後，以原子能、電子計算機和航天技術爲主要標誌的第三次技術革命，以史無前例的深度和廣度在西方爆發。這場充分顯示了人類的才智與力量的革命，爲科技的發展樹立了一塊新的里程碑，顯示了科技在社會進步中的新作用，確立了科技在人類發展史上的新地位。

科學技術作爲「一般社會生產力」，這是已被認識了的。而在 *20* 世紀前半葉科技成果的基礎上大躍進的戰後西方科技則充分表明，科學技術不僅是一般的生產力，而且是第一生產力。以原子能爲龍頭的能源變革，大大突破了原有的能源結構。各種新能源的開發，展示了人類可利用能源的廣闊前景。各種新能源：原子能、太陽能、地熱能、海洋能等等都是科技的直接產物。沒有新科技，就沒有新能源。第二次世界大戰以後，電子計算完成了一代又了一代的更新任務，以迅猛之勢，進入了工業、農業、交通運輸等等各經濟部門，同時，進入了學校、科研機構、辦公室、家庭……，幾乎進入了所有的領域。從而根本改變了勞動的性質，在人類勞動的歷程中揭開了新紀元。戰後航天技術的飛速發展，帶來了人造衛星的上天、航天飛機的出現；人類走進了月球，人類開始在太空滯留。而這一切的重大意義更在於全球衛星通訊時期的開始；在於人類走出地球，走向太空，探索宇宙無窮奧秘新時代的開闢。太空生產、太空旅遊，人類在太空開闢新大陸，這已不是幻想。古代神話將變成震撼歷史的現實。海洋工程將爲世界解決最困難的食物問題，並爲人類提供豐富的礦產，遺傳工程「可生產活的物質」，並且「已準備進入經領域」……。當代新科技展現了夢幻的奇觀。新的科學技術迅速地大規模地轉化爲生產力，帶動了整個經濟生活、社會生活的新發展。科學技術的作用從來沒有像今天這樣巨大和重要。如果說，商品經濟在近代資本主義社會仍然是它帶動科學技術的發展，即商品經濟的需要促進科學技術的前進及其在生產中產生作用，那麼，經過現代，進入當代，科學技術的被動狀態發生了重大變化。科學技術直接導致產業結構的調整，導致傳統工業的改觀和一系列新興工業的崛起，從而刺激市場的需求。科技——生產——市場（技工貿）的發展系列正在形成。如果說，在近代掌握科技仍只是一部分人的事，腦力勞動與體力勞動分工，精神勞動與物質勞動分離，那麼，當代科技已經發展到如此水準，科學技術廣泛深入到各個領域，每個人都必須具是相當的科技知識和能力。任何人包括普通工人、農民、服務人員、家庭主婦……不掌握科技知識，沒有相應的科技能力，終將被開除球籍，這個趨勢是明顯的。當代的科學技術，不僅能把人們從繁重的體力勞動中解放出來，且能部分地代替人的腦力勞動，成爲人類智力的延伸。腦力勞動與體力勞動正在走向統一。而且，今天的信息革命正越來越大地影響著一個國家的政治、經濟決策，影響著國家對外政策的目標和達到目標的方法。科學技術領導了現代化的新潮流，科學技術根本地改變了當代人的生產生活面貌，成爲當代社會進步和發展的第一位的因素。

在開放的當代世界，科技是沒有國界的。高度發達的西方科技不可能處於壟斷、封鎖的地位。隨著當代科技全面的發展，很多科研課題超出一國的範圍。如天文、氣象、海洋、生態環境、糧食、疾病、人口、能源開發、宇航工業等等都是國際範圍的大課題。而且，科研所需的信息是全球性的，數據資料是世界性的。當今，國際性的科技會議、學術交流日益頻繁。同時，科研經費隨著科研的發展日益增加，龐大的科研費用往往不是一個國家能承擔得起的。基於這些，很多科研機構是國際性的，如歐洲聯合核子所；很多課題是許多國家共同進行的，如對南極的探索開發等等。特別是，科研課題日趨複雜，要求很多學科同時工作，不同學科的聯合、滲透達到了新的高度。這樣，科技人才的交流成爲歷史的必然，「世界公民型」的科學家越來越多。科學技術是當今最大的「國際主義者」。科技洪流在全球範圍的奔騰，就要求各國科技發展向著國際的高水準，達到國際的高層次，具有國際科技能力。這種形勢，使「面向世界、面向未來」成爲不可抗拒的趨勢；這種形勢，使世界的競爭，歸根到底成爲科技的競爭，成爲保證科技發展的人才的競爭、教育的競爭。科學技術的發展正在使世界發生巨大變化。誰掌握這種變化，誰就是明天的勝利者。

在日趨國際化的當代科學技術的高速發展的推動之下，當代西方文化表現出開放、融合性的強化、多元性的發展。

科學技術與精神文化探究的不斷深入，使它們不斷擴展自己的領域，吸收新的成分，從而使它們之間的關係日益密切，相互間的滲透愈益深廣。尤其是數學、計算機科學、生物學的新成就產生了強大的推動力。當今，社會科學日益數學化，電子計算機廣泛應用於社會科學、人文科學的研究和文學藝術的創作之中。遺傳學、分子生物學、大腦研究的新成果大大促進了對人類智能和意識問題的新探索……。而自然科學領域裏系統論、信息論、控制論這新三論在西方更是被社會科學、人文科學各領域廣泛應用或借鑒。科學技術的進步又給藝術提供了新的表現手段，諸如電聲樂器、現代化的燈光布景、立體電影、環形電影等等。當代西方沒有哪一個社會科學、人文科學，沒有哪一個文學藝術領域不受自然科學飛速發展的影響的。滲透、交叉現象在社會科學、人文科學領域也越來越普遍。比如心理學的探究已擴展到很多範疇，從而產生條件反射心理學、文化心理學、犯罪心理學、宗教心理學、人際心理學等。新興的邊緣學科層出不窮，諸如老年學、未來學、管理學、情報學、地區和部門發展學、公共關係學等等。文學藝術領域中，各種流派不斷湧現，你中有我，我中有你的情況更是明顯，這在當代西方電影中看得很清楚。50年代後，哲學界各派匯流的現象亦很突出。這一切都是突破各種原有體系，相互廣泛開放的結果，是走向更高層次的融合的產物。正因爲如此，對複雜世界進行整體研究，對各種關係進行有機的綜合的考查，對豐富的現實進行全方位的探索，成爲日益強烈的呼聲。

當代世界的整體性，無論是在政治上、經濟上，還是在文化上都不斷加強。任何國家若將自身封閉起來，就將處於不能生存的境地。這種形勢，以及運輸和通訊的革命，使西方文化同其他類型文化的交流成爲不可阻擋的潮流。目前，西方國家在保持相應的自身文化傳統的同時，加深了對特有文化的深層結構、內在機制的探究，加強了對不同類型文化進行比較研究。這就爲其取長補短、兼容並蓄提供了條件。這種融合本身是一種視野的擴大，是一種對新事物的求索，是在創造一種新型的現代化。開放與融合給文化注入了新的活力；開放和融合必然導致多元化的發展。西方文化今後會在更高層次上顯示多元化複合體的發展趨勢。

人，作爲萬物之靈，作爲地球的主宰，在不斷認識世界、改造世界的同時，不斷地發展自己。認識人類自身是一個永無止境的課題。始終強調人這個主題的西方文化，在當代更提倡多層次，多角度地表現人，認識人，突出人的自我價值的實現。這一點在精神文化領域更爲明顯。如在哲學領域，當代西方哲學更注重探討主體認識活動的內在機能，高度重視人的存在的意義、人的價值與尊嚴、人的責任感與人的自由和獨立、人受社會和技術發展摧殘的情況等問題。因此，戰後人本主義哲學的勢頭更洶湧。在文學藝術殿堂，無論是在敘述藝術，還是在造型藝術中，都更著重地表現人的內心世界。主張自我表現，主張開拓內心世界和無意識領域的現代主義文學藝術在戰後的西方進一步發展。一般認爲，戰後西方出現了以存在主義哲學爲基礎的「後現代主義」的文學藝術現象。後現代主義不僅在指導思想、創作手法上在現代主義開闢的道路上繼續前進，進行著反傳統的實驗，甚至不惜走向極端，而且不斷嘗試著突破現代主義自身某些老化的程式，而這一切的目的則是力圖更深刻地表現人。在科技高度發達的西方，在高技術與人之間的關係的矛盾日趨尖銳的當代，西方精神文化領域出現了追求高技術與高感情之間的平衡，即把技術的物質奇蹟和人性的精神需要協調起來的趨向，以完滿地實現人的自我價值。「認識你自己」，這一鐫刻在希臘神廟上的古老的至理箴言在當今的西方仍閃爍著奇特的光彩，指引著人們不斷探索「斯芬克斯」之謎的無窮奧秘。

•註　　釋•

❶據希臘神話，底比斯人提瑞西阿斯因殺死神蛇被天罰失明，並由男身變爲兼有女身，但作爲報償，獲得預知未來的能力。

❷這是利用英國作家斯蒂芬森著名的《挽歌》一詩中的詩句略加變化而成。艾略特用原詩哀悼亡人安息的詩句來反對現代人的熙熙攘攘。

後　　記

本書是在多年從事西方文化史教學和研究的基礎上編寫成的。在編寫的過程中，參考、借鑒了國內外學術界的研究成果，並得到了湖北教育出版社的熱情支持，在此謹致謝意。限於作者水平，書中難免有疏漏和錯誤之處，懇請讀者批評指正。

本書各篇章的撰寫分工：前言——羅靜蘭、賀照煦；搖籃篇——羅靜蘭；復興篇——賀照煦；繁榮篇——第一、第三章王揚，第二章何蘭，第四章涂光久；新潮篇——揭書安。全書由賀照煦、羅靜蘭負責統稿。

西方文化之路

揚智叢刊 9

著　　者／羅靜蘭　賀熙煦　王　揚　揭書安
出 版 者／揚智文化事業股份有限公司
發 行 人／李　厚
副總編輯／葉忠賢
責任編輯／賴筱彌
執行編輯／范維君
行銷策劃／林智堅
地　　址／台北市新生南路三段 88 號 5 樓之 6
電　　話／(02)366-0309・366-0313
傳　　真／(02)336-0310
登 記 證／局版臺業字第 4799 號
印　　刷／偉勵彩色印刷股份有限公司
初　　版／1994 年 4 月
ISBN／957-9091-51-X
定　　價／380 元

《本書經由湖北教育出版社授權在臺發行》

國立中央圖書館出版品預行編目資料

西方文化之路／羅靜蘭等著. --初版. -- 臺北
市：揚智文化，1994［民 83］
面；　公分. --（揚智叢刊；9）
ISBN 957-9091-51-X（平裝）

1. 歐洲-文化

740.3　　83000931